ŒUVRES COMPLÈTES DE J. MICHELET

LA MONTAGNE

L'INSECTE

ÉDITION DÉFINITIVE, REVUE ET CORRIGÉE

PARIS
ERNEST FLAMMARION, ÉDITEUR
26, RUE RACINE, PRÈS L'ODÉON

Tous droits réservés.

LA MONTAGNE

L'INSECTE

IMPRIMERIE E. FLAMMARION, 26, RUE RACINE, PARIS.

ŒUVRES COMPLÈTES DE J. MICHELET

LA MONTAGNE

L'INSECTE

ÉDITION DÉFINITIVE, REVUE ET CORRIGÉE

PARIS
ERNEST FLAMMARION, ÉDITEUR
26, RUE RACINE, PRÈS L'ODÉON

Tous droits réservés.

LA MONTAGNE

PRÉFACE

La Montagne continue la série des livres analogues, dont la publication commence en 1856 : *l'Oiseau*, *l'Insecte*, *la Mer*.

Cette année fut le point de départ d'un mouvement qui continue et ne s'arrêtera pas. Le public depuis cette époque a pris un intérêt tout nouveau à l'histoire naturelle. Il y avait des livres savants que très peu de gens lisaient. Il y avait des livres ingénieux et trop spirituels peut-être. *L'Oiseau* eut ce bonheur unique de n'avoir pas un critique, pas un contradicteur. Les esprits les moins sympathiques furent surpris, gagnés, sans défense contre lui. Il enleva sur son aile et la presse et le public.

Sous leur forme très modeste, qui ne prétendait nullement aux honneurs de l'in-octavo, les trois livres eurent le rare succès d'en faire produire beaucoup d'autres. Les imitateurs affluèrent. La librairie publia beaucoup d'ouvrages spéciaux, illustrés ou non illustrés. Plusieurs maisons voulurent même avoir leurs livres généraux, leurs encyclopédies d'histoire naturelle. Puis vinrent une infinité de livres d'enseignement ou de lecture pour l'enfance ou la jeunesse. Il suffit d'ouvrir et de suivre le *Journal de la librairie* depuis 1856, pour voir qu'une littérature est sortie de cette époque.

Ces petits livres, acceptés comme ouvrages agréables de littérature, durent cependant leur succès surtout à leur vérité. Ils n'essayaient pas de donner leur esprit à la nature, mais de pénétrer le sien. Ils l'aimaient, l'interrogeaient; ils demandaient à chaque être le secret de sa petite âme. Cela eut d'heureux effets. Pour la première fois on sut le mystère propre à l'oiseau, le mystère propre à l'insecte. L'éducation assez longue qu'exigent certaines espèces est le secret réel de leur développement. De là une loi générale : « Toute espèce où l'enfant ne vit que par une éducation prolongée, devient supérieure. Cela crée la société. »

Voilà ce qui réellement toucha le public en ces livres, bien plus que le pittoresque ou l'entraînement du style. Des ouvrages, très bien écrits, pleins de choses vraies, curieuses, estimés, le laissent assez froid. On le croit matérialiste, dominé par le fait grossier. Et cependant les seuls livres qui l'aient entraîné, enlevé, ce sont ceux qui cherchaient l'âme.

L'oiseau est une personne. Cela s'accepte assez bien. Mais l'insecte! la difficulté semblait ici bien plus grande. Chez les enfants de la mer, la personnalité fuyante paraît moins saisissable encore. La tentative était hardie de fixer, de rétablir ces âmes obscures et confuses, dédaignées jusque-là, niées, de leur rendre la dignité d'âmes, de les replacer dans le droit fraternel et dans la grande Cité.

Nous poursuivons aujourd'hui ce travail dans *la Montagne* et sa forêt. Le présent volume, en majeure partie, sort de nos voyages mêmes, et dit ce que nous avons vu. Il ne fera aucun tort aux grands labeurs scientifiques, aux travaux si instructifs des Schacht ou des Schlagenweit. L'intérêt qu'il peut présenter, ce sont nos rapports d'amitié avec cette haute nature, si grande, mais si indulgente, qui se révèle volontiers à ceux qui l'aiment beaucoup. On verra à quel degré d'intimité nous admirent les patriarches des Alpes, les arbres antiques et vénérables qu'à tort on a crus muets. Nous restons reconnaissants de la faveur paternelle de ces augustes géants, ces monts sublimes, au sein desquels nous trouvâmes de si doux abris, qui si généreusement (avec leurs fleuves nourriciers qui sont la vie de l'Europe), nous versaient aussi leur âme, sereine, pacifique et profonde.

Vivant esprit de renaissance. Vrai cordial dans ces temps de défaillance trop commune. Puisse ce livre qui nous soutint, en relever d'autres encore sur les pentes où, par faiblesse ou chagrin, beaucoup descendent! S'il lui faut une épigraphe, ce sera ce mot : *Remonter*.

1er décembre 1867.

PREMIÈRE PARTIE

I

LE VESTIBULE DU MONT BLANC

Le mont Blanc n'est point un passage. Il n'offre pas à mi-côte ces grandes routes des nations où se croisent éternellement la France, l'Allemagne et l'Italie. Il est à part. Il faut aller tout exprès le saluer, voir cet illustre solitaire, dont la tête domine l'Europe.

J'avais vu les Apennins, j'avais vu les Pyrénées, les grands monts hospitaliers du commerce et du voyageur, le mont Cenis, le Saint-Gothard, la rapide magie du Simplon. Je réservais le mont Blanc.

Naguère, à tant de labeurs, j'avais ajouté un labeur. Du fond de ma longue épopée qui me tient depuis si longtemps, j'avais lancé ce jet hardi, *la Bible de l'humanité*. Petit livre et grand élan de cœur et de volonté. J'avais, tout comme le globe, moi aussi, dressé ma montagne, un sommet, un pic assez haut pour embrasser toute la terre.

Je me gardai bien d'aller me reposer à la mer. Je l'aime cette étrange fée. Elle a le secret de la vie, mais elle est si agitée! Que de fois elle ajoutait sa tempête à mon orage! J'allai redemander le calme à l'immobilité des Alpes, — non pas aux Alpes bruyantes qui semblent une éternelle fête de cascades et de beaux lacs. Je préférai le grand ermite, le géant muet, le mont Blanc. Chez lui seul j'espérais trouver assez de neige et de repos.

Quand on arrive de Genève, par un pays médiocre et assez pauvre d'effet, à Sallenches, on est saisi par la grandeur de la scène qu'on découvre tout à coup. L'Arve tourne, et tout est changé. La surprise n'est pas ménagée. A gauche, une aiguille immense, Varens, d'un calcaire ruineux, mal soutenue de sapins, s'élève à pic sur la route, la menace. A droite, des collines boisées semblent le premier gradin d'un sérieux amphithéâtre qu'ailleurs on trouverait une haute montagne (elle a cinq à six mille pieds). Cependant derrière à distance domine, d'une énorme hauteur, le neigeux, le morne dôme.

Il ne faut pas arriver par ces rares beaux jours de l'été qui trompent sur toute contrée, qui parent tout, donnent à tout un uniforme sourire. La fantasmagorie brillante des accidents de la lumière égayerait jusqu'aux tombeaux. Le soleil est un grand menteur (la photographie le prouve). Il donnera même figure à la vallée la plus froide, la plus pauvre de Savoie, qu'aux replis brûlants du Valais qui sont déjà une Italie.

J'arrivai par un jour gris, tel que ce pays en a la plus grande partie de l'année. Je pus le voir tel qu'il est dans le bas, mesquin et pauvre, écrasé de ces hauteurs, avec l'Arve, un simple torrent, vaguement extravasé. Des jardinets, petits vergers. D'assez hautes sapinières. Et là-haut le froid géant.

La surprise n'est pas petite de trouver là des eaux chaudes. Que les Pyrénées en donnent, que ces vieilles filles du feu prodiguent les sources brûlantes, cela semble naturel. Mais qu'ici, de ce manteau immense de neiges et de sapins, sourde la chaleur d'en bas, cela saisit, fait penser. On se dit : Derrière l'apparence, le froid désir de l'hiver, il y a *un autre* dessous, et *quelqu'un* qu'on ne voit pas. Les glaces (de douze cents pieds d'épaisseur? on le suppose) ne sont pour lui qu'un habit. Une personne de granit est dedans ensevelie, jadis enfantée de la terre, un de ces puissants soupirs, de ces élans vers la lumière qu'elle eut, ténébreuse encore. Mais, dans son tombeau de neige, cette âme reste en intimité avec sa profonde mère, et toujours elle en reçoit dessous le tiède épanchement.

Les bains de Saint-Gervais sont tristes. Un noble parc de sapins longe un petit torrent rapide. Et peu à peu on se trouve dans une fente fort étroite, entre d'assez hautes collines environ de six cents pieds. L'eau est froide, le vent glacé. De là pourtant jaillit l'eau chaude. Elle a tout l'effet d'un miracle. Dans ces eaux de neige, un pêcheur trouva par hasard la source thermale. En d'autres temps elle eût suffi pour faire une religion. Dans les Pyrénées, à Vichy, à Bourbon, etc., toute eau est un dieu, le dieu Borbo, le dieu Gorgo, etc. (Voy. Barry.) En Savoie, ces dieux sont des saints, saint Gervais et saint Protais.

Lieu de sa nature ascétique : « Avant d'user des dons de Dieu, laisse ici le péché au seuil, ta secrète maladie de l'âme. » Voilà ce que dit ce lieu. Et c'est la sagesse même. Je ne sais pourtant si lui-même serait propre à calmer les cœurs. Il est de ceux que les Esprits ont certainement hantés. Il est clos. Des deux côtés, les sapins planent d'en haut, et, rapprochés, lui font d'étranges ombres. Les brouillards, en longs dragons, y sont attirés de l'Arve, s'y plaisent, ne peuvent le quitter. Ce paysage sinueux, fuyant, promet je ne sais quoi. Il semble plein de mystères, de songes et d'illusions. On y voudrait plus de lumière.

Sainte lumière, sois ma médecine! J'irai à la nymphe sombre, mais je veux la dominer. Quand on sort de ce lieu étroit, qu'on monte au haut Saint-Gervais, on le trouve gai et riant. Effet singulier du contraste. Saint-Gervais est fort sérieux. Je le trouve bien mieux que gai. Il est d'une beauté touchante et il m'a été au cœur.

Je n'étais pas à l'entrée qui domine le cours de l'Arve, et qui voit de loin Sallenches. Je vivais à l'autre bout dans une petite maison qui ne voyait rien de cela, la respectable maison des Gontard, qui trouvèrent l'eau chaude (d'autres en ont profité). Cette maison descendait un peu, se rapprochait du torrent, mais, sans le voir, n'en avait que le bruit. L'église était à côté avec de grands arbres ombreux, un fort beau cimetière fleuri. Plus loin, au delà du torrent, quelques petits vergers en pente montant une haute colline, la fumée bleuâtre de quelques chaumières, des sapins. *Finis mundi.*

La pluie devant les sapins, ces fumées, de lourds nuages qui montaient à nous, se traînaient, était-ce une chose bien gaie? Nous n'en éprouvions pas moins une certaine alacrité. La vie nous paraissait légère. Était-ce l'effet de l'air (à cette hauteur de deux mille quatre cents pieds)? Était-ce le dégagement de l'existence inférieure, des pensées d'un monde absent?

Les lourds nuages de l'âme s'envolent sur ces hauteurs, ils s'en vont à la grande mer flottante de ceux que je vois errer sur notre vis-à-vis, sur ces cirques fantastiques qui simulent des personnes, aux aiguilles de Varens, sur les pointes du Montjoye.

Je pensai aux amis absents, à la société languissante des grandes villes du bas pays, de Seine ou du Rhin, de Hollande, aux épais brouillards de Londres. Je me disais, au moment surtout des jolies éclaircies : Quel avantage de monter! que le monde n'est-il ici, allégé et affranchi!...

De Paris à Genève, on a mille six cents livres de moins à porter, et deux mille quatre cents de Genève ici! Lieu de liberté véritable! Plus bas, plus haut, on respire moins.

La charmante demoiselle du logis, vrai peuplier, plus svelte qu'on n'est en Savoie, son petit frère, un enfant, aidaient la jeune domestique au ménage, aux provisions qu'il fallait souvent chercher loin. Nous vivions un peu de hasard, avec cette confiance en Dieu des Antoine et des Pacôme qui attendaient quelquefois que le pain leur vint du ciel.

Dès que la pluie s'arrêta, pendant que j'écrivais encore, ma seconde âme, plus jeune, curieuse de voir le pays, alla à la découverte. Tournant l'église, elle alla vers Bionney (c'est le chemin de Notre-Dame de la Gorge, qui mènerait en Italie), mais l'intérêt, justement, était d'ignorer tout cela, d'aller en pays inconnu. Celle qu'elle avait avec elle, encore plus curieuse de voir, n'en savait pas davantage. Tout était encore bien mouillé. Les vénérables noyers qui datent, je crois, du temps où les ducs de Savoie allèrent à Jérusalem, rendaient le chemin fort humide, et jetaient des gouttes encore. C'était le jour du marché; la route était animée; chacun conduisait ses bêtes, vaches, oies, moutons, etc. Un paysan avisé, très fin, menait doucement, comme on mène une mariée, deux jolis petits porcs noirs. Ces paysans étaient fort polis, disaient : « bonjour! » Les femmes, vieilles avant l'âge, bonnes et laides (elles travaillent tant!) voyaient d'un œil maternel (parfois, ce semble, attendri), la jeune dame un peu pâle, comme on voit un enfant malade. Elles souriaient des détours qu'elle faisait au passage de leurs vaches, les évitant, leur cédant le chemin, avec un peu trop de respect. Le temps, lui aussi, était, on peut dire, un demi-malade, ne pouvant se décider entre le soleil et la pluie. Les avoines étaient par terre, attendant pour se sécher, et ne pouvant pas rentrer. Pauvre petite récolte, maigre, bien aventurée.

Cette pluie plaisait aux prairies; elles étaient très fleuries. Elle plaisait aux ruisseaux. Il n'était jusqu'au plus petit qui ne jasât, murmurât. Plusieurs, gros, forts et rapides, d'un glouglou puissant, semblaient discorder avec ces lieux modestes et plutôt petits. Ils venaient de haut et de loin, étaient bien visiblement fils d'un monde supérieur. A certain détour du chemin, ce haut monde se révéla de côté, par un angle étroit (le glacier de Bionassey). C'était une montagne d'or, au soleil! éclatant spectacle. On doubla, précipita le pas, pour voir de plus près. Mais déjà cet or mobile changeait; ce n'était plus qu'argent... Inconstance de la lumière! L'argent devint simple neige. Et la neige, peu à peu, prenait des teintes de plomb.

Le retour en fut attristé, plus lent. Le jour avait baissé déjà, quoique ce fût en plein été. Elle rentra bien sérieuse, mais les mains pleines de fleurs.

Le matin était léger, un peu froid, agréable et gai. On travaillait devant les neiges qui, cette année, au mois d'août, poudraient nos hautes collines. Puis, nous allions voir nos voisins, les sapins de la cataracte. Ces arbres graves du Nord, placés bas sur le froid torrent, et très haut près des sommets, encadraient et protégeaient, aux gradins intermédiaires, des arbres plus délicats, poiriers, pommiers, de petits champs. Nous voyions avec respect ces vénérables résineux qui sont les aînés du monde, qui ont enduré tant de choses dans les âges les plus difficiles, et aujourd'hui encore soutiennent, défendent tant de lieux exposés. Ils semblent les frères naturels des populations souffrantes, méritantes, laborieuses. Nous fîmes avec eux amitié.

Notre sapinière d'en face apparaissait à notre droite, sur le coin de la colline. Nous passions le pont du Diable (nom commun dans chaque pays). Nous remontions, traversions des vergers, une petite ferme, pauvre, mais hospitalière. Le fermier, homme fort doux, fin, âgé, avait été à Paris longtemps commissionnaire, avait rapporté des économies, épousé une jolie femme qui n'était pas du pays. Ils avaient de beaux enfants, et, ce semble, une ombre d'aisance, aux années du moins où d'en haut le vent n'est pas trop glacé. L'ensemble était fort touchant; mais cet homme, déjà fort mûr, dont l'aîné n'avait que douze ans, arriverait-il à le voir assez grand pour travailler, le remplacer près de sa mère?

La sapinière était fort belle. Elle faisait de sombres rideaux, l'un d'effet très fantastique, qui tour à tour cachait, montrait les bains dans la profondeur; l'autre, plus loin, clair et gai, où l'on voyait la vallée tournoyante jusqu'à Sallenches. Dans l'épaisseur, certaines ruines, manifestement celtiques, de leur noire antiquité semblaient rendre plus ténébreuse la forêt, obscure d'elle-même.

En s'éloignant, gravissant vers un lieu plus découvert, la vue embrassait Saint-Gervais, sa vallée, le chemin des glaciers. Vue étendue et très douce, *humaine* (ce mot-là dit tout). C'étaient, au fond, les prairies, les ruisseaux, et le travail des moulins à scier les planches, de minimes moissons d'avoine, de seigle et de sarrasin, de pauvres chalets qui n'ont nullement l'ampleur de ceux de la Suisse. Ils montaient fort haut sur les pentes. Au plus haut, les sommets étaient moins dépouillés que l'on n'eût cru. Ils témoignaient par un vert pâle que le géant n'était pas immuablement sévère.

Tout cela grave, attendrissant par un temps couvert et tiède, dans l'attente de l'orage. Nous nous assîmes à mi-côte sur une même pierre étroite, en silence, et trop unis de pensées pour nous les dire. Quelques gens étaient aux champs, hâtant leurs travaux, inquiets. La pluie allait venir encore; dans un mois ou deux l'hiver. L'incertain de toutes choses nous frappait. Tout était doux; on voyait bien peu les glaciers, par un angle étroit à peine; mais leur verdâtre sourcil ne promettait rien de sûr.

II

LE MONT BLANC. — LES GLACIERS

Bien avant d'aller au mont Blanc, j'avais vu le Grindelwald, un glacier très accessible, dont les abords ne sont pas dénaturés, arrangés, comme ceux de bien d'autres glaciers où l'on a trop préparé des effets artificiels. Je l'avais vu tout à coup, non prévenu, par une brusque surprise, sans réfléchir, sans rappeler de vains souvenirs littéraires qui faussent l'impression vraie. Je l'eus naïve et très forte d'étonnement et d'horreur.

J'avais quitté le matin le bruyant Interlaken et son affluence vulgaire. J'étais arrivé au village, descendu à Grindelwald dans un excellent hôtel. La pièce peu éclairée où j'entrai, n'offrait rien de remarquable ; mais on ouvre une fenêtre…. Je me retourne. Cette croisée, tout inondée de lumière, m'apparaît dans son cadre étroit plus que pleine, débordante de je ne sais quoi d'énorme, éclatant, en mouvement, et qui venait droit à moi.

Vraiment, rien de plus formidable. C'était un chaos lumineux, qui semblait tout près déjà des vitres, voulait entrer. L'effet ne serait pas plus grand si un astre tout à coup touchait la terre elle-même et la foudroyait de lumière.

Au second regard, je vis que cette chose monstrueuse n'était pas si près pourtant. Elle avait l'air d'être en marche, mais elle s'arrêtait à temps dans un lieu assez profond. Elle restait à mes pieds. Chose étrange ! qu'immobile, elle parût en mouvement ! Elle semblait saisie au passage, prise en route, pétrifiée.

Il faut voir ces objets de loin. De près, sans vaine poésie, rien ne semblait plus grossier, plus âpre, plus rude. Figurez-vous une grande voie d'un blanc sale, large de demi-lieue peut-être, avec de profonds sillons, des ornières fort enfoncées, brutalement cahotées. Quel épouvantable char, ou quelle charrette du diable a donc descendu par là ? Entre, se dressaient des cristaux, peu brillants, en pains de sucre, de quinze ou vingt pieds de haut, blanchâtres, et quelques-uns nuancés de bleu pâle, d'un certain vert de bouteille, équivoque et sinistre.

Cette descente visiblement était un épanchement d'une très vaste mer de glace dont on voyait au plus haut le bord, une ligne roide qui coupait dans le ciel bleu. Tout cela, miré au soleil, avait une dureté sauvage, un grand effet d'indifférence superbe pour nous autres d'en bas, le dirai-je ? un air d'insolence. Je ne m'étonne pas si Saussure, un esprit si calme, si sage, ayant gravi le glacier, sentit un mouvement de colère. — Moi aussi, je me sentais méprisé et provoqué par ces énormités sauvages. Je leur dis assez brusquement : « Ne faites pas tant les fiers ! Vous durez un peu plus que nous. Mais, montagne, mais, glacier, qu'est-ce que vos dix mille pieds près des hauteurs de l'esprit ? »

Je voulus les voir de plus près. Du village, je descendis, je touchai le bord, y entrai. Les ouvertures sont variables. En ce moment le glacier béait en bouches étroites, peu élevées, brillantes et polies au dehors. Dedans tout était glissant, avec de dangereuses pentes qui menaient je ne sais où. Ces pentes, une double et triple voûte bleuâtre, leurs cassures coupantes, aigres à l'œil, leur transparence, disaient de se défier. Rien n'était significatif plus qu'un joli bouquet de fleurs qui, depuis bien des années, restait enchâssé, se montrait à travers la glace avec ses vives couleurs. Engagé là, on est sûr d'y être bien conservé. Aucune image de mort ne frappe plus sensiblement que cette longue exhibition funéraire, cette éternité forcée qui joue tristement la vie, cette impossibilité de retourner à la nature et de rentrer dans le repos.

Le montagnard ne voit pas sa montagne comme nous. Il lui est fort attaché et il y revient toujours, mais l'appelle « le mauvais pays ». Les eaux blanchâtres et vitreuses de rapidité farouche qui s'échappent en bondissant, il les nomme « les eaux sauvages ». La noire forêt de sapins suspendue aux précipices, qui semble l'éternelle paix, elle est sa guerre, sa bataille. Aux plus rudes mois de l'année, quand tout autre travail cesse, il attaque la forêt.

Guerre dure, pleine de dangers. Ce n'est pas tout de couper ces arbres et de les précipiter, il faut diriger leur chute; il faut les reprendre en route, régler les terribles bonds qu'ils font au lit des torrents (Voy. dans Rambert, *la Flottée*). Le vaincu est souvent fatal au vainqueur, l'arbre au bûcheron. La forêt a ses histoires lugubres d'orphelins, de veuves. Pour la femme et la famille, une terreur pleine de deuil repose sur ces hauteurs dont les bois mêlés de neige se marquent au loin, funèbrement, par des taches de blanc et de noir.

Les glaciers étaient jadis un objet d'aversion; on les regardait de travers. Ceux du mont Blanc s'appelaient en Savoie « les monts maudits ». La Suisse allemande, en ses vieilles légendes de paysans, met les damnés aux glaciers. C'est une espèce d'enfer. Malheur à la femme avare, au cœur dur pour son vieux père, qui, l'hiver, l'éloigne du feu! En punition, elle doit, avec un vilain chien noir, errer sans repos dans les glaces. Aux plus cruelles nuits d'hiver où chacun se serre au poêle, on voit là-haut la femme blanche, qui grelotte, qui trébuche aux pointes aiguës des cristaux.

Dans la vallée diabolique, où, de minute en minute, tonne et brise l'avalanche du haut de la Jungfrau, ce sont de damnés barons, de féroces chevaliers, qui doivent toujours, chaque nuit, l'un contre l'autre heurter, fracasser leurs fronts de fer.

La légende scandinave, de génie haut et terrible, a fantasquement exprimé les effrois de la montagne. Elle est pleine de trésors, gardés par des gnomes affreux, par un nain de force énorme. Au château des monts glacés, trône une impitoyable vierge, qui, le front ceint de diamants, provoque tous les héros, en rit d'un rire plus cruel que les traits aigus de l'hiver. Ils montent, les imprudents, ils arrivent au lit mortel, et restent là enchaînés, faisant avec une épouse de cristal la noce éternelle.

Cela ne décourage pas. La cruelle et l'orgueilleuse qui est au haut de la montagne, elle aura toujours des amants. Toujours on voudra monter. Le chasseur dit : « C'est pour la proie. » Le grimpeur dit : « Pour voir au loin. » Moi, je dis : « Pour faire un livre. » Et je fais plus d'ascensions, je descends plus de précipices, assis à la table où j'écris, que tous les grimpeurs de la terre ne feront jamais aux Alpes.

Le réel dans tous ces efforts, est *qu'on monte pour monter*.

Le sublime, c'est l'inutile (presque toujours). Le fameux passage par les glaces du Nord, trouvé au bout de trois cents ans, ce sera toujours l'inutile (s'il est vrai que ces glaces changent). L'ascension en ballon, c'est jusqu'ici l'inutile. L'ascension du mont Blanc a été fort peu utile. Les expériences qu'on y fait se faisaient un peu moins haut. Ce que Saussure a cherché vingt-sept ans, se préparant, tournant autour du mont Blanc ; ce que Ramond, dix années, chercha de même au Mont-Perdu — c'est surtout *d'y avoir monté*.

De toutes les loteries furieuses qui troublent le cœur de l'homme, la plus noble, certainement, était la chasse aux chamois. Le péril en était l'attrait ;

c'était la chasse à la montagne plus qu'à l'animal timide. On la prenait corps à corps en ses plus scabreuses horreurs, où elle a pour se défendre le réel et l'illusion, glaces, brumes, abîmes, crevasses, les tromperies de la distance, les mensonges de la perspective, la ronde effrénée du vertige. D'autant plus on s'y acharnait. Ces hommes, dans tout le reste avisés, prudents, déliraient. L'amour, en ses ravissements, n'avait rien qui approchât de l'épouvantable plaisir de suivre la bête aux abîmes, aux bords étroits, impossibles, où le malin petit cornu s'amuse à attirer le fou. Le gouffre, sous son œil hagard, tournoie. Tourne sur sa tête le vautour plein d'appétit. Voilà une jouissance !... Le père, l'autre année, fit le saut. C'est le tour du fils. Un d'eux à peine marié à une fille qu'il aimait fort, n'en disait pas moins à Saussure : « Monsieur, cela ne fait rien. Comme mon père y a péri, moi, il faut que j'y périsse. » En trois mois il tint parole.

Quelle attention l'hiver, lorsqu'au coin du feu le chasseur, l'autorité de la contrée, disait ce qu'il avait vu en rôdant autour des glaciers ! Quel frissonnement à l'entendre conter ce qu'il avait senti en regardant dans l'azur sinistre de la crevasse ! « Mais aussi, disait-il encore, j'ai vu de mes propres yeux, j'ai vu, sous des voûtes de vingt, trente pieds, parfois de cent pieds de haut, des grottes tout étincelantes de cristaux qui vont presque à terre. Des cristaux ou des diamants. » Qui n'eût rêvé de ces récits ? combien palpitait le cœur du crédule Savoyard ! « Oh ! qui eût pu monter là ! c'était une fortune faite. Soixante années de misères, à porter ou ramoner, feraient moins. Un jour d'audace, un tour hardi suffirait... Quel mal de voler le Diable? C'est lui, ou ce sont ses fées qui gardent là leurs diamants. »

Pour qu'il eût la témérité de monter, de dépasser la limite où va le chamois, il fallait ces bruits de trésors, l'imagination ignorante qui confondait les stalactites avec le cristal de roche, cristal et diamant, que sais-je? On ne trouva pas tout cela, mais on trouva le mont Blanc.

Examinons les terreurs qui l'environnaient alors : Chamounix était ignoré, inconnu au pays même. On ne tournait guère, en bas, par la longue et triste vallée. C'était plutôt le passant qui, suivant le couloir de Notre-Dame de la Gorge (un chemin vers l'Italie), par hasard, était curieux et montait au Prarion, regardait de là le mont Blanc. Mais quel vis-à-vis terrible! On est près de lui, à deux pas. Ce n'est pas, comme de loin, l'effet d'un immense cadavre, allongé, qui, à la tête et aux pieds, a d'autres Alpes. De près, on le voit en hauteur, seul, un immense moine blanc, enseveli dans sa chape et son capuchon de glace, mort, et cependant debout. D'autres y voient un éclat, un débris de l'astre mort, de la pâle et stérile lune, une planète sépulcrale au-dessus de la planète.

La vaste calotte neigeuse a l'effet d'un cimetière. Pour monuments, des pyramides en sortent sombres, en deuil, en contraste avec la neige. Ces antiques filles du feu protestent contre les glaces; elles disent que ce blanc catafalque n'est rien en comparaison de l'infini ténébreux qui plonge et s'étend dessous.

Si l'on va par Chamounix pour prendre le pied du mont, on se voit dans une impasse, lugubre huit mois de l'année (ne la jugez pas au moment où vient la foule bruyante, quelques jours, au grand soleil). La forcla du Prarion, la forcla de la Tête-Noire, serrent et ferment la vallée. On y est comme enfermé. Chateaubriand a senti que, sous le pied du colosse, sous cette énorme grandeur, on a peine à respirer. Combien on est plus à l'aise au mont Cenis, au Saint-Gothard! Leurs sommets, tout sérieux qu'ils peuvent être, n'en sont pas moins les grandes routes, les voies naturelles de toute vie animée. Que de chevaux, que de troupeaux, même d'oiseaux voyageurs! Le mont Blanc ne conduit à rien; c'est un ermite, ce semble, dans sa rêverie solitaire.

Étrange énigme entre les Alpes. Tandis que toutes elles parlent par d'innombrables cours d'eau, tandis que le Saint-Gothard, expansif, généreusement verse, aux quatre vents, quatre fleuves qui font tant de bruit par le monde — le mont Blanc, ce grand avare, donne à peine deux petits torrents (qui grossiront, mais plus bas, enrichis par d'autres eaux). A-t-il des sorties souterraines? Tout ce qu'on voit, c'est qu'il reçoit toujours et donne très peu. Doit-on croire que, discrètement, ce muet thésauriseur amasse, pour la soif future, pour les sécheresses du globe, le trésor de la vie cachée?

Dès 1767, sur le glacier du Léchaud, on voyait nombre de grottes que les chercheurs de cristaux avaient creusées et fouillées. En 1784, un guide, disait-on, avait été heureux, en avait trouvé beaucoup dans un éboulement; il aurait rapporté trois cents livres pesant de grands cristaux transparents, de belle teinte purpurine. Cela leur fit perdre la tête. Un des Balmat (famille illustre de guides, et intrépide entre toutes) monta et ne trouva rien qu'un épouvantable orage qui le mit fort en danger. Les Esprits de la montagne voulaient décourager, sans doute, les indiscrets, les téméraires qui touchaient à leur trésor.

Mais un autre Esprit, par le monde, errait inquiet, curieux, aventureux, intrépide, l'Ame du dix-huitième siècle qui ne se décourageait pas. De plus en plus on regardait en haut; une ambition de Titan était chez tous. Le ballon fut inventé en 1783; Pilâtre, Arlandes, les premiers des mortels, quittèrent la terre.

L'ascension du mont Blanc, provoquée par les savants, les Paccard et les Saussure, fut faite, en juin 1786, par Jacques Balmat (de Chamounix). Balmat trouva le chemin et y mena Paccard (août 1786), Saussure (août 1787).

III

PREMIÈRES ASCENSIONS. — LES GLACIERS

La gloire de M. de Saussure, c'est moins son ascension, et quelques expériences, que son beau voyage imprimé, où il donne sur le mont Blanc et les Alpes en général tant de faits intéressants, bien vus, appréciés judicieusement. On sent en lui, ce qui est rare, un homme digne de ce nom, équilibré d'études et de caractère, d'exercice et d'action.

Il est singulier, curieux, honorable pour la Suisse, ce pays d'éducation, honorable pour la sérieuse Genève, qu'on ait fait un homme exprès, qu'on l'ait préparé quarante ans pour la découverte des Alpes. En 1741, deux Anglais en promenade avaient trouvé, signalé (comme on aurait fait d'une île ignorée de la mer du Sud) le pied du mont Blanc, Chamounix. Genève y fit attention. Ses naturalistes illustres, les Trembley, les Bonnet, en parlaient fort. Le dernier était parent de Saussure, qui venait de naître. Sa mère (mademoiselle de La Rive) en eut la vive impression. Une éducation savante, persévérante, ingénieuse, fut donnée à cet enfant. Mathématicien, physicien, il professe à vingt ans les mathématiques. Des courses bien dirigées en firent un marcheur, un grimpeur, enfin l'homme tout aguerri à ces excursions de montagnes. Il commença en 1760, monta au Brevent, au lieu d'où on voit le mieux le mont Blanc. Il en rapporta l'image. Pendant vingt-sept ans, chaque été, il voyageait dans les Alpes, revenant toujours au grand but pour lequel il fut élevé, et l'envisageant de plus près. Il en prit la passion, et ne rêvait d'autre chose. « C'était une maladie, dit-il. Mes yeux ne rencontraient pas le mont Blanc qu'on voit de tant d'endroits des environs de Genève, sans que j'éprouvasse un espèce de saisissement douloureux. »

Pourquoi monta-t-il si tard, se laissa-t-il devancer? La famille qui l'y avait si soigneusement préparé, au moment de l'exécution, sans doute était inquiète. On le voit par son retour, tel qu'il le raconte lui-même. Tous ses parents et amis s'étaient portés à Chamounix, et attendaient sa descente dans une anxiété extrême. Et les parents de ces guides n'étaient guère moins inquiets. La joie fut grande quand enfin ils revinrent de la montagne et tombèrent entre leurs bras. Était-elle là cette mère admirable qui si longtemps l'avait préparé à cela, et dont la persévérance avait tant fait pour l'entreprise? Il ne le dit pas. On y a regret.

Avec une sage lenteur il ne publia son voyage que plusieurs années après. Dans ce beau livre, riche de faits, et qui restera toujours le premier sur ce sujet, les questions essentielles étaient posées, peu résolues encore. Le milieu grave, excellent, de grande autorité morale, mais très strictement biblique, où vivait M. de Saussure, le rendait un peu timide. Buffon, à son premier élan, avait été arrêté, et forcé de reculer. Si Saussure n'avait trouvé moyen de ménager la tradition, il eût blessé ses amis, les Bonnet et les Haller. Il lui fallut à tout prix ménager la Genèse, s'arranger avec le Déluge, ne pas voir ou ne pas comprendre les faits qui auraient blessé le vieux texte. Il manqua la découverte capitale, et la science attendit cinquante années. Ceux qui vivaient près des glaciers, chasseurs de chamois, bûcherons, guides ou chercheurs de cristaux, auraient pu dire au savant le fond de toute l'affaire, telle qu'ils l'avaient vu toujours, tel qu'on le voit aujourd'hui.

Le glacier est chose vivante, non morte, inerte, immobile. Il se meut, avance, recule pour avancer encore. Il absorbe, mais rejette, n'admet pas de corps étrangers. Sur le glacier de l'Aar, de pente fort douce, un rocher porté sur la glace fait une lieue en trente-trois années. Aux glaciers du mont Blanc, il paraît que le voyage demande quarante ans. On l'a su par une échelle qu'y avait laissée Saussure. On l'a su par la tragique catastrophe de l'un des Balmat. Ces héros du glacier ont été aussi ses martyrs. Par eux surtout, on a connu son mouvement progressif. Ils l'ont mesuré de leur corps. Jacques Balmat fut englouti en 1834; Pierre Balmat en 1820, et ses débris, rejetés du pied du glacier en 1861, démontrèrent qu'il accomplissait sa descente en quarante ans. Les pauvres restes qu'on voit sous verre au musée d'Annecy touchent fort, quand on réfléchit que cette famille héroïque, non seulement monta la première au sommet, mais par son malheur constata la loi des glaciers, leur évolution régulière qui ouvre un horizon nouveau.

Dès 1706, Hottinger avait marqué leurs progrès et reculs alternatifs. Le savant Scheuchzer (de Zurich) avait parfaitement décrit comment se purge le glacier de ses rocs, de ce qui l'encombre. Les rochers que le mont Blanc a mis hors de son sein, sont aisés à reconnaître, étant généralement d'une matière rare ailleurs, ce granit gris, à points verdâtres, qu'on appelle protogine. On trouvait de tels rochers autour, dans les vallées voisines; cela n'embarrassait pas. Mais on en trouvait aussi fort loin, jusque dans le Jura. Comment avaient-ils été là? Cela embarrassait fort. Même difficulté pour ceux qui, d'après leur qualité minérale, paraissent venir du fond de la vallée du Rhône. Même pour les rochers de l'Aar, etc., etc.

Tels de ces rochers qui ont une longueur de soixante pieds, vingt ou trente de hauteur, sont évidemment de grand poids. Dire que l'eau les a roulés là, c'est une chose insoutenable. L'eau n'eut jamais cette force. Et ils n'ont pas été roulés, ils ont gardé tous leurs angles qui, dans un si rude voyage, auraient été effacés. « Ils auront été *lancés* par les courants diluviens », dit Saussure. Prodigieuse opération, qui fait passer ces rochers par-dessus le lac de Genève. « Pour cela, ils devaient voler avec une vitesse de dix-neuf mille pieds par seconde, sous la pression d'une masse d'eau de six milliards de pieds! » (Charpentier, 195.) L'idée paraissait ridicule.

Mais après 1815, au fort de la réaction, la Genèse

et le Déluge eurent faveur. Pour seconder le Déluge, on appela au secours les feux d'en bas : on supposa qu'à la brûlante éruption du granit une fonte subite des glaces donna au courant du Déluge cette épouvantable puissance de lancer de pareils rochers (de soixante pieds de longueur!) du Valais jusqu'au Jura.

Si, au lieu d'imaginer, on eût daigné observer, on eût senti que les choses se sont passées en ces temps comme elles se passent aujourd'hui. Avec une extrême lenteur, mais avec un progrès certain, régulier et calculable, le glacier expulse ses rochers en les poussant devant lui, sans secousse, sans changement de leurs angles, de leurs formes. Il les transporte tels quels, pour ainsi dire sur roulettes. Ces roulettes, ce sont les cailloux qui eux-mêmes, roulant dessous, entraînent la masse en avant, polissent parfaitement les chemins, marquent le sol de fortes stries reconnaissables qui permettent de suivre aisément le passage du rocher.

Cette explication fort simple avait été probablement de temps immémorial l'opinion populaire des gens qui vivaient auprès et voyaient ces phénomènes. Déjà, en 1815, Playfair l'avait adoptée, avait attribué aux glaciers le transport des blocs. Mais les courants du Déluge, la Genèse, que devenaient-ils?

Deux hommes, dans le Valais, l'ingénieur Venetz et Charpentier, directeur des Salines, discutaient ces questions. Le second, en 1815, allant au Grand-Saint-Bernard, coucha chez un chasseur de chamois qui lui dit : « Ces blocs sont trop gros; jamais l'eau n'eût pu les porter. Toute la vallée du Rhône jusqu'à une grande hauteur fut occupée par un glacier. » Un bûcheron de Meyringen lui dit plus tard les mêmes choses pour le glacier de Grimsel, qui jadis alla jusqu'à Berne. Un habitant de Chamounix attribuait aussi aux glaciers le transport des blocs sur les hauteurs de la route. Ces blocs, identiques au mont Blanc, qui portent si visiblement leur certificat d'origine, racontent, enseignent sur la route, indiquent avec précision, l'ancienne extension du glacier.

Fallut-il un froid terrible pour produire cette extension? Point du tout. M. Charles Martins a prouvé par un calcul irréfutable qu'avec quelques mauvais étés qui continueraient l'hiver, avec un froid augmenté de quatre degrés seulement, la limite des neiges éternelles baisserait précisément au niveau de la plaine suisse, qu'elles pourraient l'envahir, en faire peu à peu le glacier.

Rien n'a plus servi la science que la familiarité qu'on a prise avec le glacier, le visitant si souvent, l'observant dessus et dessous. Les nombreuses ascensions, surtout les séjours prolongés, ont fait voir tous ses accidents. On a perdu le respect. On a habité le glacier. MM. Agassiz et Desor y ont vécu des mois entiers, des saisons, pendant cinq années. On a sondé ses fameuses crevasses. MM. Dollfus et Ch. Martins en ont trouvé de cent pieds, M. Desor une de mille. Hugi a sondé le dessous. En se traînant ou rampant, il a vu combien les glaciers diffèrent de structure intérieure. Les uns étaient fixés au sol, appliqués solidement. D'autres au contraire tout à fait creux. D'autres ne reposaient plus que sur des blocs ou piliers qui doivent tôt ou tard s'affaisser. Bref leur caractère varie, ainsi que leurs habitudes.

Ont-ils occupé le monde, comme le pense Agassiz? Ont-ils par deux fois replongé le globe sous le froid manteau uniforme de l'hiver? C'est ce que semblent indiquer les nombreux blocs erratiques qu'on trouve en tant de pays.

On croit aujourd'hui dans les Alpes que, pendant sept ans, ils avancent, et pendant sept ans reculent. S'ils reculent, l'été est fort et la moisson abondante, les subsistances faciles, et l'aisance assure la paix. S'ils avancent, l'année est froide, pluvieuse, les fruits peu mûrs, les blés manquent, et le peuple souffre. La Révolution n'est pas loin.

Ils avancèrent horriblement au grand moment solennel, 1815-1816. Ils avancèrent en 1849 (Tschudi), et par la cherté des vivres ne contribuèrent pas peu à la chute de la République. Ils ont reculé douze années dans les chauds étés qui revinrent de 1853 à 1865 (d'après les observations de M. Ch. Martins). Vont-ils avancer maintenant, nous faire des années pluvieuses, moins fertiles et compliquées de plus graves événements?

Redoutable thermomètre, sur lequel le monde entier, le monde moral et politique, doit toujours avoir les yeux. Les changements d'atmosphère qu'ils indiquent, ces phénomènes d'influence immense et profonde, avec la vie alimentaire, changent aussi la pensée, l'humeur et la vie nerveuse. C'est sur le front du mont Blanc, plus ou moins chargé de glaces, que se lit le futur destin, la fortune de l'Europe, et les temps de la paix sereine, et les brusques cataclysmes qui renversent les empires, emportent les dynasties.

IV

LE CHATEAU D'EAU DE L'EUROPE

Rien de comparable aux Alpes. Nul système de montagnes ne me semble en approcher, ni pour le rayonnement de ses groupes heureusement agencés, articulés, ni pour la disposition superbe de ses réservoirs, qui, de glaciers en torrents, en lacs, en fleuves immenses, versent la vie à l'Europe.

Les Cordillères, les Pyrénées, dans leur ligne prolongée, ne semblent pas un système. L'Himalaya, si énorme, autant que j'en puis juger, dans l'immense écartement de ses deux extrémités, entre le Sind et le Gange, relie moins fortement l'ensemble. Une grande quantité d'eau, non réglée, désordonnée, se perd dans ses longs marais, aux vastes et dangereuses jungles qui s'étendent à ses pieds.

Aux Alpes, tout est concordant. Les nobles amphithéâtres qui envoient aux quatre mers le Pô, le Rhône, le Rhin, et l'Inn (ce vrai Danube), ne sont pas tellement séparés qu'on ne puisse pour ainsi dire les embrasser d'un regard. La plupart à la naissance se touchent presque et sont frères, partant d'un même massif qui est le cœur du système, le cœur du monde européen.

La sublime impression qu'on reçoit de ces montagnes n'est nullement de fantaisie. Elle est l'intuition naturelle et raisonnable d'une véritable grandeur. C'est le réservoir de l'Europe, le trésor de sa fécondité. C'est le théâtre des échanges, de la haute correspondance des courants atmosphériques, des vents, des vapeurs, des nuages. L'eau, c'est de la vie commencée. La circulation de la vie, sous forme aérienne ou liquide, s'accomplit sur ces montagnes. Elles sont les médiateurs, les arbitres des éléments dispersés ou opposés. Elles en sont l'accord et la paix. Elles les accumulent en glaciers, et puis équitablement les distribuent aux nations.

Le mot, fort, juste, profond, qui a été dit là-dessus n'est pas d'un homme de science, d'un Saussure. Un simple touriste, venu pour l'amusement, sur une belle mer de glace au centre d'un cirque imposant, fut saisi, et s'écria : « J'ai trouvé la *place de la Concorde* du monde. »

Rien de plus vrai, de mieux senti. Les vents d'ouest et sud-ouest, chargés des eaux, des vapeurs de l'Atlantique, du Pacifique même, font leur dépôt, bientôt fixé au souffle du vent du nord. Elles resteraient là captives, si le brûlant vent du sud, dans une heureuse fureur, par moments ne les réveillait, ne les forçait de partir en brumes, en rosées, en pluies qui font la joie de la terre.

Bel accord. Belle harmonie. Tout ce qui ailleurs

est obscur, ici est dans la clarté. Les Alpes sont une lumière. Elles enseignent, rendent sensible la solidarité du globe.

Ces nuées, venues de si loin, doivent, après la traversée, se recueillir volontiers, chercher un moment de repos. La place est grande sur les Alpes. Quarante, cinquante lieues de glaciers, du Dauphiné au Tyrol, c'est un assez beau lit, ce semble. Mais telle est la légèreté, l'inconstance de ces voyageuses, que la bonne hospitalité des Alpes ne les retiendrait pas. Un ingénieux travail leur donne un peu de fixité. Leurs flocons neigeux, au soleil, demi-fondus, infiltrés dans les couches inférieures, durcis à la gelée des nuits, deviennent une masse granuleuse. Ces grains ou petits glaçons, assez adhérents entre eux, sont ce qu'on nomme le névé. Pendant tout l'été ce névé s'infiltre de fontes nouvelles dont l'eau vient se déposer au pli où sera le glacier. Gelé, dégelé, regelé chaque nuit (même pendant l'été), ce névé fait la glace blanche, mêlée encore de bulles d'air. Mais ces bulles disparaissent. La glace se stratifie en lames, en couches azurées.

Voilà des vapeurs bien fixées. Solides et stratifiées, elles gisent, vouées, ce semble, à une captivité éternelle et définitive. D'autres qui viennent par-dessus en flocons à l'état de neige et bientôt durcies en névé, couvrent les couches azurées, les défendent du soleil. Celles-ci devraient augmenter, épaissir. Ce qu'elles distillent par en bas aux couches inférieures, semble peu en comparaison des masses qui viennent d'en haut. Cependant l'équilibre existe. Le mont Blanc, en soixante ans, est resté justement le même. Son sommet n'a augmenté ni diminué de hauteur, dit M. Charles Martins.

En réalité, une force brusque, qu'on croirait inharmonique, intervient, fait l'harmonie. Par moments, le tyran du sud (Fœhn, Autan, Siroco, Simoun, Vaudère, il a plus de vingt noms) tombe impétueux, terrible, impatient, dans ce morne monde. A grand bruit, il interpelle toutes ces eaux immobiles qui ont peine à se délier de leur engourdissement. Mais il n'y a pas moyen de lui faire la sourde oreille. Il insiste, il siffle, il tonne... Nul délai, pas un moment.

Ce brûlant démon d'Afrique, pour ce grand coup, aime la nuit. On peut le prévoir la veille. Une brume changeante flotte sur les cimes. L'air a pris de la transparence, il montre et rapproche tout. La lune a un cercle rougeâtre, et l'horizon se colore d'un violacé singulier. Le vent sur les forêts hautes bruit; un mugissement sourd se fait aux torrents. Il y a une grande attente.

On a tout à craindre en effet. Ce redoutable bienfaiteur a d'abord l'air de vouloir détruire la nature qu'il vient sauver. Il brise, il confond, ravage. Il lance des blocs énormes des hauteurs, roule des arbres gigantesques au lit des torrents. Il arrache, enlève, emporte au loin le toit des chalets. La panique est dans l'étable; la vache effrayée mugit. Dieu! que va-t-il advenir?... Ce qui vient, c'est le printemps.

Le Fœhn se moque du soleil. Celui-ci voudrait quinze jours pour fondre ce que le vent d'Afrique a fondu en vingt-quatre heures. La neige ne tient pas devant lui. En deux heures au Grindelwald il en fond deux pieds de hauteur. Elle finit, la vie souterraine des mystérieuses plantes alpines, leur neige et leur nuit de huit mois. A l'éveil du magicien, elles vivent, voient avec bonheur la lumière de leur court été, et leur petit cœur de fleurs s'éjouit d'aimer un moment. Ce furieux, ce sauvage qui avait fait le coup de théâtre, c'est le grand messager d'amour. On ne le sent que trop en bas aux vallées où sa chaude haleine se concentre, énerve, alanguit. Les animaux sont inquiets, l'homme agité, et la femme craintive se serre à lui. Tout révèle un trouble profond.

L'ennemi juré du Fœhn, le vent du nord par moments voudrait prendre le dessus. En vain il lutte. Il est vaincu. L'amour est maître encore du monde.

Quelle heureuse métamorphose! que de bienfaits! La vie, la fécondité, qui dormait au haut des Alpes, la voilà donc délivrée. Plus utiles qu'aucune rivière, ses rosées et ses brouillards s'en vont arroser l'Europe, de ce délicat arrosage qui fait la fine prairie, le velours vert du gazon. Les grosses pluies, chargées de nitre, les averses électriques, font brusquement verdir la feuille, et suscitent ces jets subits où Nature, au premier éveil, a voulu plus qu'elle-même, s'est oubliée, dépassée, dans ce songe du printemps.

Heureux qui, à la première heure de la grande métamorphose, aurait le sens et l'oreille pour entendre le début du concert de toutes ces eaux, quand des milliers, des millions de sources se mettent à parler! Telle que je voyais hier aux fentes de la montagne, dissimulée dans la mousse, et simple moiteur encore, qui aurait pu dire de même : « Je suis. » Et : « Je ne suis pas », — qui ce matin fut un filet à désaltérer un oiseau, — ce soir, quel puissant glouglou elle a ! qu'elle est devenue grave, importante, impérieuse ! Son bruit devient dominant. Elle entre en conversation avec les sources voisines. Elles ont toutes un esprit à elles, et des voix, des apartés et des communications, je ne sais quel dialogue, une intimité murmurante qui semble échanger leurs secrets. Rapprochées et réunies, elles se divisent ensuite, embrassent de leur clapotement des îles, de petits continents, après lesquels, de nouveau mêlées, grossies, elles grondent, courent... Mais voici que tout à coup devant elles la terre a manqué...

Que d'effets nouveaux dans la chute ! Qui dira les formes charmantes de toutes les cascades des Alpes ! Les plus fameuses ne sont pas les plus belles. J'en sais de secrètes que personne ne va voir et qui n'ont que faire d'être vues, qui semblent cacher au monde leurs grâces molles et paresseuses. Je les écarte en ce moment, j'y resterais, je m'assoirais. Un trop grand attrait me tiendrait près de leurs mystérieuses eaux. Tschudi, dans son livre des *Alpes*, n'a rien senti ni décrit mieux (Voy. son chapitre Ier, et celui du *Merle d'eau*). Mais comment exprimer cela, comment par quelques tableaux, indiquer cet infini, cet iris, ce prisme mobile, éternelle illusion ?

Un joli mot a été dit qui vaut toutes les descriptions. Il est de la tendre et aimante, la bonne madame Guyon. Dans son exil d'Annecy, dans ses marais, ses canaux, les bords parfois fiévreux du lac, elle avait peu le spectacle du grand mouvement des eaux des Alpes, ruisseaux, torrents, cascades ou fleuves. Mais son cœur a tout deviné. Elle a senti le beau secret qui est au fond de la vie. Dans son livre des *Torrents*, elle dit tout naïvement : « Ces eaux! mais ce sont des âmes! »

V

SUISSE. — LACS ET FLEUVES

La Suisse a, dit-on, mille lacs. Nulle autre contrée du monde n'a ces superbes miroirs dans un tel degré de beauté. Tout pays qu'on voit après paraît sombre et, dirai-je, aveugle. Les lacs sont les yeux de la Suisse dont l'azur lui double le ciel.

Même aux lieux les plus désolés où la nature semble finie, aux sombres entours des glaciers, vous retrouvez la lumière dans ces petits lacs solitaires qu'on voit avec saisissement. Tel est ceint de murs de glace, tel de prés et de tourbières; tel se pare encore de mélèzes qui, mirés dans les eaux grises, les colorent de leur verte image, et de leurs feuilles annuelles rappellent, non sans quelque charme (de gaieté ou de tristesse?) l'heureuse végétation d'en bas.

Ces lacs, muets confidents du glacier, qui par eux sort de sa nuit, se révèle, furent pour nos aïeux les Celtes un objet de terreur et de culte. Ils semblent pleins de mystère ; on y sent un attrait sauvage ; qui les vit y pense toujours. Je m'étonne peu des efforts que fait un poisson courageux pour revenir tous les ans, à l'heure où l'appelle l'amour, jusqu'à ces lacs supérieurs. Le saumon, des mers du Nord, par la longue route du Rhin, par les torrents qui le retardent, remonte invinciblement. Il monte, il force le cours des cascades. Où il ne peut nager, il glisse, avance comme un serpent. Les chutes épouvantables, comme la Reuss au Pont-du-Diable, ne peuvent, dit-on, l'arrêter.

Quel est le devoir du lac, sa mission dans la nature ? Il doit recevoir l'eau *sauvage* (comme disent les montagnards) et en faire de l'eau *vivante*. Les eaux blanchâtres, vitreuses, chargées d'un froid limon sans vie, qui longtemps, dans la masse opaque du glacier, ont été privées d'air et de lumière, ont besoin de se baptiser dans le jour et le soleil. Le chasseur même de chamois n'ose en boire, il détachera plutôt un glaçon et le mettra sur la pierre pour boire au-dessous les gouttes. Les plantes n'aiment pas davantage l'eau sauvage et la refusent.

La disposition primitive des lacs, étagés jadis en bassins plus ou moins hauts, en déversoirs successifs, où les eaux allaient s'épurant, se voit encore dans l'Engadine et dans le pays de Lucerne. « Le lac d'Alpnach s'enfonce tout au bas de la vallée. Au-dessus le charmant lac de Sarner porte sur le second gradin ; et enfin, sur le troisième, entouré de crêtes élevées, le petit lac de Lungern se voit

encore, quoiqu'un conduit l'ait à moitié desséché. »
(Tschudi.)

Entre les belles choses du monde deux sont accomplies, sans pair. Au lac de Genève, le *beau*, la noble et grande harmonie. Le *sublime* au lac de Lucerne.

A-t-on percé les secrets que garde le lac de Genève dans son énorme profondeur ? Est-il sûr qu'il n'ait que le Rhône et ses quarante rivières pour l'entretenir de leurs eaux ? N'a-t-il pas des souterrains, de secrètes intelligences du côté de la Savoie, ou des sources inconnues ?

On le croirait volontiers quand on voit ses mouvements inexplicables, ses baisses et ses crues subites. Il est étrange en ses tempêtes. En mai 1867, j'observai combien sa vague rappelle peu les gonflements onduleux des autres eaux ; elles me semblaient plutôt de profondes rayures de burin.

Dans la Suisse, pays de lumière, ce lac est la lumière même ; grand est le coup de théâtre, quand de la porte du Valais, de ce défilé serré qui s'étrangle à Saint-Maurice, la plaine s'élargit tout à coup, et vous met au bord du miroir immense et plein de soleil. Aux heures de l'après-midi, c'est une incomparable fête dont on est ébloui d'abord. Mais cette splendeur mobile, si vivante, est cependant douce dans l'harmonie de ses rivages. Les monts de Savoie eux-mêmes, qui touchent à pic dans le lac, illuminés à cette heure, s'accordent au charmant sourire des collines du pays de Vaud. Peu à peu, s'élargissant des châtaigniers d'Evian au promontoire de Lausanne, le noble croissant devient une mer d'or, qui va scintillante jusqu'aux ombres du Jura.

Ce qui ne se fait ailleurs que par degrés, de lac en lac, ici s'opère sous vos yeux. Vous voyez le trouble Rhône courir d'abord jaune, impur, puis se calmer, s'azurer. Nulle part on n'assiste mieux à l'épuration des eaux, à la pacification qu'elles éprouvent au sein des lacs.

Et pour les hommes de même, tout autant que pour les eaux, celui-ci semble une aimable, une haute image de paix. Que de luttes il a vues jadis[1], de combats de l'âpre Suisse et de la violente Savoie ! Il a tout pacifié à la longue. Heureux interprète des races et des religions, par ses communications charmantes et de toutes les heures, il unit, marie ses rivages. Il est comme une religion commune de la Nature où, sans s'en apercevoir, dans une douce humanité tous les cœurs se sont entendus.

Un fort, lourd, petit bâtiment de pierre, n'est pas loin du pont de Lucerne : de pierre, nul bois n'y est entré. C'est le trésor du canton ; vrai trésor, car là-dedans se trouve un coffre de fer, et dans ce coffre une chose précieuse entre les précieuses, c'est le drapeau dans lequel le magistrat de Lucerne, le vaillant Gondoldingen, blessé à mort, s'enveloppa. Il est encore teint de son sang. Son vœu, sa

---

[1]. Souvenirs trop oubliés. On les retrouvera dans le beau livre du *Léman* de Rodolphe Rey.

dernière parole seront un jour la loi du monde :
« Qu'on ne garde le magistrat jamais plus d'une seule
année. »

Du lac de Genève ici, tout a changé brusquement ;
on se croirait dans le Nord. Parmi d'énormes châtaigniers, des hêtres, les graves sapins se présentent au premier plan même et descendent au bord du lac. Et qu'il est austère, ce lac ! Nulle descente. Nulle route autour. A peine quelque sentier où le piéton même, au grand vent, n'est nullement en sûreté.

Le grand Righi à ma droite, le noir Pilate à ma gauche, me tiennent sous leur sombre regard. Sur l'épaule de Pilate, deux froids géants (Silberhorn et Jungfrau, sa sœur) de travers observent le lac, le contemplent de dix lieues.

Nul salut en cas de naufrage. Et l'eau n'est pas seule à craindre. Tout le long de ces rivages, on ne voit que masses ruineuses qui font penser à l'épouvantable écroulement du Rossberg.

De promontoire en promontoire, vous entrez dans ce bassin sombre, durement agité, soulevé entre ses énormes murailles, le tragique petit lac d'Uri. Ce lac a tout le caractère d'un dangereux taureau sauvage, brutal et capricieux. Les fameuses guerres de Suisse, les plus atroces combats, les Morat et les Sempach s'y continuent entre les vents barrés, rembarrés, entre eux violemment contrariés. Au matin, le nord soufflait ; mais traîtreusement le Fœhn, le midi, surprend le lac, brouille tout. Les vertes vagues donnent l'assaut aux parois qui sont des précipices immenses. Qui vaincra des deux furieux ?...

Par derrière, voici que le Fœhn, qui soufflait déjà par devant, se glisse, suit un corridor détourné, se trouve en face de lui-même et se combat. Alors, entre lui et lui, c'est une rage, un tumulte, un chaos épouvantable. Trop heureux le batelier s'il peut sauter au Tell-Plat et faire, comme le héros, du pied rejeter la nacelle.

Qui croirait qu'un peu plus haut, sur les belles et vertes prairies tout est adouci tout à coup? Ce Fœhn, moins contrarié, est un vent méridional assez fort, mais agréable aux châtaigniers, aux vergers qu'on ne trouverait nullement sur les mêmes hauteurs du Jura. On reconnaît là la bonté, la placidité réelle du patriarche des montagnes, le vénérable Saint-Gothard. La vraie grandeur est débonnaire. En montant, dépassant la grande chute de la Reuss, on le trouve de plus en plus doux.

Il est en réalité le centre du grand château d'eau. Moins élevé que bien d'autres, il fait de son énormité la conciliation des Alpes. En lui, toutes viennent se rapprocher. La chaîne partie du mont Blanc qui domine le Léman, le Rhône, les chaînes qui (d'Uri, Glaris, Appenzell) vont vers Constance, enfin les chaînes Rhétiques qui, de trois cents glaciers, vont alimenter le Rhin, tout se soude au Saint-Gothard. Il garde peu, donne tout. C'est lui qui verse les grands fleuves aux quatre mers, comme ce mont sacré de la Perse, qui versait aussi quatre fleuves aux quatre côtés du monde.

Chacun de ces personnages mériterait une longue histoire. Que de bienfaits on leur doit ! Ils abreuvent les nations; mais bien plus, ils les protègent; ils sont la garde des empires. Tout à la fois ils entravent la guerre et servent la paix, le commerce, en sont la voie, les bornes intermédiaires.

Personne ne voit sans respect leur source, la belle arche d'azur d'où ils partent le plus souvent. Personne qui n'admire leur élan, leur courage, aux cascades immenses où ils se lancent en téméraires. Puis leur majestueux repos dans le mystère des grands lacs. Chacun d'eux, âme profonde de la contrée, en fait la vie souvent par ses défauts même. La sauvagerie qu'on reproche au plus grand (Inn et Danube) est ce qui défendit l'Europe. Sa férocité nous sauva. Ses renommées Portes de fer, ses rocs, si féconds en naufrages, ont mainte fois arrêté l'invincible élan des barbares. Il a mis son flot violent entre nous et la guerre turque.

De même aussi le sombre Rhin, quand de la Via Mala, quand du brumeux lac de Constance il a tourné enfin au nord, quel grand rôle d'arbitre il prend entre les races et les empires, refoulant l'un, repoussant l'autre! S'il reçoit douze mille rivières, s'il mène jusqu'en Hollande son énorme alluvion (quatre-vingts millions de pieds cubes), c'est la sécurité qu'il porte pour l'un et pour l'autre rivage. Il ne tient pas à lui qu'à travers nos fureurs, nos ambitions, il ne donne la paix éternelle.

Non moins intéressant le Rhône, quoique plus capricieux. D'abord trouble, véhément, il a l'âme du Valais, les emportements savoyards. Il semble sur le chemin, quand il voit l'austère Lausanne, avant d'approcher de Genève, se faire sage et se convertir. Il prend ce bleu singulier, ce dur azur que jusqu'ici on n'a pas pu expliquer, et qu'il ne garde pas longtemps. Torrent d'abord, fleuve à Genève, repris par les eaux de Savoie, il se refait encore torrent. Telle est sa versatilité. Né jaune et quelque temps bleu, le voilà devenu gris. Il a grand besoin que la Saône, son aimable et pesante épouse (qui en dot apporte le Doubs), le moralise, l'harmonise. A Aisnay, il se marie au fameux autel des Gaules, l'autel des Cent-Nations. Mais croyez-vous qu'il reste sage? Sur sa route, des folles charmantes, des deux côtés, se jettent à lui. Il court et il s'effarouche. De plus en plus incapable de se contenir, il court; c'est comme une bête échappée, un taureau de la Camargue. Malgré sa grandeur immense, il se retrouve en vieillissant à peu près ce qu'il est né, et meurt comme il a vécu [1].

---

1. En écrivant ceci sur le Rhône, j'avais sous les yeux le beau Mémoire de mon ami, le docteur Lortet, aussi excellent géographe qu'excellent botaniste. Cette famille justement vénérée des Lortet a commencé par une sainte, la charitable herboriste des pauvres. Son fils est médecin, si populaire à Lyon. Ses petits-fils n'ont pas dégénéré. L'un, suivant la voie paternelle, a déjà marqué par d'importantes découvertes de physiologie végétale; je citerai plus loin son Mémoire sur la pressia, qui ouvre une voie si nouvelle. L'autre, l'habile peintre de la Suisse, a seul (depuis Calame) exprimé la verdeur vivante des Alpes, leur puissante nature. Il était au Cervin le jour de l'événement. Tout le monde a vu son saisissant tableau. D'autres sont dispersés dans les manoirs de l'Angleterre, qui se les dispute.

VI

LES HAUTS PASSAGES DES ALPES

« Nulle part on ne sent plus les libertés de l'âme. » J'en eus le sens très vif, lorsque jeune, ignorant, je suivis pour la première fois ces routes sacrées, lorsqu'après une longue nuit passée dans les basses vallées, trempé du morfondant brouillard, je vis, deux heures avant l'aurore, les Alpes déjà roses dans le bleu du matin.

Je ne connaissais guère l'histoire de ces contrées, ni celle de la liberté suisse, ni celle des proscrits, des saints et des martyrs qui traversèrent ces routes. Je n'en sentis pas moins ce que j'ai mieux connu depuis : *c'est l'autel commun de l'Europe.*

Ces vierges de lumière qui nous donnent le jour quand le ciel même est sombre encore dans son azur d'acier, elles ne réjouissent pas seulement les yeux fatigués d'insomnie ; elles avivent le cœur, lui parlent d'espérances, de foi dans la justice, le retrempent de force virile et de jeune résolution.

Ce n'est pas le ciel que regarde au réveil le pauvre laboureur de Savoie, ni le fiévreux marin de Gênes, ni l'ouvrier de Lyon dans ses rues noires. De toutes parts, ce sont les Alpes qu'ils regardent d'abord, ces monts consolateurs qui, bien avant le jour, les délivrent des mauvais songes, et disent au captif : « Tu vas voir encore le soleil. »

L'antiquité, aux Alpes, avait mis trois autels :
Au Dieu de la Nature, à l'âme universelle, à l'Esprit qui balance le jeu des éléments, les vents, pluies et tempêtes. On nommait cela Jupiter.
A la force héroïque qui perça la montagne, fraya la voie. C'était Hercule.
Rome ajouta un temple, un autel : *A la paix du monde*.
Monuments vénérables que toute l'humanité aurait dû respecter.
Ils étaient de ces choses communes aux nations, aux races opposées même, au-dessus des débats du dogme passager. Hauts symboles de foi supérieure, inscrits dans l'homme et la nature, et qui vivront encore après la mort des dieux.

Certes il le méritait, ce temple ou cet autel, celui qui le premier ouvrit les périlleuses voies, qui dans ces lieux terribles, entre l'abîme et l'avalanche, s'arrêta, prit pied, travailla à assurer et fonder le passage. Le désert, jusque-là n'avait qu'un habitant, un Esprit de terreur. Sur la pente glissante, sur la corniche étroite, le vertige brouillait la vue, le cœur, aux plus vaillants. Pour rester et s'établir là, conquérir la montagne, il fallut une force plus qu'humaine : « Il fallut Hercule. »

L'Hercule gaulois fit cela le premier. Du coup il fit deux nations. Une Gaule naquit en Italie, une Italie se fit en Gaule. Même âme des deux côtés des Alpes. Dualité sublime, qui, je crois, sur la terre n'a rien de comparable, comme puissance d'humanisation.

La Grèce, ingénieuse, dit que ce bon Hercule fut si content de lui après cette œuvre unique, bienfaisante entre toutes, qu'il s'assit, regarda l'Italie, de l'Etna aux Alpes, et qu'il dit : « Me trompé-je?... Il me semble que je deviens Dieu ! »

Œuvre en effet divine. Dès ce jour chacune des nations nourrit l'autre. Aux passages se fait un éternel échange de bienfaits mutuels. On le sent aux temps de famine. Saussure rappelle l'émotion des Suisses, lorsque, dans la détresse d'un hiver affamé, ils virent les longues files des mulets italiens, ouïrent le bruit gai des clochettes qui apportaient le blé, le riz de Lombardie. En retour, les troupeaux des bœufs suisses vont en toute saison nourrir les Italiens. Circulation constante et d'hommes et d'animaux (aux passages secondaires aussi) en plein hiver. Le Valaisan, par le Grimsel, passe ses vins contre les laitages d'Hasli. On le voit, au Cervin, en novembre, non sans danger, traverser le glacier avec ses bestiaux, ses mulets, quand les abîmes et les crevasses se couvrant de neige assez dure, donnent au pied un appui craquant.

La montagne n'est jamais sans vie. Les passages,

les hospices sont la scène d'un grand mouvement. Les files de bruyants chariots, le son du cor et des clochettes, des voitures, des troupeaux, les accents des langues diverses, tout cela rompt le grand silence des géants glacés qui dominent. Imposants personnages, muets, que l'on connaît à peine. Beaucoup, inexplorés, n'ont pas de nom encore.

Le front inaccessible, couronné de diamants, ils ne regardent guère ce qui se passe en bas. Ils continuent paisibles leur rêve de cent siècles. (Tschudi.)

Sous leurs pieds cependant un monde passe, l'armée des oiseaux qui, au printemps et à l'automne, deux fois par an, franchit les Alpes.

J'en ai parlé ailleurs. J'ai dit leurs dangers, leurs terreurs, mais pas assez peut-être l'ordre admirable qui règle ce mouvement immense, cette grande transplantation d'un peuple.

Dès la mi-février, la cigogne, quittant les minarets d'Égypte, de Tunis, de Maroc, cingle au nord, aux clochers, aux nids héréditaires qu'elle a constitués en Hollande. Le ciel méditerranéen tout à coup s'obscurcit de son nuage ailé, de son bizarre hiéroglyphe, mais le prudent oiseau évite les hautes Alpes centrales. Il prend par les deux bouts : l'ouest, Genève et le Jura, l'est, le Tyrol ou l'Engadine.

Ce froid de l'année voit encore la bonne alouette qui a hâte d'aimer et chanter — le passage du petit héros que rien n'effraye, le rouge-gorge, de l'honnête pinson, le sage oiseau d'Ardennes qui revoit sa forêt avant la première feuille.

L'hirondelle ne vient qu'en avril quand elle est sûre d'avoir table mise, et son festin prêt de mouches et moucherons. Tous les chanteurs la suivent et le dernier enfin, le pauvre rossignol, au grand cœur, à la faible tête, qui pose en bas, se confie aux buissons. Déjà la craintive fauvette a passé (mais de nuit) les sommets trop gardés le jour.

« Heureux qui a des ailes! » dit-on, mais le passage n'est pas pour les oiseaux si simple qu'on le croit. A huit ou dix mille pieds, l'air rare les fatigue, ils halètent. Tels n'endurent pas le froid. Tels ne résistent point aux chocs de la tourmente.

Et plus que la tourmente, ils redoutent leurs ennemis, les meurtriers ailés. Les uns les attendent au passage, affreux vautours, aigles cruels. Lourds oiseaux cependant que l'on peut éviter. Mais le pis, c'est que d'autres, plus âpres, plus légers, les suivent, faucons ou éperviers, plus un horrible monde d'oiseaux de nuit. Tout ce que peut faire la sagesse, la stratégie, ils l'opposent au danger. Beaucoup ont une forte entente. Ils se mettent ensemble, et vont contre le vent, pour qu'on n'odore pas leur passage. Ils s'unissent en grandes légions. C'est un fort beau spectacle à l'automne de voir les grues, les oies sauvages (oiseau de grande intelligence) former leurs triangles puissants; mettant tour à tour à la pointe les vaillants et les forts qui percent l'air et rendent aux faibles la navigation plus facile.

J'aurais voulu pouvoir demander aux oiseaux leur pensée au moment critique. Je les interrogeais. Ils n'osaient s'arrêter. Mais l'on devine bien leur terreur en voyant combien les autres animaux, moins poursuivis pourtant, sont tristes et inquiets. Rien de mélancolique comme les grands moutons italiens qui l'été montent aux Alpes. Soit qu'ils aient le regret de leurs collines natales, soit qu'ils s'inquiètent vaguement des dangers d'un monde inconnu, ils ont la tête basse; point de jeu, point d'ébats; même les agneaux sont sérieux.

Chose bien plus significative. Près de la Contamine, dans un col du mont Blanc qui mène en Italie, je vis la plus naïve image d'inquiétude et de terreur. C'étaient de très jeunes mulets, vendus près de Sallenches, séparés de leurs mères, et qui allaient se faire revendre au dur Piémont, au sec pays de Gênes, riche en coups, pauvre en herbe, dans ses montagnes chauves. Ces très charmantes petites bêtes, douces comme les jeunes chevaux, étaient beaucoup plus fines. L'un, d'un poil qu'on aurait dit de bourre de soie, semblait né ce matin et à peine sorti de la mère. Tous avaient l'œil sauvage, joli, scintillant et profond, déjà passionné. Jamais je n'avais vu des natures aussi peureuses. La voiture qui passait, la triste et sombre route, tout leur faisait alarme, ils se précipitaient, se serraient, semblaient prêts de sauter dans les précipices. Leurs petites mines folles, égarées, auraient paru comiques; mais on en était trop touché.

Naïfs, enfants encore, ils disaient, exprimaient, dans cette étrange pantomime, ce que les autres (hommes et bêtes) ne disent pas, mais roulent en eux-mêmes quand ils passent par ces tristes lieux.

Lorsque, au Grand-Saint-Bernard, cet antique et rude passage que l'oiseau n'ose prendre jamais, on trouvait sur tel point jusqu'à quarante pieds de neige, lorsqu'on voyait (naguère encore) la morgue, l'hospice, son exposition permanente des morts conservés par les glaces, on sentait bien le tragique du lieu.

Dans le Simplon, la montée italienne si désolée dit assez le péril par ses précautions excessives. Huit galeries voûtées, six abris, vingt refuges, rassurent, mais avertissent que la mort est sur votre tête. De moment en moment, frappe aux voûtes retentissantes, d'écho en écho roule le lourd tonnerre de l'avalanche.

Rien de plus imposant que les galeries du Splügen, cette œuvre colossale du génie italien. On est effrayé et ravi. Elles ont bien moins l'air d'un passage que d'un palais bâti sur l'abîme pour les invisibles. Les fenêtres, arcades admirables qui encadrent les vues des monts, des précipices, sont d'effet fantastique. Des paysages immenses, se succédant si vite, aperçus par lueurs, semblent une illusion de ces voûtes. C'est comme un cloître des esprits.

Chacun de ces passages a beaucoup vu et pourrait raconter. Que de choses tragiques et touchantes s'y sont passées ! Que de séparations à cette limite des deux mondes ! Que de déchirements ! Qui dira les douleurs de ceux qui, de là-haut, jetaient sur la patrie l'adieu et le dernier regard ! Mais ce livre ne veut, ne doit pas toucher à l'Histoire. Elle attristerait la Nature.

Je laisse au haut du Saint-Bernard, dans sa solitude éternelle, le bon et vaillant Desaix, qu'on a relégué là pour sa victoire de Marengo.

Je laisse toutes les tragédies des longues persécutions romaines, aux seizième, dix-septième siècles, la lamentable file des proscrits de la foi, des libres penseurs fugitifs, qui s'arrachaient de l'Italie. Quitter le soleil, l'art, ces villes admirables de marbre, qui sont de vrais salons, les ravissants berceaux de toute *humanité* — c'était un peu plus que mourir. Le Nord (boue et fumier) était si noir alors! N'importe, ils s'arrachaient. Un d'eux, grand dans l'Église, et plus grand de génie, ayant atteint les Alpes, dépouilla, déchira, jeta la robe fatale dans le précipice italien, tout son passé aussi, et famille et patrie, tous les chers souvenirs. Nu, il descendit vers le Nord, l'indigence et la liberté.

En retour, que de fois, de nos jours, la liberté même, son génie, *le grand Italien* (tant poursuivi, surpris jamais) a passé, repassé, sur ces mêmes sommets, dans les cinquante années où il conçut, créa, mûrit, enfanta la Patrie!

Tout cela sera dit un jour. Pour aujourd'hui, un seul fait, et pas plus, que personne ne connaît encore. Je ne résiste pas au plaisir de conter comment le dernier proscrit des libertés religieuses (M. Muston) fut sauvé par les Alpes mêmes. Il y a trente-six ans de cela.

Son livre des Vaudois l'avait signalé en Piémont aux fureurs de l'intolérance. Il fuyait par les monts à travers l'horreur de l'hiver. On le serrait de près. Il atteignit la nuit les sommets, frontières du Piémont. Nul chemin devant lui qu'un précipice immense, effroyable glissade de la hauteur des Alpes.

Il était plein d'histoires, des vaillances de ses aïeux, de tant d'hivers que Léger l'indomptable, le grand historien, passa dans les cavernes, du retour héroïque des qua're cents qui, pour alliés, ayant l'hiver et la montagne, arrêtèrent l'effort de deux rois. Muston, du même cœur, se confia aux Alpes, leur remit son salut, se lança sur la pente... Il tomba... mais vivant... en France — *la France de juillet,* une mère qui le prit dans ses bras.

VII

PYRÉNÉES

Les Pyrénées, filles du feu, n'ont pas la jeunesse des Alpes, n'ont pas leurs abondantes eaux. Elles sont riches de métaux, de marbres, d'eaux chaudes, vivantes, vivifiantes. Elles sont riches surtout de lumière.

Leur mur redoutable, austère, ininterrompu, est la barre entre l'Europe et l'Afrique, cette Afrique qu'on nomme Espagne. Divorce absolu, tranché, que nulle gradation ne prépare. Les Alpes, dans leur épaisseur, font passer assez aisément d'Italie en Provence, à Lyon. Mais si, parti de Toulouse, par-dessus les Pyrénées, leur rapide versant du midi, vous tombez à Saragosse, vous avez franchi un monde.

Avec des pics moins élevés, dans leur continuité elles sont plus hautes que les Alpes. Moins compliquées, elles imposent par leur simplicité grandiose et de style sublime.

Dans une belle opposition symétrique, leurs deux

grands fleuves descendent en sens inverse, l'un à l'est, l'autre à l'ouest ; l'Èbre à la Méditerranée, la Garonne à l'Océan. Mais l'Èbre va roide et droit. Dans la courbe de la Garonne s'inscrit, non sans quelque grâce, le beau torrent de l'Adour.

Leur sublime est dans la lumière, dans les ardentes couleurs, dans les éclairs fantastiques dont les couronne à toute heure ce monde âpre du midi qu'elles cachent, qu'on voudrait voir. Là il faut bien avouer que les Alpes cèdent et pâlissent. Aux Pyrénées, les verts d'eau si singuliers de leurs gaves, certaines prairies d'émeraude, en contraste avec leurs ruines, le marbre vert, le marbre rouge qui perce le noir rocher, tout cela est fort à part.

Un miracle incessamment se fait voir à leurs sommets, une transfiguration constante, dans un certain léger bleuâtre, dans l'inexprimable rosé (qui passe entre l'aube et l'aurore), dans la pourpre, dans les ors et dans les flammes du soir. Cela varie selon l'heure, mais non moins selon la distance ; à trente lieues, à vingt lieues, à dix, tout est différent. Vous avez saisi le pinceau, et vous croyez les fixer. Un pas de plus dans la plaine, tout change. Ces montagnes fées ont pris un autre visage. Leur charme léger du matin, à midi, c'est l'austérité.

Dans un été chaud, orageux, que je passai à Montauban, j'avais, sur le Tescou, le Tarn, sur l'immense et énorme plaine, une fenêtre qui planait de haut, fenêtre extrêmement large, comme une galerie vitrée. Toute la ligne des Pyrénées, de Bayonne au Pic du

Midi, et de là au Roussillon eût tenu dans ma fenêtre. Mais à une telle distance, je ne distinguais cette ligne qu'à certaine heure, certains jours. Quand l'air devenait transparent, le jour qui précédait l'orage, j'en voyais l'image flottante. La voyais-je? Était-ce un nuage? Non, c'étaient vraiment leurs cimes. Seulement parfois elles semblaient neigeuses plus qu'elles ne le sont en effet. La belle, grande et riche plaine (je crois, la première du monde), par mille accidents grandioses de campagnes, de rivières, par l'infinie variété, m'avertissait assez de l'éloignement. Mais je n'étais que plus avide de cette vue, plus insatiable, en raison même du douteux, du fuyant, du décevant de la vague apparition. Des heures entières, nous restions dans la contemplation rêveuse, jamais froide, émue toujours. Que de songes du passé, d'imaginations, de chimères, nous suspendions à ce nuage incertain, réel pourtant, qui par moments reparaissait, à cette barrière d'un monde, à l'inconnu d'au delà!

Cet inconnu est pays de roman, d'aventures improbables, d'éléments tranchés sans nuance. Du Maure au Goth, de l'Espagne à l'Espagne, nulle conciliation, un combat éternel, un champ illimité pour la folle espérance. Les *Châteaux en Espagne* flottent déjà sur les Pyrénées. Ce grand mur qui ne baisse qu'aux deux bouts, a là pour portiers deux têtes chaudes (Basques et Catalans) qui ouvrent dignement l'étrange pays de Don Quichotte.

Les *pors*, les prétendus passages qui, dit-on, ouvrent le grand mur, sont d'effroyables casse-cou, où six mois de l'année ni le mulet ni l'homme ne se hasarderaient. La fameuse brèche de Roland qu'il ouvrit de sa Durandal était naguère encore à grand'peine franchie par le contrebandier, le bandit poursuivi. Mais outre ces obstacles entre les deux royaumes, les Pyrénées, par les âpres collines qui leur servent de contreforts, séparent profondément les vallées, les populations que l'on trouve à leurs pieds. Tribus fort discordantes. Auprès des Basques (Ibères) vous trouvez les Celtes gascons; aux deux bouts (Perpignan, Bayonne) abonde l'émigration Moresque.

Innombrables contrastes dans la langue et dans les costumes. Même aujourd'hui beaucoup se voient aux foires de Tarbes. Souvent à la fois on y trouve le bonnet blanc du Bigorre, le brun de Foix, le rouge du Roussillon, quelquefois même le grand chapeau plat d'Aragon, le chapeau rond de Navarre, le bonnet pointu de Biscaye. Le voiturier basque y viendra sur son âne avec sa longue voiture à trois chevaux; il porte le béret du Béarn; mais vous distinguerez bien vite le Béarnais et le Basque; le joli petit homme sémillant, qui a la langue si prompte, la main aussi, et le fils de la montagne, qui la mesure rapidement de ses grandes jambes, agriculteur habile et fier de sa maison dont il porte le nom.

Les austères Pyrénées ne sourient qu'une fois, au point central d'où part l'aimable fleuve, un peu fantasque, la Garonne : c'est un fleuve à surprises. Joyeuse fille de la plus sombre mère, la noire Maladetta, elle s'amuse d'abord aux prairies; mais une chute de quatre-vingts pieds la fait tourner sur elle dans un bassin où un gouffre l'avale pour ne la rendre au jour que deux mille pieds plus bas. Elle est là, on la sent aux rosiers, aux beaux arbres, aux mille plantes qu'elle favorise. Enfin, heureux coup de théâtre, elle sort en cascade, elle emporte une petite Garonne venue du sud. Que d'aventures l'attendent! et quelle prodigieuse fortune! Elle va faire sur la route un monde, créer des champs, créer des villes, jusqu'au point où énorme, immense, oubliant sa montagne, et son rustique nom, elle voit l'infini, *la Gironde*.

L'habitant primitif des Pyrénées paraît être le Basque, l'Ibère, antique race du monde qui précéda le Celte même. S'il a pourtant quelque analogue, c'est chez les Celtes de Bretagne, d'Écosse ou d'Irlande qu'il faut le chercher. Le Basque, aîné des races d'Occident, immuable au coin des Pyrénées, a vu toutes les nations passer devant lui : Carthaginois, Celtes, Romains, Goths et Sarrasins. Nos jeunes antiquités lui font pitié. Un Montmorency disait à l'un d'eux : « Savez-vous que nous datons de mille ans? — Et nous, dit le Basque, nous ne datons plus. »

VIII

SUITE. — PYRÉNÉES

La mer et la montagne ont là toutes leurs illusions. Rien de plus imaginatif que les hommes de ce rivage, amants de l'impossible, chercheurs acharnés du péril, aux abîmes des monts, aux sombres mers des pôles. Ils pouvaient les courir sans en trouver de pire que la leur, sa *Côte des fous*. Les monts secondaires qui s'y dressent, tel fantasquement découpé, tel demi-ruiné, pendant et menaçant, ont des airs chimériques. Au pied, les grandes landes, peuplées la nuit de visions, étaient au Moyen-âge les temples du Sabbat. Des sommets ruineux à la furieuse mer, trônait le Prince des vents, l'esprit de trouble et de tempêtes, promettant des trésors et grand maître en mensonges. Parmi ses sorcières, les plus folles du monde étaient les sorcières basques, dangereuses, charmantes (dit Lancre) sous leurs cheveux ébouriffés, quand, par un prestige infernal, à travers le brun sombre se jouait l'or du soleil.

N'en tint-il pas un peu, notre éloquent Ramond, l'amant du Mont-Perdu, que si obstinément il poursuivit? Jeune, il avait crédulement suivi d'autres illusions, les rêves de Cagliostro et son culte de la Nature. D'un cœur ardent, généreux, il s'était élancé plus tard au seuil de la Révolution, espérant la délivrance, le bonheur de l'espèce humaine. Mais bientôt quel cruel retour! quel dur désillusionnement! Refoulé sur lui-même, proscrit, au désert, sans s'abattre, d'un même élan, il se tourna vers la Nature. Il sonda l'énigme du globe. Il avait déjà fait un beau livre sur les Pyrénées, plein d'observations très fécondes. Mais cette fois il cherchait autre chose, brûlait d'atteindre ce qu'on voit de partout, le mont qui disparait sans cesse et semble se cacher.

Saussure eut moins de peine. Il tenait le mont Blanc d'avance et savait où le joindre, savait ce qu'il était, un dôme de granit. Ramond cherchait le mystère d'une cime qui, quoique calcaire, a monté aussi haut que les pics de granit eux-mêmes. Avec une incroyable ardeur il suivit dix ans cette étude dans ses courses aventureuses, ses ascensions solitaires. A cette époque de guerre, les Espagnols qui gardaient leur frontière sur le Taillon, à la hauteur de dix mille pieds, voyaient en bas dans les grands cirques déserts, ou dans les précipices, la figure de cette âme errante, et disaient : « Quel est cet esprit? »

Les seuls êtres que Ramond rencontrât aux vallées profondes qui s'étendent entre les deux chaînes du double mur des Pyrénées, c'étaient les moutons espagnols, qui chaque année viennent de loin chercher l'herbe, la fraîcheur. Leurs sauvages conducteurs, qui se croient un peu sorciers, sont aisément visionnaires. Leur seule intimité est avec leurs bêtes elles-mêmes ; bêtes rêveuses qui en savent, ce semble, plus qu'elles ne disent. Le berger les croit des âmes, seulement âmes non chrétiennes, n'ayant pas été baptisées.

En Espagne, le berger règne et dévaste le pays. Autorisés de la Mesta (une puissante compagnie), cinquante ou soixante mille bergers et leurs triomphants mérinos mangent tout de l'Estramadure à la Navarre, à l'Aragon. Ce berger, avec sa peau de mouton au dos, et aux jambes l'abarca de peau velue, de loin semble lui-même un sauvage mérinos.

J'écrivais dans l'*Histoire de France* (avant 1833) :

Ce n'est pas à l'historien d'expliquer les Pyrénées. Vienne la science de Cuvier, de Buch, d'Élie de Beaumont. Qu'ils racontent cette histoire anté-historique. Ils y étaient eux, et moi je n'y étais pas, quand la nature improvisa sa prodigieuse épopée, quand la masse embrasée du globe souleva l'axe des Pyrénées, quand les monts se fendirent et que la terre, d'un titanique enfantement, poussa contre le ciel la noire et chauve *Maladetta*. Cependant une main consolante revêtit peu à peu les plaies de la montagne de ces vertes prairies qui font pâlir celles des Alpes. Les pics s'émoussèrent et s'arrondirent en belles tours. Des masses inférieures vinrent adoucir les pentes abruptes, en retardèrent la rapidité, et formèrent du côté de la France cet escalier colossal dont chaque gradin est un mont.

Montons donc, non pas au Vignemale, non pas au Mont-Perdu, mais seulement au por de Paillers, où les eaux se partagent entre les deux mers, ou bien entre Bagnères et Barèges, entre le beau et le sublime. Là, vous saisirez la fantastique beauté des Pyrénées, ces sites étranges, incompatibles, réunis par une inexplicable féerie; et cette atmosphère magique, qui tour à tour rapproche, éloigne les objets. Mais bientôt succède l'horreur sauvage des grandes montagnes qui se cachent derrière, comme un monstre sous un masque de belle jeune fille. N'importe, persistons, engageons-nous le long du gave, par ce triste passage, à travers des entassements infinis de blocs de trois et quatre mille pieds; puis les rochers aigus, les neiges permanentes, puis les détours du gave, battu, rembarré durement d'un mont à l'autre; enfin le prodigieux cirque et ses tours dans le ciel. Au pied, douze sources alimentent le gave qui mugit sous des ponts de neige, et cependant tombe de mille trois cents pieds, la plus haute cascade de l'ancien monde.

Nulle part autant qu'aux Pyrénées on ne se sent en rapport avec l'âme de la terre. Elle est sensiblement dans ces sources profondes où sa vie souterraine remonte jusqu'à nous. Nulle analyse n'explique leur puissance. Nous avons beau mêler et combiner tous les éléments qu'on y trouve, nous ne produisons rien encore, un travail inconnu se fait toujours en bas. Un éminent métallurgiste, M. de Sénarmont dit : « La nature n'a pas interrompu la création minérale.

Nombre d'espèces ne sont pas reproduites. Leurs éléments ne paraissent pas avoir obéi aux mêmes affinités que nous mettons en jeu. Les réactions, les affinités chimiques peuvent être soumises à d'autres lois. » (*Ann. de chim.*, t. XXX, p. 129.)

On le sent à Barèges, aux Pyrénées centrales. On le sent en Bohême, au sombre entonnoir de Carlsbad. Ce sont là des eaux sérieuses et de redoutables puissances. Ne les comparez pas aux sources innombrables, simples eaux de lavage, qui, traversant des couches minérales, simulent les thermes véritables par des imitations, des teintures affaiblies. Celles-ci donnent la vie, mais quelquefois la mort aux prétendus malades qui viennent à la légère les profaner de leurs amusements. Il ne faut s'y jouer. Gens de plaisir, allez. Respectez ces lieux graves où la puissante Mère communique avec ses enfants.

On ne s'y méprend pas quand on monte à Barèges. Elle est là secourable, et redoutable aussi : son génie austère est présent. Quiconque y vient non prévenu, en est saisi. Les grands travaux de la montagne qui se fait, s'élabore elle-même, ces choses ailleurs cachées sont ici manifestes. C'est sous la ruine même, suspendue, menaçante, qu'on vient chercher la vie. Et sur la rive en face c'est la ruine qui fit la prairie; les maisons, les troupeaux sont établis dessus. On le sent, tout est éphémère. L'homme est admis par grâce en ce lieu dangereux, en ce sombre laboratoire des grandes forces de la Nature.

Son travail est encore plus visible à Olette, son combat, son effort pour amener ici l'esprit d'en bas. Il a lutté mille ans pour se révéler tout à fait. On le sentit dès Charlemagne, et peu après 800 on y bâtit un sanctuaire. Une âme chaude était dans la contrée. On savait laquelle. On l'appelait l'*Exalada*. On la sentait à de grands signes. Sur cet escalier de montagnes (*Graus d'Olette*), tel gradin donnait quelque eau chaude, tel du cuivre mêlé d'argent. Mais un grand travail intérieur se poursuivait. Par moments des désastres effrayaient la contrée et la rendaient déserte. Des moines qu'on y mit d'abord ne purent conjurer ces puissances inconnues et s'enfuirent dans le bas pays.

Le Roc des Trépassés témoigne des ruines, des catastrophes de ces temps. Les tremblements de terre étaient continuels. L'esprit captif frémissait, s'agitait. Il a fallu mille ans pour faire sa délivrance.

. C'est le mont Canigou, le pic du Roussillon, ce solitaire à part des Pyrénées, qui verse autour toutes ces sources, d'Olette, d'Amélie, de Vernet. En ses chaudes entrailles, il a gardé la vie, redoutable autrefois, aujourd'hui bienfaisante.

On a vu là (comme à Java, comme aux Antilles au départ du Gulf-Stream) que plus coule l'eau chaude, plus les tremblements diminuent[1]. Trente sources peu à peu parurent, et telles les plus chaudes du monde (une à soixante-dix-huit degrés). L'ensemble donnerait par jour mille huit cents mètres cubes, dix mille bains à la fois. C'est toute une rivière de santé, de jeunesse, de force, un vrai fleuve de vie.

---

1. C'est ce que montre le *Livre vert*, ms. antique, conservé à Perpignan. — Voy. les travaux intéressants de MM. Renard, Bouis (Olette, 1852).

La plus grande merveille, c'est la diversité des sources. Toute température, toute combinaison y est représentée. Dans ce lieu si étroit vous trouvez réunies les eaux des Pyrénées, Cauterets, Bagnères et Barèges, je ne sais combien d'autres se sont donné là rendez-vous. Et d'autres sources encore, tressaillant sous vos pieds, réclament, et, des ténèbres perçant à la lumière, semblent dire : « Enfin c'est mon tour. »

IX

LA BOLLENTE. — ACQUI

« Le travail est mon dieu, il conserve le monde. » Moi, il m'a vraiment conservé. Ma vie, grâce à lui, très égale, s'est maintenue toujours la même, en augmentant sa force productive. Sauf un accident (vers trente ans), je ne soupçonnais rien de nos misères du corps.

Enfermé dans l'histoire, dans la construction de mon énorme pyramide, rarement et fort tard je regardais vers la Nature. Il fallait qu'elle-même m'avertît, me prouvât qu'on ne peut pas rester loin d'elle impunément. Par le cœur, le souci d'un intérêt très cher, me voici un matin plongé aux sciences de la vie — non comme un curieux cherchant l'amusement — mais comme un voyageur en péril dans la frêle barque, sur la vague incertaine qu'il voudrait percer du regard. Cela me servit fort. Un si vif intérêt, doublant l'attention, donne une seconde vue, tout au moins fait saisir dans les choses de vives lueurs.

Rassuré d'un côté, je fus atteint de l'autre. Avec chagrin, surprise (j'allais dire presque, indignation), je me trouvai malade (1853). Pour la première fois, le monde avait eu prise. Je languis à Nervi, près Gênes. Cet admirable pli de l'Apennin m'enveloppait. Le soleil italien, l'air léger, la corniche basaltique où je me traînais à midi, étaient des protecteurs. Compagnon du lézard sur cette côte aride, je me consumais de repos. L'action, pour qui a gardé l'âme entière, est un besoin croissant, pressant, impérieux. Sans doute, l'oisif qui ne vit pas, ou qui a trop vécu, jeté au vent son âme, s'en va plus aisément. Mais, celui qui en pleine course, en plein élan, est arrêté, ressent bien autrement le coup. Je mourais plein de vie, d'idées, d'études et de projets, d'œuvres fortes, rêvées, commencées. L'histoire, mon grand devoir, réclamait, gémissait de ne point s'achever. La Nature réclamait. Je l'avais entrevue par la science et par le bonheur. Par quelle malignité sauvage, en m'entr'ouvrant son sein tout à coup me repoussait-elle? Ironie violente, de briser, en disant : « Vis et jouis encore! »

L'Italie est toujours le pays des grands médecins. Leur oracle infaillible m'imposa un remède extrême. L'arrêt fut celui-ci : « Qu'il rentre dans la terre. Inhumé sous la terre brûlante, il revivra. »

Le lieu salutaire et funèbre, où l'on s'ensevelit, est Acqui, dans le Montferrat. Petit pays, maigre et sauvage qui serait inconnu sans sa position militaire, ses guerres où l'on s'est tant tué pour avoir la porte des Alpes. Le fer, le soufre et le silex sont la constitution même du pays. Autour des bois mesquins, et de petites vignes d'un vin blanc, chaud, et qui sent le silex. Par la vallée s'en va la Bormida, rivière? torrent? qui ne manque point d'eau; mais ses chutes, ses sauts violents, la rendent comme ses sœurs, les rivières du Piémont, insociable, inhospitalière. Ces cours d'eau qui servent si peu, où jamais barque ne paraît, semblent tristes, farouches. Les animaux aussi, ce semble. J'y vis un petit bœuf qui me regardait de travers, et qui s'en alla, sans raison, frapper de la corne un cheval.

Un reste d'aqueduc romain pare et ennoblit la vallée. Ce débris ruineux, encore debout, sur le vague terrain que les eaux couvrent en certaine saison, disparaîtra un jour dans ces fureurs subites qu'a par moments la Bormida, et laissera ce lieu à sa monotonie.

Les deux rives abondent d'eaux chaudes. Sur la rive gauche est la ville, avec sa belle source, très célèbre, la Bollende. Elle coule à gros bouillon, limpide, mais fortement soufrée. Elle coule, ou plutôt elle lance, avec une roideur qui témoigne de la hauteur d'où elle vient, du riche fond dont elle part. Jadis l'aqueduc romain la prenait, et par-dessus le fleuve la portait aux Bains sur l'autre rive. Aujourd'hui délaissée, dans le quartier des Juifs, elle suit le sort de la ville, jadis évêché souverain, maintenant peu peuplée, pourtant intéressante, dans sa noble ceinture de superbes platanes qui l'entourent d'un côté, et qui s'en vont déserts en remontant la rive de la déserte Bormida.

Le grand mystère est sur la rive droite. Toute la

terre est travaillée, les collines minées profondément d'eaux chaudes. Le secret justement est cette mort de la montagne qui, tamisant incessamment ces eaux, va se détruisant elle-même. Les bains romains furent, il y a trois siècles, engloutis d'un éboulement. Et le même travail se fait et se prépare encore. A la chute, l'on vit que tout le pays bouillonnait. Pour pouvoir bâtir quelque chose, il fallut contenir, étouffer d'innombrables petites sources. Elles se turent, mais elles vivent souterraines, elles rendent la terre vibrante. Aux petits bois qui entouraient les bains, à la fontaine où l'on va boire l'eau froide, aux collines et partout on a ce sentiment que quelqu'un, mal enseveli, s'agite, tressaille sous vos pieds.

Les bains sont une sorte de cloître, divisé en logements de trois côtés. Le quatrième, avec des arbustes, un petit parterre, est ouvert et forme l'entrée. Le logement des pauvres est loin, tout à fait séparé de ceux qui payent pension. Cette séparation n'existait pas, il y a quarante ans. Sous un rapport, je la crois regrettable. Plus près de leurs misères, on serait, moins léger. Bon gré mal gré, on se souviendrait mieux des communes destinées humaines. Notre directeur vénérable (chevalier Garrone) se piquait fort de s'assurer lui-même des aliments qu'on leur donnait. Nous étions touchés de le voir, ce digne militaire de grande taille, revenir le matin, décoré à sa boutonnière de la cuiller d'essai qu'il portait avec lui, se parer noblement des insignes de la charité.

S'ils étaient bien nourris, leur logis, en revanche, était triste, serré. Les cours étroites et nues, sans arbres, sans ombre en ce climat brûlant. Cependant, disait-on, ils guérissent plus vite, et en bien plus grand nombre que les malades aisés. Cela s'explique bien par leur vie régulière et sobre. *Ils guérissent*, ce mot me frappait. Il leur donne un vrai droit : l'eau, la source est à eux. La nature les a faites pour ceux qui sauront y guérir.

Ah! disais-je, à la place de ce logis serré, si l'on voyait sur les deux rives descendre un double amphithéâtre, double piscine immense, hospitalière, où viendraient des peuples entiers, ne serait-ce pas un centre pour la fraternité future des nations italiennes? C'est ici que pourrait guérir de sa profonde infirmité — l'esprit d'isolement, de divorce — le grand malade, l'Italie (1854)!

Les bains sont accessoires, accessoire l'eau froide qu'on boit. Le point c'est le très chaud limon où l'on doit être enseveli.

Limon nullement sale. Le fond était de la silice, du caillou brisé, réduit à l'état de poudre impalpable. Un mélange de soufre et de fer lui donnait une teinte noirâtre. Dans un lac resserré où l'on concentre le limon, j'admirai le puissant effort des eaux qui, l'ayant préparé, tamisé dans la montagne, puis l'ayant coagulé, luttant contre leur œuvre même, à travers son opacité, voulant percer, le soulèvent de petits tremblements de terre, le percent de petits jets, des volcans microscopiques. Tel jet n'est que bulles d'air, mais tel autre permanent indique la constante présence d'un filet qui, gêné ailleurs, après mille et mille frottements, finit par vaincre, obtenir ce qui paraît le désir, l'effort de ces petites âmes, charmées de voir le soleil.

J'arrêtai sur cette terre noire, vivante, un sérieux regard. Je lui dis : « Chère Mère commune! Nous sommes un. Je viens de vous, j'y retourne. Mais dites-moi donc franchement votre secret. Que faites-vous dans vos profondes ténèbres, d'où vous m'envoyez cette âme chaude, puissante, rajeunissante, qui veut me faire vivre encore? Qu'y faites-vous? — Ce que tu vois, ce que je fais sous tes yeux. »

Elle parlait distinctement, un peu bas, mais d'une voix douce, sensiblement maternelle.

On exagère ses mystères. Son travail est simple, clair, dans ces lieux où, pour ainsi dire, elle fonctionne au soleil.

J'étais arrivé le 5 juin, extrêmement faible encore. J'avais eu une défaillance en descendant de voiture. Je dormis douze heures de suite, et me trouvai un peu mieux. Une belle chambre avec terrasse nous ouvrait la perspective limitée, mais agréable, d'un petit bois, coupé d'assez belles charmilles, qui vous reçoit à l'entrée. La végétation était maigre, et tout autour l'odeur de soufre était forte.

Odeur puissante de vie. Dans quelques sources voisines, l'eau rend ivre autant que le vin. Cette ivresse de l'air et des eaux stimule, réveille les sens, bien avant de rendre les forces. On oublie qu'on est malade. Le 9 me revint l'étincelle. Déjà je me crus vivant.

La nuit était une féerie. Cet air de soufre et d'amour enivrait nos lucioles. Plus agiles que celles du Nord, ailées, dans leurs danses ardentes, elles scintillaient sous la sombre obscurité du petit bois. Il n'en semblait que plus noir derrière ces jeux de diamants. Elles variaient à l'infini dans leurs flammes, étincelantes aux rencontres, parfois pâles et défaillantes de désir ou de langueur.

Elles ne sont pas les seules. Dans ce lieu fort sérieux où il y a de vraies souffrances, infiniment douloureuses, dans l'absence des plaisirs bruyants, la nature d'autant plus agit, et avec peu de mystère. D'aveugles lucioles humaines se cherchent un moment, voltigent, puis s'en vont sans souvenir. Notre vie, plus concentrée, nous tenait un peu à part. Nous préférions suivre le soir le rivage de la Bormida, éclairée d'un beau couchant, ou bien remonter la colline par l'ancienne voie romaine. De là on découvre la ville en face sur l'autre rive; on voit les détours du fleuve; même on découvre de côté le Viso, si élevé, qui couronne le paysage sans lui donner de la grandeur. Au revers de la colline, tout disparaît, on ne voit plus que l'âpre vallée étroite du torrent, le Ravanesco, et, fort à part, le cimetière, des maisons abandonnées.

Un jour, sur cette colline, le beau jour de la Fête-Dieu, nous eûmes la triste rencontre d'un convoi fait sur le tard, à la hâte. On abrège fort pour n'attrister pas les malades, surtout les demi-malades dans leurs petits amusements. On enterrait un jeune homme, qui, comme eux, avait oublié pourquoi il était venu. Ce convoi inattendu, dans ce beau moment de l'année, à travers les impressions fort douces d'un été italien, la destinée, la mort, les Alpes, tant de grandes et hautes idées, faisaient rêver ; elles disaient qu'aux vains entraînements du monde, il est un remède, l'amour. Il est sa mesure, sa barrière. Dans sa tendre inquiétude, il est la sagesse même.

Le 19 juin, bien préparé, je fus enfin enseveli, mais à mi-corps seulement. Dans mon cercueil magnifique de marbre blanc, je reçus la première application du noir limon, onctueux, et qui pourtant ne salit guère, n'étant au fond que du sable. Une autre baignoire de marbre, à côté, vous reçoit après, et vous lave en un instant.

Celui qui me mit ce limon, le fangarolo, le signor Tomasini, était un homme intelligent, agréable, adroit. Il était même lettré, avait fait sa philosophie. Nous causâmes. Il dit que l'hiver il gagnait sa vie à la chasse, attrapait des petits oiseaux ; il n'y a pas d'autre gibier. Il avait un peu de terre, environ vingt-cinq mille francs. Un de ses fils devait lui succéder. Mais, pour l'autre, il avait l'ambition de le faire notaire. Il ne regrettait pas son sort. Son souci était seulement sa rivalité avec les anciens fangaroli, jusque-là héréditaires. N'y étant que depuis vingt ans, il était jalousé par eux comme un nouveau venu.

Le 20 juin, la terre m'envahit plus haut, jusqu'à l'estomac, me couvrit presque entièrement. Le 21, je disparus. Le visage seul resta libre pour respirer. Je pus m'apercevoir alors du talent de mon ensevelisseur. Il était sculpteur habile dans le genre égyptien. Je me vis (sauf le visage) tout entier fort bien moulé dans ce funèbre vêtement. Je pouvais me croire déjà habitant du sombre royaume.

Déguisement étrange. Rien cependant qui doive étonner fort. Ne serai-je pas ainsi en terre dans quelque temps, dans bien peu d'années sans doute? De cette tombe à l'autre faible est la différence. Notre berceau, la terre, où naquit notre race, n'est-elle pas aussi un berceau pour renaître? Espérons-le. Nous sommes en bonnes mains.

Je ne sentis d'abord qu'un bien-être indistinct. État voisin du rêve. Après plusieurs épreuves, j'y démêlai des états successifs, qui différaient entre eux.

Au premier quart d'heure, quiétude. La pensée, libre encore, s'examinait. Je revins sur moi-même, mon mal, son origine. Je n'accusai que moi, et ma volonté mal réglée, l'excès de cet effort pour revivre à moi seul la vie du genre humain. Les morts avec qui si longtemps je conversai, m'attirent, me voudraient sur l'autre rivage. Nature me tient encore, me veut sur celui-ci.

Dans le second quart d'heure, sa puissance augmentait. L'idée disparaissait dans mon absorption profonde. La seule idée qui me restait, c'était *Terra mater*. Je la sentais très bien, caressante et compatissante, réchauffant son enfant blessé. Du dehors? Au dedans aussi. Car, elle me pénétrait de ses esprits vivifiants, m'entrait et se mêlait à moi, m'insinuait son âme. L'identification devenait complète entre nous. Je ne me distinguais plus d'elle.

A ce point qu'au dernier quart d'heure, ce qu'elle ne couvrait pas, ce qui me restait libre, le visage, m'était importun. Le corps enseveli était heureux, et c'était moi. Non enterrée, la tête se plaignait, n'était plus moi ; du moins, je l'aurais cru. Si fort était le mariage ! et plus qu'un mariage, entre moi et la Terre ! On aurait dit plutôt *échange de nature*. J'étais Terre, et elle était homme. Elle avait pris pour elle mon infirmité, mon péché. Moi, en devenant Terre, j'en avais pris la vie, la chaleur, la jeunesse.

Années, travaux, douleurs, tout restait dans le fond de mon cercueil de marbre. J'étais renouvelé. Sorti, j'avais sur moi je ne sais quelle lueur onctueuse. Certain élément organique, à part des minéraux, et dont on ignore la nature, donne l'effet d'un contact animé, d'avoir communiqué avec l'âme invisible, et l'heureuse chaleur qui la communique à son tour

La Nature, oubliée pour le travail farouche qui si aveuglément éludait le bonheur, ne m'en voulait pas trop. D'une infinie douceur, elle m'avait rouvert les bras, et m'attendait. Elle m'avait grandi de vie et de puissance. Puissé-je en être digne (disais-je), y puiser ses torrents, et d'un cœur plus fécond, entrer dans son unité sainte !

L'Oiseau, *la Mer*, *l'Insecte*, en vinrent, avec *la Renaissance*, et celui qui les fit, et qui fait tout : *l'Amour*.

X

LA MONTÉE DE LA TERRE. — SON ASPIRATION

Telle la Terre fut pour moi dans sa bonté d'Acqui, telle je la vis monter en vapeur, en liquide, à travers ce divin limon qui me sauva, — telle je crois qu'elle agit dans les couches nombreuses qui font son énorme épaisseur.

Sa vie, c'est l'*expansion*, qui, des foyers profonds, à travers ses parties solides, travaille, transforme, électrise ses éléments, exaltés par la chaleur, liquéfiés, aérifiés, les amène à la surface pour se vivifier, s'animaliser tout à fait.

Cela ne put se comprendre tant qu'elle semblait inerte, pétrifiée par la Genèse, la tradition Biblique. Mais cela se comprit très bien quand Lavoisier nous apprit ce que c'est qu'*expansion*, et combien facilement les trois états de la matière (solide, liquide, aérien) s'échangent de l'un à l'autre. Cela se comprit quand Laplace expliqua et calcula son rapport avec le soleil. Qu'il soit son père, son amant ou tous les deux, il est sûr que c'est lui qu'elle regarde, qu'elle suit de son grand mouvement, et non moins dans tous ses actes de circulation, de fécondation.

Dans les âges ténébreux où les vapeurs l'enveloppaient sous un voile d'atmosphère opaque, elle le sentait déjà, le cherchait du fond de son rêve. Cette obscurité subsiste, dans son énorme épaisseur. Quelle faible partie de la Terre a le bonheur de le voir! Mais ce qui se fit jadis, se fait toujours. Au plus profond, dans le plus noir de l'abime, la même tendance subsiste et le même élan en haut.

La sombre terre des ténèbres a incessamment envie de se faire la terre lumineuse, la terre d'amour qu'*Il* féconde.

Que d'obstacles pour cela! On avait supposé d'abord qu'au dedans tout était liquide, igné, une mer de feu, où du fond à la surface tout eût aisément passé. Hypothèse abandonnée. Il est bien plus vraisemblable qu'à côté des parties ignées (des lacs incandescents peut-être), elle a des roches énormes, des masses dures, lourdes, inertes de minerais, des métaux, qui sont ses os, la soutiennent, mais qui contrarient fortement son âme expansive et brûlante, qui palpite, se soulève pour monter à la lumière.

Dure condition de la Terre. Ce n'est pas la dame oisive, qui créée une fois, parée, dirait : « C'est bien ; je suis belle. » C'est l'infatigable ouvrière, née pour travailler, lutter. Il n'en est que mieux peut-être. Elle paraît si éprise de la lumière paternelle que, dans la lutte et les obstacles, l'amour lui ferait oublier peut-être l'amour de soi, perdre l'équilibre intérieur. Elle fuirait hors d'elle-même.

Tous nos petits travaux d'atomes que nous faisons à la surface, sont des contrefaçons mesquines de l'énorme laboratoire qui travaille dans l'épaisseur. Quel spectacle si on pouvait voir les opérations immenses, par lesquelles les éléments d'en bas doivent s'élaborer pour faire leur ascension ! On les devine pourtant. Penché sur le limon brûlant, bouillonnant, cette miniature des grands travaux de la Terre, assistant à tous les efforts que la vertu intérieure fait pour sortir et monter, j'imaginai aisément tout ce dont elle est capable pour se rapprocher de celui que toujours elle regrette, et vers qui, par tous ses arts, elle tend éternellement. Les procédés mécaniques, les combinaisons chimiques, filtration, trituration, expansion, éruption, fermentations qui dépassent la portée du minéral, elle fait tout, l'impossible même. Elle réussit à percer. Elle finit par monter. Elle monte augmentée de puissance. Car la vie croît par la vie, l'obstacle et le frottement. Elle arrive enrichie, cette âme, d'électricités inconnues. Quel voyage ! que de changements elle a dû subir en route ! Si son noyau est plus dense que l'acier (comme dit Thompson), si c'est un aimant (Poisson), immense est la métamorphose, pour, de cet acier, de ce fer, du granit presque égal au fer, tirer tant de choses ductiles, les mobiliser, briser, liquéfier, vaporiser, et, des vapeurs retombées à l'état de bouillantes eaux, nous amener vers la surface ces puissants élixirs de vie. C'est l'animalité liquide. Seulement les organes manquent. Mais elle se mêle aux nôtres, se fait aisément notre sang. Pourquoi pas? c'est tout naturel; car c'est le sang de notre Mère qui s'ouvre la veine pour nous.

Dans une période assez courte, d'environ un demi-siècle, nous avons pu assister à deux grandes révolutions. « Quelles? celles de 1815? de Juillet? de Février? » — Point. Je parle de révolutions plus grandes et plus importantes, de celles qui s'étendaient au globe, à toute la terre.

Ces révolutions du globe ont concordé parfaitement avec les faits politiques qui se passaient en même temps. Elles se sont singulièrement modelées sur le caractère des deux générations d'hommes qui dans ce même demi-siècle se sont succédé.

Ceux qui avaient assisté à l'éruption terrible du volcan révolutionnaire, aux catastrophes des grandes guerres, aux soulèvements nationaux de 1813, à l'immense tremblement de terre où l'Empire fut abîmé, ceux-là ne virent nulle autre chose dans les origines du globe. Ils observaient avec les yeux, les mêmes yeux qui voyaient ces événements politiques. Le plus grand minéralogiste du siècle, Léopold de Buch, n'aperçut dans les montagnes que l'action révolutionnaire du feu central, les soulèvements de la terre en travail. Il trouva ici en France un fanatique admirable, infatigable observateur et calculateur violent, M. Élie de Beaumont, qui dans ces soulèvements mit un esprit de système, qui groupa, disciplina les montagnes soulevés, osa suivre sous la terre, calculer les coulées immenses de granit qu'on trouve en Finlande et qu'on retrouve en Bretagne. Audacieuse tentative, d'incontestable grandeur, que l'état peu avancé de la science ne permettait pas peut-être, mais qui reste comme un but, un haut idéal futur. Oui, la terre, aux couches voisines qui s'étendent sous sa surface, sera tôt ou tard calculée.

Cette révolution hardie des soulèvements se faisait, il ne faut pas l'oublier, non seulement contre la Bible, le Déluge, etc., mais contre les papes du temps, par Buch contre son maître Werner, par Élie de Beaumont contre son maître Cuvier. Elle n'en fut pas moins acceptée de hautes autorités, des Arago, des Ritter, des Alexandre de Humboldt. Une seule voix osait contredire, celle de Constant Prévost.

Voilà la géologie qu'on faisait sur le continent, sur la terre des révolutions. Mais l'immobile Angleterre qui n'avait pas eu chez elle nos grandes secousses sociales, jugeait le globe autrement. Qu'avait-elle vu dans son sein? Une constitution progressive qui s'est faite peu à peu sans grand changement — un gouvernement d'équilibre qui change infiniment peu — une nouveauté, il est vrai, l'Angleterre industrielle qui, assez rapidement, mais sans crise, sans combat, s'est peu à peu élevée. Tout cela s'était fait de soi, comme on voit dans une grande ruche l'industrie laborieuse élever, superposer les gâteaux de cire, de miel. Ou, pour prendre une plus grande comparaison, plus exacte, on voit ainsi dans les mers du Sud les polypiers construire d'un travail paisible les blanches ceintures rosées de leurs îles, les étendre, les élever à la hauteur des mers.

La conquête britannique, tant de courses, d'établissements, de voyages et de séjours même, d'observations prolongées, eurent le plus heureux effet. Ce fut une enquête immense d'observateurs minutieux. Attentifs et d'apparence flegmatique, tâchant de ne voir que la réalité en soi, ils l'ont vue avec des yeux où était imprimée d'avance leur Angleterre, l'idée d'une création industrielle. Au fort de nos soulèvements, à peu près vers 1830, quand Buch, Élie de Beaumont semblaient régner, s'éleva une voix grave, la géologie de Lyell. Livre puissant, ingénieux, où pour la première fois la terre figure comme une ouvrière qui, d'un labeur pacifique, incessant, et sans secousse, se manufacture elle-même.

La Marck avait, dès 1800, dit que la lente douceur des procédés de la Nature, que l'influence des milieux, surtout l'infini du temps suffirait à tout expliquer, sans violence, sans coup d'État pour créer ou pour détruire. Qui eût cru que l'Angleterre, pays tellement biblique et longtemps si arriéré, reprendrait la tradition de La Marck, un peu écartée, oubliée de la France même? Les fruits en furent admirables. Les voyages de Darwin nous montrèrent dans la mer du Sud le silencieux travail de ces polypes innombrables qui nous font la terre future où nous habiterons peut-être. Et l'Allemand Ehremberg démontrait en même temps que l'énorme exhaussement des Andes et d'autres montagnes, n'est que l'ensevelissement d'un monde microscopique de coquilles, de silex, de calcaire organisé, qui, doucement, s'est entassé là pendant des millions d'années.

Voilà l'école de la guerre et l'école de la paix. — Celle-ci gagne du terrain. L'esprit de la paix à tout prix, que Cobden a fait prévaloir dans les affaires de son pays, semble animer Lyell, Darwin. Ils suppriment dans la nature le combat, veulent que la terre fasse toutes ses affaires sans secousse, qu'avec des millions de siècles insensiblement elle change et se transforme elle-même.

Ce qui fortifie cette géologie des transformations paisibles, c'est le secours fraternel qu'elle trouve dans les naturalistes, les grands maîtres en métamorphose, notre Geoffroy-Saint-Hilaire, Goethe, Oken, Owen, Darwin, qui montrent comment l'animal, sous l'influence variée des milieux, et par l'élan instinctif qui lui fait *choisir* ce qui lui est bon, comment, dis-je, l'animal s'est fait et modifié. La nouvelle géologie est une classe en réalité de la grande histoire naturelle, c'est l'étude des mouvements, des changements que fait en lui ce bel animal, la Terre. On l'étudie comme on ferait de l'éléphant, de la baleine. Seulement, grande différence, celui-ci tellement énorme et supérieur en grandeur, est aussi infiniment lent. Il ne change qu'à force de siècles. Qu'a-t-il besoin de se presser? Il semble savoir qu'il a en propriété le temps, toute l'éternité devant lui.

La réaction se fait en faveur de cette école nouvelle, légitimement, je crois, mais non pas sans injustice pour l'école antérieure. Est-il aisé de supprimer ces crises, ces soulèvements, que tous admettaient hier avec Ritter et Humboldt? Nombre de montagnes témoignent de bouleversements violents; c'est l'effet de la première vue. Il faut bien des raisonnements pour en revenir, pour croire à l'action lente et paisible.

Même dans la vie animale la mieux réglée en fonctions, il y a une part pour les crises, parfois des crises morbides, parfois des crises naturelles. Faut-il croire que l'*animal-Terre* n'ait subi rien d'analogue, qu'il n'ait eu dans sa longue vie nul passage brusque, violent ?

Mais ce qu'on pourrait croire en toute vraisemblance, c'est qu'à son premier âge tout fut facile et doux. Ne rencontrant encore aucun obstacle dans l'écorce qui n'existait pas, elle put librement suivre son essor naturel vers la lumière et l'astre aimé. Pourquoi lui supposer les détonations explosives d'un creuset strictement fermé ? Cela se voit fort bien dans ses antiques granits (bien antérieurs à l'âge des volcans). Un grand observateur de ces terrains, le Norwégien Scheerer dit qu'elle poussait à sa surface sa double vie mêlée, et solide et liquide, les trois bases qui font le granit (silex, mica, feldspath), dans une pâte molle encore qui, se figeant, s'est arrondie.

Là ni scories, ni cendres, ni laves vitrifiées, rien de ce qui, plus tard, fera la terreur des volcans. Plus on remonte haut dans l'infini des âges, moins on voit ces chaos, ces guerres des éléments. Tout est paisible encore. Et l'aîné du monde est la Paix.

Il ne faut pas grand bruit aux coraux de la mer du Sud pour nous faire un monde aujourd'hui. Eh bien, on ne voit pas pourquoi il eût fallu plus de bruit, plus d'éclat, aux premiers mouvements de la Terre vers le ciel, qui firent le monde du granit. Dans une douceur majestueuse montèrent, non pas en jets aigus, mais en dômes arrondis, les premières des montagnes. Les beaux ballons d'Alsace, les mamelons des Vosges ont les plus douces formes qu'offre la création. C'est en porphyre un sein de femme.

Ce sein, non en relief, mais rentrant au contraire dans la forme opposée (et non moins maternelle), se voit dans ces vallées circulaires, ces anneaux qu'ouvrit aux premiers temps la jeune effusion de la Terre. Telle sa vallée de Cachemire, son paradis suave dans l'austérité du granit.

De son naïf élan, elle a offert au ciel le calice de sa fleur profonde.

Brillante aujourd'hui, si parée, peut-elle encore penser à ces temps éloignés où elle existait à demi? Cela se pourrait bien. C'était grande douceur d'avoir si peu d'obstacles, de porter en haut, d'un jet libre, son élan intérieur, de voir malgré les brumes et les vapeurs sans doute, mais de voir à toute heure celui vers qui gravite tout son être. L'écorce aujourd'hui l'a voilé.

En toute vie individuelle on sait ce qui se passe. Nous nous entourons de nos œuvres, de nos acquisitions, nous triomphons d'être augmentés ainsi. Mais par moments nous nous apercevons que notre personnalité n'est plus légère. Nous avons disparu sous ce qui fait notre richesse. Nous la trouvons pesante, et parfois nous en gémissons.

La Terre n'éprouverait-elle pas quelque chose de cela? ne se souviendrait-elle pas du temps où elle fut moins chargée de ses œuvres? On croirait qu'elle y songe, que sous la superbe enveloppe qui s'est tant épaissie, elle halète parfois. Et je ne parle pas des convulsions volcaniques, ni même de ces vastes contrées qui paraissent monter (la Suède), baisser (le Groenland). Je parle de certaines vibrations intérieures que l'on a comparées aux marées de l'Océan.

Même aux parties solides n'a-t-elle pas aussi sa marée ? Reste-t-elle insensible au passage voisin d'astres amis? N'a-t-elle pas, même en ses ténèbres, le sens des mouvements du Soleil, ce père, cet amant adoré. Son élan vers lui, comprimé, semble par moments soulever, gonfler son sein... Regret? Aspiration? toujours vaine, incomplète, impuissante, comme toute chose de ce monde. L'aspiration retombe, comme si elle avait réfléchi, se contenait, mais non pas sans soupir.

XI

SES DEUX GRANDES MONTAGNES APPELÉES CONTINENTS

Un ingénieux spectacle, le géorama, charmait M. de Humboldt. Il y restait de longues heures ; c'était une grande pièce sphérique. Le spectateur, placé au centre, voyait de tous côtés la terre, comme du dedans au dehors. Les deux superbes montagnes qu'on appelle les deux continents, leurs belles lignes si imposantes, les sinus arrondis des mers, les ravissantes ceintures d'îles qui la parent des deux côtés et semblent les deux foyers les plus brûlants de la vie, tout charmait ; on ne pouvait en détacher ses regards.

Mais aucune représentation ne donne la réalité. Nulle n'exprime les hauteurs, les profondeurs relatives. Nulle ne peut (les anciennes cartes essayaient en vain de le faire) marquer sur chaque région les manifestations vivantes, infiniment variées, de ses puissances intérieures.

Nos sens, ici, nous trahissent : c'est trop grand ;

tout nous échappe. D'un ballon un peu élevé, on ne voit plus guère qu'une grande carte géographique. C'est plutôt par la pensée, l'imagination solitaire, loin de tout objet qui distrait, qu'on peut embrasser ce bel et prodigieux être, infiniment plus compliqué que tout être sorti de son sein.

Beau dans son élan harmonique — expansif et contenu — vers la lumière, l'amour, la vie.

Beau dans son manteau superbe de l'écorce terrestre, comme une énorme Haliotide aux cent couleurs, aux cent reflets.

Si charmant, si amoureux dans la plante, dans la merveille de son immense langage, trois cent mille espèces de fleurs, — si puissant, si énergique de révélation animale, d'innombrables petites planètes, à l'image de la grande, qui errent sur le sein maternel, la parant de grâce infinie et des jeux de la liberté.

Sa beauté de lignes et de formes s'anime et s'embellit encore de sa beauté de mouvement.

Son mouvement concentrique, ses courbes élégantes tracées autour du soleil ; — son mouvement d'elle à elle, par l'ascension incessante de ses forces intérieures, — son mouvement électrique, si sensible à l'équateur, et ses courants magnétiques, si sensibles vers les pôles, — sa circulation liquide dans les courants de la mer, — sa circulation aérienne, si rapide et si légère, qui, par un constant échange des nuages et des vapeurs, harmonise sa vie de surface.

En la Terre sont réunies les deux formes les plus belles, — le *cercle*, absolu du beau, — et la grâce, l'*harmonie de dualité* qu'on admire dans les êtres supérieurs. La forme arrondie est heureuse pour la forte unité de l'être, heureuse pour son mouvement. Dans ses parties supérieures (les plus sensibles, sans doute, et les plus organisées), elle est géminée, présente deux moitiés, deux continents, que ses courants généraux, galvaniques et aériens, relient sans cesse et unissent.

Si elle nous eût consultés sur la forme qu'elle avait à prendre, l'aurions-nous bien conseillée ? Les uns, dans leur idéal d'harmonie trop harmonique, eussent imprimé à sa surface la perfection circulaire, l'uniformité monotone, peu propre à favoriser la variété de la vie. D'autres, moins mathématiciens, plus artistes, auraient voulu que géminée, comme l'homme, elle eût les formes humaines, deux moitiés qui semblent égales. Égalité qui se voit exacte dans nos statues, mais bien moins dans la nature. L'inégalité réelle des deux moitiés est justement ce qui permet l'action. Si les deux côtés étaient tout à fait de même force, chacun tirant également, dans un balancement parfait, l'être resterait immobile. La vie ne prendrait pas l'essor. Rien ne pourrait commencer.

Le trait original, hardi, fort contraire à l'art humain, mais d'un instinct supérieur, est de présenter deux moitiés, non seulement inégales, mais de forme différente, de différentes directions, d'autant plus propres à répondre à des besoins très divers. L'une va surtout en latitude d'est en ouest, sur la route du soleil, des grands courants électriques. Ses voies ouvertes en ce sens furent celles du genre humain. L'autre court du nord au sud, touchant presque les deux pôles, les deux points où se sent le plus le magnétisme du globe, et peut-être raccordant ses courants intérieurs.

Utile irrégularité qui, plus qu'aucune chose, a fait la fécondité de la terre. Ses deux montagnes principales, qu'on appelle continents, dans leur discordance apparente, ont pu varier à l'infini le théâtre de la vie, la susciter, l'abriter, l'élever, dans toutes les expositions, toutes les conditions diverses, de lumière, chaleur, terrain.

Le sentiment que j'aurais en voyant ma mère elle-même, je l'ai en contemplant celle dont l'immense et riche sein, à l'orient, à l'occident, a versé les nations. Qui n'est pénétré de respect, qui ne se sent devant l'objet le plus vénérable ici-bas, en voyant la majesté, la maternité de l'Asie? D'elle est sortie certainement la race qui exprima le mieux l'âme profonde de la terre. D'elle tant d'arts et tant de pensées! La langue même dans laquelle j'écris, les mots dont je me sers ici, ce sont ceux qu'elle trouva, il n'y a guère moins de cent siècles, dans son plus lointain orient.

Je vois la sainte montagne, ou pour mieux dire ces plateaux si hauts qui dominent le monde, où l'homme et la femme ensemble ont trouvé le premier hymne à l'aurore, à la lumière, au foyer, au bon Agni.

Entre les plaines de Chine et l'arrière-plaine tartare, entre les plaines d'Euphrate, les collines de la Perse, commande d'en haut l'Asie. Ayant cent fois plus de plateaux élevés que l'Amérique (Humboldt), dans son énorme groupe central, elle regarde sous elle toute la surface du globe.

Cette grande mère de la vie, l'Asie, en ses féconds organes, s'ouvre vers le vent austral; c'est du sud qu'elle conçoit. Mais par quels ménagements, combien changé, transformé, il lui vient! Son souffle si redoutable, son long flot si menaçant, barré par la Nouvelle-Hollande, barré par d'innombrables îles, forcé de tournoyer autour, de circuler à travers leurs anneaux et leurs détroits, arrive bien plus humain et tiède de riches vapeurs.

Lorsque j'avais le bonheur, en 1863, de lire le poème béni, le divin Ramayana, je voyais dans ses tableaux (infiniment plus fidèles que tous ceux des voyageurs) combien l'Asie est variée, que d'Afriques et que d'Europes elle contient dans son sein. En montant d'étage en étage ses admirables ceintures, on trouve tous les climats. C'est le soleil des tropiques; mais dans la grande hauteur on respire, on reçoit les brises. De l'été on monte au printemps. L'Himalaya, ce géant, deux fois plus haut que les Alpes, sur ses étages moyens a nos vergers et nos fruits. Il a de fraîches forêts, et près de ses pics sublimes sa clémence accepte encore, tolère la Flore qui, chez nous, expire dix mille pieds plus bas.

Que de jours charmants j'ai passés au pied de la sainte montagne, entre Rama et Sita, devant les neiges étincelantes, entre les gracieuses cascades et les forêts chargées de fleurs[1]! Là, des quatre saisons de l'Inde,

---

1. Rien de plus délicieux que les vers du grand poème (Voy. ma *Bible*, § V) : « Depuis que j'ai vu les merveilles de cette magnifique montagne, le saint mont Tchitra-Koûta, je n'ai souci de mon exil, de cette vie solitaire. Que je coule ici ma vie avec toi, ma chère Sita, avec mon frère Lachsmana, je n'en ai aucun chagrin... Vois-tu ces crêtes sublimes qui montent au ciel étince-

l'une des plus belles est l'hiver, délicatement sévère, parfois même givré le matin d'imperceptibles cristaux ; mais le soleil, mais le printemps, mais le regard de Sita, ramènent la féconde chaleur.

L'été est la sombre saison. La terre, un moment, est en pleurs. Elle s'accorde tout entière au veuvage de Rama. Les déluges et les torrents dans toute la chaîne des Gattes s'harmonisent à sa douleur. Pleurs féconds, qui s'en vont pourtant désaltérer la plaine en feu, qui lui rendront bientôt sa joie, lui ramèneront sa Sita et tout son charme de jeunesse [1].

L'Océan, maître de la Terre, qui la serre de tant de côtés et la berce de ses flots, lui serait trop redoutable, si ses grands courants d'est-ouest pouvaient accumuler leurs vagues, de l'Europe jusqu'à l'Inde, sans rencontrer de barrière, battaient ou l'Inde ou l'Europe du poids terrible de deux mers, frappaient avec l'Atlantique et le Pacifique à la fois. La Terre, entre, a résisté ; elle a coupé l'Océan, soulevant du nord au

---

lantes, les unes en masses d'argent, telles ou de pourpre ou d'opale, d'autres d'un vert d'émeraude. On dirait de celle-là un diamant plein de soleil, » etc.
— Description fort analogue à celle d'Hodgson, dans son ascension aux sources du Gange. Il avoue la stupeur qu'il eût en voyant de près, face à face, ces montagnes de diamants. (*Asiatic Researches*.)

1. Rien ne m'a plus contristé que de lire tout récemment que « l'Inde, aujourd'hui, semble vieille ». Oh ! quelle accusation pour l'homme, et quel grief contre ses maîtres ! Qu'a-t-on fait des œuvres admirables qui, pendant si longtemps, maintinrent la salubrité de ses plaines et l'économie de ses eaux ?... Quoi qu'il en soit, espérons. C'est le pays des renaissances, le premier berceau de la vie ; l'Inde en a toujours le secret. Si l'Italie est sortie du tombeau, pourquoi pas l'Inde ? Le deuil de Rama finira. Sita lui reviendra plus belle, affranchie de Ravana.

midi, comme un long serpent onduleux, l'Amérique, sa crête sublime, parée de volcans et de neiges, avec leurs grands déversoirs, les savanes et les campos. L'Océan en deux bassins, contenu, discipliné, des deux côtés bat et gronde sous le dominant regard de ce superbe dragon, enflammé, qui dompte les mers.

Entre ses deux fortes moitiés, l'être énorme (c'est là sa grâce) est articulé par un fil, un simple fil, Panama, comme celui qui réunit les moitiés de la guêpe, et donne à ce puissant insecte une fine originalité de délicatesse extrême.

A ce fil tient de bien près le ravissant ornement du dragon, un cercle d'îles, scintillant de brûlante vie.

Sa vie, sa respiration, il l'exhale incessamment, vers l'ouest, en ce torrent d'eau bouillante et d'azur sombre qui jaillit sous les Antilles, vers l'est, dans ces pics si fiers qui fument éternellement.

La haute affaire de l'Amérique est de régler les feux, les eaux. De ses volcans, elle allège, elle soulage les sourds étouffements de la terre, prévient ses convulsions. Du dos neigeux de ses Andes, elle arrête, elle soutient tout un océan suspendu. Des masses épouvantables d'eau (la vapeur du Pacifique) montent à une si grande hauteur au-dessus du Pérou, qu'il n'en a pas eu une goutte en quatre-vingt huit ans, dit-on (Ulloa). Mais elles ont beau monter : elles rencontrent les dominantes, les souveraines Cordillères, qui défendent de passer. Elles payent un énorme péage, ne peuvent aller vers l'est qu'en alimentant d'abord les mille huit cents lieues de neige, qui, sur une largeur de vingt, prolongent leur barrière infinie. Ces neiges en ont assez et trop. Elles en donnent à la plaine en fleuves, qui ne sont pas des fleuves, mais plutôt des mers d'eaux douces, des Maragnon, des Orénoque, leurs vastes inondations.

Mais ce qui passe de vapeurs est prodigieux encore. On le voit au pavillon noir qu'elles tendent sur l'Atlantique, on le voit à la zone sombre des pluies de trois cents jours par an, dont elles écrasent l'Afrique, l'énervant sous l'équateur, la rendant inhabitable, effrayante pour toute vie (voyez Du Chaillu et les voyages récents aux sources du Nil).

L'hémisphère américain a deux admirables rôles.

C'est un grand médiateur. — Il a un œil sur l'Europe, l'autre sur la Chine et l'Inde.

C'est un grand communicateur ouvert et hospitalier.

L'Afrique équatoriale est si horriblement touffue, qu'on ne peut la traverser. L'Europe est déchiquetée, vous arrête à chaque pas. En Asie, tout est difficile ; les steppes même, dit Humboldt, sont enchevêtrés de montagnes. — Tout est facile en Amérique. Le plus faible, sans obstacle, s'y promène d'un pôle à l'autre. Le colibri, quand il n'a plus de mouches au Canada, va au Pérou, au Chili. La mer même est hospitalière. Les armées microscopiques des atomes à coquilles (qu'on appelle foraminifères), chaque année, du monde austral vont au monde boréal des deux côtés de l'Amérique, portés dans les eaux maternelles par des courants réguliers du cap Horn jusqu'aux Florides, au delà, et font comme en songe un voyage de six mille lieues.

L'Asie semble un absolu, parfait et complet en soi ; elle paraît un suffisant monde. L'Amérique est un relatif ; elle aspire, elle a besoin du globe, et tend hors de soi. — Infériorité ? au contraire. C'est ce qui la met plus haut que chaque monde isolé, et la fait vraiment *humaine*.

Sa moitié Nord, sortie de nous, toujours regarde vers nous, semble attendre de nous l'aurore. Malgré ses jeunes fiertés, l'Amérique brûle pour l'Europe, sa mère en civilisation, d'où elle reçut le souffle, tout le passé du genre humain. Elle regarde vers cette mère, comme la terre vers le soleil. On a vu ses fêtes touchantes, son ivresse, quand la télégraphie, rapprochant les deux rivages, lui promit le dialogue, la réplique par minute, entre New-York et Londres. Son espoir, en ce moment, c'est qu'un pont naturel se fait ; le rivage américain, soulevé sur certains points, tend à abréger la mer (Stevens, 1867); les deux mondes ne seraient plus qu'à quatre jours l'un de l'autre.

XII

MONTAGNES DE GLACE. — LE PÔLE

Nous l'avons dit, les Cordillères, les Alpes, dans leurs sommets qui glacent et fixent les vapeurs, sont des pôles intermédiaires. Et le Pôle à son tour fait penser aux Andes et aux Alpes. Les ressemblances ont été observées. Marquons aussi les différences sur lesquelles on insiste moins.

Celui qui gravit la montagne, monte vers la lumière. Quand, à cinq ou six mille pieds, il est sorti de la zone incertaine, de l'océan mobile des brumes et des vapeurs, il voit sur cette houle, dans la lumière sereine, émerger les pics et glaciers.

Celui qui navigue au contraire vers le Pôle, s'en va vers la nuit, monde obscur et étrange, où ce qui reste de lumière a l'effet de fantasmagorie douteuse.

C'est la nuit, non la mort. La vivante âme de la terre y apparaît assez, dans ses puissants soulèvements, dans ces pics qui percent les glaces, dans ces flammes qui flambent aux deux bouts ténébreux du globe. Érèbe au sud, Jan Mayen au nord, deux phares imposants, solennels.

Là dans une épaisseur énorme, inconnue à nos Alpes, glace sur glace, hiver sur hiver s'est monstrueusement entassé ! Elle a doublé, triplé ses dures murailles de cristal, conquis la mer même, lui a imposé le repos. Émue et des courants du nord et des derniers échos des orages du sud, elle s'apaise et prend d'abord comme une apparence huileuse, se fige, et enfin est saisie.

Les glaciers n'eurent pas là les tourments des glaciers des Alpes, leurs accidents divers. Ceux des vallées en pente, cheminant sans efforts, ont atteint, envahi leur voisin l'Océan. Ceux qui ont rencontré l'abîme de quelque excavation, descendant sur eux-mêmes, ont créé au rivage des cathédrales à eux, piliers, arcades et voûtes, ogives, arcs-boutants, toute une architecture, parfois bâtie en l'air, parfois sur la mer même, qui, grondant en dessous, subit leur morne fixité.

Le froid est l'architecte. Mais quels matériaux? La nuée. Nos Alpes n'en reçoivent que ce que le vent leur apporte. Mais qu'est-ce auprès du Pôle! auprès du monde énorme de brumes qu'y élève la mer! Chaude encore, sous ces pics glacés, elle fume en vapeurs qui d'abord traînent et pèsent, mais qu'appelle et élève l'air raréfié d'en haut. La mer incessamment sert, enrichit ainsi son ennemi, l'hiver qui l'emprisonne. La neige tombe, tombe, comme affolée. Avec le froid piquant, les flocons sont aiguilles, de fines aiguilles de glace. Des prismes transparents, des miroirs se produisent pour réfracter les jeux bizarres de l'aurore boréale.

Ce monde fantastique et terrible semble porter le joug fatal, invariable, d'une seule loi, la cristallisation. Loi dure des formes rectilignes, des angles et des pointes, qui menacent, proscrivent les formes adoucies de la vie. La puissance animale résiste à la rigueur. Des amphibies, des phoques, cuirassés de leur graisse, l'oiseau, ce foyer de chaleur, le plus brûlant de la nature, subsistent dans les glaces. Mais la plante, si vulnérable, aura-t-elle, parmi ces terreurs, un abri, une petite place un jour, un moment de clémence? Osera-t-elle s'y hasarder? On ne le croyait pas. Longtemps, près du rocher qui reflète une pâle lumière, on marchait sur des mousses sans démêler des miniatures de plantes qui s'y tenaient cachées, imperceptibles, naines. Il a fallu deux siècles pour découvrir leur existence.

Les voyageurs au Pôle Nord ont parfois comparé ces pauvres créatures aux fleurs des hautes Alpes. Que de choses pourtant différentes entre ces régions et faites pour modifier les conditions de la vie! La latitude du Spitzberg peut correspondre à l'altitude des montagnes. Mais y a-t-il entre les climats d'autres ressemblances?

Plus on monte dans les Alpes, plus l'air est sec et léger. Aux pôles, l'atmosphère est pesante des vapeurs qui la saturent. A travers cette épaisseur, la lumière peut-elle agir comme à travers un air subtil qui laisse passer le soleil, en transmet toutes les puissances, et caloriques et chimiques? Dans les montagnes, l'air ne retient rien, la terre s'approprie la lumière, la chaleur. Au Spitzberg, le granit reste morne et glacé.

L'hiver, tout est égal peut-être. Mais au printemps, quand les plantes de nos Alpes percent la neige, elles trouvent pour les aider un soleil laborieux, qui se lève tôt, s'en va tard, monte haut, plonge au fond des vallées. Véritable éveilleur du monde, bon, vrai soleil joyeux. Est-ce bien le même que je vois là-bas tant de jours, tant de nuits, pâle à travers la brume, qui monte à l'horizon si péniblement, disparaît?

Le 21 avril, il fait effort, ne se couche plus, commence un jour de quatre mois. Mais qu'il est faible et bas! La terre, qui n'en reçoit qu'un oblique rayon, en sent peu la chaleur. Son sauveur est l'oiseau, cette puissante créature, qui, de l'excès de sa vie, avive et chauffe le sol. La petite âme de la plante le bénit de ne pas mourir encore.

Si la plante a un rêve, un vœu, c'est d'être mère. Que ne fera-t-elle pour l'être? Mais celle qui à peine tire d'un sol indigent sa petite vie, comment atteindra-t-elle ce haut luxe de l'existence, ce grand moment d'amour et de génération? Pour l'avoir, on la voit s'amoindrir elle-même, se faire une miniature de plante. Elle réduit tous ses organes, en maintenant partout l'équilibre dans la petitesse. Elle se réduirait à l'atome plutôt, pour atteindre son but, annulerait le corps, ne serait plus qu'esprit. A ce prix, elle arrive à ce qu'elle a voulu : avoir la vie complète, aimer, perpétuer son âme.

Quatre mois de lumière, un jour interminable sans repos, sans sommeil, c'est la vie du Spitzberg. Doit-elle être enviée des Alpes ? Ne plus dormir, quelle dure loi pour les animaux, pour les plantes ! On sait le sort du coq de lord Dufferin, emmené dans les mers Arctiques. Quand les jours s'allongèrent, mélancolique et inquiet, craignant de manquer son devoir de chanter l'heure au point du jour, il parut égaré, troublé, fit entendre parfois une voix insolite. Enfin, la nuit cessant, il fut pris de délire, rêva à demi voix, et s'envola par-dessus le bord, se noya.

Ce jour de quatre mois (fort nécessaire sans doute; puisque sans lui l'hiver envahirait le monde et le reprendrait dans ses glaces) n'en est pas moins pénible aux êtres qu'il condamne à l'insomnie. La fleur qui ne dort pas, languit et s'étiole. Voyez au contraire dans les Alpes le bonheur qu'a la gentiane, après sa journée faite, à fermer son étoile, pour la rouvrir demain, rafraîchie, rajeunie. La triste fleur du pôle est déplorablement condamnée au travail de toujours se sentir, de toujours se voir vivre, sans trêve, sans oubli ni repos.

Monde sombre, qui au premier coup d'œil semble déshérité, vide, un royaume de la mort. Mais la vie générale y triomphe au contraire. Les deux âmes du globe, magnétique, électrique, chaque nuit font leur fête dans le désert du Pôle. Leur aurore boréale est sa consolation sublime.

Les courants aériens, les courants de la mer, en sont le véhicule. Les deux torrents d'eaux chaudes, qui, de Java, Cuba, s'en vont au nord se faire refroidir et glacer, qui, revivant ensuite, retournent incessamment au cœur qui les lança, aident à la correspondance magnétique, électrique, de l'équateur au Pôle. Leurs orages sont solidaires. L'été, quand la fonte polaire, quand les courants du nord nous viennent, rafraîchissent la terre, l'élément magnétique semble aller au-devant de l'électricité centrale. De là ces violents orages, surtout près de ce centre, ces éclats du tonnerre, effrayants à nos sens troublés.

Tout au contraire au Pôle, la foudre ne s'entend presque jamais. Dans cette nuit profonde d'hiver, tout semble assoupi. Et quel ciel cependant contient plus d'orages! Presque chaque soir vers dix heures, il éclate dans sa puissance. La terre, les neiges, les glaciers, en sont subitement illuminés. Leurs arêtes vives, l'atmosphère remplie de particules glacées, en brisent, en renvoient les rayons palpitants.

Ce fait mystérieux ne fut observé de très près qu'en 1838. M. Bravais d'une part, et sur un autre point ses collaborateurs, le suivirent, le notèrent de minute en minute, pour comparer ensuite, contrôler leurs observations. Sous ce ciel si sévère, ils persévérèrent treize nuits (9-22 janvier).

D'abord un rideau sombre s'élève, des brumes violettes, mais assez transparentes pour voir les étoiles à travers. Plus haut, une lueur d'incendie. Lueur? Bientôt lumière. Un grand arc lumineux apparaît les deux pieds posés sur le sombre horizon.

L'arc s'élève lentement, toujours plus lumineux.

Des observations et calculs de Bravais il résulterait qu'il monte aux limites extrêmes de l'atmosphère, plus de vingt cinq lieues de hauteur, et peut-être à cinquante lieues (Voy. *Notice* d'Élie de Beaumont). Hauteur prodigieuse, celle de la région où l'étoile filante, le bolide, deviennent lumineux et incandescents. Certes, rien de si grand ne se voit en ce monde.

Rien de plus solennel. La terre entière assiste, on peut le dire ; elle est spectateur et acteur. La veille, ou plusieurs heures d'avance, sa préoccupation est partout constatée par l'aiguille aimantée. Dans tout l'hémisphère boréal, l'aiguille est émue, agitée, et même de l'un à l'autre pôle. Lorsque le phénomène se passe au pôle austral, jusqu'au nôtre, on est averti.

Mais voilà que dans l'arc majestueux d'un jaune pâle, dans sa paisible ascension, éclate comme une effervescence. Il se double, se triple, on en voit souvent jusqu'à neuf. Ils ondulent. Un flux et reflux de lumière les promène comme une draperie d'or qui va, vient, se plie, se replie.

Est-ce tout? Le spectacle s'anime. De longues colonnes lumineuses, des jets, des rayons sont dardés, impétueux, rapides, changeant du jaune au pourpre, du rouge à l'émeraude.

Ils jouent? ou se combattent? Les premiers qui les virent, nos vieux navigateurs, croyaient y voir un bal. Pour un œil pénétrant, un cœur plus attentif aux émotions de la nature, c'est tout un drame. On n'y peut méconnaître le frémissement d'âmes captives, leurs profondes palpitations. Puis des alternatives, des appels, des répliques violentes, des oui, des non, des défis, des combats; des victoires et des défaillances. Parfois des attendrissements, comme ceux de la fille des mers, qui flamboie la nuit, la Méduse, quand tour à tour sa lampe rougit, languit, pâlit.

Un témoin tout ému paraît prendre à ce drame une vive part, l'aiguille aimantée. Par ses agitations elle correspond visiblement et s'intéresse à tout, en exprime les phases, les crises, les péripéties. Elle paraît troublée, effarée, *affolée* (c'est le mot qu'emploient les marins).

Mais personne n'est calme à voir cela. Un si prodigieux mouvement sans aucun bruit, cela paraît moins nature que magie. Dans les lugubres lieux d'où l'on voit le spectacle, il n'est pas égayant, mais d'un effet funèbre.

Quelle en sera l'issue? La terre est inquiète. Qui vaincra, qui l'emportera de ces lumières vivantes? Les deux pôles se le sont demandé.

Il est onze heures du soir. Voici le grand moment. Le combat s'harmonise. Les lumières ont lutté assez. Elles s'entendent, se pacifient et s'aiment. Elles montent ensemble dans la gloire. Elles se transfigurent en sublime éventail, en coupole de feu, sont comme la couronne d'un divin hyménée.

A l'âme terrestre, magnétique, reine du Nord, l'autre s'est mêlée, l'électrique, la vie de l'Équateur. Elles s'embrassent, et c'est la même âme.

XIII

MONTAGNES DE FEU. — JAVA.

La Terre a-t-elle un cœur? un tout-puissant organe, où ses énergies se révèlent, où elle aspire, respire, palpite de ses transformations? Si cet organe existe, on doit moins le chercher aux foyers ténébreux de son noyau central, où elle est comprimée de sa masse elle-même. Il doit être plutôt là où son effort intérieur arrive enfin à la surface, à la libre expansion, là où son âme de désir rencontre la grande âme d'amour et de fécondation. Admirable mystère! mais point du tout caché. La Terre, par ses deux faces, dans ses deux océans, librement le met au grand jour, au plus brillant soleil, et sur la mer étincelante, dans l'illumination sublime du grand cercle de ses volcans.

Ce souverain organe de vie, d'amour, d'aspiration, se manifeste, d'un côté, dans la mer des Indes, au brûlant cercle d'îles, où domine Java; — de l'autre, dans la bouillante cuve d'Haïti, de Cuba.

C'est un cœur en deux lobes. L'écartement n'est qu'apparent. Ils ont leur unité dans le grand courant galvanique de la Ligne qui relie la Terre. Pour l'électricité, qu'est l'espace ou le temps?

Leur grand signe commun, c'est la superbe artère dont chacun est pourvu, le grand torrent d'eaux chaudes qui jaillissent vivantes de ce double foyer. Le jet est si roide et si fort, qu'il court longtemps à part, azuré dans la verte mer, formant un dos sur elle. A mille, quinze cents lieues, on en sent la chaleur.

L'unique différence entre ces deux foyers, c'est qu'au foyer Indien la force volcanique a son activité. En celui des Antilles, beaucoup de volcans sont éteints. Haïti tient les siens comprimés qui mugissent. Les soupiraux voisins du continent peut-être les suppléent, ou le grand fleuve d'eaux chaudes. Ces eaux, dans bien des lieux, font chômer les volcans.

Ritter a fort bien dit que les îles et presqu'îles ont fait beaucoup pour les progrès du globe, en ont été d'heureux organes. C'est un spectacle curieux de voir l'Amérique et l'Afrique, les trois péninsules d'Asie, les trois d'Europe, comme autant de pointes électriques, toutes dirigées vers le sud, appeler, pour ainsi dire, l'électricité qu'apporte le flot. La Terre, de toutes ces pointes, aspire à l'Océan, qui, n'aspirant pas moins vers elle, vient la caresser, la mouler, prêter à ses rivages la grâce de la vague onduleuse. Il la tiédit de chauds courants salés. Puis, au contraire, soulevé, transformé en vapeurs, en eaux douces, il la domine, il la pénètre, la rafraîchit, la rajeunit.

Les îles, évidemment, sont ses petites terres favorites. Il les entoure, les enveloppe; il veille à leur sûreté. De sa lame électrique il y éveille incessamment la vie, on dirait qu'il l'aiguise. Les plus hautes puissances de l'homme, l'esprit dans sa vivacité la plus ingénieuse, a éclaté aux îles et presqu'îles de l'Inde, de la Grèce et de l'Italie. Les pointes opposées, les détroits, anses, golfes, baies, les Méditerranées, où l'Océan demi-captif se débat dans une douce lutte, et, par ses frottements, exalte les puissances vitales, ont été de féconds berceaux.

Lieux ordinairement volcaniques. Les îles grecques n'étaient que volcans, ainsi que les Antilles, les îles de l'Océan Indien. Ceux qui veulent que les volcans ne soient qu'un accident, un hasard de surface, alimenté par l'eau de mer, ne nous expliquent pas pourquoi ils sont liés si bien entre eux, et se répondent. L'hypothèse antérieure qu'avait trouvée d'abord le bon sens du genre humain, est bien plus vraisemblable. Elle explique bien mieux la régularité visiblement systématique de leur position sur la terre.

L'antiquité les crut les bouches nécessaires, naturelles, du monde inférieur. Quand on voit sur l'insecte des stigmates, ou des ouvertures latérales aux coquilles de l'Haliotide, on dit : « C'est par là qu'ils respirent; qu'on les ferme, ils étoufferont. » Et la Terre étouffe, en effet, quand ses volcans fonctionnent mal. Elle éprouve les convulsions qu'on appelle tremblements de terre. Leurs longues vibrations n'indiquent point du tout ce que quelqu'un prétend, qu'ils viennent de chutes de rochers, de simple effondrement. On y ressent très bien la circulation violente de l'haleine intérieure qui ne peut s'échapper, la distension de la vapeur comprimée qui veut une issue.

La submersion de l'Atlantide n'est nullement invraisemblable (Humboldt). Les tremblements pouvaient être terribles, aux temps intermédiaires où l'écorce durcie ne se prêta plus au passage, à l'ascension ordinaire des éléments plutoniens, où la brillante terre d'en haut refusa l'expansion à la terre ténébreuse, à sa sœur jalouse d'en bas. De vastes catastrophes purent arriver alors, jusqu'à ce que le globe, complétant ses organes, se créât des voies de respiration, de dégagement, les volcans. Comment cet être planétaire d'où nous dérivons tous, n'eût-il pas eu un appareil de vie, si nécessaire, qu'on voit chez les moindres de nous?

Dans la respiration, cette première fonction vitale, et la plus nécessaire, la Terre a déployé une régularité qu'on voit bien moins dans tout le reste. Elle est marquée presque au compas dans la disposition des mille volcans que Ritter appelle le *Cercle de feu*. Cette terrible illumination qui fait l'effroi du monde, en fait aussi la sûreté. Les gardiens de l'Asie, de la Polynésie, regardent ceux des Andes. L'Océanie, criblée d'innombrables volcans éteints, en a deux cents en action. La ceinture tourne au nord, par le Japon, le Kamtchatka, les feux polaires et l'extrême Amérique, puis au midi, au Mexique, au Pérou.

Chacun de ces imposants personnages a sa physionomie à lui. Ceux de la Chine, glaciers percés de feux, ne rappellent en rien le mexicain Jorullo entouré de sa progéniture brûlante, grand volcan qui fait des volcans. Encore moins le monstre volcan de Quito et sa croupe de sept cents lieues carrées.

Il ne faut nullement s'en exagérer les terreurs. Ces géants enflammés, dans leurs bras, sur leur sein, à des hauteurs énormes, portent et bercent de grandes villes qu'on dirait des nids de condor, nobles habitations de l'homme, qu'une certaine tiédeur du sol rend agréables et douces si près des neiges et dans les vents de mer. Quito, la plus haute ville du globe, paisiblement occupe le sol, travaillé, tourmenté par les volcans, les tremblements de terre, jette sur leur abîme ses ponts, et sans y prendre garde sous ses pieds les entend gémir.

Si le regard pouvait embrasser cet ensemble, porter du Pacifique à l'Inde, à l'Amérique, cette grande assemblée de volcans paraîtrait sans nul doute imposante, terrible. C'est pourtant au milieu que la Terre fait sa fête, la grande noce de la Nature.

Dans un ravissant collier d'îles, sur la mer embaumée de trop puissants parfums, l'amour, la mort, ont leur combat brûlant. Java y fume au ciel de ses cimes embrasées, la mortelle, la féconde, la divine Java.

Elle est dotée de feux. Si petite, elle en a autant que l'Amérique entière et plus terribles que l'Etna (Rafles). Ajoutez son volcan liquide, sa veine d'azur sombre (le Japon l'appelle *Fleuve noir*), qui court au pôle nord, chauffant les mers, salé, plus salé que le sang de l'homme.

Mer chaude, soleil torride, volcan de feu, volcan de

vie. Pas un jour sans orage sur les *Montagnes bleues*, et des éclairs terribles que la vue ne peut soutenir. Par torrents, des pluies électriques qui enivrent la terre, font délirer la plante. Les forêts, elles aussi, fumant de leurs vapeurs sous le soleil, semblent des volcans à mi-côte.

Elles sont souvent inaccessibles aux plus abrupts lieux, et parfois si serrées, si sombres, qu'il y faut des torches à midi (*A Tour in Java, Asiatic Journal*) La nature, sans témoin, fait là tout à son aise des orgies de végétation, des colosses (dit Blume) et des monstres de fleuve.

Des rizanthées sans tige s'emparent du pied d'un arbre, s'y gorgent de sève et de vie. L'une a, dit-on, six pieds de tour. Leur éclat, dans la nuit de la forêt, étonne, effrayerait presque. Ces filles des ténèbres ne doivent nullement à la lumière leurs éblouissantes couleurs. Posées si bas dans la tiède vapeur et grasses des souffles de la Terre, elles semblent ses luxurieux rêves, bizarres fantaisies de désir.

La conquête en est chère. Beaucoup, sans hésiter, l'ont payée de leur vie. On ne peut qu'être ému en lisant, au début de la *Flora Javæ*, le lugubre récit que fait le botaniste Blume de tous ceux qui le précédèrent et qui n'en revinrent pas. Désolante odyssée. Le narrateur lui-même, que leur destin ne put décourager, se trouva un moment à Nusa, une petite île, merveilleuse en fleurs, en poisons, dans un état désespéré. Tout était mort autour de lui, ses plus chers serviteurs, et il s'était abandonné lui-même. Les Javanais y vinrent et le tirèrent de là. Il avait vu la mort, mais ne regrettait rien, ayant conquis ce miracle de fleurs.

« Malade et en danger, dit-il, j'écris vite et j'imprime ; car peut-être je mourrai demain. »

Java est à deux faces. Au midi, c'est l'Océanie déjà, un souffle pur, et les rochers vivants des polypes, des madrépores. Au nord, c'est encore l'Inde en ce qu'elle a de plus malsain ; une noire terre d'alluvion y fermente du mortel travail de la nature sur elle-même, composition et décomposition. Il a fallu abandonner la riche ville de Bantam. Ce n'est plus que ruines. La superbe Batavia est un triomphant cimetière. En trente années de l'autre siècle (1730-1752), elle a mangé un million d'hommes, soixante mille en une année (1750). Moins terrible aujourd'hui, elle est un peu purifiée.

Des animaux de l'ancien monde oubliés là, ce semble, ont un aspect funèbre. Le soir, des chauves-souris, énormes et velues, qu'on ne voit pas ailleurs. Le jour, à midi même, ne craint pas de paraître ce revenant des époques lointaines où le serpent avait des ailes, l'étrange Dragon volant. Nombre d'animaux noirs accordent leur couleur avec le noir basalte qui porte les montagnes. Noir est le tigre aussi, ce destructeur terrible qui, en 1830 encore, mangeait par année trois cents hommes.

Sur ces terreurs d'en bas plane et triomphe la sublime terreur des volcans. Ils ont l'air d'être des personnes. Les anciens habitants voulaient les apaiser. On leur faisait des temples. (On en voit quatre cents en ruine sur un seul rocher.) Ils avaient des autels, ils avaient des statues. La peur avait fait l'art. Les sculptures qui subsistent témoignent de l'effroi des Malais, de leur adresse aussi et de leur ingénieuse main.

Ces géants de feu diffèrent tous. Ils ont des noms à part. Tels sont des dieux indiens, des héros du Ramayana. Tels ont des noms bizarres, effrayants (des dieux du pays?). Le Gununy Tengger, est béant d'un monstrueux cratère, large de vingt mille pieds, d'où jaillissent, fument, quatre Etnas, au fond d'un précipice affreux de deux mille deux cents pieds. Un autre se fait jour dans un désert étrange, incrusté par les sources, il en perce les durs cristaux. Tel s'épanche périodiquement, comme un animal bien réglé. Tel bouillonne en eaux sulfureuses qui même refroidies dans de petits étangs ont toujours la fièvre et frissonnent. L'un verse un lac de lait, de blancheur fantasmagorique. — Ailleurs, c'est toute une contrée, criblée de grosses sources salées, dont la plus grosse joue et danse, en grondant, tonnant, dessous. Elle joue à la balle avec des pelotes de terre énormes, des boules de vingt pieds, qui crèvent, éclatent, lancent la terre de tous côtés. — L'Arjouna, le Rao, roulent avec la fumée des flots âcres, bouillants. L'Idjen, un beau matin, s'éveillant, verse une rivière.

Voilà de leurs caprices, et chacun a le sien. Mais en dessous, ils sont moins à part qu'il ne semble. Parfois quand l'un s'allume, un autre aussi prend feu, et non pas le plus proche, mais à grande distance. Qu'un tremblement de terre ait lieu ici, souvent là-bas un volcan éloigné s'éteint comme ferait une bougie que l'on a soufflée.

Une de leurs singularités les plus originales, c'est que tous ils sont cannelés. Assis sur les basaltes antiques qui semblent la base de l'île, ils aiment la forme basaltique. Leurs rayons, leurs profonds sillons, imitent grossièrement la noble architecture de ces noirs aînés de la terre, les colonnades de Staffa, de Fingal. On prétend expliquer cela par un accident variable, l'eau qui creuserait des sillons. Mais elle n'arriverait pas à une telle régularité. Elle n'irradierait point leurs cônes de cette forme étrange qui semble le rayonnement des baleines d'un parapluie. Singulier uniforme qui fait d'autant saillir et marquer leurs diversités. Tous frères, tous pourtant différents, d'air bizarre, fantasque et terrible.

Ces furieux qui grondent, tonnent toujours, au fond se sont un peu humanisés. Depuis leur dernière crise (1772), ils ne font pas grand mal. On ne leur voit plus ces accès où ils semblaient vouloir lancer la montagne elle-même, couvraient cent lieues de mer de ténèbres et de cendres. Leurs exploits d'aujourd'hui sont plutôt de verser des eaux salées et des flots de limon. Ils font trembler le sol, secouent l'île. On s'y habitue. Leurs éclairs, leurs orages, ne font point d'ouragans. Dans ce continuel mouvement, Java, quoique sous l'équateur, n'a pas la lourde zone noire qui attriste l'Afrique et l'accable de pluies éternelles. Elle n'a pas non plus les ravages des torrents des Gatthes. Ses pluies, mieux ménagées, mais riches de vapeurs volcaniques, en font, sous le coup des orages, le sel fécond, joie de la terre. Elle boit le volcan, boit l'orage, est ivre de vie. (Bunsen, *Gaz des volcans*.)

La double chaîne qui fait comme l'épine du dos de Java, offre des vallées intérieures, concentrées, abritées. Ses nombreuses vallées latérales, en sens inverse, varient l'exposition. La diversité des terrains fait celle de la végétation. En bas, un sol madréporique, naguère vivant. Plus haut, la base granitique et les fécondes ruines, les chauds décombres des volcans. Le tout dans une vaste échelle qui, de la mer aux monts, offre six climats différents, depuis la flore marine et la flore de marais jusqu'à la flore des Alpes. Superbe amphithéâtre, riche et plein à chaque degré, portant les plantes dominantes et les plantes de transition qui conduisent d'un degré à l'autre, si bien que, sans lacune, sans brusque saut, on monte, et l'on ne peut tracer entre les six climats aucune limite rigoureuse. (C. Müller.)

Au bas, regardant l'Inde et la chaudière bouillante, le manglier concentre les vapeurs. Mais, vers l'Océanie et le monde aux cent îles, le cocotier s'élève, le pied dans le flot vert, légèrement se balance au vent frais.

Le palmier compte peu. Au-dessus du bambou et des arbres à gomme, Java a sa noble ceinture, sa forêt javanaise. C'est uniformément le teck, le premier bois du monde, chêne des chênes, l'indestructible teck. C'est un géant platane, le superbe liquidambar.

Tout aliment humain, toutes les nourritures des cinq mondes surabondent ici. Le riz et le maïs, les figues et bananes de l'Inde, poires de Chine, pommes du Japon, y prospèrent avec la pêche, l'orange et l'ananas ; — qui le croirait? la fraise même! elle multiplie près des ruisseaux.

Innocente nature. Mais à côté une autre, redoutable, commence, celle des hautes énergies végétales, les plantes de la tentation, les séduisantes, les fatales, qui doublent, mais abrègent la vie.

Elles règnent aujourd'hui en ce monde, de l'un à l'autre pôle. Elles font, défont les nations. La moindre de ces fées terribles a plus changé le globe qu'aucune guerre. Elles ont mis le volcan dans l'homme, et je ne sais quelle âme, un esprit violent, qui semble moins humain qu'un esprit de la planète. Grande révolution qui surtout a changé l'idée de la durée. Le tabac tue les heures et les rend insensibles. Le café les abrège par l'excitation de l'esprit; il en fait des minutes. Ainsi le temps est mort, et demain nous aurons vécu.

En tête des ivresses du trouble, mentionnons d'abord l'alcool. Le sucre, en huit espèces, qui prospèrent à Java, donne abondamment ce délire, cette force-faiblesse. Non moins abondamment croit le tabac, l'herbe du rêve, dont la vague fumée a obscurci le monde.

Mais, par bonheur aussi, dans une fécondité immense, Java en produit le remède, le café. Il combat le tabac. Il supplée l'alcool. A elle seule, la petite Java donne le quart du café qui se boit sur le globe. Café fort supérieur, quand on le sèche assez, sans craindre d'alléger le poids.

Le café a le tort d'alanguir l'estomac, ce bon réparateur de l'homme. Il subtilise trop; il mine et il énerve les forces de l'amour. Dans les pays brûlants, où le puissant climat, où le plaisir facile sollicite sans cesse, où, sous un double feu, l'homme fond et s'écoule, il appelle au secours ses régénérateurs d'un moment, les épices. Ces âcres stimulants, la brûlure de la bouche et le feu des entrailles, le ravivent pour le dévorer. Java et les îles voisines jadis n'étaient connues que comme *îles des épices*, et aussi des drogues violentes, des poisons de la médecine. On faisait des contes effrayants de ses plantes funestes dont le suc était du venin, de son Bohon-Upas, qui, au plus léger tact, frappait à mort et foudroyait.

Qui veut voir l'Orient, dans la révélation de ses forces magiques, et voluptueuses, et sinistres, doit le voir aux lumières, voir le grand marché de Java. Les bijoux singuliers de fine main indienne s'étalent là aux désirs de la femme, tentation et prix du plaisir. Autre séduction, la furie végétale des savanes mordantes et brûlantes qu'on cherche tant, les parfums exaltés d'herbes et de fleurs terribles que l'on n'a pas nommés encore. La nuit est merveilleuse, profonde, et de repos suave, après les violences du jour. Mais n'en jouissez trop : à mesure qu'elle avance, on ne respirerait que la mort.

Remarquez-le : ce qui donne au marché si brillant un effet funèbre, c'est que toute cette foule est obscure, de teint sombre, et tous les animaux sont noirs. Contraste singulier dans ce pays d'éclatante lumière. La chaleur semble avoir tout brûlé, tout teint de ténèbres. De tout petits chevaux passent, repassent, comme un noir éclair. Les buffles qui lentement chargés de fruits, de fleurs, des plus brillants dons de la vie, portent le deuil d'un noir bleuâtre. Je ne voudrais pas à cette heure m'écarter trop, monter. Je trouverais peut-être la panthère noire, dont les yeux verts flamboient la nuit d'effrayantes lueurs. Et qui sait? le tyran superbe de la forêt, le tigre noir, a commencé sa promenade. Redoutable fantôme qu'à Java le Malais croit un Esprit de mort.

SECONDE PARTIE

I

ZONES DE PAIX. — LES PRAIRIES

« Le combat pour la vie. » (Darwin.) Cette grande et simple formule inaugura une ère nouvelle dans l'histoire naturelle. Elle exprime à merveille la violente concurrence de tant d'êtres (animaux, végétaux) intéressés à vivre, cruels et innocents, qui tuent pour exister.

Combat, dis-je, innocent, qui faisant l'équilibre et l'harmonie de la Nature, donc *sa paix d'elle à elle*, n'est pas même un combat ; — c'est échange plutôt, roulement. Sous les tropiques, il est accéléré, infiniment rapide [1]. Chaque être a son heure, et la prend ;

---

[1]. Cela créa un art, celui de profiter de cette lutte. Contre la furie productive d'une terre trop puissante qui, de funestes plantes, en un moment fait des forêts, l'Inde ingénieusement avait compris la guerre des plantes. Dans les cultures d'épices, une herbe se glisse, le lalang, effrayante d'envahissement. On n'y peut rien. Elle étoufferait tout, si l'on ne connaissait son

sa part d'éléments, s'en saisit. Point de retardataire. Nul sursis pour garder ce qu'un autre réclame. De minute en minute chacun dit : « C'est mon tour. » Tourne la roue! Roule la meule! Spectacle éblouissant. Un torrent d'étincelles brille et passe. Et ce sont des vies. Mais l'étincelle humaine, mais l'Esprit, en passant, regarde.

Ici, la roue tourne moins vite. Le combat est moins fort. Et pour le regarder, nous avons un peu plus de temps. Les êtres organisés ont moins besoin de se détruire entre eux. Le spectacle, aux climats d'Europe, n'est pas moins grand, mais bien plus doux. Nos plantes ne sont pas si terribles dans leurs haines et leurs guerres. Elles se tolèrent entre elles, se souffrent plus débonnairement. Elles se serrent, s'étouffent parfois quelque peu dans la plaine et sur la rive humide, mais plus haut s'éclaircissent, et se favorisent plutôt, de la prairie à la forêt.

Ce simple mot, *prairie*, qui le comprendrait hors l'Europe? Nos plantes de prairies se retrouvent sans doute en ces climats plus forts; elles y gravissent les montagnes, mais combien différentes d'elles-mêmes, dures, sauvages et fibreuses! Ici, quoi de plus doux que la prairie?

Une seule chose rivaliserait, l'épais tapis de velours vert que font les mousses. Le plus tendre pied nu de

---

ennemie jurée, le gambir, herbe encore plus terrible. Comme un lion lâché sur un tigre, le gambir s'acharne au lalang, l'extermine et l'anéantit. Dangereux allié. Par bonheur, épuisé, il meurt de sa victoire, et sert de nourriture à la terre délivrée.

la femme, du petit enfant, le sent plus tendre encore ; il en est caressé. Ce vert est le charme de l'œil. Il est sombre et gai à la fois, si plane et si uni ! Vu de près, c'est un monde de miniatures de plantes qui protègent elles-mêmes, nourrissent d'autres miniatures plus petites.

Si celles-ci étaient plus fortes, elles iraient plus haut, des mousses aux herbes, se mettraient sous le patronage de ces nobles géants, les graminées, dont la forêt est appelée gazon. Les graminées, famille incomparable. Ce sont, entre les plantes, les plus légères (leur fleur s'envole au vent); d'autre part, les plus graves. Ce sont elles qui nourrissent l'homme. Elles sont les protectrices, éducatrices, d'un monde de menues plantes qui joueront un grand rôle. Elles hébergent, couvrent, préparent la forêt naine qui sera la forêt. Tel arbre, puissant dans cent ans, est trop heureux d'avoir été d'abord dans l'humble compagnie des graminées. Ces douces petites sœurs l'ont soutenu entre elles, lui ont sauvé le vent. Que fût-il devenu s'il avait commencé sous l'ombrage touffu de son père, qui lui aurait ôté et l'air et le soleil ?

Il le leur rendra bien. Devenu haut et fort, il les garde à son tour, les abrite contre les tempêtes.

Aimable monde de mutualité, d'hospitalité fraternelle. Sous les mousses, les herbes, les plantes et les buissons, un même esprit circule de sociabilité facile, de tolérance et de douceur. De la prairie à la forêt, de la forêt à la montagne, on le respire, on monte dans la paix vers un monde serein, moins riche en apparence, mais où l'on trouvera des puissances inconnues de vie.

Aux lieux favorisés où l'ombre et le soleil ont leurs alternatives heureuses, sur ces pentes bénies où toute vie salutaire est étagée, je regarde et je cherche.

Je vois d'ici les plantes de la patrie, qui parlaient d'avenir, la verveine et le gui, qui dit qu'on ne meurt pas. Je vois mes plantes de famille, la salvia (celle qui sauve), la plante tant aimée de mon père, prisée si haut du Moyen-âge. Je vois mes chers parfums amers, plus salubres cent fois que les odeurs sucrées, équivoques, des fleurs des tropiques, aussi saines au cerveau que lui sont dangereuses les ivresses de ces étrangères. Les nôtres, romarin, marjolaine, d'aspect simple et sauvage, sont toutes nos légendes d'Amour, les histoires de celui « qui rend l'amer si doux, fait savourer les pleurs. » (*Qui dulcem curis miscet amaritiem.*)

La vertu curative de nos plantes indigènes s'explique bien. En elles est notre esprit, en elles nos charmants souvenirs. Elles eurent toutes nos confidences. Elles sont bien plus en rapport avec notre sang, notre cœur, bien plus dans la mesure de nos tempéraments. Hommes des zones moyennes et modérées, nous profitons bien mieux de celles-ci que de leurs analogues, de leurs brûlantes sœurs. La médecine violente, issue des temps atroces, de l'âge militaire où la chirurgie était tout, *la médecine à mort* qui va par coups d'État, a dû les préférer comme énergies brutales, de force expéditive. Elles guérissent des noirs, des jaunes, des hommes de climats différents, de santé différente, des hommes de régime, d'habitudes opposées, partant, des maladies tout autres. Qu'en conclurai-je? que, si elles les sauvent, ici elles me tueront. Leur violence me le garantit.

La dangereuse Flore des tropiques y a forcé les doses, concentré dans l'atome un infini de force. L'effet est l'opposé de la vraie médecine, qui prétend faire durer les faibles. La nature tropicale, au contraire, les abrège, met sa joie, son triomphe à faire succéder vite les êtres aux êtres, à rendre plus rapide le passage incessant, la roue de la vie.

Ma prairie, ce n'est point la pelouse uniforme, le gazon ras tondu du parc anglais où la petite herbe, incessamment coupée et réprimée, n'aura jamais l'amour, jamais le court bonheur, l'instant qu'a l'éphémère. Refoulée tous les jours dans ses élans, elle reste si bas près de terre qu'elle n'a plus figure de plante; elle n'est plus qu'un fil du grand tapis, une fine pointe qui tend vers la lumière. Impitoyablement la faux la décapite. Triste objet de pitié. Le regard s'en écarte; il se porte plutôt vers la prairie sauvage, libre, heureuse et comble de fleurs. C'est une petite mer ondoyante qui va et vient au flux et reflux de la brise. L'agriculteur lui-même, qui n'y voit qu'une nourriture, la sert et attend son moment, l'heure où la plante, riche d'une double sève d'amour et de maternité naissante, livre à la fois l'arome et la fécondité.

On plonge jusqu'aux genoux dans les prés, dans les herbes fleuries des premières pentes. Les graminées à fleurs légères, les mélilots dorés, les trèfles rouges, les minimes géraniums violets, l'orobe aux grappes de sang, jouent l'arbuste, simulent en miniature la forêt vierge, et, luttant sous vos pas, dégagent une aimable senteur. Ces fleurs, dont le feuillage semble souvent ailé, sont les altières, les dominantes, les dames de la prairie. Aux haies, la pervenche rouge l'entoure modestement et lui fait sa guirlande. Aux sentiers où l'eau printanière abonde, fait de petits torrents, se plaît le grand myosotis. Dans l'ombre moins humide, fleurit la véronique dont le regard d'azur fascine, malgré son innocence, de sa limpidité, de son intensité, semble une âme qui parle à l'âme.

Comment, ayant chez nous tant de fleurs délicates, en rapport avec nous, et fines interprètes de la nature européenne, cherchons-nous par toute la terre la décoration de nos jardins?

Un fait immense au dernier demi-siècle a changé notre Europe, l'invasion subite, aveugle et effrénée de toutes les flores étrangères. L'acacia vint avant ma naissance. Enfant, je vis entrer dans un temps déplorable le triste hortensia. Jeune, le vulgaire dahlia. Homme, le fuchsia et tout à la fois cent mille plantes. Beaucoup sont déjà dégénérées. Telles, exquises chez elles, ici vivant d'engrais, devenues grosses et grasses, sont maintenant tout ornementales, fleurs grossières de décoration. A la vraie Flore française, un peu pauvre, il est vrai, mais charmante, exquise, épouse légitime de notre esprit national, ont succédé ces concubines, que la culture pousse à grossir, à prendre !es voyantes couleurs qu'aime la barbarie de ce temps. Nos énormes parterres, chargés et surchargés, font penser à ces châles, si lourds, si colorés, qui ont tué le vrai cachemire, abruti les arts d'Orient.

Les saisons manquent leur effet, leur poésie native et profonde étant troublée par les apparitions imprévues des fleurs étrangères, qui souvent viennent à contre-temps, ne savent pas les heures de notre année, qui, par exemple, rient dans nos mélancolies d'automne. Moment pâle et touchant; la flore des antipodes croit que c'est le printemps, et nous fait à travers tout son tapage de couleurs.

L'œil s'habitue pourtant à leur bizarre concert, comme l'oreille s'est endurcie aux instruments de cuivre. Des sens grossiers nous font aussi l'âme grossière, pour le plaisir quelconque, sans goût, sans souvenir.

Si Rousseau eût été comme nous blasé de ces flores étrangères, il n'eût pas dit trente ans après : « Ah! je reconnais la pervenche! »

Un temps plus artiste viendra où ces intrusions n'auront plus lieu, comme aujourd'hui, brusquement et étourdiment. On n'admettra plus une plante sans connaître ses amitiés, les plantes sœurs qui l'entourent, qui lui font compagnie, et même (autant qu'on peut) toutes les grandes harmonies locales où elle est encadrée. La plus belle, hors de là, peut être ridicule. L'acacia, arbre charmant, de son port exotique, de son léger feuillage, dans la gravité imposante de nos arbres du Nord, fait souvent le plus pauvre effet.

Une chose grave, en France, c'est la destitution du chêne. Qui peut voir sans douleur dans la forêt de Fontainebleau les arbres utilitaires le remplacer? Le maigre pin sans ombre, et sans herbes dessous, parant l'hiver d'un faux printemps, est un bien triste successeur pour les ombrages séculaires de ce roi des forêts qui a connu, abrité nos aïeux.

Qu'ils étaient dignes et graves, les clans originaires de nos arbres et plantes des Gaules! c'étaient des parentés, c'étaient des amitiés. Parents entre eux, ils l'étaient avec nous. Ils connaissaient et disaient nos pensées, nous parlaient selon nos besoins. Qu'aux jours d'épreuves on allât voir les chênes, ils vous enseignaient l'énergie. Avec leur rudesse apparente, ils n'accueillaient pas moins le deuil. L'affligé les voyait, non sans consolation, dans l'étreinte du lierre, dans l'amitié du houx aux cent pointes piquantes, mais si beau en revanche par le sombre éclat de ses feuilles, par la pourpre superbe dont ses baies s'ornent pour l'hiver. Nobles enseignements des royautés de la douleur, des beautés, graves et fortes, d'une âme qui combat et domine le sort.

II

FORÊTS. — L'ARBRE DE VIE. — LE RAMEAU D'OR

L'arbre gémit, soupire, pleure d'une voix humaine. Vers 1840, nos Français d'Algérie qui en coupaient plusieurs, en furent émus, presque effrayés. Des arbres, même intacts, gémissent et se lamentent. On croit que c'est le vent, mais c'est souvent aussi leur circulation intérieure, moins égale qu'on ne croit, les troubles de leur sève, les rêves de l'âme végétale.

L'antiquité n'avait jamais douté que l'arbre n'eût une âme, — confuse, obscure, peut-être, — mais une âme aussi bien que tout être animé. L'humanité crut cela dix mille ans, avant les âges scolastiques qui ont pétrifié la Nature. Cette idée orgueilleuse de croire que l'homme seul sent et pense, que tant d'êtres ne sont que des choses, est un paradoxe moderne du Moyen-âge. La science aujourd'hui nous enseigne tout le contraire et se rapproche fort des croyances antiques. Tout être, nous dit-elle, le moins avancé même, a en lui le travail, l'effort, un certain sens d'assurer, augmenter sa vie, le *choix* (mot de Darwin), l'usage quelquefois très habile des moyens qui mènent à ce but. Chacun a *son art* personnel pour être et croître, et se créer sans cesse.

Dans les villes et dans les écoles, l'esprit subtil et vain peut rire de l'*âme de l'arbre*. On n'en rit pas dans le désert, dans les climats cruels du nord ou du midi, où l'arbre est un sauveur. On y sent bien le frère de l'homme.

Le Scandinave croyait que l'homme primitif avait été un arbre, qui fit la vie universelle, la puisa dans le ciel, dans la terre et la nuit.

Ce culte a-t-il cessé? Jamais entièrement. Un voyageur récent l'a trouvé au Caucase, Chardin en Perse. A Ispahan, naguère, on honorait un platane; on le chargeait de dons, tout comme on voit dans Hérodote Xercès orner, parer son platane de l'Asie Mineure.

Un arbre, dans les steppes, dans leur infini monotone, oh! un arbre, c'est un ami! Sur les bords de la Caspienne, pendant trois cents, quatre cents lieues, on ne voit rien, on ne rencontre rien qu'à mi-chemin un arbre isolé et unique. C'est l'amour, c'est le culte de tout homme qui passe. Chacun lui offre quelque chose, et le Tartare lui-même (au défaut d'autre don) s'arrachera un peu de barbe ou de cheveu (Voy. le bel et curieux Atlas de M. B. Zaleski).

Toute idée se juge à ses fruits. L'erreur ne crée jamais. L'idée qui crée un monde, sans nul doute, c'est la vérité. Cette touchante idée de la fraternité de l'arbre, infiniment féconde, a créé, enrichi, doté le monde antique. Elle seule lui donna l'étonnante puissance agricole qui l'a fait et refait, qui, à travers les guerres et malheurs de tout genre, fut constamment sa renaissance.

L'enfant parle en légendes. Dans ce monde encore jeune, deux superbes légendes enseignaient que l'arbre est une âme :

L'*arbre de vie* (c'est l'idée de la Perse), une âme bienfaisante et féconde, qui fait les riches sources, les quatre fleuves vers les quatre côtés du monde.

Et l'*arbre de douleurs* (c'est l'idée égyptienne, syrienne), une âme prisonnière, vulnérable, souffrante, enterrée sous l'écorce.

Les deux croyances avaient le même effet, un grand respect de l'arbre, un soin religieux de sa conservation, un sentiment très tendre. L'arbre l'a reconnu. Il a réellement créé, multiplié les sources, rafraîchi, enrichi la terre.

L'idée persane, vraie, autant que sublime, est celle-ci, que le cyprès, l'arbre pyramidal dont la pointe imite une flamme, est un médiateur pour la terre et le ciel. Il est incontestable qu'il attire et recueille les rosées, les vapeurs trop rares de ces climats. Les arbres à larges feuilles (le platane par exemple, honoré aussi en Asie) s'en pénètre profondément. L'un prend la nue au ciel, et l'autre la donne à la terre. On est sûr que près d'eux le tresor désiré, imploré, tant cherché, l'eau va sourdre, faible d'abord, en imperceptible ruisseau. Mais attendez. Des arbres qui sont proches, un autre filet va venir au secours du premier. D'autres plus tard. De cent cours d'eau se forme comme un réseau d'irrigation qui fait la vie de la contrée.

Quand on lisait dans Hérodote que la Perse avait eu quarante mille canaux souterrains, on s'étonnait et l'on doutait. Lord Malcolm, vers 1800, en a trouvé bien plus. Douze mille dans une seule province ont laissé trace, et témoignent encore de la richesse merveilleuse de ce jardin de l'Orient (Voy. ma *Bible de l'humanité*).

L'idée égyptienne est forte et saisissante. L'homme, dans ses misères, ses travaux excessifs, rentrant chez lui, contait tout à son arbre, « lui remettait son cœur » dans la fleur ou le tronc. Pourquoi la mimosa discrète se ferme-t-elle si bien le soir? C'est pour garder le cœur de l'homme. Dieu! si on le coupait cet arbre méchamment, que deviendrait le cœur? Aussi il ne confie qu'à sa bien-aimée femme dans quel arbre il l'a mis. L'arbre gardant ce cœur, après lui, est pour elle son amour, son dieu même, un dieu mort et vivant. Souvent la femme a vu à travers ses pleurs, qu'il pleurait.

Rien de plus pathétique qu'Isis retrouvant son époux dans un arbre devenu colonne d'un palais de Syrie. Nulle histoire plus touchante que celle de l'innocent Satou, faussement accusé, enfermé sous l'écorce du perséa-laurus par sa méchante épouse, enfin glorifié, devenu Pharaon, et, pour toute vengeance, la mettant au trône avec lui.

Les captivités, les commerces d'esclaves et les enlèvements d'enfants donnèrent lieu à des mythes, des légendes navrantes. Adonis mutilé, immolé barbarement, survit dans un pin de Byblos. Il y pleure éternellement. En Phrygie, c'est Atys, tendre et charmant enfant, que l'on entend gémir dans l'amandier en fleur. Par bonheur, l'arbre s'ouvre et on le voit sortir. Quelle joie! La femme, hors d'elle-même, était noyée de pleurs, la foule en délirait. On peut juger si l'arbre, avec de telles légendes était aimé, soigné, caressé dans l'Asie.

Les chênes de Dodone vivent et parlent encore. Mais déjà chez les Grecs faiblit cette religion. Ils rient de voir Xercès amoureux d'un platane. Malgré leurs jolis mythes de Daphné et de Cyparis, ils honorèrent peu l'arbre et le ménagèrent peu. Leurs sources d'autant diminuèrent. La terre fut moins fertile. Puis, les Chrétiens, les Musulmans viennent avec un dédain profond de la nature. L'arbre meurt. L'eau tarit. La Méditerranée, sur ses rivages arides, ne montre plus qu'un désert chauve.

Le point milieu du temps, qui clôt l'antiquité, ouvre le Moyen-âge, point vraiment touchant, c'est Virgile. Chez lui, la forêt est rêveuse, mélancolique, pleine de songes. Elle semble parente de la forêt celtique. Le gui de l'immortalité qui est dans celle-ci coupé par nos sibylles, en son reflet doré, rappelle le rameau d'or virgilien.

Que fait-il ce rameau? il évoque la vie. Il vaut le caducée, qui conduisait les morts. Il ramène l'âme disparue, l'oblige de se rendre à nos regrets, d'apparaître (du moins en songe), d'écouter nos soupirs, nos prières, et de nous répondre, de pleurer encore avec nous.

Miracle attendrissant! Mais, s'il est si puissant, qu'il lui est plus facile d'arrêter ici-bas l'âme ailée qui s'envole, qui va nous échapper, qu'en vain nos bras retiennent. Dans les douleurs muettes, dans les noires prévoyances qu'on cache à l'être aimé, qui n'a de tout son cœur fait le vœu de Virgile : « Oh! si, dans la forêt, je te trouvais rameau! »

Vaste forêt! mer de feuilles et de songes... Que de temps j'y errai! où passa ma jeunesse, sinon dans la recherche sombre jusqu'au jour où je vis, je pris ce rameau d'or, dont j'évoquai les nations.

C'est le prix de ma vie d'avoir ressuscité tant d'hommes oubliés, méconnus, d'avoir été pour eux l'instrument de justice et le réparateur du sort. Cette idée me revient aux tristes heures de nuit et fortifie mon cœur. Mais le don d'évoquer le monde évanoui, l'ai-je obtenu pour rien? Comment l'ai-je atteint, ce rameau? En aimant trop la Mort. Jeune, j'ai habité les sépulcres. Je ne me lassai pas d'en réveiller l'esprit.

Et le temps est venu où la Mort me plaît moins, où je lui dis : « Attends! »

Parlé-je ainsi pour moi? — Oui pour moi. J'aime encore.

Pourtant j'ai fait beaucoup. Comme œuvres et

labeurs, j'ai dépassé trois vies. J'accepterais le sort, si parmi ces pensées une autre ne venait, une autre inquiétude au point si vulnérable où bat, vibre mon cœur.

. . . .

Grande forêt où j'ai trouvé jadis ce fier rameau qui refaisait des mondes, ne me direz-vous pas où vous gardez pour moi la petite herbe du salut?

Vous avez, je le sais, le secret de la vie. Vous la donnez à tous. Vos innombrables feuilles, d'une invincible aspiration, fixant les eaux flottantes, les versent à nos champs, alimentent le monde. L'arbre noir que l'on croit funèbre, tout au contraire, avec ses fines pointes, attire la nue vivante, électrique, la joie de la terre. Forts de cette puissante sève qui vous refait sans cesse, de cet or résineux qui conserve et guérit, vous voyez passer l'homme, et vous durez mille ans. Tel peut vivre cent siècles. Plus ferme et plus durable que tous les porphyres de l'Égypte, il vit le premier Pharaon, il entendit chanter le premier chant du *Rig-Veda*.

Vieux pontifes, puissants médecins, dites-moi, je vous prie, le mystère d'immortalité. Une initiation tout entière est en vous, dans les forêts de la montagne. On monte, et à chaque gradin on laisse quelque chose de ses misères d'en bas.

III

L'AMPHITHÉATRE DES FORÊTS

L'amphithéâtre des montagnes, à son premier gradin, a les grands châtaigniers. Ils font à la forêt une entrée vénérable.

Ce sont des patriarches, dans un grand esprit de famille. Moins ambitieux que fécond, s'il ne porte pas haut la tête, l'arbre central, fort large, rejette de toutes parts cinq ou six châtaigniers. Postérité heureuse qui le rassure sur les blessures, les pertes qu'il subit. Toute creuse qu'elle peut être, cette tige originaire verdoie, joyeuse de se voir ces enfants. Ceux-ci lui tiennent fort, si fort que souvent ils se soudent, restent mêlés avec elle et entre eux. Il en résulte un être étrange, parfois prodigieux, que vous trouvez un monstre. Et point du tout, c'est excès de nature, de mutuel attachement. Les jeunes n'ont pas pu s'arracher de la bonne mère qui longtemps s'épuisa pour eux.

Le châtaignier veut de l'air, de l'espace. Il se plaît dans les éclaircies. Ses feuilles, si vertes de vie, étendues comme une main, sont de forme (ce semble) parlante. Ces belles mains, autant qu'elles peuvent, cherchent la lumière, s'y étalent, s'en imbibent avidement. Mais, quoique superposées dans l'abondant feuillage, elles s'arrangent pour ne pas trop se nuire entre elles, ne pas se faire ombre, se voler le soleil. Il chérit le granit, le sable des grès dont il sent aux racines le chaud rayonnement. Il ne craint pas la lave. Il la prend tiède encore, plonge en ses noires entrailles. De ses scories luisantes il se fait autour un foyer qui lui réverbère la chaleur. Sur nos volcans éteints d'Auvergne, il se loge au cratère et jusqu'en leur bouche béante, la pare de sa verte jeunesse.

Il aime les volcans, il aime les ruines. Près de Chiavenna, au fond de sa chaude vallée, un bois de châtaigniers s'est emparé de l'effroyable éboulement du Monte Conto. Sur les soixante pieds de débris qui couvrent aujourd'hui le village de *Pleurs*, ils se sont établis, verdoient.

La vraie forêt touffue ne commence vraiment que plus haut, par le hêtre. Si son feuillage épais fait de trop fortes ombres, en revanche, il est gai, riant, dit qu'on peut se fier, pénétrer sous ses voûtes, monter avec lui les grands monts. On le trouve partout, de l'Apennin à la Norwège. Ce *fagus* de Virgile, qui ombragea Tityre, vous le retrouvez dans le Nord ; il n'est nulle part plus grand, plus gai, qu'aux brumeuses îles du Danemarck, au pays d'Hamlet. C'est l'enfant de l'Europe, le mieux équilibré des arbres. Il accepte tous nos climats.

Fournissant tant de feuilles, il est bien forcé d'être avide. De tous côtés il cherche, étendant ses racines en quête de nourriture. Et pourtant il n'est pas trop tyran pour les autres arbres. Il souffre le frêne aux torrents, dont la vapeur nourrit aussi son autre frère, le beau tilleul. Dans le sable, c'est le bouleau, le tremble, toujours en mouvement, dont le pâle feuillage nuance de sa mélancolie l'uniforme gaieté du hêtre.

Il sourit aux forêts. Il sourit au foyer; il y flambe et pétille, il y fait la braise cerise. C'est du hêtre que vient l'orgueil du paysan, sa rustique chaussure, ses sabots magnifiques, sujet inspirateur d'un des plus beaux chants du Midi.

Le hêtre a contre lui sa richesse de feuilles. Si ombreux, il exclut le jour et ne pare point la terre. Sous lui, peu de plantes, de fleurs. La fougère, la blanche spirée, presque seules, se résignent à cette humidité. Il en souffre lui-même. Son ombre se fait ombre, dense, multipliée, obscurcie, cherchant incessamment le jour. Au contournement de ses branches, on voit bien leur effort vers l'air et la lumière. On voit qu'il veut, aspire. Son allure semblerait celle d'une personne en mouvement.

C'est ce qui fait sans doute que, sensible et prenable au froid, il se hasarde cependant, monte, afin de respirer mieux. De là mainte et mainte aventure. L'austère et fière montagne, en ses caprices de rigueur, réprime les audaces du hêtre qui se permet d'aller trop haut. Quoiqu'il attende en mai pour hasarder sa feuille, il a souvent de rudes coups. La nuit du

24 mai 1867 fut terrible dans toutes les Alpes. Le 23, la tempête éclata au lac de Genève. La gelée vint la nuit, et par-dessus un brusque soleil. Les arbres au moment délicat où fermente la sève, ne s'attendaient à rien. Le noyer fut rôti, devint un spectre noir. Le hêtre fut roussi, prit son habit d'automne, très splendide, il est vrai, qui rougit la montagne des belles teintes ardentes qu'adorent les coloristes.

Mais d'avoir été pris au plein cours de sa sève, brusquement arrêté au moment de l'amour, cela lui était dur. Il songeait, paraissait trouver l'été bien long jusqu'à son réveil d'août. Et même en août qu'a-t-il? la fleur? non; l'amour? non, mais la consolation de quelques feuilles, d'être assuré de vivre encore.

Plus bas le châtaignier, plus haut les résineux ont des chances meilleures, une espèce d'immortalité. Le châtaignier qui se refait sans cesse et tout autour par ses enfants, qui subsiste mêlé avec eux dans leur jeune vie, n'a aucune raison de mourir. Les sapins et les pins, contre le froid, le vent et ses insultes, ont la garantie de leur résine qui les garde, les tient fermés. Leur vie économique dure indéfiniment, s'épanchant peu, ne donnant guère en feuilles (le sapin les garde dix ans). Le hêtre est très prodigue. Jetant chaque printemps un océan de feuilles, il verse la vie sans compter. Aux malheurs, aux blessures, il n'oppose que cette vie, forte dans son écorce, qui guérit aisément; jeune toujours et gaie contre le sort.

La forte vie de la montagne, sa robuste existence

en ses larges ceintures, tient à l'amitié de deux arbres fort différents, mais sociables, le hêtre vert, le noir sapin. Le hêtre rit, le sapin pleure, n'importe. Ils vont ensemble dans les mêmes hauteurs. Parfois on les trouve mêlés, mais plus souvent voisins. Ils se partagent le domaine. Le hêtre est au flanc du midi, le sapin vers le nord, aux pentes sans soleil, plongeant jusqu'en la vallée basse, humide, lugubre de brouillards.

C'est le grand sapin blanc (*abies pectinata*), géant de double deuil, blanc en dedans, noir en dehors. Ses longues et fortes branches, sur leurs longs peignes sombres, portent la neige, et si le poids les plie, les fait gémir dans sa noble douleur, il n'en est que plus solennel.

Est-ce un fantôme immense ? on le croirait à certaine heure. Parfois hérissé de cristaux, il semble un oiseau redoutable qui ouvre de menaçantes ailes. Aux contrées du Midi, on le trouve funèbre. Mais dans le Nord on l'aime. Des bords de la Baltique, des sables de la Prusse aux déserts sibériques, il est l'abri puissant et la consolation. Baissant ses branches jusqu'à terre, mystérieux dans sa nuit protectrice, il est réellement la maison vénérable de bien des existences qui ne dureraient pas sous le ciel. En ces climats sévères combien mourraient sans lui ! Muet comme la tombe, uniforme, infini, se ressemblant toujours, il cache d'autant mieux le misérable errant. Sûr entre ses bras noirs, ainsi que l'écureuil, l'homme ira sept cents lieues de sapin en sapin. Celui-ci, qui regarde au sud et y tourne ses branches, guide le fugitif et lui sert de boussole. Que de fois il couvrit, conduisit, sauva l'exilé !

Ici, c'est le sauveur, le vrai gardien de la montagne. Ces deux grands travailleurs, le sapin et le hêtre, à eux deux la protègent. Ils y font la grande œuvre, le vrai métier de la forêt.

Il faut songer qu'au haut, sur des plateaux étroits, la forêt sera peu de chose, mais qu'ici où nous sommes, à la base et à la ceinture, elle est encore immense, et son travail prodigieux.

Travail double. Elle reçoit, elle arrête et divise tous les ravinages d'en haut qui dépouilleraient la montagne.

D'autre part, la forêt répare incessamment ses pertes, s'enrichit. Elle y entasse ses débris. Elle fixe des masses de substance flottante. Comme un puissant organe d'aspiration, elle prend au passage les brumes et les brouillards épais et tout ce qui navigue avec eux dans cette épaisseur. Elle appelle, commande ces passants aériens, les oblige à descendre. Là le sapin est admirable. Il attire la nue de ses pointes. Le hêtre la boit de ses feuilles. Spectacle magnifique, pour peu que, dans la brume, le soleil introduise un oblique rayon. On dirait que la forêt fume. Et réellement elle respire.

Sous ces sapins, qu'il fait bon de marcher! Nette en tout temps, libre d'obstacle, la terre donne une noble idée de pureté. Quoi de plus pur que l'air, en ces odeurs salubres! Quel grand apaisement vous sentez peu à peu! N'en soyons pas surpris. Ces arbres respectables, aux premiers temps du globe, soutirèrent de leurs pointes l'excès de l'électricité qui faisait du monde un orage. C'est ce qu'ils font encore. Nos orages intérieurs se calment au milieu d'eux, nos agitations vaines. Si la forêt est sombre, si comme, on a trop dit, « les songes légers volent, posent sous chaque feuille », les lourds rêves d'en bas en sont absents du moins, les sinistres fantômes qu'élevaient les vapeurs. La vie, en montant, plus légère, a moins d'illusions. La nuit même est claire et limpide. A travers l'arbre noir elle montre l'étoile scintillante, les astres souriants, la divine lumière et la réalité.

Je ne sais quelle gaieté d'énergie nous saisit dans ces régions supérieures. Le grand sapin mélancolique nous quitte. Il fait trop froid. Ses longs bras sont trop grands pour les agitations d'en haut. Il nous faudrait ici un arbre plus robuste, à bras courts, qui n'eût pas à porter tant de neiges. Un arbre courageux, montagnard, gorgé de résine, qui en fût tout entier pénétré et gardé. Il faut le picéa, ce dur lutteur des Alpes, qui s'acharne et les suit jusqu'aux pentes improbables, et s'accroche dans les précipices. Il ne craint que la brume, l'humidité d'en bas. Il affronte le froid, mais cherche le ciel pur. Il boit avidement le soleil par ses quatre rangs de stomates. En montant, il n'a plus les fortes nourritures d'en bas, l'excitation de la vie fermentée. Il en a une autre, plus haute, celle de l'air et de la lumière, parfois l'appel du fœhn, l'électricité des orages.

Le picéa n'a plus les grandes ailes du sapin blanc. Il sacrifie les branches, et s'enrichit en feuilles. Il en met tout autour du rameau qui dardent et aspirent de tous côtés, qui l'alimentent, le fortifient. Tout son souci, c'est de se dresser en colonne, d'être un puissant mât de navire, qui brave aujourd'hui la tempête de la montagne, et demain l'Océan.

. Ces vaillants arbres ne font nuls frais pour eux. Point de luxe. Nul ornement. Ils ont bien autre chose à faire aux pentes dangereuses où ils montent à l'assaut. Vent glacé, rocher nu. Ils montent. Ils étendent, ils attachent, comme ils peuvent, leurs maigres racines et tiennent à peine au sol. C'est en se pressant, en serrant leurs rangs, leurs légions, qu'ils se soutiennent entre eux et soutiennent aussi la montagne.

Dans ses crises qui sont les dégels, sans eux elle serait perdue. Elle éclate, se fend. Là des eaux furieuses, profitant de ces fentes et les agrandissant, ruinant, démolissant, vont tout lancer dans la vallée. Eux seuls arrêtent tout. On la croirait entendre qui crie : « Mes enfants, tenez bon. »

Mais voici que d'en haut un monstre d'avalanche, neige et glace, rochers pêle-mêle, d'un coup terrible part, bondit de pointe en pointe. Malheur aux picéas ! C'est sur eux que d'abord passe l'épouvantable tempête. Ils crient, craquent.... Un .moment abimés, ils ont disparu. Dans quel état, grand Dieu ! on les revoit après ! Roulés, racines en haut, misérablement fracassés ! Lamentable ruine !... Cependant de leurs pointes ils ont rompu le coup. On l'a vu récemment dans les Pyrénées, près Barèges. C'était plus que la neige, c'était un roulement de glaces qui rasaient, tranchaient tout.... Ils avaient tous péri, mais sauvé la vallée.

Les résineux sont plus qu'un genre, une famille. Ils sont un monde végétal dont les formes diverses racontent tous les âges qui nous ont précédés. Nés du temps des fougères, des cycadées, des prêles, ils les imitent toujours par des espèces spéciales. Par exemple, leur éphedra continue d'imiter la prêle, se prolonge par emboîtement, pour feuille a des écailles. Les géants résineux, araucaria, sequoia, étonnent encore la terre de ce qu'elle fut autrefois en ses puissances de jeunesse, où ses arbres étaient des montagnes. Les sequoia de la Californie, énormes, et hauts de trois cents pieds, sont, dit Douglas, d'une beauté terrible. Aux sources de San Antonio, aux flancs de la Sierra Nevada, on trouve une centaine de ces colosses antiques. Un d'eux, que l'on coupa, accusait trois mille ans. (Carrière.)

Ils furent de tous les âges, sont de tous les climats, Ils acceptent les températures et les lumières les plus diverses. Aux cèdres le Liban, aux pins et aux cyprès l'Orient lumineux. Aux sapins la Norwège et les ombres du Nord.

Dans l'hémisphère austral, la vie des résineux, concentrés dans les doux climats, diffère infiniment. Dispensés de porter les neiges, de recevoir les coups de la tourmente, ils respirent plus à l'aise. L'araucaria du Brésil, du Chili, a la feuille de notre petit houx. Les damaras d'Amboine, de la Nouvelle-Zélande, tout fumants d'eaux chaudes, peuvent bien élargir leurs poumons. Ils quittent l'aiguille mince des conifères, amplifient leur feuillage, s'épanchent en toute liberté.

Nos résineux du Nord sont de vrais stoïciens. Ils traversent les plus dures épreuves par la concentration, la sobriété héroïque. Ils ont vaincu par là et les lieux et les temps. Utiles et bienfaisants, servant beaucoup le monde, ne lui demandant presque rien.

On ne peut se défendre d'un mouvement de reconnaissance, d'un respect religieux, quand, se promenant seul aux hauts pâturages de Suisse, on rencontre quelqu'un des sapins vénérables que depuis des siècles on conserve pour servir d'abri aux troupeaux. On sent là le grand rôle de l'arbre. On le sent comme ami et protecteur de toute vie. Ils le savent bien tous ; chèvres, moutons, brebis et vaches paresseuses, d'eux-mêmes ils y vont reposer, connaissent parfaitement leur gogant (ces arbres protecteurs ont ce nom au pays de Vaud). Ils s'établissent là l'été et sont chez eux. L'eau n'est pas loin, murmure. Aux différents étages du grand arbre bruit, fourmille un monde d'écureuils, d'insectes et d'oiseaux. Autour de lui, à bien peu de distance, au soleil et gardées du vent, fleurissent maintes plantes charmantes, exclues des champs, et que le laboureur appelle durement mauvaises herbes. Lui, il ne proscrit rien. Il est le père de tous, et comme un bon génie de la contrée.

IV

LES RÊVES DE MONTAGNES ET DE FLEURS

« Bien avant d'avoir vu les Alpes, leurs fleurs des hauts sommets, leur flore délicate et sublime, m'avaient flotté devant l'esprit. Ces filles de la lumière ne descendent point en plaine, ou, si elles descendent, elles meurent. Monter à elles, et les voir dans leurs mystérieuses retraites, ce fut chez moi, de bonne heure, un vif et secret désir.

. . . .

« Toutes nous aimons les fleurs, leurs couleurs et leurs parfums. Moi, j'aurais voulu davantage, entrer en société avec elles, savoir un peu de leurs pensées. Dans le jardin de mon père, à mes rares récréations, enfant je causais avec elles. Elles me semblaient des camarades plus jeunes, de petites demoiselles. Je leur racontais à voix basse mes affaires, mes grands chagrins. Elles m'écoutaient assez bien ; mais modestes, réservées, elles parlaient peu en retour. N'importe, je leur étais fidèle. Les longs dimanches surtout, quand ma mère était à la ville, nous étions plus libres ensemble. J'avais le loisir d'observer leur vie, leur langage muet, d'entrer dans leur caractère. L'une était plus matinale. L'autre, lente et paresseuse. Telle, un jour, était malade ; j'apportais pour la consoler de l'eau ou la meilleure terre, et je lui disais : « Qu'as-tu[1] ? »

« Plus tard, lorsque, mariée, j'eus mon petit jardin à moi, le parfait repos du foyer, le loisir des longues heures (aux absences de mon mari), mes plantes, soignées par moi, par nul autre, en dirent un peu plus. Elles m'apprirent ce qu'elles aimaient et ce qui leur déplaisait, leur santé, leurs défaillances, un mot de leur amour même. Vraiment, elles pouvaient tout me dire. Je n'en aurais pas abusé. Leur tendre discrétion, d'autre part, m'était assurée. J'aurais pu leur confier mes rêves, si, dans cette solitude de travail et d'innocence, j'avais eu le temps de rêver. Quel confesseur plus naturel ? et, je crois, de bon conseil. Si pures et si poétiques, elles ne sont nullement romanesques, mais d'un positif admirable. Mes jours, au reste, étaient remplis. J'étais occupée de l'aiguille, du ménage, de mon mari (et surtout dans son absence). J'avais même peu le temps de lire.

« J'avais tout à côté l'orage, le combat de l'histoire humaine, ce grand travailleur si ardent. Mais dans son extrême tendresse il se gardait de me mêler à ces choses terribles et sombres. Il m'en épargnait le plus dur, ne m'en dit jamais que le grand. Grâce à ces ménagements, je restai moi, je restai jeune,

---

1. *Mémoires d'une enfant*, 1867.

continuant ma vie d'enfance avec ces petites vies qui sont la jeunesse même. Il y gagnait. Quelle que fût sa journée, il lui fallait bien le soir rentrer dans un monde plus doux, savoir quelle plante avait fleuri, voir nos animaux domestiques qui ne manquaient pas d'arriver.

« Nous traversâmes ainsi l'épreuve de 51 aggravée de 93 dont il écrivait l'histoire. En exhumant tous ces morts, aurait-il vécu lui-même sans cette lutte tendre et timide de la Nature contre l'Histoire. Dans notre beau désert de Nantes, sans lui troubler son labeur, elle était là, l'enveloppait. En un certain jour des plus noirs, je me souviens que tout à coup une chose inattendue apporta d'autres pensées. C'était une splendide fleur de nos grands magnolias, qui, descendant de son arbre, était venue dans le salon, triomphale, et s'était fait maîtresse de la maison. Malgré les portes fermées, jusqu'aux pièces les plus retirées, elle l'avait envahie de son odeur pénétrante, si fondante et si suave, enivrant l'air d'un puissant parfum d'amour et de vie.

« De plus en plus mêlés de cœur, comment travailler à part? Notre union, dès le premier jour, ce semble, complète et profonde, se resserrait cependant, devenait plus intime encore. J'avais gagné un peu de lui, je ne sais quoi de cette flamme qui fait ou refait la vie. La mienne était plus animée vers 56 et 57, dans ces années dont la chaleur (comme l'a dit notre maître Schacht) fit dix ans de fécondité. Moi qui n'avais point songé que je dusse écrire jamais, si faible et si maladive, voilà qu'un matin j'ai la plume. Voilà que j'écris pour lui. Simples notes et pur essai. Rien moins pourtant que mon âme, indistincte avec la Nature, mêlée aux fleurs, aux oiseaux, à toute chose innocente. Il fut tenté, me suivit. Nous ne nous quittions jamais. Nous fîmes ce beau voyage, — trop rapide et à tire-d'aile, —. *l'Oiseau*, *l'Insecte*, *la Mer*. — Cela a enlevé le monde... Oh! que je sais bien pourquoi!

« Mais je n'étais pas très forte. Et toujours je retombais. Je ne pouvais croire à la vie. Je regrettais seulement de ne pouvoir lui donner ce qui m'était le plus cher, ce qui m'avait toujours suivi, mes rêves sur l'âme des fleurs. Au printemps de 58, malade, j'essayai d'écrire quelque chose de *la Mort des plantes*, de leur fin si résignée, qui, sans bruit, si doucement, les rend à la Mère commune. Dans l'été de 59, entre la mer et la Gironde, sur les landes embaumées, parmi les senteurs d'immortelles, j'aurais voulu essayer un fin sujet : *la Flore des dunes*. Charmant sujet qui, de tout temps, fut l'âme de la contrée. Cette âme est toute en sa légende que je me faisais chanter. C'est la belle fille du roi qui tombe à la grande mer. Mais elle refleurit à la côte, et refleurira toujours dans le sauvage romarin, plein de parfum, d'esprit amer, de tristesse et de regret.

« Dans ce beau lieu solennel de l'entrée de la Gironde, que d'idées me venaient au cœur! Du moins j'en réalisai une. Je donnai à mon mari (pour l'éducation de *la Femme*, qu'alors il allait publier) *le Cycle annuel de la plante*, la succession de ses formes dans le cadre de l'année. La plante est comme une épouse de l'homme qui le suit pas à pas. Fraîche au printemps, charme des yeux, elle le soutient l'été, elle est sa bonne nourrice ; puis, fatigué à l'automne, elle le relève, lui verse la joie, le repos, l'oubli.

« Rien n'éveillait plus ma pensée que nos hivers à Hyères, où mon mari venait pour moi demander à la nature un sursis, un peu de vie. Sans bouger, je voyais là fleurir les cinq parties du monde. La diversité des climats disparaît. La géographie y est supprimée, démentie. Énorme Babel de fleurs, dont l'esprit est confondu. On dirait le point central d'où la Nature distribue les plantes à toute la terre.

« L'Afrique y est représentée par des palmiers gigantesques, chargés de leurs régimes d'or. L'Australie, par l'eucalyptus, qui en huit ans n'a acquis guère moins de cent pieds de haut. Mais l'Europe, le Nord même, n'y est pas moins triomphant. Sur l'étroite place d'Hyères, le superbe palmier a l'air d'une herbe à côté de nos ormes, majestueux d'antiquité, si jeunes et si fins de feuillage, incomparables de grâce, de délicate austérité.

« Cette fraîche image du Nord dans notre Afrique de Provence était bien puissante sur moi au moment où tout à coup le feu prend sur ce beau rivage. C'est une merveilleuse féerie ; aux jardins, aux haies du chemin le plus sec, le plus poudreux, en une nuit, tout fleurit. C'est une vraie éruption et comme un volcan de fleurs. Oui, mais c'est trop fort pour moi. J'admire, je demande grâce. »

V

SUITE. — LA SUISSE EN MAI 1867

« Nous fûmes et nous passâmes en Suisse. Nulle opposition plus forte. On croit avoir fait cinq cents lieues. Nous ne l'avions jamais vue si tôt (vers la fin d'avril). Nous avions le rare avantage d'avoir l'année devant nous, d'assister à la complète évolution de la saison, toute plante arrivant à son heure dans cette procession magnifique qui se refait tous les ans. Elle se pressait fort peu de commencer. Le 1ᵉʳ mai, ce doux moment, partout chanté comme la fête de la vie, semblait sérieux, contenu, et j'allais dire raisonnable.

« Les prudentes vignes de Genève et de Vaud n'étaient pas sorties; elles craignaient des retours sévères. Sur l'azur fort, un peu dur, du beau lac, planait toujours dans toutes les pompes de l'hiver la superbe ligne des neiges. C'est ainsi qu'il faut voir les monts transfigurés de cent manières dans la lumière fantastique de leurs glaciers, de leurs cristaux, communiquant encore ensemble par les neiges non interrompues, vivant entre eux de leur grande vie solitaire, avant les foules vulgaires qui vont venir l'été.

« Tout cela était si sage, si sérieux, que je me mis à l'unisson; j'éprouvai comme un grand calme. Sur ces côteaux nus encore, il semblait (après le tumulte du grand printemps de Provence) que je n'entendisse aucun bruit.

« Malgré des retours de froid, en mai, la saison marcha vite. La vigne, aux lieux garantis, sortit assez rapidement. La prairie s'émaillait de fleurs. La matinée était très fraîche, mais le midi déjà chaud. De là une grande harmonie. Mon mari avait un surcroît de force et d'activité. Moi, je revivais.

« L'honnêteté du pays permet aux jeunes demoiselles d'aller seules en sûreté. La femme a liberté entière. Aux heures du matin, c'était ma joie de me dérober, de partir seule et légère, de monter bravement aux prairies toutes fraîches encore et même à l'entrée des bois. Bois peu effrayants, il est vrai, peu sombres, de beaux châtaigniers dispersés sur la prairie souriante. Les bestiaux n'étaient pas encore montés vers le haut pays. J'avais quelque compassion de leur voir brouter, comme foin, des fleurs exquises et même rares; j'étais près d'en demander compte à la vache et au cheval; mais, sans doute, ces pauvres bêtes, dans leur insipide aliment, goûtaient fort les saveurs douces, les parfums sucrés de ces fleurs.

« Tout semblait dormir dans la montagne. Un grand sommet lui faisait ombre. Les montagnes opposées du lac avaient seules un rayon. Les oiseaux se levaient, mais à petit bruit. En bas, au village, s'ouvraient les étables des chèvres. Le petit chevrier sonnait l'appel, de sa corne rustique. Dès le printemps, les chèvres de Veytaux font tous les jours leur ascension, et volontiers nous suivions ensemble un moment le même chemin. Quelques poignées de sel m'en avaient fait des amies. Partout elles me reconnaissaient et sans façon me demandaient.

« Le même lieu m'attirait toujours, je ne sais pourquoi. J'en aimais le soir les tristesses, le matin les gaietés du réveil, la surprise d'un paysage tout nouveau. Ne venant aux autres voyages qu'à l'automne, et ne trouvant plus que la pâle fleur du safran, c'était pour moi une chose charmante de voir fleurir la montagne. Je n'en connaissais guère les plantes. Les images n'apprennent rien. Il faut voir. Quelle émotion d'aller, seule avec son désir, en quête de l'inconnu !

« A Chambabo (près de Veytaux), sous les châtaigniers, je trouvais déjà un parterre. Cet arbre puissant tolère, souffre sous lui les petits. Les plantes se louent de son abri. L'hiver il les couvre, les cache, sous ses feuilles entassées. Et il les nourrit l'été de ses débris, de son humus. Il leur fait de la bonne terre. Cela les enhardit, sans doute ; plusieurs s'établissent sur lui. Il ne s'en fâche pas, accepte ces plantes indiscrètes, entre lesquelles son vieux tronc paraît comme un bouquet de fleurs.

« Les mélitis surtout ne voulaient fleurir qu'à ses pieds. Même à l'ombre, aux replis humides, la raiponce, sur sa tige mince, dressait son épi d'un blanc froid. Près d'elle, le sceau de Salomon égrainait ses blanches clochettes. Nulle part l'ancolie n'est plus belle. C'est, dans les profondeurs de la pourpre violette, la richesse de l'or le plus chaud. Lourdes de poussière, ses étamines se penchaient dans leur mélancolie d'amour. Quand le soleil couchant traverse la fleur de ses rayons obliques, la pourpre se fait lumineuse; on voit comme circuler le sang, et du dedans au dehors rayonner une âme électrique.

« Ces exercices de chaque jour me charmaient, mais d'autant plus me tentaient pour monter plus haut. Et c'est justement leur attrait qui fit mon infidélité. Je désirais leurs sœurs des Alpes. Les pentes étaient difficiles au-dessus. C'est un escalier gigantesque de trois mille pieds, qui par une forêt de hêtres, vous mène aux hautes prairies. J'essayais chaque matin, je cherchais, espérant toujours surprendre quelque fille de l'Alpe, égarée plus bas, aux clairières. Mais je n'arrivais jamais. Je retombais épuisée.

« Toute passion croît par l'obstacle. La nuit, le jour, me revenait cette Flore de la lumière, éthérée, qui peut se passer de tout secours inférieur, vivant d'un rayon, du pur regard du soleil. Ah! si la vie a des secrets, n'est-ce pas là qu'on peut les surprendre? Ces sublimes solitaires n'ont-elles pas la confidence de cent choses que la Nature n'a daigné dire à leurs sœurs, les fleurs plus grossières d'en bas?

« S'il était de hautes vallées d'accès facile où ma faiblesse sans effort, sans ce mortel travail d'ascensions inutiles, rencontrât le sanctuaire de la Flore des hautes Alpes ? — A ce vœu, les fort beaux livres de Tschudi et de Rambert me répondaient : « C'est l'Engadine. »

« Leurs peintures nobles, sévères, m'attiraient infiniment. Cette contrée singulière de vallées plus élevées que la plupart des montagnes, ce plain-pied avec les glaciers, que vous touchez de la main, ces fleurs étranges qui ne vivent qu'en ayant neuf mois de neige, la force héroïque surtout de l'arole, de ce pin des glaces, tout m'avait fortement saisie.

« Cependant, l'Engadine est loin, très loin, l'autre bout de la Suisse, et sur les confins du Tyrol. Cent choses nous rappellent à Paris, ce centre d'affaires et d'études, des choses trop longtemps ajournées. Et comment, en mai, monter au lieu le plus froid de l'Europe, quand l'Engadine est blanche encore ? Nouvel obstacle ! le retard. Il nous faut attendre juillet ! Quel changement aux dispositions que nous faisions pour l'année !

« Pour comble, la belle et brune messagère qui, de Javernaz, descendait, vendait des fleurs, disait que même à Javernaz, à cette porte du Valais et devant la Dent du Midi, nos pluies étaient là-haut des neiges. Qu'était-ce donc de l'Engadine dans une année pluvieuse ? Aurait-elle un moment d'été ? Ne garderait-elle pas son triste linceul d'hiver ?

« Que de raisons raisonnables pour ne pas faire ce voyage ! Mais je ne sais quoi me disait que l'on n'en aurait pas regret. Plus la chose était difficile, et plus me croissait le désir. Je me décidai à prendre pour confident mon mari, à lui faire mon aveu complet. Je lui dis naïvement : « J'ai bien envie de l'Engadine ! »

La fantaisie d'une personne qui n'a jamais de fantaisies méritait grande attention. C'était plus qu'une idée ; c'était une passion, — soudaine, il est vrai, mais bien vive. Que la sagesse fût tentée, cela surprit, cela toucha. Il ne s'agissait pas d'un caprice qu'on élude ou distrait. La chose était bien sérieuse, pas moins que l'amour lui-même. Tous les signes y étaient, le plus grave surtout, certaine émotion contenue d'un sentiment fort, qui d'autant mieux se garde, n'en dit que la moitié.

Je trouvais des raisons d'entrer dans cet amour. Il s'agissait de voir ce coin si retiré que naguère on nommait « la contrée inconnue des Alpes ». (Papon, 1857.) Il s'agissait de voir ces lacs mystérieux, qui envoient à trois mers, le Rhin, l'Adda et l'Inn (c'est-à-dire le Danube). Il s'agissait surtout de retrouver un nid, une fine France antique, sous la lourde Allemagne. Fleur singulière des neiges, qui vit encore un jour, ne sera plus demain.

Je roulais ces pensées, et ne dis pas un mot. Mais à ce moment même, voyant un savant Suisse, qui connaît très bien le pays, je dis : « Monsieur, indiquez-moi un court chemin vers l'Engadine. »

VI

L'ATTENTE AU PIED DE LA MONTAGNE. — AMOUR DES PLANTES ALPINES (JUIN 1867)

La saison forçait d'ajourner. Je dus à ce retard de passer le mois de juin dans un aimable lieu, à Bex, la porte du Valais. J'en eus ce que rarement, bien rarement, j'ai eu en ce monde, un moment pour me recueillir.

Après le lac, c'est un lieu de repos. La vue n'est plus immense, comme à Lausanne, ni trop éblouissante. On n'y voit plus le drame et le combat des deux rivages, comme entre Vevay, Meillerie. On se sent arrivé quelque part, et on s'y arrête. Le Rhône, échappé du Valais, moins étouffé, se reconnaît en plaine, respire avant de se jeter au lac. Le paysage est tout humain, point écrasant, noble et plein de grandeur. On se trouve sous la Dent de Morcles, et devant la Dent du Midi, mais à une heureuse distance. Ces hautes cimes, sous leur verte ceinture de hêtres et de sapins, ont, au pied, pour premier gradin, de fort belles collines, vêtues de châtaigniers.

Sur Bex même, à cinq mille pieds, fleurit, malgré cette hauteur, le lieu chéri des botanistes, la prairie de Javernaz.

J'avais le bonheur de toucher à la fin de mon œuvre historique, le regret de m'en séparer. Déjà je la sentais absente, qui s'en allait au vaste monde. Mais je me restais, moi. C'était bien quelque chose, après un tel labeur qui pouvait user plusieurs vies, de retrouver la mienne, mes puissances en leur plénitude, dans cette fécondité croissante, tellement augmentée aux dix dernières années.

Le temps m'avait servi. Je ne regrettais rien. Cependant au rayon se mêlaient quelques ombres. Ainsi que la Dent du Midi, de son sublime et noir granit, sans attrister le paysage, par moments le rend sérieux, l'âge m'avertissait, les pensées d'avenir. Dans un point réservé surtout vibrait mon cœur. Si j'avais l'aile encore, autant qu'oiseau des Alpes, la branche où je posais, tremblante, me faisait sentir à toute heure que rien n'est solide ici-bas.

« Tel le ciel, et tel l'homme. » Cette année incertaine flottait aussi du printemps à l'été, un jour gai, un jour sombre, ne pouvait jamais se fixer. Bex est très chaud en juin. Le climat, un peu énervant, était moins tempéré qu'amolli d'ondées tièdes, douces aux prés et aux fleurs, trop douces et paresseuses qui faisaient de la vie un rêve.

La nature parlait seule. Il fallait l'écouter. Je quittai un moment la trouble histoire humaine, si dure dans le passé, si dure dans le présent. J'en pris une moins sombre, d'harmonie plus charmante, qui allait mieux aux fleurs dont j'étais entouré. La montagne de tous côtés nous appelait. L'élan ne manquait pas, ni les vastes projets. Sans la saison, peut-être nous aurions fait de grandes choses. Mais, une fois la chaleur nous tenait; une autre fois la pluie. En étais-je affligé? pas trop, je dois le dire. Rien n'était plus joli que ces chaudes ondées, vues du balcon. Nous avions moins de fleurs, mais d'autant mieux peut-être nous vivions avec elles en grande intimité, les interrogeant mieux, en aspirant l'esprit et les parfums.

Aimées et désirées, ces belles créatures, si nous n'allions à elles, modestement venaient à nous. La messagère de Gryon, aimable et sérieuse (une Vaudoise déjà du Valais et d'aspect italien), nous apportait souvent les dernières nées de Javernaz. Peu heureuse dans sa famille, elle vivait avec les plantes sur les plus hautes prairies, et sa véritable maison c'étaient les *gogants*, ces sapins qu'on y laisse dans leur grandeur pour y servir parfois d'abri. Elle y errait, cherchait, sans voir âme vivante qu'une vache hasardeuse peut-être, parfois le grand aigle des Alpes. Cette vie de solitude dans des lieux nullement vulgaires donnait à sa beauté brune je ne sais quelle noblesse rustique. Certaine douceur triste était dans ses beaux yeux. Elle n'était pas sans culture, et même se piquait de latin. Avec les noms vulgaires, elle donnait les noms savants (peu altérés?). Ses fleurs ne l'étaient pas. Elles arrivaient charmantes, fraîches et vives, comme à la prairie.

J'ai la vue excellente, mais point fine, peu propre à voir ce petit monde d'imperceptible détail. Même guidé, je voyais peu et mal. Un matin, un maître me vint de Javernaz, m'enseigna, fut pour moi la révélation décisive. Cet interprète des fleurs était une fleur, la gentiane bleue, si grave, historiée de noir. Frappant hiéroglyphe qui saisit mon attention. Je regardai du cœur. Je fus frappé. Je vis.

J'avais les meilleurs livres, et plusieurs fort récents. Ce que j'avais lu dans les fleurs, je le cherchais ensuite, le relisais chez eux. Mais qu'ils parlaient moins bien! et quel barbare langage! Ils conservent soigneusement les noms que l'âge d'ignorance donna aux organes des fleurs. Noms absurdes, qui, non seulement retardent les novices, mais pour tous jettent sur les faits un louche et une ombre fâcheuse. Ils désignent le mâle par des noms féminins (anthères, étamines, etc.), par des masculins la femelle (pistil, stigmates, etc.). Nul de ces noms (pistil, étamines) ne se rapporte aux formes des objets.

Pourquoi a-t-on gardé ce patois ridicule? Par routine sans doute, mais aussi pour voiler ces mystères innocents, surtout pour obscurcir ce qui rapproche tant les fleurs des animaux. En tel point inférieures aux polypes et aux rayonnés, en d'autres elles leur sont supérieures. Il eût fallu sauter le fossé sacré des trois Règnes, la vieille division scolastique. Mais que devient-il ce fossé, aujourd'hui que l'on sait que certains végétaux sont animaux quatre heures par jour?

Mon premier regard d'ignorant sur l'abrégé officiel et universitaire (excellent) de M. Duchartre (1866) m'apprit une grande chose. Que sait-on de la vie d'assimilation qui nourrit? Rien du tout. Il le dit en deux pages (707, 760). — Que sait-on de l'amour, de la reproduction? Tout, ou du moins beaucoup. Il y met trois cents pages lumineuses et de grands détails (426-689).

La classification, de trois cents pages encore, repose sur les seuls caractères des organes de génération.

La botanique, en résumé, n'est autre chose jusqu'ici que la science de l'amour.

Science peu séparée de la zoologie. Elles se traduisent l'une l'autre. L'amour est le terrain, à peu près indistinct, où l'animal est fleur, la fleur est animée, et parfois au-dessus du bas monde animal, identique au plus haut, à l'homme.

La nutrition est un mystère. L'amour n'en est pas un. La nature n'y a rien caché. C'est son œuvre de lumière, où elle se manifeste. Elle n'y a mis nul voile, aucune difficulté, si ce n'est la petitesse, souvent extrême, de l'amant et de l'aimée. Elle semble avoir pris plaisir à varier infiniment la scène et les petits acteurs, comme pour mieux éclaircir le drame.

Trois cent mille espèces de formes (c'est le nombre des fleurs connues) n'ont pas épuisé son ardeur d'invention, le bonheur visible qu'elle a de révéler l'amour.

Voici comme la chose se passe. La feuille, un jour gaie, heureuse de chaleur et de lumière, se roule, et fait d'elle un foyer, berceau tiède, et molle alcôve, où va naître un jeune monde. De son tissu gonflé surgit la petite femelle (pistil), fine matrice un peu allongée, déjà pourvue de ses ovules, mais close virginalement. Autour d'elle et vers le jour s'élancent des petits jets vivants, ses amants, ses prétendants, qui lui font une noble cour.

Presque toujours le petit mâle, élancé vers le soleil, va plus haut et plus loin qu'*elle*. Il subit deux attractions, la lumière de ce beau rayon qui le dore, l'enivre de vie, et la douce chaleur intérieure du tendre foyer maternel qui le rappelle au dedans, le rapproche de l'objet aimé. Voilà deux tentations. La liberté, la vie mobile (où flotte sa tête légère), cette gloire de lumière, qui semble le dieu des fleurs, ne doivent-elles pas prévaloir? Oui, nous dirait la physique. L'amour dit non, et l'amant fait ce que l'homme ferait. Il la préfère, il s'incline vers elle (se recourbe même) et souvent avec effort, se détournant du rayon lumineux vers le fond obscur, la cherchant, et, par ce seul signe, disant qu'elle est plus que le monde, l'amour plus que le soleil.

VII

SUITE DES PLANTES ALPINES. — PROGRÈS DE LEURS FLEURS DANS L'AMOUR

Chez d'autres fleurs, ce n'est pas le mâle qui la dépasse, qui va plus loin et plus haut. C'est elle qui domine tout. Souveraine et colossale par rapport aux petits amants, elle semble leur opposer une difficulté éternelle.

C'est le spectacle qu'offrait ma noble gentiane bleue. Fleur austère et de suc amer, où l'amour était plein d'obstacles. La scène était demi-tragique. De la profonde urne d'azur (chagrinée de noir à sa base), s'élevait avec majesté la dame, d'un blanc virginal, nullement d'un blanc de lait, mais de teinte bien moins douce, où sa verte sève mêlait une nuance sévère. Eux, fort petits, faiblement colorés d'un or très pâle, l'entouraient d'en bas, l'étreignaient, mais fort inutilement. Elle balançait sur eux, d'une hauteur inaccessible, sa double tête, ou plutôt deux charmantes bouches d'amour, dans une superbe collerette, très fantasquement échancrée.

J'eus pitié de ces malheureux. Elle surplombait, s'étalait par-dessus en parasol. Cela leur ôtait tout accès. S'ils s'allongeaient, s'ils montaient, ils n'y gagnaient pas grand'chose, étant repoussés par les bords. Elle était comme le pic, si difficile, du mont Viso, qui, débordant de tous côtés, décourage l'ascension et la rend presque impossible.

On ferait un tort réel à l'imperceptible amant, si l'on croyait sa passion en rapport avec sa grosseur. Le désir lui crée des langues. Il parle par sa couleur. Il parle par sa chaleur. Il ne dit pas fadement, comme nous : « Mes feux, ma flamme. » Mais il change la température autour de la bien-aimée. Elle sent une flamme très douce, qui est *lui* et l'amour même. La Marck l'observa, le premier, dans la fleur de l'arum. La luciole de même, dans la nuit, soupire en lumière. Les délicats thermomètres de Walferdin, que l'on place dans la fleur entre les amants, nous permettent de mesurer les degrés de la passion. Elle dépasse infiniment tout ce qu'on sait des animaux. Dans telle fleur (la capucine), le mâle en dix heures consume énormément d'oxygène, seize fois son propre volume. Qu'est-ce donc des fleurs des tropiques, de la furie végétale de Java ou de Bornéo?

Cette chaleur certainement amollit et attendrit. Ce n'est pas assez. Tout amour a sa magie, ses secrets, ses arts de fascination. Les oiseaux ont le plumage, le chant. Tous les animaux ont la grâce du mouvement. Par elle, ils exercent alors une sorte de magnétisme. Les parfums sont ce magnétisme dans l'amour végétal, c'est sa puissante incantation. Il la prie, il la fascine, l'enivre de ses essences.

Langue divine, en vérité, ravissante, irrésistible. Si nous autres (étrangers à ce délicat petit monde), nous sommes tellement sensibles à ses émanations suaves, si la femme en est parfois émue, malgré elle, troublée, qu'est-ce de la petite *femme-fleur ?* Combien pénétrée, imbue de cette âme odorante qui l'entoure, qui l'envahit, doit-elle être vaincue d'avance, et plus que vaincue, — transformée.

Le malheur, chez ma gentiane, c'est que cette séduction des parfums n'y existait pas. Ses amants n'avaient pas la chance de l'ébranler, de la troubler de cette enivrante magie. Donc, nul espoir sans un miracle. Il eût fallu que séchés, consumés de leur passion, ou d'un regard du soleil, devenus poudre légère, ils fussent arrachés d'elle et enlevés par le vent. Il eût fallu que flottants dans l'air, leur course incertaine les ramenât, par une chance inespérée, admirable, justement vers l'objet aimé, et que, par une chance plus forte, justement ils arrivassent à retomber dans son sein. On pouvait jurer, parier bien plus d'un million contre un, que cela ne se ferait pas, et que la vierge hautaine vivrait et mourrait solitaire.

Ils n'avaient qu'une chose pour eux, c'était leur énorme nombre. A l'état de poussière vivante, séparés, multipliés à l'infini, ils avaient dans cet infini une chance. Le sort pouvait faire un heureux. Et voilà pourquoi ces mâles se multiplient tellement. Il faut des millions d'amants, de concurrents, pour que l'amour arrive à faire un mari.

A eux donc de prier le vent, de dire : « Orages désirés ! levez-vous ! emportez-nous !... » — Ils devaient préalablement, jouets de l'air, nager, flotter, presque tous à coup sûr périr. — N'importe ! ils voulaient monter, à tout prix, afin de pouvoir descendre. Elle ne devait recevoir que ce qui viendrait du ciel. J'espérais peu. Le miracle pourtant se fit. Dieu est grand !

Mais l'atome qui venait d'en haut, allait-il être bien reçu? J'en doutais. Cette orgueilleuse, strictement fermée encore, lui tiendrait-elle rigueur? on l'eût cru, mais quelle erreur ! Il trouva au seuil... du miel.

Ce miel est le *oui* des fleurs, c'est leur rite universel. Il accueille, rassure et retient le fils du sort qui arrive par une si heureuse chance. On peut le traduire ainsi : « Salut ! entre, ce palais est tien... Et tu l'as gagné, vainqueur ! »

Quelle fortune prodigieuse pour lui, grain de poussière ailé, de retrouver ce lieu de gloire, cette alcôve en velours blanc, sombre au fond, de riche azur, d'envahir en ses mystères la fière, la sublime dame, qui le regarda de si haut !...

Peu de têtes auraient résisté à un tel changement de fortune. Comment s'expliquait-il ce miel, cette faveur inattendue? Sans nul doute orgueilleusement, croyant qu'elle voulait dire : « Je me soumets, tu es mon maître ! Tu viens de la part de Dieu. — Et je n'aurais jamais cru que tu pusses arriver là. — Tu es fort et tu es grand. »

Et, dans son orgueil encore, il croyait qu'elle disait : « Ami, que je t'ai attendu ! que j'ai rêvé, que j'ai souffert !... »

Soit qu'il eût vraiment ces pensées, soit que ce breuvage d'amour, ce miel fût devenu en lui un alcool, une ivresse, je le vis avec surprise (dans le champ du microscope) immense, et tout à coup géant. Il grandit cent fois, trois cents fois et jusqu'à mille fois sa longueur... J'en fus un moment alarmé. S'il eût continué ainsi dans cet élan prodigieux, les rôles étaient intervertis; c'est moi qui devenais l'atome.

Mes vœux, pourtant, étaient pour lui, et tout mon cœur le secondait. Et je m'écriai : « Sois heureux !... Ah ! sois heureux ! cher atome !... Merci ; gloire à la grande âme Amour, qui donne à la fleur, à l'homme, à l'étoile, à tous les mondes, le moment de l'infini ! »

« Mais qui ne voit que tout cela est purement automatique, qu'en cela, ils sont aveugles? »

Plus que l'animal? qui le sait? Plus que l'homme? je ne le vois pas.

La fleur, en la génération, est non seulement égale aux animaux, mais dans certaines espèces, sous tels rapports matériels, égale au mammifère, à l'homme. (Voy. Robin, Schacht, et la récente Dissertation de Lortet sur *la Pressia*, 1867.)

« Mais l'instinct se mêle-t-il au jeu des forces mécaniques? » Tout être, en de tels transports, pour le froid observateur, donnera lieu au même doute.

Tout est alors trouble, obscur, sur la limite de deux mondes de ténèbres et de lumière. L'amour est obscurité, surtout aux moments créateurs. Même en ses rêves plus doux, il est mêlé constamment de deux éléments qui se croisent, alternent ou se confondent, le fatal et le volontaire.

L'étonnement fut grand en Europe quand, vers 1780, on apprit que les abeilles que l'on croyait travailler dans une régularité immuable et fatale, venaient de modifier leurs demeures pour faire face à une circonstance nouvelle. Elles fortifièrent, compliquèrent les ouvertures de la ruche quand leur redoutable ennemi leur arriva d'Amérique, le sphinx de la pomme de terre, extrêmement avide de miel. (Huber.)

Combien on serait plus surpris si l'on savait que les fleurs ont changé leurs procédés, que des espèces nouvelles ont fait une innovation, un progrès, inconnu aux espèces anciennes? Cela est pourtant arrivé !

Je tombai dans la stupeur, le plus profond étonnement, quand, rapprochant deux passages, l'un d'Alphonse de Candolle, l'autre de Duchartre, Hartig, etc., je vis qu'une immense famille de fleurs, en grande partie Alpines, ayant de très courts étés, avait adopté un art tout nouveau d'abréger l'amour.

Dans le monde végétal, comme en celui des animaux, la femelle est un peu lente. Il semble que pendant un temps elle hésite, mais que pourtant elle se prépare, elle songe. Songes adorablement naïfs. C'est ce miel dont j'ai parlé. Ce sont de légers gonflements qui la sortent d'elle-même. Elle fait un pas vers lui. Tout cela était peu de chose. Voici ce qui est arrivé.

Les Alpes, montagnes nouvelles (relativement à tant d'autres), abondent en Campanules, en Composées, fleurs qui semblent nouvelles aussi et que l'on croirait créées sur la chaîne Alpine elle-même. (A. de Candolle, *Géogr.*, pages 1318, 1322, 1323.)

Ces fleurs des hautes régions, dans un air raréfié, jouissent d'une pure lumière qui les affine certainement. Mais elles ont un été très court (pour plusieurs, de cinq semaines!) qui, fondant leur manteau de neige, les expose nues au vent froid. Elles n'ont pas le temps de rêver, comme leurs molles sœurs d'en bas, comme tant d'espèces anciennes, qui sont nées avant les Alpes. Elles doivent aimer, produire sur-le-champ, sinon jamais. L'instinct, la nécessité ont précipité les choses. La fleur n'attend pas son amant. Elle lance à l'encontre de lui un dard innocent, miellé, qui le prend, qui se retire en l'emmenant avec lui. (Hartig, Duchartre, Grimard, etc.)

L'enfant vient, la graine à la hâte a mûri; mais demain la neige, la glace couvriront la terre. Elle a un jour pour se répandre. Pour cela il lui faut des ailes. Sa mère l'a pourvue d'un organe nouveau, jusque-là inconnu. Je parle d'aigrettes légères qui en un moment l'emportent de tous côtés et la sauvent. Si la neige vient, la graine cachée dessous peut attendre et l'espèce est assurée.

Que ferait de plus l'instinct animal? Ou, pour

parler plus franchement, que ferait de plus la pensée de l'homme? Des circonstances nouvelles ont fait naître chez les fleurs une prévoyance maternelle inouïe et un nouvel art d'aimer.

Cela est beau, cela est grand, disons-le, divin, sublime.

Ainsi l'amour, c'est l'amour, l'*universelle égalité* entre les êtres et les espèces. Plus d'orgueil. Il est le même, au plus haut et au plus bas, chez la fleur et chez l'étoile. Il n'y a ni haut ni bas, — ni dans le ciel ni dans l'amour, — qui est aussi le ciel même.

J'étais rempli de ces pensées, absorbé, pourtant ravi. Le soir venait. Les derniers rayons, à travers les bois, arrivaient, non dans la splendeur du lac qui en est inondé, mais tamisés par les feuillages de nos ombreuses collines. Nos grands châtaigniers rêveurs, déjà un peu plus obscurs, étendaient au-dessus de nous leurs blancs chatons d'un or pâle, d'une odeur douce, très douce (véritable odeur de vie, et d'une vie plus que végétale). Ils devinrent de plus en plus sombres, et nous songeâmes à regagner la maison par les prairies. J'ai eu le bonheur cette année de trouver partout la prairie en fleur, partout la fenaison, à mesure que je montais. Rien de plus charmant, rien de plus touchant; au fond, c'est la mort des fleurs, tranchées au moment de l'amour. A mesure que je m'élevais, à mesure que j'avançais dans les Alpes et dans l'année, je retrouvais la même scène, à Veytaux en mai, et à Bex en juin, en juillet dans le Splügen et les hauteurs de l'Engadine. En une année, j'eus trois printemps.

Bex est le royaume des foins. Nous habitions perdus, noyés, dans une mer de prairies. Celle que nous traversions ce soir, déjà plus obscure (on ne distinguait plus les fleurs), était en partie debout, en partie coupée; quelques travailleurs revenaient, nous disaient poliment bonsoir, ôtant leur chapeau à ma femme, et l'appelant : « Mademoiselle. »

La senteur de la prairie n'était ni forte ni faible. Ce n'était pas le parfum du foin sec qui porte à la tête. Et ce n'était non plus l'effet trop humide du foin que l'on coupe après la pluie. Elle était simple, salubre, suave, mais dans une innocence, si j'ose dire, que n'a aucune des suavités de ce monde (que n'a pas l'odeur de rose et autres, médicamentées).

Nous revenions lentement par les petits chemins étroits qui sont à peine tracés dans cette mer végétale. Elle marchait en avant, souriante, et, je crois, heureuse. Je suivais dans un demi-songe. Sa robe, à droite et à gauche, flottait, battait l'herbe odorante, m'en envoyait les senteurs.

VIII

LE CHEMIN DES GRISONS. — LA MORT
DE LA MONTAGNE

Juin finit : avec lui le rêve, la paresseuse étude où je m'étais plongé. Les douceurs du Valais et ses molles tiédeurs, mon voyage immobile à travers ce mystère des microscopiques amours, m'auraient retenu là et fait oublier le voyage. Mais juillet nous rouvrait le chemin des hautes contrées. L'été tardif avait enfin fondu les neiges. Notre Engadine désirée, promise, devenait accessible. Elle avait dû sortir du long hiver. Nous partîmes, mais non pas trop tard. Nous trouvâmes, en juillet, le premier printemps. Maintes fleurs ajournaient, attendaient le mois d'août. Plusieurs, impatientes, qui se risquaient déjà, avaient été saisies, gelées. Ainsi leur unique moment est bien court, et la neige recommence en septembre.

Les Grisons ne sont Suisses que depuis 1800. Leur pays, presque en tout, contraste avec la Suisse.

Celle-ci, sur des plaines assez basses, a des pics gigantesques. Les Grisons ont des pics moins élevés sur des vallées très hautes. Leur pays, à vrai dire, est un immense dos de montagnes où la vallée, la plaine, est montagne elle-même, neigée six mois par an, huit mois dans l'Engadine.

L'Engadine est le lieu le plus haut de l'Europe, si haut qu'il voit sous lui, non seulement l'Italie (Chiavenna, Como), mais le Tyrol lui-même, déjà si élevé. De cent lacs et trois cents glaciers, il donne des eaux de tous côtés, grossit le Rhin, l'Adda, mais surtout verse l'Inn, qui, baptisé bientôt du grand nom de Danube, par sept cents lieues de cours, va se jeter dans la mer Noire.

La Suisse est un pays si privilégié sur la terre, où la vie est si douce, si peu chargée, que tous ceux qui en sont, s'efforcent d'être Suisses, et, malgré la diversité de populations, s'assimilent. Les écrivains affectent aussi de tout confondre. Un seul (M. Binet) a dit très bien que les Grisons (et surtout l'Engadine) luttent encore, et résistent à ce travail d'homogénéité. Leur pays écarté fut, dit-on, le refuge du plus antique peuple de l'Italie, l'Étrusque. Leur langue est romano-celtique. Les finales italiennes n'empêchent pas le fond d'être français presque toujours. (Voy. l'Évangile traduit par M. le pasteur Menni.)

Très sagement, notre ancienne France ne confondait jamais avec les Suisses les *Ligues Grises*. Et celles-ci, réellement, tournant le dos à la Suisse allemande, regardaient l'Italie, la France. Ils émigraient surtout ici. Leurs rapports avec nous n'altéraient nullement, fortifiaient plutôt leur génie naturel qui est tout celtique-italien.

Naguère, ce pays présentait l'opposition frappante d'une race très affinée dans une contrée très sauvage. Les pauvres bêtes alpines, poursuivies des chasseurs, effrayées des touristes bruyants, des grimpeurs ivres, y ont fui, et plusieurs y vivent encore. Les cerfs y ont vécu jusque vers 1840. L'ours, fort inoffensif (quand il n'a pas trop faim), vit encore en ermite aux forêts de Basse-Engadine. L'innocente marmotte, détruite à peu près en Savoie, dure encore aux Grisons, aux hauts déserts, et siffle à votre approche. Sur les confins des neiges, vous voyez la perdrix plus blanche qu'elle, qui fuit, s'envole au bruit. Le chamois n'en est pas éteint.

Là naguère subsistait encore le bouquetin, ce superbe animal, le roi de la gente cornue (chèvres, chamois, etc.). Il n'est plus qu'en peinture, aux armoiries de l'Engadine. Sa race a disparu. Dans quelque temps peut-être on en dira autant de l'Engadine elle-même.

Les noms sont significatifs : *Curia* et *Chiavenna*, aux deux bouts du pays, donnent en grande partie son histoire. Curia (Coire) est la cour de justice, le haut prétoire que Rome avait fondé dans la montagne, et que le prince-évêque tâcha de maintenir, avec peu de succès dans un pays coupé, glacé six mois par an, entre des baronages, des communes isolées et fortement démocratiques.

Chiavenna (la clef), une charmante ville italienne, tout en bas du Splügen et de la Mayola, au gradin le plus bas de ces énormes escaliers, ouvrait, fermait les défilés aux trois races et aux trois contrées, Allemands, Italiens et Romanches. Ceux-ci (des *Ligues Grises*) soutenaient que c'était la clef de leur maison, donc qu'elle était à eux. Ils luttèrent deux cents ans pour ce trop doux pays du vin et du soleil. Ils l'ont perdu enfin, sont sortis d'Italie, et de plus en plus, au contraire, ont subi la pesante influence allemande, qui, de la grosse Suisse centrale, avance et les annule, — bienfaisante. Et c'est là le pis.

Coire est fort imposant. Assis sous de hautes collines de calcaire ruiné, déchiré par le temps, il regarde passer son Rhin, gris et brumeux, torrent encore, mais déjà fleuve.

Sur la basse ville du commerce, civilisée et protestante, où chaque année s'assemble le gouvernement du canton, domine le vieux gouvernement, l'énorme cathédrale, riche et comble du trésor des siècles. Nulle part je n'ai vu une église si conservée, qui ait pu garder tout si fidèlement. A une étonnante hauteur, et dans les combles mêmes, on voit la tribune princière et quasi royale de l'évêque. Cela semble insolent. Il trône cent pieds plus haut que Dieu. Peut-être c'est prudence. L'insurrection était écrite en droit entre les privilèges de ces violentes *Ligues Grises*. Le peuple expressément réservait sa souveraineté, et la réclamait par moments. Il reprenait l'autorité aux juges, et lui-même exerçait ses jugements révolutionnaires, puis tout rentrait dans le repos. Des trois ligues, une portait le nom fort expressif, *Lia dollas dretturas*, ligue des Droitures ou jugements.

Entre tous les chemins, je préfère les grandes voies historiques où l'humanité a passé. Pour entrer, par exemple, en Italie, j'aime mieux les antiques passages, graduels, légitimes, le mont Cenis, le Saint-Gothard, que le saut violent du Simplon. De même, allant vers l'Engadine, je pris le chemin ordinaire, le Julier. J'ajournai l'autre route, la merveilleuse voie du Splügen, voie italienne qui m'aurait ébloui, m'eût fait perdre de vue ce qui m'intéressait, l'opposition de la Suisse aux Grisons, l'originalité spéciale du pays où j'entrais.

Le chemin du Julier peut se traverser en tout temps. De là la préférence qu'on eut toujours pour lui. Bien plus ancien que Jules César, il fut nommé ainsi, dit-on, du nom d'un dieu des Celtes qui, au point le plus haut, ont posé deux menhirs. Qu'on y trouve des monnaies romaines, cela dit seulement qu'après les Celtes les Romains occupèrent ce lieu et y firent la voie régulière.

Pendant le Moyen-âge, croisés, marchands ou pèlerins, tous suivaient ce chemin, très désert pour les gens du Rhin, de la Souabe, qui allaient à Venise, la grande porte de l'Orient, vers la Grèce ou l'Égypte, Chypre, Jérusalem.

Au chemin du Julier, on voit du premier coup que la terre n'est point allemande. Le trait fort spécial que dit très bien Tacite dans sa *Germania*, et qui n'a pas changé, c'est que les Allemands isolent volontiers leurs maisons. Les Welches, au contraire, les Gallo-Italiens se groupent, habitent par villages ; *la vie urbaine* est le trait de leurs races.

Venant du côté de Zurich, et par le lac de Wallenstadt, j'avais vu (spécialement sur une belle prairie qui domine de très haut ce lac) des chalets par centaines, tous isolés, des maisons séparées, sans nul souci de voisinage, nullement alignées, mais jetées au contraire dans des expositions diverses selon l'utilité, le goût, la fantaisie. Ils vivent là cependant ensemble. C'est toujours *la tribu*. Mais pour l'Italo-Celte, l'idéal est *la ville*.

Sur la terre des Grisons, de Coire jusqu'au Julier, et au delà, dans l'Engadine, tout est massé en villages. C'est l'instinct sociable, aimable de la race. Et c'est aussi sans doute un besoin de sécurité. Une longue paix n'a rien changé aux habitudes de prudence. On ne s'écarte pas. La route qui domine de haut montre très bien en bas que, d'un village à l'autre, la prairie est un désert. On dirait que les bandes espagnoles, autrichiennes, le parti protestant, les armées catholiques, Rohan et Richelieu se disputent encore le pays.

L'extrême élévation où l'on chemine ne serait nullement sensible, si l'on n'en était averti par la nudité de maints lieux qui ne peuvent avoir ni culture ni arbres fruitiers. Prairies maigres et petits bestiaux. Médiocres forêts, visiblement humides, qui ont le pied dans des tourbières. De là l'air maladif, malsain, des picéas, qu'épuisent les plantes parasites.

Souvent ils sont drapés tristement du faux luxe des blanchâtres lichens qui leur pendent de tous côtés. C'est ainsi qu'aux marais de la Louisiane les Cyprières se couvrent du voile de la Barbe espagnole.

Partout où cinq ou six maisons forment un hameau, s'élève un haut clocher, une église ambitieuse. Le vieux catholicisme pèse encore lourdement dans une grande partie du pays. Ces églises, de goût italien, sont barbouillées de fresques par le peintre qui passe, et plusieurs agréablement. Parfois pour deux hameaux rapprochés une seule église. Mais, beaucoup plus souvent, les communes rivales ont mis leur vanité à avoir des églises à part. Le besoin d'art se voit. Ces clochers, à mi-côte, dans des positions dominantes, sont parfois d'un fort bel effet. D'en haut, je remarquai un village qui, ayant déjà sur son torrent une vieille église suffisante, s'en est bâti une à mi-côte sur un théâtre de collines.

Peu après le célèbre lieu où les trois *Ligues Grises* (en 1471) jurèrent leur union, le paysage a pris de l'intérêt, de la grandeur. On a toujours en bas, à gauche ou à droite, un beau torrent, fougueux et écumeux, qui va par bonds, par brusques chutes, parfois vous donne le vertige des profonds abîmes où il plonge. Il est visiblement très pur, très finement teinté de vert d'eau. Grand contraste avec le Rhin sombre, presque ardoise, qu'on a vu naguère, le Rhin gris de Bâle ou Strasbourg. Eh bien! ce torrent pur, c'est cependant le Rhin, avant les noirs mélanges qu'il subira plus bas. Comment pourtant est-il si clair, emportant, comme il fait, tant de débris, perçant violemment son chemin entre les calcaires ruinés? j'ai peine à le comprendre. Je le voyais courir sous des pentes, demi-démolies, effroyables de dégradation, qui ne tenaient à rien. Je frémis en voyant quatre petites chèvres, d'une étonnante adresse, qui, avec une grâce hasardeuse et légère, se risquaient, descendaient ces terres croulantes, arrivaient, par un saut parfois, sur un point vert. Un tel danger pour un brin d'herbe!

Le Rhin ici est italien. L'allemand a cessé. Le sonore italien, mêlé au vieux romanche, s'entend seul; la montée sauvage, sans prairie désormais, sans arbres, s'égaye, s'éclaire, si j'ose dire, de cette belle langue de lumière. Elle allait bien aussi avec les fines fleurs, l'exquise et sobre flore alpine qui commençait. De très jolis enfants, aux noirs yeux italiens, nous jetaient ces mots et ces fleurs.

Mais peu à peu tout cesse, plus d'enfants, et plus d'herbes. Rien que pierres. Grand silence. Par le plus beau juillet, le plus brillant soleil, la route était lugubre. Le cirque de Julier, où elle passe, est un vaste théâtre de ruine et de démolition.

Déjà sur toute cette route une idée me venait, me revenait souvent : *la mort de la montagne*. Des forêts maladives soutenaient mal les terres. Des taillis clairsemés, faibles débris des forêts disparues, plus haut tâchaient en vain de retarder les chutes. De vastes lapiaz (ils appellent ainsi ces lieux dévastés, ravinés) laissaient aller, pleuvaient la pierre, la terre.

Si l'avalanche de neige n'est pas à craindre sur cette route, celle de terre et de poussière, de débris émiettes, menace. On passe des abris de poutres, qui reçoivent les démolitions, les écoulent par-dessous la route. C'est plus funèbre que les neiges.

Ces lapiaz, communs aux Alpes et au Jura, dans leur surface décharnée, ont souvent des figures bizarrement régulières. Les calcaires cristallins laissent en disparaissant des alvéoles de pierres, comme une triste ruche de la stérilité. Là où le terrain fut du spath, les saillies plus irrégulières offrent un labyrinthe de ruines et de désolation. Les parties dures des fragments de coquille, ou des silex tranchants, s'obstinent à résister, hérissent la roche de minces cloisons enchevêtrées entre elles. Elle offre le dessin d'un désolant squelette.

Dans les hauteurs on voit les *cimetières du diable*, comme on les nomme en Suisse, ces chaos de débris qu'on dirait des ossements. Os secs, mobiles, qui manquent du repos des tombeaux. Le soleil trop brillant, et l'inexorable lumière, les éclaire et les sèche encore, n'y peut rien faire venir. Le pâtre et le chasseur les fuient. On n'y peut pas marcher. Si la vache s'y jette effrayée par l'orage, comment la retrouver dans ce dédale de pierre? L'eau y passe sans former de sources. Le roc fissuré lâche tout, fonte ou pluie, droit à quelque trou, quelque entonnoir étroit qui par en bas s'engouffre aux crevasses profondes.

De quatre à cinq mille pieds, ce dessous dangereux se masque de rhododendrons, de sauvages genévriers. Parfois il trompe, attire par un peu de gazon, de fleurs. Sous ces fleurs l'érosion ne se fait que mieux en silence pour paraître un matin, dans le dépouillement, la nudité hideuse, où rien ne reviendra jamais.

Que la nature ressemble à l'homme! En écrivant ceci, l'horreur me pénétrait du lapiaz moral que j'ai vu en ces temps. Si madame Guyon, dans les *Torrents*, les fleuves, les ruisseaux, reconnaît des âmes, comment les méconnaître en ces chaos arides, incurablement dévastés? Beaucoup sont à l'état d'un méchant sol stérile. Beaucoup blessent au contact d'arêtes aigres et tranchantes. Tels (et ce sont les pires) ont la mort sous les fleurs, sous le sourire l'abîme.

Mais que serait-ce si la dévastation aux degrés inférieurs, le vulgaire lapiaz d'égoïsme, de stérilité, s'étendait en dessous, et si l'érosion gagnait des masses immenses, indifférentes à tout, n'ayant ni le désir ni le pouvoir du bien? On le craint par moments. Des cris désespérés en sont poussés de siècle en siècle. Grainville, vers 1800, écrit le *Dernier homme*. Senancour et Byron, tant d'autres croient à la fin du monde. Je le crois immortel. Par des points imprévus, des fibres encore jeunes qu'on ne soupçonnait pas, toujours il ressuscite. Flottant en tant de choses aujourd'hui, mais si fort sur la voie des sciences, le dix-neuvième siècle a là sa grande chance de rénovation. Il reprendra son cœur aux sources de l'esprit, et la flamme morale à force de lumière.

La Suisse a vu des montagnes entières sur plusieurs lieues de long descendre et engloutir des vallées, des villages. On se souvient toujours des terribles éboulements du Rossberg, des Diablerets, etc. Les Pyrénées n'ont pas ces catastrophes. Mais la destruction constante y est plus active peut-être. Les alternatives violentes du froid et du soleil ardent sont plus marquées que dans les Alpes. La montagne, moins vêtue de glaces, est plus ravagée par les neiges. A l'économie du glacier ont succédé leurs fontes subites, de précipitation sauvage. Au printemps, brusquement saisies du vent d'Afrique, elles partent en torrents, bondissent en avalanches, leurs ravages ont percé les lacs, détruit les miroirs magnifiques qui réfléchissaient les grands monts. Partout on trouve vides ces belles coupes, nobles, mais d'effet sombre. Montant à Gavarnie, on voit à chaque pas des bassins qui jadis furent des lacs étagés. Vingt petits lacs, à peine, restent aux Pyrénées. La montagne, attaquée dans son granit, s'éboule, suit ses neiges, et détruit ces criques (tout comme elle a détruit ses lacs) et par l'Èbre, l'Adour, la Garonne, fuit aux grandes mers.

Pour revenir, le cirque de Julier, plus grand que grandiose, avec ses sommets d'un gris sombre, ses neiges, en parties fondues, n'expliquait que très lugubrement l'écroulement futur de ce grand mur des Alpes. Les neiges, ce me semble, n'y sont point des glacières. Très peu sont d'un blanc pur; quoique cette année fût tardive, beaucoup étaient déjà altérées fortement, soulevées ici, là au contraire mollissant, enfonçant et devenant jaunâtres, bientôt près d'arriver à la fonte grise qui va les emporter avec beaucoup de terre. Qui accuser de ces ruines? La neige seule? Celle-ci, à son tour, accusera le vent du Midi, le Fœhn, le Sirocco. Le Sirocco dira : « Accuse le désert. Le Sahara m'envoie. Qu'y puis-je? »

Pour moi, neige et vent, et désert, je les absous. Je n'accuse que l'homme.

« Moi? dit-il. Et que puis-je à ces sommets si hauts où je ne vais jamais? »

Au sommet? rien. Beaucoup aux pentes, aux gradins inférieurs où s'appuient les sommets.

La neige chaque année les chargerait sans doute. Sans doute elle fondrait en juillet, mais sa masse rompue, divisée en ruisseaux, ne ferait pas torrent si l'antique forêt qui était là eût été respectée, si la hache avait craint de détruire la barrière vivante, qu'ont longtemps respectée, honorée, nos aïeux.

Aux lieux les plus sévères où l'on dit : « La nature expire », elle avait mis la vie. Rien ne la découragera. Elle avait fait exprès des créatures robustes, puissantes et indomptables, qui bravaient le climat, que dis-je? qui puisaient justement leur force en son austérité. Au cirque de Julier, désert et misérable, où tout croule, où trois huttes à peine restent encore au milieu, fuyant les pluies de pierres, là, dis-je, étaient des arbres qui soutenaient les pentes, et peut-être une belle forêt. Nous en vîmes la trace, la preuve irrécusable que les plus beaux arbres y vivaient. J'y vis avec admiration deux pins, deux superbes aroles, se touchant presque, serrés fraternellement, sans doute mêlés par les racines, se soutenant d'une même vie. Ils occupaient le centre d'un assez grand enclos palissadé. Serait-ce le cimetière des cinq ou six malheureux qui vivent là? Du moins, ces nobles arbres sont leur consolation, sans doute leur clocher, leur église. On comprend à merveille qu'un temple ici puisse être un arbre. Ils dressaient vers le ciel leurs bras puissants qui semblent des candélabres à sept branches.

C'est le plus fort des arbres mais aussi le plus lent. On ne refera pas ce bois qui veut des siècles. Ceux-ci demeuraient là, comme une protestation lugubre qui disait : « Éteints pour jamais. »

IX

L'ENGADINE

Après Quito et autres villes si hautes des Cordillères, l'Engadine est, je crois, le plus élevé des lieux habités de ce globe. Pour l'Europe, cela est sûr, son plus haut village est Cresta (six mille cinq cents pieds au-dessus de la mer).

Une vallée des Petits-Cantons n'a que mille pieds de moins. Mais bien mieux protégée, elle a des vergers, des cultures. L'Engadine, au contraire, traversée par les vents du nord et du midi, subit leurs violents caprices. Le vent d'est, qui vaut bien le nord, lui siffle de côté des glaciers de la Bernina. Elle n'est, ce me semble, gardée que vers l'ouest.

Pour bien mesurer sa hauteur, il faut venir par l'Italie, remonter les cours d'eau de Como à Chiavenna, entre les châtaigniers, les vignes, et de Chiavenna à Vico-Soprano. Là on se trouve au pied de l'énorme escalier si rapide de la Mayola, tournoyant sur lui-même à travers les sapins. Et, quand ceux-ci finissent, il faut monter encore. Enfin on atteint le sommet sinistre, désolé et battu d'un vent éternel. On regarde en arrière, et l'on voit d'un coup d'œil toute cette échelle de Jacob.

En venant au contraire par le col de Julier, comme on descend un peu, on ne soupçonne pas que la descente est elle-même une haute montagne. Sylva Plana, agréable village, de propreté extrême, de maisons blanches et riches d'apparence, vous reçoit et vous ouvre le pays favorablement. Trois petits lacs très verts, encadrés de mélèzes et réfléchissant leur image, semblaient gais au soleil, malgré le sérieux des sommets qui dominent. Ces lacs, traversés d'eaux courantes, sont fort nets et promettent de la salubrité. L'ensemble n'est pas grand pour un paysage des Alpes, mais d'une heureuse proportion. Au premier point de vue central, les bains de Saint-Moritz, spacieux et bien soleillés, nous souriaient. Lui-même Saint-Moritz, un bourg assez peuplé, qui a quelques boutiques, quelques petits marchands, est à mi-côte vers le pied du Julier. Il domine et partage à peu près la vallée. Avant lui, après lui, on a les deux coups d'œil sur les lacs successifs, leurs prairies, leurs forêts.

Le mélèze est de ce vert clair dont on peint les jouets d'enfants. Il a une gaieté relative. On est toujours un peu surpris de trouver dans les lieux où le sapin, le picéa robuste ne peuvent plus vivre, ce vert tendre, cet air de jeunesse d'un arbre qui change de feuilles tous les ans. Mais la grande surprise, ce fut de voir sous son ombre légère les plus rares fleurs des hautes Alpes, communes ici, tout comme ailleurs est la pâquerette aux prairies. La superbe anémone jaune, tant poursuivie des botanistes, achetée à tout prix des ascensions les plus pénibles, abondait et surabondait sous la roue presque des voitures. Nos dames en jetaient de petits cris de joie, d'admiration. Ces merveilleuses fleurs, sur une pente tournée au levant, étaient moins éclairées déjà à cette heure de l'après-midi (cinq ou six heures du soir). Elles ne devaient rien aux effets du soleil, n'étaient belles que de leur beauté. Mystérieuses sous cette ombre, inclinées vers la route, elles semblaient des yeux, de grands yeux qui nous regardaient.

Frappante apparition. Cette flore singulière, exquise, que nul or ne payerait, qui ne descend jamais dans nos jardins, se trouvait toute seule en ces lieux très sévères où tant de plantes communes ne peuvent venir. Après Saint-Moritz, la vallée élargie et d'une certaine grandeur est étonnamment sérieuse. Le long des lacs, deux ou trois beaux villages se succèdent à l'horizon, et rien entre eux que la prairie déserte. Point de maisons sur le chemin. Nulle culture et nulle industrie. Un noble et grand silence, tel qu'on l'a sur les hauts sommets, au Righi par exemple. Mais (différence capitale), au Righi on voit tous les géants des Alpes sur sa prairie déserte, on a à qui parler; on salue Silberhorn ou la Jungfrau. Ici, la vue est recueillie, quoique belle et spacieuse. Le grand groupe de la Bernina avec tant de glaciers, de sources, est assez près, mais on ne le voit guère qu'à de rares échappées. Généralement ce groupe est retiré derrière certains rideaux de montagnes secondaires. Il est énorme, et on le cherche, on ne sait où le trouver.

Déjà Celerina, plus bas que Saint-Moritz et tout à

fait en plaine, était dans l'ombre et dans l'humidité du soir qui s'élève de ces eaux nombreuses. De côté, à ma droite, à dix minutes au plus, une église, une tour, étaient bien éclairées encore. C'est leur seconde église ; et je croyais d'abord que c'était pour les catholiques, mais tout le pays est protestant. Cette seconde église, près de chaque village, garde le cimetière, est exclusivement pour les morts.

Samaden, un peu plus peuplé (de quatre cents maisons, je crois), a la poste centrale, les tribunaux et les écoles. C'est comme un chef-lieu pour la haute Engadine. Tout est très bien bâti. Nombre de maisons honorables ont au dehors de somptueux perrons avec de belles rampes en fer et en cuivre, de jolies grilles (souvent de l'autre siècle). On dirait des hôtels. C'est cependant à tort que les livres, les guides disent que ce sont des maisons riches. L'opulence y est rare. Ce que vous admirez, c'est une aisance, lentement et honorablement gagnée, les fruits de la sagesse et de l'économie. Dans une émigration de vingt ans aux grandes villes, par la sobriété constante et les privations soutenues au milieu des plaisirs et des folies du luxe, on gagne et on rapporte cinquante ou soixante mille francs. On achète une prairie qui coûte cher, donne peu. On bâtit une bonne maison. Et il la faut très bonne en ce pays de rude hiver. Là on s'enferme, on se repose. Quelques fleurs, élevées à grand'peine, y sont le seul amusement.

Tout cela est digne et touchant. Le sérieux, le soin extrême qu'on sent en toute chose, impose en ces lieux si petits. Quand on a travaillé soi-même toute la vie, on a certain respect du repos mérité, de la retraite du travail. Samaden a la gravité des beaux villages de Hollande avec moins de richesse et une simplicité qui m'alla fort. Sur le temple, je lus dans la belle langue romance ce mot très convenable de l'homme qui a réussi, conquis par ses efforts une position honorable : *A Dio sulet onor ed gloria.* Plus loin, sur une belle maison ornée de fleurs (qui même avait un semblant de jardin), je lus en allemand cette touchante inscription : « Celui qui a trouvé secours dans la mauvaise fortune, se rappelle la tempête au beau temps. »

Un hôtel vous reçoit dans ce noble village, — mieux que somptueux! — excellent. Beau linge, et bon souper. Si bon que des Anglais, amis du confortable, y restent, et oublient un peu le pays. Signe singulier, rare, de l'honnêteté de la maison : *j'y trouvai du café*, café non mêlé, véritable. Jamais, en trente ans de voyages, je n'ai trouvé cela que deux fois, la première aux Pyrénées près Gavarnie, et la seconde à Samaden dans l'hôtel de la Bernina.

Vers quatre heures du matin, je me levai sans bruit, et j'allai un moment, à travers mes vitres humides, regarder la contrée. Entre des hauteurs modérées, boisées fort inégalement et diversement éclairées, la vallée, ses prairies et petits lacs étaient sous la basse vapeur qui se traîne, rampe à quelques pieds. Le tout, mélancolique, d'un sérieux mystère. C'était, ce n'était pas l'été. Peu à peu le soleil monta, et je vis bien la position de Samaden au point central où se croisent les routes, la principale qui suit les lacs, de la Mayola au Tyrol, et l'autre transversale, que je voyais monter vers Pontrésina, s'appuyant à sa droite aux montagnes de la Bernina. Un petit commerce s'y fait, grains allemands et vins d'Italie.

Me promenant dans Samaden, vers dix heures, j'eus besoin de demander je ne sais quoi. J'avisai dans la rue trois jeunes hommes qui causaient, gens visiblement intelligents. Ils me voyaient fort bien, sans regarder, nullement avec l'air curieux que nous avons dans nos petites villes et qui plaît peu à l'étranger. Ils me répondirent poliment, d'une manière aimable, sans faux empressement. C'étaient des gens de trente-six ans peut-être. A leur excellente mesure, on sentait bien des hommes déjà d'expérience, qui avaient vu, vécu, n'en restaient pas moins bienveillants.

L'émigration les forme. Leur modestie les fait beaucoup aimer. Je ne résiste pas au plaisir d'en citer un exemple, que je prends au très excellent petit livre de M. Binet (de Genève).

Dernièrement, dit-il, au village de Sils-Maria, un de mes amis, regardant les livres de la maison où il logeait, y trouva un vieux manuscrit qui avait près de deux cents ans. C'étaient les souvenirs d'amitié et de bienveillance qu'un jeune étudiant de la vallée, revenant de Zurich, avait rapportés, écrits de la main de ses professeurs. On y voyait, avec les signatures de ces savants connus, des armoiries peintes avec soin. Mais, après tout cela, venaient des consolations adressées à la famille. L'intéressant jeune homme, aimé et estimé, avait été frappé de bonne heure, n'avait pas vécu.

Etablis à Pontrésina, sur la route de la Bernina, dans la vue du Roseg, admirable glacier qui est tout près, ayant sous nos pieds la rencontre des torrents qui s'unissent là, nous sortimes avant le soir vers quatre heures de l'après-midi. Il faisait un vent frais (non froid) d'ouest, et du haut du Julier un rayon du couchant le tempérait. Je fus frappé d'une chose. On travaillait à couvrir de petites planches les parapets du pont, pour que la brusque alternative des gels et des dégels n'en fit éclater la maçonnerie. Cela me fit songer. Je sentis la terreur de ce profond hiver qui gèle à quarante degrés, fait un rocher des lacs. Cela est sibérien. Et ce qui ne l'est pas, ce qui est encore pis, c'est que par moments le soleil se souvient tout à coup de l'Italie voisine. D'un rayon aigu et tranchant, coupant comme une hache, il fond sur cette terre glacée, fend, fait tout craquer, rase et brûle.

Le haut pays a trois mille âmes. Mais, sans l'émigration et ses profits, il n'aurait pu, je crois, être habité. Comment le cultiver? Une note excellente d'un habitant, M. Lily (qui m'a été transmise par l'obligeance de M. Saratz), explique parfaitement qu'on ne peut y compter sur rien. Non seulement la neige dure sept mois, mais elle revient souvent l'été à l'imprévu. Le seigle est trop aventuré. On essaye un peu d'orge. Moi-même j'en ai vu dans un pli au midi, fort abrité, mais c'est chose rare et incertaine. Le foin est coupé à la main plus qu'à la faux. Il est très court, mais en revanche exquis et d'une odeur sucrée (bien naturelle, se composant de fleurs). De là un bon laitage, peu abondant. Le beurre et le fromage ne suffisent pas, on en achète ailleurs. Les bêtes bien tenues à l'étable, si bien nourries de ce foin si friand, donnent des élèves excellentes, de belles petites génisses grises, bien vendues et fort recherchées.

Un peu de travail dans le bois, et un peu de roulage, c'est tout ce qu'on peut faire. L'émigration y est la loi, la fatalité du pays.

Peu de familles entraient au service étranger. Cette honte de fournir aux rois des soldats contre leurs sujets existait peu dans l'Engadine. La race y est très fine, n'eût pas donné les colosses grossiers chez qui on prenait les Cent-Suisses. Un souffle d'Italie se trouve là d'ailleurs, une aptitude aux arts. A dix ans, à douze ans, on adressait l'enfant à Venise, Milan, Rome ou Naples, et là très vite il exerçait l'art propre à son pays, un art charmant qu'aimaient les Italiens.

On sait que les bergers compatriotes de Mozart, dans les montagnes de Salzbourg, exerçaient l'art de la sculpture sur bois, qu'ils ont porté à Nuremberg. Ceux du Tyrol font toujours des jouets. Canova, jeune encore, à Bassano, Trévise, s'exerçait en sculptant le beurre. Michel-Ange, dit-on, parfois sculpta la neige. Le jeune Engadinois modelait et sculptait le sucre.

Dans l'Italie oisive des dix-septième et dix-huitième siècles, la vie de cour et de société, carnaval éternel au fond peu varié, aimait fort les surprises, les petites improvisations. Aux naissances et mariages, aux bals, aux grands repas, bouquets et madrigaux pleuvaient chez la divinité du lieu. C'était une fête dans la fête quand sur la fin, en grande pompe, au bruit des instruments, arrivait le galant dessert, le madrigal de sucre, temple, grotte ou montagne, et sa forêt de fleurs, et son glacier candi. Dans le goût de l'*Aminte* et du *Pastor fido*, on y mettait des bergeries. Là tout art se mêlait. Le dessert était chanté, joué. Cela explique pourquoi Lulli, le petit apprenti dans cet art, devint musicien.

Le beau, le difficile, c'était de supprimer le temps. Il fallait répondre au caprice, improviser sans cesse, du soir au matin faire un monde, créer ces bergeries, ces Alpes, aussi vite qu'on fait un bouquet. Mais le sucre est rebelle. Sans les pâtes sucrées, tout était impossible. On n'avait pas alors les moules. Tout se faisait de main humaine, par la main hardie, délicate du jeune homme qui avait le sens de la mode, de la fantaisie féminine, de ce qui allait faire crier : Oh! à la signora.

Rien de plus compliqué que les arts de la pâte. Rien qui se règle moins, s'apprenne moins. Il faut être *né*. Tout est don de la mère Nature. Heureux instinct, divination d'un effet incertain qui dépend d'un agent si peu fixe, le feu! Il y faut un tact étonnant, une main sûre, qui n'hésite pas trop, mais qui s'arrête à temps, et dans une mesure excellente; un rien de plus, de moins, tout est perdu. Ce point si étroit et si juste exige une décision, un éclair de bon sens, d'adresse qu'on n'a guère hors de France. La montre de l'Allemand retarde, et celle de l'Italien avance. Ils sont en deçà, au delà. Nos Gaulois d'Engadine eurent tout à fait ce don français.

Mais moins cet art s'enseigne, plus l'initiation est rude. Le maître, à tel moment, a les incertitudes, les craintes, les emportements (si l'on peut comparer) de Benvenuto Cellini, dans la scène fameuse de la fonte, où il crut tout désespéré. Malheur à l'apprenti en ces moments ! On tremble pour l'enfant qui regarde, et qui n'en peut mais.

Réellement son sort est très dur, lorsque des libertés du grand air et de la montagne il descend dans ces antres, sous le pavé des villes, aux mortelles vapeurs du charbon. La dame élégante et friande qui, dans la rue Vivienne, sent ce parfum des caves, n'a guère l'idée de la vie sombre du jeune artiste qui lui fait tout cela.

Une lueur y vient cependant : c'est au premier succès, de voir sur la pâte, saisie et réussie à point, ces tons dorés, si chauds qu'un ancien (très observateur) déclare avec raison « un charme pour les yeux ». Tous les peintres en délirent. Rembrandt a fait effort pour y prendre le roux, dont il chauffe ses profonds foyers.

Un pauvre enfant naïf, Claude Lorrain, qui ne sut jamais rien, et fut toujours un simple, ayant bien regardé cette couleur, l'ayant dans les yeux, de petit pâtissier se trouva un grand peintre. De la cave du nord, il la prit, l'emporta en Italie, la mit dans ses tableaux, avec cette tendresse pour la lumière, cette magie d'amour qui fixa le soleil.

L'inexplicable, c'est que ces émigrants, dans la boue, les milieux corrompus, délétères, semblent ne pas trop s'altérer. Le fond est qu'à douze ans, à quatorze, de leur pays ils emportent une maîtresse, adorée et sévère, qui les garde très bien.

La maîtresse, c'est la neige immaculée de cette vierge Bernina. Dans les caves et dans les fours noirs, chauffés à blanc, elle apparaît.

La maîtresse, c'est la Flore des Alpes, pauvre, exquise, tellement supérieure à la vulgarité d'en bas.

Cela les retient fort. Ils y pensent vingt ans, trente ans, à travers le sombre des villes. Et, au bout de tant d'aventures, ils reviennent fidèles, et encore amoureux de l'éternel hiver.

X

NEIGES ET FLEURS

Le proverbe de l'Engadine : « Neuf mois d'hiver, trois mois d'enfer », étonne quelque peu l'étranger. La chaleur, l'été même, à une telle hauteur, ne peut être accablante. Pour cette année, la saison était froide. On faisait du feu en juillet.

« Chaque matin pourtant, quels que fussent les douceurs du poêle et le froid du dehors, je m'arrachais et je partais. La tentation était trop grande de se trouver si près des trésors de la botanique. Déjà à six mille pieds, il suffit d'en monter deux mille, et l'on se voit sans effort en possession de la plus haute flore alpine. Une vaillante dame y montait avec moi, et d'excellents amis, infatigables montagnards.

« Une fois cependant, j'allai seule au désert. Je ne sais quel attrait de solitude m'entraînait. L'Engadine a encore des retraites ignorées, perdues, de sauvages vallées, dont les seuls visiteurs sont le vent, le soleil, et que l'on pourrait croire le royaume secret des esprits. C'est ce que je cherchais. Il m'eût fallu un lieu, un horizon où nul n'eût posé le regard.

« Si quelqu'un connaît de tels lieux, c'est un seul homme, Colani, à coup sûr, fils du fameux chasseur, qui lui-même sur ses vieux jours s'est fait chasseur de plantes. Il a deux choses à lui, la tradition et la nature, la connaissance de tout arbre, toute pierre, une entente parfaite avec l'âme de la contrée. Chaque fleur est à lui d'avance. Il la prend à heure juste. Il sait à son foyer le moment où telle herbe va fleurir sur telle pente inconnue de la Bernina.

« Lui-même il avait hâte de revoir les hauts lieux qu'en cette année tardive la neige quittait à peine. Il était plus pressé que moi de se remettre en possession de la montagne. Le temps était sévère. Le vent change sans cesse dans ces régions élevées. Il tourne plusieurs fois par jour. Nous avions, en été, les bourrasques d'un froid printemps. Il gelait chaque nuit. Et la veille de notre départ, le soleil se coucha (très mauvais signe) derrière un noir chaos, mobile et fantastique. Colani n'augurait rien de bon, mais il ne disait rien. Dans ses dents seulement, il murmurait des noms de plantes et de fleurs inconnues.

« Je me lève à quatre heures. Je suis prête avant six. Le ciel est sombre. Le vent âpre balaye la neige qui commence à tomber. N'importe, nous partons. Dans un petit char de montagne, tout ouvert par devant, immobile, je reçois la bise, aiguisée et subtile, qui entre, s'insinue, comme en fines pointes d'acier.

« A ma droite, j'avais les massifs de la Bernina. A

travers les aroles frémissants, j'en voyais les blanches cimes. A gauche, plus tristes encore, se dressaient des montagnes nues, qui n'ont pas même de neige, et semblent inhospitalières. Nous avancions peu, retardés par le vent, qui nous venait d'en face. Les rares passants de la route, qui, ce jour de dimanche, allaient au prêche, s'étonnaient de voir « une dame pâle » s'en aller par un temps si dur.

« Nous arrivons à une auberge, qui, comme l'hôtel de Samaden, s'appelle l'hôtel de Bernina. C'est de là, et non de plus près qu'on a tout l'effet de cette imposante chaîne. Les glaciers se voient en dessus; ils nous montrent à nu, sur plusieurs points, leurs vives arêtes d'émeraude. Ils viennent sur vous; vous en sentez la lourdeur écrasante. On est transi rien qu'à les regarder.

« Dans ce jour de morne tristesse, rien de plus grandiose que de voir un à un tous ces géants. Leur lugubre assemblée se détachait en blancs fantômes sur le ciel gris. Un seul point noir, le pic de Bernina, se projetait en cime aiguë. De chaque côté de la route, d'anciens glaciers avaient déposé leurs décombres. On passait au milieu des morts.

Malgré juillet, l'hôtel ressemblait à ces lieux de refuge créés pour les tourmentes d'hiver. Personne pour nous recevoir, toutes les portes fermées, les grands poêles allumés dans l'intérieur, et je ne sais quelle sourdine mise à la vie. — L'hôtesse me prit en pitié, me plongea sous les couvertures. Nous entrâmes dans la vallée.

« Là, comme frappés du doigt d'une méchante fée, les arbres cessent subitement. Le paysage perd tout horizon ; il se resserre de plus en plus entre deux hautes montagnes. La vallée est plutôt un étroit corridor qui monte au col de la Stretta. Le sentier, cahoteux, chemine péniblement. Au-dessous, bien plus bas, coule un torrent grisâtre. Les chars ne s'aventurent pas plus loin. Nous avions pris, à Bernina, le chariot rustique des faneurs. Un champ de neige nous arrêta. Je le traversai avec une joie d'enfant craintive et hardie.

« Quel contraste entre la terre et le ciel ! Du ciel farouche nous venait le grand hiver. Le grésil avait remplacé la neige. Un vent violent sifflait, nous cinglait le visage. Tout s'assombrissait sur nos têtes. — A nos pieds, au bord du champ de neige, l'image la plus aimable de la vie. L'incomparable anémone printanière se penchait dans son idéale toilette d'un lilas pâle. Son heure était déjà passée. Elle s'était comme endormie dans le rêve d'un beau moment. De blondes et longues soies, douces, légères, électriques, retombaient sur elle, enveloppaient sa maternité. — Je saluai, dans cette première apparition de l'*alpe*, une âme douce et charmante qui me faisait Dieu visible dans un lieu désolé.

« Le monde peu à peu se fermait derrière nous, le désert commençait. Partout la solitude est imposante ; mais, combien plus au seuil de la nature morte, si près de ces glaces éternelles !

« Mon guide, de son jarret nerveux, me devançait ; il avait trop pratiqué la montagne pour rien éprouver du trouble d'une âme neuve. Aussi ardent à la chasse aux plantes qu'à la chasse du chamois, on eût pu voir de fauves lueurs passer dans ses yeux. Il avait des rires en lui-même et quelque chose du faune à chaque capture. Ces fleurs, c'était une proie.

« Malgré ce ciel si triste et ce froid noir, ennemi de la vie, elles embaumaient l'air. La daphné, avec une teinte analogue au lilas, en rappelle l'odeur, la suavité pénétrante. Près d'elle, l'orchis vanille détachait de l'herbe pâle la sombre pourpre de son épi. Nul parfum plus fidèle. Même au fond d'un herbier, couché et enterré, il donne un souvenir de son âme odorante qui semble aimer encore.

« La grande gentiane bleue déjà défleurissait, avait fermé son urne. Sur la prairie régnait la gentiane de Bavière, brillante, éblouissante. Son étoile d'azur intense tremblait et scintillait. C'était toute la joie du désert en ce jour sombre. Elle me rendait le ciel absent, un ciel approfondi, doublé.

« Le lieu est fort sévère. Je n'y trouvai point la Linnée qui cherche l'abri de l'arole. Fille des bois, sous leur ombre, elle habille la roche de ses traînes ondoyantes, de ses clochettes rose pâle, légères, qui tremblent au moindre vent. Même des fleurs qu'on trouve au Julier, au Splügen (myosotis et pédiculaire rose), je ne les voyais pas ici. Les pentes y sont rapides, et n'ont pas les tourbières qui avivent ces fleurs de leurs eaux fermentées.

« Celles-ci font face à leur sort par divers moyens de prudence. Les gentianes s'ouvrent, se ferment à propos, mesurent leurs tiges au froid, à la tourmente et souvent les abrègent. La campanule en thyrse, au lieu d'égrainer ses clochettes au vent, les serre autour d'elle en épi, s'en fait un essaim d'alvéoles. Chez d'autres les feuilles groupées à la naissance de la tige en collerette, restent près de la terre. Nourrices et pourvoyeuses, elles en ont la sagesse. Leur nourrisson, la fleur, seule, au beau jour, s'élance d'un jet vers la lumière, la boit avidement et en meurt. .

« Cet âpre lieu est pourtant un refuge. Roulée par l'avalanche, souvent la petite émigrante des hauts sommets y tombe et croit y trouver plus d'abri. Elle s'arrange, elle s'oriente, selon qu'il lui faut l'eau, la chaleur, la lumière. Mais le froid n'y est guère moins rude. L'hiver l'y suit (même en juillet). Pauvre petite *fridouline*, qui n'a fait le voyage que pour manquer encore sa destinée !...

« Nombre de fleurs hâtives avaient déjà péri, frappées du vent cruel, plus aigu aux lieux étroits que sur les sommets même. La pâle soldanelle, qu'il fouettait sans relâche, livrait à ce génie sauvage sa flexibilité, sa douceur résignée à ces rigueurs du sort.

« Cependant Colani m'avait tout à fait oubliée. Il était loin, perdu dans le labyrinthe des roches éboulées. J'étais seule, bien seule ; j'avais ce que j'avais cherché, les tristesses de la montagne. Mais je n'en prévoyais pas le lugubre silence. Dans le clair obscur blafard du ciel neigeux rien ne bougeait. Pas un oiseau au ciel, pas un moucheron pour animer l'espace. Un sifflet me fit tressaillir (c'était une marmotte surprise), et après, le désert n'en fut que plus muet. Point de ruisseau, point d'eaux qui murmurassent. Le torrent coulait bas et loin. L'air seul, tourmenté, gémissait, ou par moments criait, éclatait en sinistres plaintes.

« Je n'avais point d'effroi, mais la sensation d'une âme entière, qui, seule avec soi-même, traverse l'infini, en retournant à Dieu. Dans mon émotion, même un désir étrange, âpre, amer, se mêla. Je m'arrêtai un peu. Si je n'avais aimé ici-bas, pourquoi redescendre ?...

« Telle est l'ivresse des montées, l'attraction de ces lieux, le besoin de planer. Mais sans doute le ciel n'est pas plus près de là. Il est en nous, dans la vie innocente et la rectitude du cœur. »

XI

DESTINÉE DE L'ENGADINE

Moins épris du désert, de ces hautes prairies, je rêvais volontiers sur la route et dans les villages. Je voulais voir des hommes. On n'en rencontrait guère. Notre Pontrésina d'en bas, avec sa poste et ses auberges, montrait encore quelques figures humaines. L'autre en haut, qui est à cinq minutes du premier, était parfaitement solitaire. Les maisons, très propres et aisées visiblement, étaient exactement fermées, les fenêtres même (en juillet). Point d'enfants, point de chiens. Personne.

J'avais vu aussi en Hollande de beaux villages déserts. Mais la maison petite, infiniment plus riche, avec ses marbres et porcelaines, ses tableaux, ses collections, souvent sa barque et son canal, n'a pas la morne austérité de la maison de l'Engadine. Elle n'a pas non plus la noblesse rustique des vastes granges qui donnent à celles-ci je ne sais quoi de vénérable.

Ces maisons, la plupart, sont de vraies forteresses.

A l'énorme épaisseur des murs, on sent que l'ennemi est là, le grand hiver, un moment arrêté, qui reprendra demain. On sent que celui qui a bâti à son retour dans le pays, habitué à un climat plus doux, ayant vécu dans la sécurité des grandes villes, ici dans le désert s'est mis parfaitement en défense. Ayant traversé tant de choses, d'épreuves et d'aventures, il me semble avoir eu dans l'esprit le problème que notre Bernard Palissy se pose aux temps dangereux où il vit. « Comment s'envelopper, s'enfermer dans un grand repos? Pour faire un abri sûr, le modèle n'est-ce pas la carapace ou la coquille dont les volutes épaisses garantissent la sûreté? »

La perfection de la coquille serait d'être absolument close, de n'avoir aucune ouverture. On en fait peu du moins. Dans cet énorme mur, comme au creux d'un rocher, du dehors au dedans va s'étrécissant l'embrasure; au fond est la fenêtre. A vrai dire, ce logis regarde surtout en dedans. Il est à lui son monde et ne désire rien du dehors. Tout au plus un jardin minime est à côté. Chaque petit carré d'herbes potagères (chose rare) est entouré de planches et semble une caisse. Les fleurs qui ont tant coûté de soins pendant neuf mois, paraissent aux meilleurs jours d'été à la fenêtre, non sans coquetterie, mais à condition d'être prêtes à rentrer.

Les maisons plus modernes, où le rez-de-chaussée est élevé, ont leur entrée d'honneur sur le perron un peu ambitieux dont j'ai parlé. Les anciennes, très originales, ont un grand vestibule voûté, bas, sombre, qui, à gauche, ouvre sur la grange, à droite sur les pièces d'habitation. Cette grange, haute, spacieuse, avec de grands treillis en beau bois brun sculpté est d'un très bel effet. La maison qui a là sa vie et sa sécurité pour une réclusion de huit mois, n'a pas cru, en reconnaissance, pouvoir trop faire pour la grange. Elle a l'air d'une église. Le bon bois résineux d'une excellente odeur est là pour le foyer. Le foin, exquis et délicat, plein de senteurs vitales, fait presque envier aux bêtes une si excellente nourriture. Celles-ci sont d'heureuses prisonnières, peu éloignées de la famille, ses commensales et ses nourrices aimées, fort choyées, bien entretenues.

D'autres portes ouvrent les cuisines, la salle où l'on reçoit, et derrière, la salle intérieure, très garantie, exposée au midi, où se réunit la famille. Les parois lambrissées de mélèze rougeâtre ou de l'indestructible arole, brillantes et très polies, sont de teinte sombre et pourtant gaie qui repose parfaitement l'œil ébloui et fatigué des neiges.

Les chers souvenirs de famille sont là, le coffre héréditaire, majestueusement dans son coin, sculpté soigneusement et portant le blason de la famille. Nobles ou non, tous ont le leur, un emblème ou symbole armorial, comme autrefois chez nous tous en avaient, bourgeois, paysans même. Les portraits des parents, ancêtres, sont honorablement exposés aux murs et aux croisées.

Un bon grand poêle occupe une large place dans la chambre, monte à cinq ou six pieds, et l'espace vide au-dessus jusqu'au plafond est masqué d'un treillage et de rideaux très propres. Je ne savais pourquoi, mais on me montra le mystère. Derrière le poêle se cache discrètement un étroit petit escalier qui monte au paradis. J'entends par là un entresol où, quand l'hiver sévit, le mari et la femme se réfugient, se serrent, ont la vie des marmottes, juste au-dessus du poêle. Mais ne touchant pas le plafond, il n'y laisse arriver qu'une très agréable tiédeur.

Voilà les voluptés du Nord, sensibles, recueillies, profondes, que l'on préfère à tout. Si douces en elles-mêmes, elles valent beaucoup plus encore par le contraste de ce dehors âpre et terrible. En Russie, elles sont énervantes, fatales à la race même.

Ici, elle est fort affinée. Celui qui a vécu, voyagé et souffert, n'en doit que mieux sentir ce charme d'intérieur. Du beau Midi, des brillantes contrées où il travailla tant, aujourd'hui, j'en suis sûr, il ne lui soucie guère. Les enchantements de l'Italie, il les donnerait volontiers pour l'étroit petit escalier qui mène à ce bienheureux nid.

Le foyer, c'est ici le vrai fond de la vie et la religion elle-même. La vieille Bible romane est sur son étagère dignement respectée; et à côté Luther ou Mélanchton gravés. Mais ceux qui ont tant vu, ne sont guère exclusifs. Et parfois j'ai trouvé la madone à côté, une image d'après Raphaël.

La vraie madone, c'est l'épouse. Qui remplit la maison? qui y met la vie, l'âme? Évidemment elle seule. Moins fatiguée que l'homme, elle entre entière au mariage, avec l'énergie du climat, la personnalité celtique. Ce n'est pas une molle Allemande. On se souvient dans le pays de la fille de Jean Colani, le fameux tueur de chamois. Pour l'œil perçant, le pied sûr, l'infaillibilité du coup, il n'eut qu'un seul rival, sa fille. Comme lui audacieuse et sauvage, mais follement ardente dans ce métier terrible, elle méprisa le mariage; elle brûla, passa, vierge et jeune.

Ulysse a voyagé, mais non pas Pénélope. Elle doit rester plus inquiète peut-être d'esprit, trouver l'hiver bien long et le pays bien solitaire. Quelques visites qu'ils font en traîneau, est-ce assez pour elle? Pour lui cela suffit. Il est amoureux du repos. Ce profond hiver même qui condamne au repos, c'est ce qui contribue encore à lui faire aimer le pays. Il en est comme un arbre, il y est engagé par des fibres et par des racines qu'on ne voit pas — nombreuses comme celles de l'arole, en tous sens étendues — profondes à l'égal du mélèze qui pointe en terre, pénètre tant qu'il peut.

L'intérieur n'est pas moins très bon, la concorde très grande, autant qu'on peut juger. Le ménage, excellent en Suisse en général, est ici resserré étroitement par le climat. L'homme a bien travaillé, gagné la petite fortune. La dame se conforme à ses goûts. Une petite observation me donnait d'elle l'idée bien favorable d'une femme toute à son intérieur, peu curieuse du dehors: c'est que les vitres des fenêtres, souvent bombées, rayées et fort épaisses, reçoivent bien le jour, mais ne laissent pas voir les passants.

C'est exactement le contraire du miroir ou *espion* où la Flamande, assise et travaillant, observe le dehors. Encore plus le contraire du balcon clos, vitré, du petit cabinet qui déborde, surplombe, permet à l'Allemande de voir, sans se lever, et derrière et devant dans toute la longueur de la rue.

Est-ce à dire que cet homme solitaire par ses goûts, soit inhospitalier? Nullement. La porte n'est pas fermée ici de trois verrous, comme en Hollande et en d'autres pays. Je fus frappé, touché de voir que ces gens qui ont eu plus d'une épreuve, qui ont souffert, n'en restent pas aigris, n'en veulent pas à l'espèce humaine. Leur accueil est aimable pour l'étranger, leur foyer excellent pour celui qui y vient avec confiance. J'en juge surtout par un peintre de grand talent, un Slave, tête ardente et bizarre, qui fut plusieurs années le Robinson des antres, des glaciers de la Bernina. Il était leur pensée, leur constante inquiétude, l'objet des soins les plus touchants. On lui envoyait de bons vins. On l'obligeait de revenir au mauvais temps. On le gardait l'hiver. Il trouvait au village l'hospitalité fraternelle.

Les gens de l'Engadine ont contre eux une chose qui paralyse et neutralise. Ils croient que leur langue et leur race disparaîtront dans quelque temps.

Est-ce la nature qui la menace?

Ils n'ont pas à craindre, ce semble, que les glaciers qui ont jadis occupé la contrée, en refassent encore la conquête. On en raconte mainte histoire, mais déjà bien anciennes. Le Morterasch jadis engloutit des chalets. Le Roseg doit, disent-ils, son nom à une très lugubre légende. Chaque année, avant le jour, le prêtre de Pontrésina allait y dire *la messe de rosée* (messa di rosodi), c'est-à-dire du matin, une messe des morts pour un hameau que Roseg engloutit.

Rares malheurs. Les destructions progressives sont bien plus à craindre, la diminution de la vie. Plusieurs espèces d'oiseaux, me dit M. Saratz, ont quitté l'Engadine depuis une quinzaine d'années (vers 1850?). Un animal très fin, très avisé, qui vit un peu sur tout le monde, la pie, avait toujours exploité la contrée. Elle a pris son parti, quitté même la Basse-Engadine, où le climat est doux, et transporté ailleurs son industrie.

Le bouquetin a péri. Le chamois devient rare. Où trouverait-on aujourd'hui les deux mille sept cents chamois que tua dans sa vie *Jean Marchiet*, Colani père, le roi de la montagne? Le successeur dans cette dynastie, notre Colani d'aujourd'hui, jeune alors, n'ayant eu que bien tard son avènement, s'est trouvé un roi sans royaume. Ses sujets les chamois ont péri, disparu. Il s'est rabattu sur les plantes, s'est fait chasseur de fleurs, et il en fournit les deux mondes.

Mais quelle vie différente! quel mélancolique changement! De la vie héroïque tombé à la science, devenu simplement un botaniste habile, là même en cet état nouveau qu'il s'est créé, il subit la conquête, les empiétements de l'Allemagne. La prairie solitaire, à huit mille pieds, n'est plus un refuge assuré. Des plantes rares, uniques, ont disparu, désormais enfouies, à l'état de momies, dans ces grands cimetières que l'on dit des musées.

Est-ce l'image de l'Engadine ? Survivra-t-elle ? sera-t-elle un désert? ou une partie quelconque, vulgaire et prosaïque des pays allemands?

Certes, l'Allemagne, en elle-même, cette mère féconde des sciences que nous admirons tous, aimons d'un filial amour, est puissamment originale. Mais, franchement, hors d'elle, dans ses membres extérieurs, elle ne donne que vulgarité. Son extrême culture, trop disproportionnée, asservit, aplatit partout le *genius loci*. C'est un grand jardinage, compliqué et savant, qui tue toutes les petites plantes, quelquefois très exquises, qui fleurissaient de la nature.

Dans tout le canton des Grisons, immense, le plus grand de la Suisse, il n'y a plus que quarante mille personnes qui parlent la langue native du pays. Dans la Haute-Engadine, on parle les deux langues. L'allemand règne aux églises, aux écoles, et peu à peu domine chez les générations nouvelles.

Les langues meurent. Humboldt nous raconte qu'en je ne sais quelle contrée des bords de l'Orénoque, il vit un perroquet vieux de cent ans, qui parlait une langue inconnue. C'était celle d'une peuplade disparue depuis longtemps. Un vieillard lui dit : « Quand l'oiseau et moi serons morts, il n'y aura plus personne pour parler cette langue. »

Les *citoyens* qui votent, qui règlent les affaires et qui envoient aux assemblées de Coire, ne sont pas bien nombreux (vingt-trois seulement à Saint-Moritz, me disait-on). Les autres, simples *habitants*, n'ayant guère part à la vie politique, regardent peu l'avenir, tiennent moins à créer des familles durables. Je rencontrai fort peu d'enfants.

Il semble que déjà c'est plutôt le passé que ce pays regarde. Nulle part, je crois, les morts ne tiennent autant de place. Ces églises donnent au pays un grand charme mélancolique. Pontrésina a la sienne à mi-côte, vénérable dans la montagne, Célérina la sienne, sur un tertre isolé du plus grand effet. Bien contrairement à l'Allemagne, qui a tant mis *les morts en danse*, contrairement à l'Italie qui fait des ossuaires mainte exhibition si étrange, l'Engadine a donné aux morts la place dominante, les plus nobles demeures et la royauté du repos.

XII

L'AROLE.
DÉCADENCE DE L'ARBRE ET DE L'HOMME

Pontrésina, avec son nom antique qui signifie : le Pont de la Rhétie, est posé à merveille au point où se rencontrent les deux torrents, et les deux routes des principaux glaciers. J'ai vu de plus grands paysages, aucun plus harmonique, mieux composé et mieux fait pour le peintre que celui du Roseg, le glacier admirable, que, de Pontrésina, on voit par-dessus ces torrents.

Grâce à des amis excellents qui se gênèrent eux-mêmes pour me donner un lieu plus commode au travail, j'avais une fort belle chambre, soleillée, spacieuse, où je pouvais à l'aise lire, écrire, méditer. J'avais une fenêtre au levant, une au midi; et chacune était un tableau. Au midi, le Roseg, à une excellente distance, au fond d'un sinueux vallon, des bois à droite, à gauche, et le long du torrent une prairie qui mène à Saint-Moritz. Au levant, la route qui monte doucement au Pontrésina supérieur, le beau et silencieux village dont j'ai parlé, puis au glacier de Monterasch qu'on ne voit point. Du village même on ne voit guère que le point dominant à mi-côte, son église des morts, bâtie peu avant 1500.

Tout cela, surtout le matin, et vers midi, avait beaucoup de charme, et quelque gaieté même. Une gaieté touchante, telle que la donne le soleil du levant, de l'été, à un pays où l'on prévoit l'hiver. La prairie, un peu pâle, à herbe fine et courte, le bois de sombre arole, ce pont de pierre, vêtu de planches, tout avertit sérieusement.

J'avais repris mes habitudes. Je restais le matin, je lisais, travaillais. Mon livre en ce moment était la savante *Géographie botanique* d'A. DE Candolle.

Un jour, j'y lus un mot qui me fit bien songer, que je résume ainsi : *La vulgarité prévaudra*, ira gagnant, envahira le monde.

« Les plantes communes à divers pays deviendront plus nombreuses. La flore locale perdra l'originalité. » (803.)

« Les plantes des chemins, cultures, etc., caractériseront notre époque, et celles des forêts, des montagnes, se restreindront de plus en plus. » (806.)

Et il ajoute : « Elles appartiennent à un ancien état de choses, et font place à un nouveau. » (807.)

A cet état ancien, sauvage, où tout était marqué par caractères originaux, puissamment distinctifs, succédera l'état nouveau, plus riche, moins varié, où tout ressemblera à tout.

Déjà, avant Candolle, Agassiz nous donnait un fait considérable, et un rapprochement qui en dit la portée. « Nos plantes européennes (soixante à peu près, dont plusieurs sont de mauvaises herbes) ont envahi l'Amérique et font disparaître les plantes américaines, de la même manière et en même proportion que le blanc fait disparaître l'Indien. » (*Soc. de Neuch.*, nov. 1847.)

Un savant distingué de l'Engadine, M. Pallioppi, m'ayant fait l'honneur de venir me voir, je lui parlai de l'avenir de son pays. Il sourit tristement et me dit : « Notre langue disparaîtra. » — Mais adopter une autre langue, penser dans une langue étrangère, n'est-ce pas changer d'âme, mourir à son propre génie?

M. le président Saratz me dit un autre mot, bien grave aussi : « Le bois nous manquera. »

Cela finirait tout, ferait du pays un désert.

Le mot me frappa fort, m'affligea, et je sentis combien je m'y intéressais.

Je tâchais d'en douter. En voyant des parties fort bien boisées encore, on imagine à peine que ce malheur arrive. Cependant la vie use; le progrès de la vie humaine, les besoins variés, croissants, font une guerre universelle aux arbres. Cela se voit partout. Ici, différence spéciale, ils ne renouvellent qu'avec une extrême lenteur.

Que sera la contrée quand la maison glacée ne se réchauffera qu'avec le bois d'en bas, amené à grands frais, lentement, avec tant de chevaux? gravissant des pentes rapides, des escaliers terribles comme celui de la Mayola?

Mais subsistera-t-elle, cette maison ? et ces villages dureront-ils, quand les bois qui les couvrent, disparaissant, laisseront arriver les torrents, les ravines d'eau, de neige ou de pierres? Les lieux mêmes qui sont, comme Pontrésina, à une distance suffisante de la montagne, seraient-ils bien en sûreté? Qui ne sait que ces ruines subites, partant de grande hauteur, vont par énormes bonds? C'est fort utilement qu'un bois domine encore ici; le jour qu'il périrait, l'agréable village ne dormirait plus en repos.

Deux arbres admirables ont fait la vie de la contrée, l'héroïque et robuste arole, qui, laissé à lui-même, durerait presque éternellement, — le souriant mélèze, renouvelé sans cesse, et qui, verdissant chaque année, simule la jeunesse éternelle.

Tous deux entretenus, dans ces lieux si sévères, par un miracle de nature qui demande à être expliqué. La chaleur et la vie sont chez eux concentrées, gardées, défendues, closes impénétrablement d'un habit intérieur qui vaut une maison, qui, au plus âpre hiver, leur conserve le *home*. Cette défense est la résine.

Cette famille en général des conifères ou résineux, exposée à l'extrême nord, n'y a vécu qu'à force de prudence. Ils respirent avec précaution, n'ouvrent point des trachées aux hasards de l'air extérieur. Ils entr'ouvrent seulement d'étroites meurtrières (comme les stomates des insectes). L'air, introduit lentement, combiné avec leur carbone, non seulement les nourrit; mais cette nourriture, peu à peu épaissie, glutineuse, se fait résine, et, comme telle, les ferme au souffle de l'hiver.

Cette résine résiste au froid de trois façons. D'abord, elle est une clôture. Puis, épaissie et dense, elle ne peut geler. Enfin, comme carbone, elle ne conduit pas la chaleur, ne la laisse point échapper, la conserve au contraire, la concentre au dedans.

Impénétrable à l'air et insoluble à l'eau, rebelle à l'électricité, la résine repousse ces trois grands dissolvants, qui changent tout dans la nature. Elle couve et défend tout ce qui n'agit plus, chaque cellule qui meurt à son tour. — Grand agent de conservation, et cependant aussi instrument de progrès. Elle soutient la cellule jeune, lui prête de sa fixité. Et, au printemps enfin (merveille!), elle se ramollit, reprend le moelleux de la vie, redevient vivante elle-même.

La plus fine résine entre toutes est celle du mélèze, c'est ce qu'on nomme la térébenthine de Venise, substance étonnamment subtile, pénétrante, on sait à quel point. Un atome introduit dans tout organisme vivant pénètre à l'instant même, traverse tout le cours de la circulation.

Quel usage en tout art on fait de ces résines! Tout peintre en a besoin. Et le musicien même s'en sert pour l'instrument à cordes, par elles fait vibrer son archet.

Mais l'arbre n'est-il pas un instrument lui-même? On est surpris de voir, dans la froide Engadine, le mélèze offrir au dedans ces chaudes teintes qui rendent le violon si agréable aux coloristes. Comme les fleurs des Alpes, il boit la lumière vive, y prend ce beau ton rouge que l'on croirait un jeune sang.

Il aspire ces couleurs par quantités de feuilles rayonnantes en faisceau d'aiguilles, plus semblables encore au polype qui, autour de lui, cherche et quête de ses petits bras. Point de gros rameaux qui l'épuisent, mais une bonne forte racine avec laquelle il plonge dans son sol favori, le micaschiste, dont les feuillets brillants sont autant de miroirs, excellents réflecteurs de chaleur, de lumière.

Pour ses graines, il est sage. Quoique mûres à l'automne, il les retient, les garde, ne les hasarde qu'au printemps. Avec ce gage d'avenir, fermé et concentré, abandonnant au vent des feuilles désormais inutiles, il plie tant que le vent le tourmente, siffle, flagellé de l'hiver. Ses rameaux, dépouillés et donnant peu de prise, vont, viennent, résistent d'autant mieux qu'ils ne résistent pas du tout.

Bien loin de s'épuiser en refaisant ses feuilles, il se produit en elles des milliers de nourrices, qui augmentent sa sève et sa vie. Il semble alors tout jeune, étranger au pays, l'enfant d'une terre plus heureuse. Son compagnon, l'arole, si grave et immuable, ne le reconnaît plus, le regarde du fond de son antiquité.

Il est l'espoir, la joie de la montagne. Il travaille sans cesse à refaire la forêt. Mais plus il fait, plus on demande. Il est le serviteur des mille besoins de la contrée. Qui donne ces lambris? Le mélèze. Qui fait ces nobles granges d'effet si imposant? C'est le mélèze encore. Son beau bois odorant, digne des plus hauts arts, est très prodiguement immolé au foyer.

Notez que la nature lui est parfois très rude. Tout gaillard qu'il paraît, vaillant contre l'hiver, au printemps il est vulnérable. Sa sève délicate qui monte alors, craint fort un coup de froid. Cela ne manque guère aux mélèzes hasardeux qui vont jusqu'au glacier, sous l'aigre vent subtil. On les voit misérables, d'effrayante maigreur, ne pouvant vivre ni mourir.

Il semble que l'arole dit alors au mélèze : « Enfant, que cherchez-vous ici ? »

Un seul être a le droit d'être au bord du glacier. Un seul peut sans mourir le regarder de près, face à face, dans les longs dix mois de l'hiver. Celui-ci fend la pierre. Et l'arbre n'en tient compte. Il s'exaspère et rage, sans pouvoir effleurer cette forte et profonde vie. Les vents vont à l'assaut; la furie des tourmentes lance, entasse la masse des neiges, ensevelit tout, non l'arole. Il a le don royal de ne porter nul poids. On le revoit bientôt dégagé de ses neiges, les perçant, les jetant de ses bras vigoureux. Il reparaît paisible, toujours élève au ciel ses lustres magnifiques, dont chacun est orné d'un altier panache de feuilles.

En allant au glacier, l'effet est saisissant. Toute vie peu à peu diminue. Les grands arbres se font petits, pour vivre encore, humbles et faibles taillis. Le bouleau du grand Nord, de la Russie, lui-même, cet ami des frimas, devant l'Esprit sauvage, la férocité du glacier, a peur et se fait nain. Au bord on voit l'arole, dans sa plus grande taille, dans sa complète vie, intact, inaltéré. Aux pentes abritées, on l'a vu languissant, surchargé de lichens. Ici au grand combat et sous les vents terribles, il quitte ce triste vêtement. Nu, comme un bon lutteur, empoignant le roc nu de ses fortes racines, il attend l'avalanche, indomptable et superbe, dressant ses bras vainqueurs, et dans ces lieux de mort protestant, témoignant de l'éternelle vie.

En le voyant si fort sur le rocher stérile, on se demande de quoi il nourrit cette force. Quelques poussières sans doute des débris du glacier doivent l'alimenter, mais surtout la lumière.

Lumière! vie éthérée! sublime nourriture! Elle fait la noblesse de ces hauts habitants des Alpes. Ceux d'en bas, nourris de la terre et des dons variables que leur fait le nuage, sont dans une humble dépendance. Aux cimes où la nue n'atteint pas, où le sol n'est plus que granit, la lumière plus égale, vive, intense, supplée l'aliment inférieur.

De là l'éclat étrange de cette flore toute solaire. De là la singulière finesse du mélèze, et plus haut encore la souveraineté de l'arole, qui règne où rien ne vit, triomphe où tout finit, et qui clôt la nature.

Est-ce à dire qu'il soit insensible? Ses feuilles, dures d'apparence et délicates au fond, sentent fort bien la morsure du givre. On le voit à leurs teintes fauves, qu'on s'attend peu à trouver là. Ce prince de l'hiver, en ces chaudes lueurs, est beau de ses souffrances et du calme puissant qu'il conserve en dessous.

Son dictame intérieur, sa tenace résine, le guérit, le défend. Elle lui constitue une éternité relative.

Ayant les siècles à lui, il ne se hâte pas. Il fait peu, il fait bien. Lentement il travaille son admirable bois, l'amène à la perfection. Pour qu'il ait sa croissance, il ne faut que mille ans.

On voudrait se faire une idée de cette vie si lente et si forte. Qu'il serait curieux de deviner ce qui s'est succédé dans le travail obscur de la plus persistante des âmes végétales! Puissamment animé dans sa morne enveloppe, il faut pourtant qu'il ait, à travers tant d'obstacles, l'instinct conservateur, la providence personnelle, la divination des moyens qui sauvent ou augmentent la vie.

Un Américain imagine avec beaucoup de vraisemblance qu'entre la vie et la mort, il y a nombre d'états intermédiaires, que ces mots sont tout relatifs. La vie morte et la vie vivante, la pensée vague, inconsciente, le rêve impuissant pour agir et même pour se comprendre bien, s'analyser, ce sont des choses qui doivent se trouver dans la longue existence de ces arbres embaumés pour ainsi dire, autant que les momies d'Égypte, mais qui vivent pourtant sous leur masque muet.

C'est un crime de blesser l'arole. Il est le seul des arbres qu'on ne refait jamais.

Qui plantera celui qui n'atteint qu'en cent ans la grosseur du poignet de l'homme? Dans notre époque utilitaire, pressée, qui songera aux générations à venir?

Mais d'autre part, on cherchera en vain à remplacer l'arole. En vain on essayera du léger bouleau (de peu d'âme), et d'autres pauvres bois du Nord. Ils sont tous impuissants à rester là. Le glacier les réduit à l'état d'avortons, de nains. Mais le soleil surtout leur est mortel, terrible ; il peut à certain jour les anéantir d'un regard.

L'arole, contre les deux, le trait aigu du froid, le foudroyant soleil, luttait et tenait bon. Il a été, depuis que les Alpes sont Alpes, gardien de la montagne contre les deux destructions.

Il vivait au loin et au large dans son royaume de forêts. Il montait aux glaciers, descendait aux vallons, jusqu'en pleine Italie. Il fut le fort atlas qui, pour quelques mille ans, soutint les pentes du sud, si rapides et si ravinées. A mi-hauteur du précipice, il étreignait le roc, comme d'une griffe d'aigle ou de condor, arrêtait les torrents de pierres. La montagne pendait sur lui.

Le malheur de l'arole est celui des héros. Si fort contre les coups du sort, traversant une vie si dure d'épreuves et de combats, il garde le cœur tendre. Il est attaquable au dedans. Son bois agréable, odorant, d'un tissu fin, égal, a ce grave malheur de n'avoir nul défaut, de se travailler aisément. On le coupe sans peine, et on le sculpte comme on veut. De là ces sacrilèges. Un berger imbécile de son couteau grossier, dans cette œuvre des siècles, taille de grotesques chamois, des moutons ridicules, qui vont se vendre à Vienne, à Nuremberg, au Rhin. Demain la sotte mère à l'enfant destructeur, — pour être, en poupée, démembrée, jetée au vent, brûlée, — donne ce cœur profond qui défendit les Alpes !

Palladium sacré. Lui vivant, la contrée se soutient, vit encore. Lui mourant, elle meurt, dépérit peu à peu, et, le dernier coupé, disparaîtra le dernier homme.

. . . .

Après mon travail du matin, je sortais seul, et passant le torrent, je remontais un peu en face pour faire visite à la forêt, saluer mes aroles, converser avec eux. Ces beaux arbres, clairsemés dans la vieille forêt, souffraient de la dégradation visible de la montagne. Plusieurs, le pied dans les tourbières, le tronc surchargé de mousses, les bras drapés tristement de lichens qui peu à peu dominent et les étouffent, n'exprimaient que trop bien l'idée qui me suivait, depuis ma lecture de Candolle : « La vulgarité prévaudra. »

Ils étaient tristes. Je leur dis : « Chers arbres, vous me semblez des hommes. Votre forêt maladive me rappelle la forêt humaine. Ce que vous souffrez, c'est le trait universel du siècle. Siècle ingénieux, inventif; mais il semble aimer peu le grand. Nul n'a travaillé si bien à aplatir tout ce qui s'élevait. Nul ne prit tant de soin à détruire les races héroïques, extirper le héros.

La plaine est maîtresse du siècle, et fait la guerre à la montagne.

La montagne du Caucase, où naguère brillait la plus belle, la plus fière des races blanches ;

La montagne de la Crète, le seul pays où la Grèce (partout ailleurs mélangée) était restée pure encore;

La montagne Scandinave, les îles des vieux rois de la mer;

Tout cela est rasé, détruit, ou va l'être en peu de temps.

Où sont les nobles Indiens de l'Amérique du Nord? Où sont les Gallois (dont la fille a donné le grand Shakespeare)? Où sont les Highlanders, dépouillés par l'Angleterre, morts pour elle à Waterloo?

Le platt-deutsch marche au nord, pour raser le pays d'Hamlet. La plate plaine de Russie va mettre à son niveau et la terre de Sobieski et la terre de Charles XII.

Une ville existait au monde qu'on aurait pu appeler la montagne de l'esprit. Un jet de flamme en sortait qui a éclairé la terre. Demain, à la même place, sera la vulgaire auberge des tourbes, riches et grossières, qui viennent mépriser et jouir.

. . . .

. . . .

XIII

NOTRE TEMPS PEUT-IL REMONTER?

« Le chagrin est un péché », dit la loi de l'ancienne Perse.

En croyant les maux incurables, trop souvent il les rend tels.

En pleurant la mort prochaine, il tarit la vie qui reste.

Quelques sujets légitimes que nous ayons de tristesse, je ne crois pas que la descente soit la loi définitive.

J'ai traversé trop de siècles, acquis trop d'expérience des phases alternatives où passent nos sociétés, pour descendre aussi, faiblir dans la foi et l'espérance. J'aurais perdu tout le fruit de mes deux mille ans d'histoire, si j'oubliais les réveils tout-puissants de l'âme humaine, si j'ignorais les ressources de ce foyer de vie, l'Europe. Être très riche et complet, elle possède, outre les organes de la vie habituelle, ce qu'ont les hauts animaux, des organes supplémentaires pour réparer ses ruines, relever ses défaillances, des forces imprévues, cachées, qui, dans les jours d'affaissement lui reviennent de source inconnue.

Si, d'un regard ferme et calme, on envisage le monde, on distinguera sans peine que notre décadence ne peut se comparer à celle du passé, la Chinoise ou la Byzantine, dont la stérilité fut le signe décisif. Les faiblesses du caractère n'ont pas empêché l'esprit de rester puissant, fécond. Ces faiblesses même, on peut le dire, viennent en partie de l'alibi, de l'immense éparpillement où nous mettent ces œuvres infinies, tous ces arts créés d'hier au prodigieux laboratoire de notre ancien continent.

La vigueur américaine (ce bel élan qui nous ravit, fait notre espoir, notre joie) ne m'empêche pas de croire que le haut sensorium de la terre est encore ici, dans la vieille mère Europe. Ses quatre phares réverbérés (de la France et de l'Angleterre, de l'Allemagne et de l'Italie) lui donnent par leurs rayons croisés une lumière infiniment vive pour se connaître elle-même, se pénétrer profondément, distinguer les maux, les remèdes. L'Europe est puissamment lucide. Son génie si inventif, qui perce jusqu'au fond des choses, ne peut manquer de retourner sur lui-même et de voir dans l'homme. Parmi tant d'arts qu'il a créés, un art surgira, le plus haut, celui qui refait l'âme.

Je sais que, pour celui-ci, la condition suprême (difficile) serait d'arrêter un moment la vertigineuse roue de l'activité extérieure, qui nous emporte vers tout, tient notre regard fixé hors de nous et loin de nous.

Que ne puis-je donner aux hommes qui pourraient nous renouveler, quelques-uns des jours recueillis que j'eus à Pontrésina! Un silence singulier, éteignait, amortissait tous les vains bruissements qui se mêlent à la pensée. Les sens y saisissaient tout avec plus de certitude. La transparence de l'air qui supprime les mirages de brouillards, diminue les distances, permet non seulement de voir loin, mais de voir beaucoup à la fois. On embrasse dans un grand ensemble ce qu'on voit ailleurs en détail. Une grande harmonie où tout se tient, se contrôle mutuellement, exclut bien plus l'illusion, garantit la vérité.

Elle l'enrichit et l'étend, même au delà de ce qu'on voit. Au paysage du Roseg, admirablement harmonique, je devinais, en me guidant par des analogies frappantes, certaines parties cachées, et, par l'esprit, je voyais ce que je ne voyais pas. C'est le secret de vision dont parle l'antiquité, non sans raison, mais sans pouvoir se bien l'expliquer elle-même. C'est ce qui lui faisait dire que le voyant peut percer du regard à travers les corps.

Il est bien plus difficile de pénétrer en soi-même : c'est l'effort du recueillement, c'est le but du sage antique dans son séjour sur la montagne. Là il peut se ressaisir, dégager son génie propre et du vieux sillon des routines, et de l'entraînement des foules, et de son moi intérieur, — bref, planer de soi sur soi.

L'âme se sent un infini, son initiative augmente. L'humanité même en balance pèse peu. Qui ne se souvient que le monde était d'un côté, Copernik, Galilée, de l'autre?

Aucune des fausses grandeurs ne se soutient devant les Alpes. Aucune autorité mondaine n'y garde son faux prestige. Une seule subsiste ici : raison, vérité, conscience.

J'avais senti quelque chose de cela près du mont Blanc, lorsqu'en 1865 fut écrite la première page de ce livre. Je le retrouvai plus encore en juillet 1867, dans les heures de solitude que j'eus à Pontrésina. Quand nos voyageurs couraient le pays, faisaient leurs ascensions, moi aussi je faisais la mienne. Pour la seconde fois, cette idée, vive et nette de la montagne, me revenait à l'esprit : « *Elle est une initiation.* »

Il est intéressant de voir comment, peu avant le réveil de 89, le grand dix-huitième siècle reprit dans la Nature même le sentiment héroïque.

Voltaire, qu'on croyait tout art, homme de ville et de salon, aveugle pour la nature, dans ses vers au lac de Genève, poussa le premier cri (sublime). Rousseau prit le cadre des Alpes pour son *Vicaire savoyard,* en mit l'accent ferme, hardi, aux *Lettres de la montagne.*

Deux grands cœurs révolutionnaires, monsieur et madame Roland, allèrent, avant l'action, y tremper leur stoïcisme.

Les Suisses ont de belles chroniques qui racontent de grandes choses, mais ils ont trop négligé d'en consacrer la mémoire par les monuments de pierre qui pour tant de générations restent une prédication muette. Un Français, au point central où le lac des

Quatre-Cantons croise ses bras héroïques, s'arrêta, y fut saisi d'un mouvement religieux, frémit d'une horreur sacrée. Ce n'était pas un roi, un prince; ce n'était qu'un philosophe. Mais il ne put pas souffrir que les trois hommes du Rütli qui jurèrent la liberté suisse n'eussent encore aucun monument. Il resta là, leur bâtit dans une île une pyramide, qu'on y voyait encore naguère. Depuis, la foudre la brisa. Les ennemis de la liberté en ont effacé les restes. Mais ils n'effaceront pas ce beau fait et la trace qu'il laisse dans la littérature. Ce Français, homme de talent, sans génie, avait un cœur surabondant, débordant. Ce cœur, inspiré de la Suisse, y puisa l'idée du livre qui, vingt années, a été comme une bible des deux mondes.

Faible livre, mais beau souvenir. Il montre combien les cœurs, naïfs encore, en un temps que l'on croit si corrompu, trouvaient dans ces lieux leur essor. Tel, descendant de leurs glaciers, en rapportait leur âme austère. Tel, en voyant leurs pics sublimes, sentait un élan héroïque. Et tous en revenaient plus grands.

Ce souvenir contraste fort avec ce qu'on voit aujourd'hui, avec les foules mondaines, la tourbe bruyante, qui afflue l'été à Chamounix, Interlaken, qui prend d'assaut l'Oberland, qui de sa vulgarité prosaïse ces nobles déserts. Est-ce l'amour de la nature, un sens nouveau, qui tout à coup s'est développé chez eux? Est-ce un mâle élan vers les choses hardies, dangereuses et pénibles? On voudrait le croire. Un Tyndall, deux ou trois noms honorés, ne peuvent faire illusion. Ce que l'on voit, pour la masse, c'est que ceux qui dans leur pays gardent encore quelque tenue, respectent un peu les convenances, en Suisse se croient libres de tout.

Cessons de profaner les Alpes. N'emportons pas dans la montagne les esprits grossiers de la plaine. Tâchons que ce pèlerinage soit du moins un sursis aux vices, un moment de dignité.

Il faut les respecter, ces lieux. Le premier égard qu'on leur doit, c'est de n'y pas apporter la littérature énervante, maladive, de notre époque. Des écrivains même éminents, des génies qu'on peut admirer, par leurs artifices subtils, leur recherche, contrastent trop, sont indignes d'être lus ici. Partout ailleurs à la bonne heure. Peu de livres, je vous prie. Quelques-uns d'histoire naturelle, ou de simples et belles chroniques, c'est beaucoup. Tout livre humain est petit en présence de ce grand livre, vivant, imposant, si pur. Devant lui, tout fait pitié.

Les livres, même religieux, mystiques, ici sont de trop. Les religions spéciales ont la voix faible, souvent fausse, devant cette haute religion qui les domine, les embrasse. Dieux du monde, faites silence. Laissez-moi entendre Dieu.

La grandeur austère des Alpes, la poésie immaculée de ces vierges sublimes, doit tenir bien à distance nos faiblesses et nos romans. Il faut être bien hardi pour compter, en présence de leur éternité, sa misérable personne, apporter là ses petitesses, ses nervosités d'oisif, ces maladies qu'on devrait plutôt cacher. Que fait l'ennui d'Obermann dans ces lieux pleins d'action, dans le berceau mémorable des libertés de l'Europe, dans cette rude vie de montagne où le travail périlleux, où le travail assidu ont donné l'exemple au monde? Entre l'exploiteur hardi des forêts et l'ouvrier infatigable de Genève, que signifient les vains rêves et les mélancolies du vide?

L'amour est au niveau de tout, tout aussi divin que les Alpes. Je ne méconnais pas la force, la sincérité de Rousseau. Cependant qui peut à Clarens relire *la Nouvelle Héloïse?* Nulle rhétorique, nul talent, ne se soutient dans un tel lieu. Trop grande y est la nature. Trop tragique y est l'histoire dans la guerre de ces deux rivages, dont par bonheur témoigne encore le cachot de Chillon.

Quelqu'un dit un mot admirable sur ce vis-à-vis unique de Meillerie et de Clarens : « Ce qu'on y sent est plus haut qu'une passion individuelle, plus que tout amour de ce monde. C'est le sens du grand, du sublime, de l'universel Amour. »

Profonde parole religieuse! Qui la croirait de Byron (notes du III⁰ chant de *Childe Harold*)? Ce mot, plus que tous ses vers, est vraiment digne des Alpes.

J'ai voulu, à Meyringen, en lire, revoir son *Manfred*. Cela ne se pouvait pas. Cette exaltation désolante, ce faux mystère, ce faux tragique, qui n'est d'aucun lieu, d'aucun temps, détonnent en de pareils lieux. Déplorable conception d'avoir assis Némésis, la vengeance et le dieu du mal, sur ces bienfaisants glaciers qui nous donnent, avec les grands fleuves, la vie, la salubrité, la fécondité de l'Europe!

La Suisse n'est pas parfaite. Mais ce qui chez elle me semble admirable, au-dessus de tout, une vraie bénédiction, ce sont les libertés aimables dont y jouit l'enfance, ce sont ces fêtes d'enfants si douces au cœur, adorables. Entrant une fois dans Vevey, j'en vis une où des centaines d'enfants (de douze ans peut-être), des filles, des garçons pêle-mêle, avec de petits drapeaux, se promenaient par la ville en chantant, dans une sagesse, dans une liberté aussi, vraiment tout attendrissantes !

J'y voyais souvent sur les routes des petites pensions d'enfants que l'on faisait voyager. J'en rencontrai une au Splügen, une pension venue de loin, de Neuchâtel, ce me semble, qui avait traversé la Suisse. C'étaient des enfants fort jeunes, qui pourtant, sans trop de fatigue, s'en allaient ainsi à pied, chacun sous son léger bagage, faisant déjà l'apprentissage de la vie du voyageur, de ses petites aventures, heureux pour la première fois d'agir et d'être des hommes. Ils allaient, je ne dis pas sous un maître, mais avec un maître, qui gênait peu leur liberté. C'était un jeune homme sérieux qui me plut. Sa dame était avec lui, jeune aussi, agréable, attentive à tout, et qui, non sans quelque fatigue, suivait le cher petit troupeau, l'entourant et l'enveloppant de sa grâce maternelle (juillet 1867).

Rien de plus charmant, rien de plus touchant. De très bonne heure, le jeune Suisse, simplement et sobrement (quelle que puisse être sa fortune), parcourt dans tous les cantons sa belle et libre patrie, l'aime enfant, s'unit à elle de vie, d'habitude, de cœur, se lie à ses destinées.

Je crois cependant que pour ceux qui ne sont pas

du pays, pour qui le voyage n'a pas ce caractère patriotique, les Alpes gagnent infiniment à être vues un peu plus tard, je veux dire dans l'adolescence. L'enfant en sent peu la grandeur. Il est beaucoup plus frappé de mille détails prosaïques et parfois insignifiants, mais surtout accidentels, non inhérents au pays, qui n'étaient là que par hasard, et en donnent une idée fausse. La forte mémoire de cet âge qui garde ineffaçablement tout ce qui s'y mit alors, conserve pour toute sa vie ces traits bizarres et de rencontre. Tel, du lieu le plus sublime, ne gardera que la mémoire du passant qu'il y trouva, un crétin, un bouffon, que sais-je?

« Mais revues à un autre âge, les Alpes auront leur effet? » Ne le croyez pas. Les choses restent marquées du caractère qui nous y frappa d'abord.

Les familles, aujourd'hui plus tendres qu'autrefois, se séparent moins de leurs enfants, les mènent partout avec elles. De cette chose excellente, résulte un inconvénient qu'il faut bien aussi reconnaître. L'enfant est blasé sur tout. Ce que, petit, il a connu au point de vue étroit de son âge, il le voit toujours petit, et avec indifférence. On ne trouve que jeunes messieurs, qui, menés dès la nourrice à la mer ou aux montagnes, n'y prennent plus aucun intérêt. « Les Alpes? on m'en a bercé... L'Océan? connu, connu! ».

Il n'est pas sans inconvénient de vouloir en un voyage parcourir tout un pays, d'embrasser tout à la fois les variétés, les contrastes, les paysages souvent opposés et discordants. Voir en une saison les Alpes, en une les Pyrénées, c'est prendre de trop grands ensembles. Les impressions confuses s'effacent, se confondent, se faussent, si elles viennent coup sur coup.

Il serait intéressant de prendre une seule montagne, d'y bien caractériser ces grandes échelles de la vie. Quoi de plus intéressant que d'en marquer chaque gradin, et dans son rapport avec l'homme et pour la nature elle-même? L'allègement progressif de l'air, le dégagement favorable que les forêts résineuses donnent à notre électricité, l'amphithéâtre des flores diverses de degré en degré, c'est déjà une éducation. Chaque montagne est un monde, et peut être à elle seule un texte vivant des sciences.

Une étude plus mobile, très féconde, pour un esprit avancé, serait celle d'un unique fleuve, du Rhône ou du Rhin, par exemple, suivi dans tous les accidents de son cours, dans toute la variété des productions de ses rivages.

Rien ne donnerait une idée plus haute, et aussi plus saine, de la réalité des choses. On y verrait la vraie valeur de ce qui trompe et attriste dans le travail incessant des eaux pour ruiner, démolir, pour abaisser la montagne. La cascade et le ruisseau nous disent incessamment : « Qui est la mort? Qui est la vie?... Si nous démolissons les Alpes, c'est pour doter, féconder de nos alluvions l'Allemagne, c'est pour engraisser l'Alsace, c'est pour élever la Hollande, la défendre, la soutenir contre l'invasion de la mer. » Ainsi cette dissolution n'est rien qu'une création.

Rambert, ingénieusement, note la joie que ces éléments semblent avoir de quitter l'immobilité solitaire pour aller fraterniser avec la rive, avec la plaine. On les entend dire : « Allons!... Mourons à la vie stérile, pour entrer dans le travail, dans le cours fécond des choses. »

C'est une très funeste tendance de notre âge de se figurer que nature c'est rêverie, c'est paresse, c'est langueur. Les Bernardin de Saint-Pierre, les Chateaubriand, leurs imitateurs, n'ont que trop bien travaillé à nous énerver en ce sens. Point de vue fort opposé à celui de l'antiquité où le sage centaure, au contraire, pour donner au jeune héros le plus haut degré d'énergie, le tient aux antres des montagnes, aux vertes et fraîches forêts.

Loin de croire que la Nature, prise en sa vérité, mène aux molles faiblesses du cœur, j'en voudrais réserver les grandes et salutaires émotions à ces crises de la jeunesse où l'homme a besoin d'être soutenu. Ne croyez pas que les discours y suffisent. Gardez vos sermons, et laissez prêcher les Alpes.

Les deux grandes communions de la Montagne et de la Mer seraient très utilement réservées à ces moments. La Mer au premier éveil, au premier élan de la vie. La Montagne quand les sens ont leur crise, leur enivrement. Je voudrais à ce moment enlever l'homme à lui-même, sans vaine et froide parole, le tirer de la nature, — comment? en le menant aux Alpes au sein de la nature même.

Je ne glacerais pas son cœur. Au contraire, je l'animerais d'une chaleur plus noble et plus haute.

Je le mènerais aux champs de Morat et de Sempach,

aux mémorables batailles qui firent la liberté suisse, préparèrent celle du monde.

Je lui montrerais, aux sommets vénérables du Saint-Gothard, le point où les eaux se partagent, où les ruisseaux se disent adieu, s'en vont vers trois nations. Ces eaux, tantôt salutaires, tantôt sauvages et menaçantes, ont fait le lien des vallées, forcé les hommes d'en bas de s'entendre, de se lier, de former les fortes ligues, qui domptèrent les torrents, les fleuves, puis le torrent des Barbares, brisèrent au midi Barberousse, au nord Charles-le-Téméraire. Ainsi la fraternité suisse, ainsi la ligue lombarde, ces grandes âmes de nations sortirent, pour ainsi dire des Alpes, furent éveillées par leurs fleuves et le mystère de leurs eaux.

Je m'arrête à ces exemples, et je n'irai pas plus loin. Dans le livre de *la Montagne*, j'ai fait, de chapitre en chapitre, surgir les puissances héroïques que nous puisons dans la Nature. Et maintenant, comme en voyage, derrière l'Alpe on voit se dresser encore une Alpe supérieure, je vois au delà de mon livre un autre qui commence ici : Régénération de l'espèce humaine.

Assez pour ce jour, assez. Ce petit livre, quel qu'il soit, a droit à ma reconnaissance. J'achève et je te remercie. Dans le long combat de la vie, de l'art (toujours inquiet) dans un temps de sombre attente, il m'empêcha de descendre et me retint à mi-côte. Par une heureuse alternance entre l'Histoire et la Nature, j'ai pu garder ma hauteur. Si j'avais suivi l'homme seul, la sauvage histoire de l'homme, j'aurais faibli de tristesse. Si j'avais suivi sans partage la

Nature, je serais tombé (comme plus d'un aujourd'hui), dans l'insouciance du droit. J'échangeai souvent les deux mondes. Lorsque, dans l'étude humaine, l'haleine allait me manquer, je touchais *Terra Mater* et reprenais mon essor.

C'est tout le secret de ce livre. S'il m'a encore renouvelé, s'il m'a effacé vingt siècles, puisses-tu, jeune voyageur, qui viens avec la force entière et tout le jour devant toi, y trouver un point de départ ! Qu'il te soit un de ces sommets moyens où l'on s'arrête à l'aube, pour se reconnaître un moment, marquer le but d'un œil sûr, monter, s'élancer plus haut.

ÉCLAIRCISSEMENTS

Il eût été facile de donner à ces petits livres un aspect scientifique en multipliant les citations, indications, etc. Mais, dans un cadre resserré, elles auraient l'effet d'obscurcir, d'arrêter le lecteur sur le détail qui ôte leur relief aux objets capitaux.

N'oublions pas que, sur chaque sujet, quand il paraît un livre de génie, nombre de travaux suivent, estimables, utiles, de vérification, observations, théories ou voyages, etc.; et l'œuvre mère est un peu oubliée. Sur les glaciers, sujet de nos premiers chapitres, le livre capital est celui d'Agassiz (*Études*, 1840). Précédé par les Hugi, les Venetz, les Charpentier, il systématisa et agrandit leurs résultats, donna le grand coup de lumière. Il a été suivi très honorablement par les Desor, Martins, Tyndall, Schlagenweit. Comment l'Europe n'a-t-elle pas retenu dans ses plus hautes chaires un homme si éminent? Comment un tel maître enseigne-t-il au delà des mers? — Le premier, il a affirmé (p. 304 des *Études*) un âge du monde, *la période glaciaire*. Ce n'était pas une simple hypothèse. Il montre parfaitement que si l'on n'admet cette théorie, tous les faits discutés deviennent inexplicables. A-t-on répondu? Non. L'observation, la connaissance progressive de la terre viennent témoigner pour lui, et *la période glaciaire* est peu à peu acceptée du monde savant. Beaucoup la mentionnent dans leurs livres, comme chose admise et convenue, mais sans rappeler celui qui le premier ouvrit la voie.

C'est encore Agassiz qui le premier (après Hugi) sentit que les ascensions passagères ne suffisaient pas, qu'il fallait *séjour-*

ner *sur les glaciers*, y habiter, vivre avec eux pour les connaître, y passer des mois, des saisons. Hugi, Agassiz, Desor, s'y établirent, persévérèrent dans ces conditions si dures, donnèrent au monde cet exemple de courage, de patience et de dévouement.

Le progrès et recul alternatif des glaciers, phénomène d'immense importance, qui, comme je l'ai dit, est une sorte de thermomètre physique (et moral même?) de l'état de l'Europe, est marqué depuis cinquante ans. En 1811, la sécheresse les a fait reculer. Trois années froides et humides, 1815, 1816, 1817, les font avancer considérablement (Venetz). En 1840, dit Agassiz (p. 235), ils avancent beaucoup. — L'année 1857, si chaude et si puissante, qui prépara un cycle de belles années (Voy. Schacht), dut les faire reculer. En effet, M. Charles Martins, dans son ascension de 1865, a signalé un énorme recul. — Mais les années humides, 1866, 1867, les font sans nul doute avancer.

L'illustre Lyell essaye d'expliquer le transport des blocs erratiques, non par le mouvement des glaciers, mais par des radeaux de glaces analogues à ceux qui nous viennent du Nord, et charrient aussi des rochers. A cela il y a une difficulté qu'eût pu indiquer Agassiz (p. 283). C'est que de tels radeaux plongent en dessous énormément dans la mer; leur partie supérieure n'est rien en comparaison de l'inférieure. Pour porter des poids tels que les blocs erratiques, il eût fallu qu'ils eussent dessous des eaux extrêmement profondes, comme sont celles de l'Océan.

Comme description et tableau animé de la vie, rien n'a dépassé le livre de Tschudi, si riche d'ailleurs d'observations personnelles, de faits curieux. C'est une petite bible des Alpes, qu'on doit avoir avec soi. Le voyageur aimera aussi à emporter ces livres charmants: les *Essais* de Rambert, *les Grimpeurs*, *les Ascensions* de Margollé et Zürcher, *le Léman* de Rey, *les Chamois* d'A. Michiels.

Il est très intéressant de comparer trois livres capitaux, trois hommes et trois nations : la sagesse de M. de Saussure, courageux, judicieux, équilibré, harmonique, — la belle âme allemande de Tschudi, en communion si parfaite avec la nature, qui la réfléchit si vivante, comme un beau et pur lac des Alpes, — enfin l'âpre et fiévreux Ramond, le Français du Midi, palpitant de 93. A part telles déclamations, il faut avouer pourtant que la passion lui donne parfois une seconde vue pour voir et deviner les 93 de la Terre. L'homme même intéresse fort dans sa longue recherche du Mont-Perdu, dans sa course hasardeuse, et quand, assis sur les débris, il laisse échapper ce soupir : « Tant de pertes irréparables pleurées au sein de la nature ! »

Peut-on séparer aisément l'homme de la nature, la société humaine de la grande cité dont elle dérive? Nos anciens voyageurs amusent et intéressent, parce que chez eux, à travers le paysage, on entrevoit toujours l'homme. La plupart des voyageurs modernes, très spéciaux (l'un pour les plantes, l'autre pour les coquilles, etc.), donnent des matériaux seulement ; ils sont instructifs, illisibles.

Page 78. *Montée de la terre, etc.* — J'ai fait ressortir une chose trop oubliée, c'est que nos savants qui croient suivre uniquement leur science hors de toute influence sociale, la subissent à leur insu et la portent dans leurs systèmes. Il est bien entendu que je ne veux dire nullement que ces hommes si éminents, les Lyell d'un côté, les Buch, les Élie de Beaumont de l'autre, en aient été uniquement dominés.

Ce que j'ai dit de l'audace d'Élie de Beaumont, et de la grandeur de sa tentative, n'étonnera pas ceux qui (comme moi en ce moment) auraient sous les yeux son article *Système de montagnes*, article qui est un grand livre (*Dict.* de d'Orbigny, 1849, XII, 187-311). Dans les premières lignes il exprime l'idée « qu'une analyse rigoureuse montrera sur la terre une ordonnance générale dont le ciel ne présente aucune trace ». Jamais la géologie, cette science nouvelle, n'avait osé parler ainsi à son aînée, qui nous regarde de si haut, l'astronomie.

Page 81. *Sur la terre en général et la création de ce globe.* — Les sciences d'observation n'ont commencé réellement qu'en 1600 par Galilée. Les sciences de création, peu avant 1800, ont commencé par Lavoisier.

Les dernières sont le grand trait original de notre siècle. Il a créé d'abord des machines et des forces. Il a créé des plantes (non de simples variétés, mais des espèces durables). Il a créé pour elles des terrains différents, les cycles de culture qui les refont, les renouvellent. Il a créé des races d'animaux, d'utiles et admirables monstres.

Progrès étrange, hardi. Il a distancé la Nature. Nulle couleur naturelle ne se soutient près de nos anilines qu'on fait depuis dix ans. Le soleil a pâli devant l'éclair de l'homme, sa lumière électrique. Mais voici le plus fort : du minéral inerte, nous tirons ce qui semble le plus insaisissable, tous les genres de parfums, d'essences et d'esprits. La pierre s'alcoolise. Et (faut-il achever? le Moyen-âge eût reculé d'horreur) la pierre s'animalise. Le lait de la mamelle, le doux lait de la femme, nous l'avons tiré du caillou.

Dans la fermentation, dans l'électricité, nous avons trouvé les passages par où l'inerte monte à l'état organique. La barrière éternelle qu'on supposait entre eux, s'abaisse et disparaît. Nous mettons tout en voie de vivre. Ce qu'on crut matière morte à perpétuité, ce sera la vie de demain. Tout est vie future ou présente. Tout glisse incessamment d'une forme à l'autre de la vie.

Que sont devenus les trois règnes, les belles divisions de la vieille science? Du minéral au végétal, à la plus haute énergie végétale (le sang de la vigne, l'esprit), nulle barrière de séparation. Moins encore de barrière du végétal à l'animal. Morren a vu dans les marais des végétaux qui, sous la lumière chaude, sont animaux quatre heures par jour, puis, quand le jour baisse, se refont végétaux. Mais l'égalité des deux vies, du végétal, de l'animal, éclate surtout, est complète au moment divin de l'amour. Telles fleurs montent au niveau des plus hauts animaux, s'égalent au mammifère, ont la même semence. (L. Lortet, *la Preissia*, 1867.)

Bref, par fermentation, la pierre se crée esprit. La plante, par amour, se crée homme.

Page 85. *Création!* — Énigme, épouvantail du Moyen-âge. Mais pour nous, c'est la vie commune, c'est ce que nous voyons et faisons tous les jours. Il n'y faut un miracle. Le miracle serait que, dans un monde si fécond, rien ne se fît toujours, incessamment ne se créât.

Comment se crée un continent, une nouvelle partie du monde? Nous avons aujourd'hui l'agrément de le voir. La Terre, par sa vie polypière, ses petits animaux, se sécrète elle-même un nouveau champ d'activité, qui sait? une Europe peut-être? Elle s'arrange dans la Mer du Sud comme un continent de rechange, si nous usons le nôtre, ou si quelque désastre venait à le gâter.

Cela commence par un grand nombre d'îles, par des centaines, des milliers de petites montagnes circulaires qui s'élèvent au niveau du flot. Forme excellente. Elle donne moins de prise à leur grande ennemie, la grosse vague australe qui venant sans obstacle du pôle, se poussant, s'entassant, avec un poids terrible arrive à eux, mais tournoyante perd une partie de sa force. Chacune de ces îles, de ces aimables petits mondes (fort dangereux pourtant pour les navigateurs), avec ses blancs récifs rayés et roses, ne tarde pas à avoir dans son sein un peu d'eau bonne aux végétaux, et souvent un beau cocotier qui souffre l'eau de mer. Voilà la terre en miniature, déjà un abrégé du globe.

L'île est rarement seule. Il lui vient à côté une île sœur, et d'autres encore. Chacune est un anneau. Le groupe est un anneau lui-même qui, en laissant passer la mer, la rompt pourtant et se défend bien mieux. Ces groupes annulaires, au nombre de dix-sept, présentent dans l'ensemble un grand cercle allongé, et comme un gigantesque anneau de presque trois cents lieues de long. Cela promet. L'ouvrage avance. Il va se prolongeant d'écueils qui depuis peu d'années arrêtent la navigation.

L'obstacle à ces bons ouvriers, c'est l'avidité des poissons qui sous l'eau paissent comme l'herbe leurs polypiers tendres encore, et s'en approprient le calcaire. Ils le digèrent, le rendent comme craie. Cette craie, à son tour, fera les infusoires dont vivent les polypes, donc leur retournera. Le calcaire des polypes détruit et digéré revient par cette voie nourrir leurs descendants. Circulus curieux qui fait toucher au doigt le procédé très simple des échanges de la nature.

La Marck a deviné, il dit : « Le calcaire est chose animale ; des animaux l'ont fait. » Cette partie énorme du monde, qui compte immensément dans l'écorce du globe, tant de terrains, tant de montagnes, ces bancs et ces carrières où nous taillons nos villes, ce serait une sécrétion. Dans un cercle éternel, le calcaire, par moments dissous et remis dans la vie, digéré par les plantes, les animaux (et animal lui-même), irait roulant, changeant, inerte en certains âges et dans d'autres âges organique.

Quand se fit tout cela ? Probablement toujours. Aux plus anciennes couches déposées par la mer bouillante on trouve les diatomées, ces petits êtres de silex, tout semblables à ceux d'aujourd'hui. Les chauds lacs des hautes Andes ont leurs poissons, donc aussi l'infusoire dont le poisson doit se nourrir. Pourquoi, même aux âges du feu, n'y aurait-il pas eu des animaux propres au feu? « Ils n'ont pas laissé trace dans les porphyres, basaltes, etc. » Cela ne prouve rien. Ils ont pu passer, repasser par des combinaisons chimiques, contraires à leurs éléments propres, s'y perdre, s'y anéantir.

La terre créa ses créateurs. L'ascension naturelle des liquides, leur *endosmose* au sein du minéral ressemble de bien près à l'*absorption* végétale qui, si la plante a soif, devient *aspiration*, j'allais dire *succion*. Ce dernier mot doit-il se réserver à l'animal? mais comme lui la plante aspire et suce aussi. Les premiers animaux, peu différents des plantes, étaient tous de petits suceurs.

La *plante animal*, ou polype, — moitié vie et moitié rocher, ce jeu de la nature qui copiait la Terre, l'imitait immobile. Des petits êtres vinrent à l'image de la Terre mobile, êtres errants et planètes minimes sur le sein de la grande auxquelles il fut permis d'emporter leur rocher. A l'instar de la Terre qui va avec son écorce terrestre, eux aussi cheminèrent sous leur écorce, leur coquille, abri et logis tutélaire. Tels de calcaire, tels de silex, ils ont sans bruit construit, exhaussé de leur corps, de leurs petits débris, les plus hautes montagnes du monde, emmagasinant pour la Terre les éléments des êtres supérieurs.

Les petites vies, pour se faire, ont dans l'instinct obscur, comme une attraction, une gravitation intérieure qui est *l'amour*. D'abord l'amour de soi pour soi (pour dire comme Geoffroy-Saint-Hilaire). Ils s'aiment et se veulent du bien. Et cela fait tout le détail du développement de chaque être, le goût, le choix, la préférence (Darwin) pour ce qu'il a en lui de bon pour lui, pour ce qui doit le sauver, l'augmenter, — lui faire sa petite fortune, le transformer peut-être et le porter plus haut.

Voilà le procédé ordinaire de la vie, qu'on n'est pas loin d'admettre aujourd'hui assez aisément quand il s'agit du petit monde, des vies minimes d'animaux. Pourquoi la grosse vie de la Terre aurait-elle été autre? Pourquoi n'eût-elle pas agi comme la petite terre (l'animal-rocher-plante), qu'on appelle polype? Mais travaillant avec des agents très divers, et des moyens de toute sorte, elle n'a pas bâti dans l'extrême régularité (un peu maussade) de polype ou d'abeille. Elle a fait, dans un charme ravissant de variété, ce polypier superbe, amusant, que nous habitons.

J'ai horreur des deux hypothèses de la création sans amour.

1° L'hypothèse du hasard. Quelqu'un suppose que « l'attraction d'un astre errant, passant près de la Terre, au nord de l'équateur, aurait diminué la pression générale, suscité une marée dans les fluides intérieurs de notre globe et par là soulevé ces montagnes qu'on appelle l'Ancien, le Nouveau continent ! » (P. Scrope.)

Voilà un beau coup de hasard, mais le bon sens résiste. Qui voudra croire qu'un simple choc ait pu créer ce système admirable, et si heureusement combiné ?

2° L'hypothèse d'un mécanicien tout-puissant, qui forgeant, et montant la machine inerte, eût, par un coup d'adresse et de force, un miracle à sec, suscité tout à coup ce monde, sans mutualité ni correspondance d'amour, l'eût posé sur roulettes, fait aller par effort, et lui aurait dit : « Va ! » cela n'est pas digne de Dieu.

L'idée divine implique les doux procédés de la vie, la tendre incubation et l'enveloppement maternel, surtout la patiente succession, l'infini du temps.

Les coups de violence, la foudre et les éclairs, ce barbare appareil où les Barbares mettaient la naissance du monde, c'est justement (chacun peut l'observer) ce qui fait manquer les naissances, ce qui fait avorter la vie.

Ce qui garde dans l'œuf la délicate vie du plus petit oiseau, cette Ame de bonté qu'on sent dans la Nature, c'est en elle que se créent les mondes, les soleils et les Voies lactées.

Chaque astre, avec sa part de l'Ame universelle, doué, soutenu d'elle, dans son attraction pour son prochain Soleil, s'aime en aimant l'ensemble, s'unit et s'harmonise, se crée en s'accordant au Tout.

Les dieux vraiment anciens ont une pacifique douceur. L'*agni* (*ignis*, le *Feu* du *Rig-Véda*), qui vivifie le monde, est en même temps le bon compagnon du foyer, l'ami entre *elle* et *lui*, entre l'homme et la femme, le cher médiateur d'amour. C'est plus tard, aux temps troubles, qu'arrivent les créateurs sauvages, les éclairs, le tonnerre d'Indra.

Page 93. *Sur la vieillesse de l'Inde.* — Cette vieillesse, et la négligence, la brutalité des Européens, n'apparaît que trop dans les voyages, spécialement dans l'intéressant voyage de Warren, bien peu suspect, puisqu'il sert dans l'armée anglaise, admire les Anglais, voit dans le gentleman anglais l'idéal de l'homme. — Les ouvrages de Hug Cleyhorn (1861), et de Brandis (1863-65), montrent la décadence des forêts, et les efforts tardifs qu'on fait pour y remédier. Les animaux ont déchu, comme les arbres. L'éléphant, dont la sagacité était encore proverbiale au dernier siècle (voy. surtout Foucher d'Obsonville), est aujourd'hui abruti, est devenu une simple bête de somme, si j'en crois le témoignage du directeur des haras de la Compagnie. Voir son important article *Éléphant*, dans le *Dictionnaire* de d'Orbigny.

Page 105. *Sur Java, etc.* — J'avais sous les yeux les livres importants et fort instructifs de *Rafles et Crawford*, 1824; *Blume, Flora Javæ*, 1828; *Hogendorp*, 1830. L'excellente compilation de *Walckenaër* est aussi bonne à consulter. Il est intéressant de rapprocher Bornéo de Java. Voy. *Spencer S. John, consul of Borneo*, spécialement pour la merveille du Nepenthes Edvardsiana.

Sur les premiers chapitres de la seconde partie. — On ne pouvait séparer de la montagne la forêt, qui en est, non seulement le vêtement, mais sous tant de rapports la révélation, l'explication, j'oserais dire le verbe et la voix. Nous avons lu avidement tout ce que nous avons pu connaître des forestiers d'Allemagne, ceux de tous qui ont le mieux gardé les anciennes traditions. Le magnifique *Arbre* de Schacht domine, ombrage tout ce grand sujet. Nous le lûmes la première fois dans le bel été de 1857, sous les chênes de Fontainebleau, et depuis nous le portâmes partout avec nous, aux pinadas de Bayonne, aux sapins, aux aroles des Alpes, aux chênes-liège de Provence.

Des livres agréables et commodes, la *Plante* de Schleiden, le *Monde végétal* de Karl Müller, nombre de savants articles du *Dictionnaire* de Bory-Saint-Vincent et de d'Orbigny, nous ont été fort utiles. Karl Müller a un chapitre excellent sur les *Rapports sociaux* des plantes.

Ce que nous disons des conifères est tiré surtout des mémoires de Richard, le vénéré maître, du savant M. Carrière, et de l'illustre Hooker, beaucoup aussi de nos observations.

Les botanistes d'aujourd'hui négligent et méprisent trop les mythes relatifs aux arbres, ces légendes qui, parmi les erreurs, contiennent beaucoup de vérités. Rien de plus important, pour le naturaliste même, que l'*Histoire du culte du cyprès* par Lajard (in-4°). Il y donne nombre de textes fort précieux pour l'histoire de l'arbre en général, et les points de vue sous lesquels il fut considéré.

Page 183. *Sur l'Engadine.* — J'ai cité dans le texte l'excellent ouvrage de M. Binet-Hentsch (Genève, 1859). C'est le seul que je connaisse en français. Les ouvrages estimés de Papon (1857), Lechener (1858), Théobald, etc., sont en allemand. J'ai sous les yeux un joli petit livre anglais de madame Freshfield (1862), intéressant, un peu minutieux. Longue énumération des dîners, déjeuners, etc. Ce qui m'a servi plus que tous les livres, c'est la conversation judicieuse, instructive des hommes mêmes du pays. Qu'ils reçoivent ici mes remerciements, spécialement M. le président Saratz.

Page 226. *Sur les grimpeurs.* — Il faut entendre là-dessus ceux qui en savent le plus, les guides, qui les hissent là-haut, qui pour quelque argent leur donnent ce plaisir de gloriole, qui jusqu'aux glaciers leur portent les mets, les vins, les liqueurs. Ils content avec quel danger ils dirigent à la descente ces grands marmots, ivres, troublés, leur taillant des escaliers, leur posant chaque fois le pied, souvent ne pouvant s'en tirer qu'en les portant à la lettre, les enlevant dans leurs bras.

Les Suisses, par accoutumance, ou par l'affectation fâcheuse d'une supériorité légère, me semblent souvent parler d'une manière peu convenable de leur admirable pays. C'est ce faux rire qui rend fatigants les livres de Toppfer, malgré l'esprit, l'amusement, la facilité du crayon. Il s'attache constamment à des traits accidentels, aux hasards de caricature. Les rires, les gambades attristent. Je suis comme les petits enfants : la grimace, loin de m'amuser, me ferait pleurer plutôt. Ici, devant cette nature si grande et si sérieuse, le contraste est désolant.

Dans un ouvrage que j'aime, plein d'esprit et de talent, je vis l'autre jour quelques lignes qu'on effacerait volontiers, celles où il dit la sensation, fort particulière aux Suisses, qu'ils auraient sur les glaciers : « On court, on saute, on gambade ; on divague de droite et de gauche. *On s'attache* les uns les autres pour franchir plus sûrement un obstacle. On court de plus belle et on ne s'arrête que comme posent les papillons. » — Ailleurs : « Dans ces vives flâneries, il est tel moment où l'on croit sentir une parenté lointaine entre l'homme et l'oiseau, et où l'on se surprend à gazouiller... Quelle joie dans ces folles descentes où l'on est porté par tout un lit de cailloux, s'ébranlant et cheminant avec vous ! » etc.

Ceux qui non seulement parcourent les glaciers, mais les habitent, ui y font de longs séjours, Hugi, Agassiz, Desor, en donnent d'autres idées. Ils ne trouvent pas que ce soit un théâtre de gens légers. Ce n'est nullement un lieu où l'homme sente sa liberté. La difficulté des montées, la respiration pénible, ce besoin de s'attacher pour éviter des abîmes, tout cela n'a rien de gai.

Page 233. *Régénération de l'espèce.* — Le changement des milieux peut y faire beaucoup sans doute, mais nullement la mobilité vaine, vertigineuse, qu'ont donnée les chemins de fer. On ne voit que gens qui courent, qui voyagent effarés. Où? A peine ils le savent eux-mêmes. Il faut des séjours prolongés dans les meilleurs milieux. Je voudrais des livres spéciaux là-dessus : un bon livre général où l'on comparerait les diverses *stations maritimes* (toutes utiles pour des états différents), — un livre sur les diverses *stations de montagnes*. Le petit livre de M. Lombard (Genève, 1858) est très bon, très précieux, mais il insiste beaucoup sur les circonstances et maladies locales des Suisses, s'occupe moins de l'étranger.

FIN DE LA MONTAGNE.

L'INSECTE

INTRODUCTION

I

Nous avons suivi l'oiseau dans les libertés du vol, de l'espace et de la lumière ; mais la terre que nous quittions ne nous quittait pas. Les mélodies du monde ailé ne nous empêchaient pas d'entendre le murmure d'un monde infini de ténèbres et de silence, qui n'a pas les langues de l'homme, mais s'exprime énergiquement par une foule de langues muettes.

Réclamation universelle qui nous arrive à la fois de toute la nature, du fond de la terre et des eaux, du sein de toutes les plantes, de l'air même que nous respirons.

Réclamation éloquente des arts ingénieux de l'insecte, de ses énergies d'amour si vivement manifestées par ses ailes et ses couleurs, par la scintillation brillante dont il illumine nos nuits.

Réclamation effrayante par le nombre des réclamants Qu'est-ce que la petite tribu des oiseaux, ou celle des quadrupèdes, en comparaison de ceux-ci? Toutes les espèces animales, toutes les formes de la vie, placées en présence d'une seule, disparaissent et ne sont rien. Mettez le monde d'un côté, de l'autre le monde insecte : celui-ci a l'avantage.

Nos collections en contiennent environ cent mille espèces. Mais, en songeant que chaque plante pour le moins en nourrit trois, on trouve, d'après le nombre des plantes connues, trois cent soixante mille espèces d'insectes. — Chacune, ne l'oubliez pas, prodigieusement féconde.

Maintenant rappelons-nous que tout être nourrit des êtres à sa surface, dans l'épaisseur de ses solides, dans ses fluides et dans son sang. Chaque insecte est un petit monde habité par des insectes. Et ceux-ci en contiennent d'autres.

Est-ce tout? Non ; dans les masses que nous avions crues minérales et inorganiques, on nous montre des animaux dont il faudrait mille millions pour arriver à la grosseur d'un pouce, lesquels n'en offrent pas moins une ébauche de l'insecte, et qui auraient droit de se dire des insectes commencés. — En quel nombre sont-ils, ceux-ci? Une seule espèce de ses débris fait une partie des Apennins, et de ses atomes a surexhaussé l'énorme dos de l'Amérique qu'on appelle Cordillère.

Arrivés là, nous croyons que cette revue est finie. Patience. Les mollusques, qui ont fait tant d'îles dans la mer du Sud, qui pavent littéralement (les derniers sondages le prouvent) les douze cents lieues de mer qui nous séparent de l'Amérique, ces mollusques sont qualifiés par plusieurs naturalistes du nom d'*insectes embryonnaires*, de sorte que leurs tribus fécondes arrivent comme une dépendance de ce peuple supérieur, on dirait des candidats à la dignité d'insecte.

Cela est grand. Ce qui pourtant me fait regretter le petit monde de l'oiseau, de ce charmant compagnon qui me porta sur ses ailes, ce ne sont pas ses concerts, ce n'est même pas le spectacle de sa vie légère et sublime. Mais c'est qu'il m'avait compris !...

Nous nous entendions, nous aimions, et nous échangions nos langages. Je parlais pour lui, il chantait pour moi.

Tombé du ciel à l'entrée du sombre royaume, en présence du mystérieux et muet fils de la nuit, quel langage vais-je inventer, quels signes d'intelligence, et comment m'ingénier pour trouver moyen d'arriver à lui? Ma voix, mes gestes, n'agissent sur lui qu'en le faisant fuir. Point de regard dans ses yeux. Nul mouvement sur son masque muet. Sous sa cuirasse de guerre, il demeure impénétrable. Son cœur (car il en a un) bat-il à la manière du mien? Ses sens sont infiniment subtils, mais sont-ils semblables à mes sens? Il semble même qu'il en ait à part, d'inconnus, encore sans nom.

Il nous échappe; la nature lui crée, à l'égard de l'homme, un alibi continuel. Si elle le montre un moment dans un seul éclair d'amour, elle le cache des années au fond de la terre ténébreuse ou dans le sein discret des chênes. Trouvé, pris, ouvert, disséqué, vu au microscope, et de part en part, il nous reste encore une énigme.

Une énigme peu rassurante, dont l'étrangeté est près de nous scandaliser, tant elle confond nos idées. Que dire d'un être qui respire de côté et par les flancs? d'un marcheur paradoxal, qui, à l'envers de tous les autres, présente le dos à la terre et le ventre au ciel? En plusieurs choses, l'insecte nous paraît un être à rebours.

Ajoutez que sa petitesse ajoute au malentendu. Tel organe nous semble bizarre, menaçant, parce que nos très faibles yeux le voient trop confusément pour s'en expliquer la structure et l'utilité. Ce qu'on voit mal inquiète. Provisoirement on le tue. Il est si petit d'ailleurs, qu'avec lui on n'est pas tenu d'être juste.

Les systèmes ne nous manquent pas. Nous admettrions volontiers cet arrêt définitif d'un rêveur allemand qui tranche leur procès d'un mot : « Le bon Dieu a fait le monde ; mais le Diable a fait l'insecte. »

Celui-ci pourtant ne se tient pas pour battu. Aux systèmes du philosophe et à la peur de l'enfant (qui peut-être sont la même chose), voici à peu près sa réponse :

Il dit premièrement que la justice est universelle, que la taille ne fait rien au droit ; que, si l'on pouvait supposer que le droit n'est point égal, et que l'Amour universel peut incliner la balance, ce serait pour les petits.

Il dit qu'il serait absurde de juger sur la figure, de condamner des organes dont on ne sait pas l'usage, qui la plupart sont des outils de professions spéciales,

les instruments de cent métiers; qu'il est, lui, l'Insecte, le grand destructeur et fabricateur, l'industriel par excellence, l'actif ouvrier de la vie.

Il dit enfin (la prétention semblera peut-être orgueilleuse) qu'à juger par les signes visibles, les œuvres et les résultats, c'est lui, entre tous les êtres, qui aime le plus. L'amour lui donne des ailes, de merveilleux iris de couleurs et jusqu'à des flammes visibles. L'amour, c'est pour lui la mort instantanée ou prochaine, avec une *seconde vue* étonnante de maternité pour continuer sur l'orphelin une protection ingénieuse. Enfin, ce génie maternel va si loin que, dépassant, éclipsant les rares associations d'oiseaux et de quadrupèdes, il a fait créer à l'insecte des républiques et des cités!

Voilà un plaidoyer grave qui me fait impression.

Si tu travailles et si tu aimes, insecte, quel que soit ton aspect, je ne puis m'éloigner de toi. Nous sommes bien quelque peu parents. Et que suis-je donc moi-même, si ce n'est un travailleur? Qu'ai-je eu de meilleur en ce monde?

Cette communauté d'action et de destinée, elle m'ouvrira le cœur, et me donnera un sens nouveau pour écouter ton silence. L'Amour, la force divine qui circule en toutes choses et fait leur âme commune, est pour elles un interprète par lequel elles dialoguent et s'entendent sans se parler.

II

Dans les fort longues lectures de naturalistes et de voyageurs qui nous préparèrent l'*Oiseau*, et pour lesquelles il ne fallait pas moins que la patience d'une femme solitaire, nous recueillions sur la route nombre de faits, de détails, qui nous faisaient voir l'insecte sous l'aspect le plus varié. L'insecte, à côté de l'oiseau, nous apparaissait sans cesse, ici comme une harmonie, là comme un antagonisme, mais trop souvent de profil et comme être subordonné.

J'étais en plein seizième siècle, et, pendant trois ans environ de forte préoccupation historique, tout ceci ne m'arrivait que par les extraits, les lectures, les conversations de chaque soir. Je recevais les éléments divers de cette grande étude par l'intermédiaire d'une âme éminemment tendre aux choses de la nature et généreusement portée à l'amour des plus petits. Cet amour patient et fidèle, étendant indéfiniment la curiosité, ramassait, si je puis dire, par un procédé de fourmi, comme autant de grains de sable, les matériaux qui se trouvent bien moins dans les grands ouvrages que dans une infinité de mémoires, de dissertations dispersées.

Aimer longtemps, infatigablement, toujours, c'est ce qui rend les faibles forts. Il ne faut pas moins que cette persévérance de goût et d'affection, dès qu'on veut sortir des lectures et entrer dans l'observation, dans les délicates et longues études de la vie. Je ne m'étonne pas si mademoiselle Jurine a si heureusement contribué aux surprenantes découvertes de son père sur les abeilles, ni si madame Mérian, pour fruit de ses lointains voyages, nous a laissé le savant et si beau livre de peintures des insectes de la Guyane. Les yeux et les mains des femmes, fines et faites aux petits objets, au travail à petits points, sont éminemment propres à ces choses. Elles ont plus de respect aussi, d'attention, de condescendance, pour les minimes existences. Si poétiques, elles sont moins poètes, et imposent moins au réel la tyrannie de leur pensée. Elles lui sont plus dociles, ne le dominent pas, le subissent, et n'ont pas pour ces petits le regard rapide, souvent dédaigneux, de la vie supérieure. Aussi, quand, avec tout cela, elles sont patientes, elles pourraient devenir d'excellents observateurs et de petits Réaumurs.

Les études microscopiques spécialement veulent des qualités féminines. Il faut se faire un peu femme pour y réussir. Le microscope, amusant au premier coup d'œil, demande, si on veut en faire un usage sérieux, de la dextérité, une adresse patiente, surtout du temps, beaucoup de temps, une complète liberté d'heures, pouvoir répéter indéfiniment les mêmes observations, voir le même objet à différents jours, dans la pure lumière du matin, au chaud rayon du midi, et parfois même plus tard. Tels objets qu'il faut voir d'ensemble se regardent mieux à la simple loupe ; tels seulement par transparence, en les éclairant en dessous du miroir du microscope. Il en est qui, médiocres ou insignifiants le jour, deviennent merveilleux le soir, quand le foyer de l'instrument concentre la lumière. Enfin, pour résumer tout, ces études demandent ce qu'on a le moins aujourd'hui, qu'on soit hors du monde, hors du temps, soutenu par une curiosité innocente, un pieux, un infatigable amour de ces imperceptibles vies. Elles sont une sorte de maternité virginale et solitaire.

L'absorption où me tenait ce terrible seizième siècle ne me lâcha qu'au printemps de 1856. *L'Oiseau* aussi avait paru. J'essayai de respirer un moment, et je m'établis à Montreux, près Clarens, sur le lac de Genève. Mais ce lieu entre tous délicieux, en me ramenant à un vif sentiment de la nature, ne m'en rendait pas la sérénité. J'étais trop ému encore de cette sanglante histoire. Une flamme était en moi que rien ne pouvait éteindre. Je m'en allais, le long des routes, avec mon verre de sapin, goûtant l'eau à chaque fontaine (toutes si fraîches, toutes si pures), leur demandant si quelqu'une aurait la vertu d'effacer tant de choses amères du passé et du présent, et laquelle de tant de sources serait pour moi l'eau du Léthé.

A Lucerne enfin, je trouvai, à une bonne demi-lieue de la ville, je ne sais quel ancien couvent devenu auberge, et je pris pour mon cabinet le parloir, pièce très vaste qui, par sept fenêtres ouvertes sur les monts, le lac et la ville, dans une triple exposition, me donnait un jour magnifique à toutes les heures. Du matin au soir, le soleil me restait fidèle et tournait autour de mon microscope, mis au milieu de la chambre. Le beau lac que j'avais en face et de tous les côtés n'est pas encore là celui qui, serré, âpre et violent, s'appellera le lac d'Uri. Mais les sapins qui partout dominent le paysage avertissent de ne pas trop se fier à la saison, vous disent que vous êtes dans un froid pays. Une certaine rudesse barbare se mêle aussi à bien des choses. C'est justement du midi que vient le souffle d'hiver. Devant moi, pour me tenir une constante compagnie, se dressait sur l'autre rive le sombre Pilate, montagne sèche à vives arêtes taillées au rasoir, et, par-dessus sa noire épaule, la blanche *Vierge* et *Pic d'argent* (Jungfrau et Silberhorn) me regardaient de dix lieues.

Cela est très beau, très frais en juillet, souvent déjà froid en septembre. Vous sentez sur vous, derrière vous, à une énorme hauteur, une mer d'eau suspendue. C'est le réservoir principal d'où sortent les grands fleuves de l'Europe, la masse du Saint-Gothard, plateau de dix lieues en tous sens, qui par un bout verse le Rhône, par l'autre le Rhin, par un troisième la Reuss, et vers le midi le Tessin. On ne voit pas ce réservoir, sinon un peu de profil, mais on le sent. Voulez-vous des eaux? venez là. Buvez, c'est la plus grande coupe qui abreuve le genre humain.

Je commençai d'avoir moins soif. En plein été, les nuits étaient froides, fraîches les matinées, les soirées. Ces neiges immaculées, que je regardais avidement et d'un œil insatiable, me purifiaient, ce semble, de la longue route poudreuse, hâlée, sanglante et sublime, mais bourbeuse aussi parfois, des révolutions de l'histoire. Je repris un peu d'équilibre entre le drame du monde et l'épopée éternelle.

Quoi de plus divin que ces Alpes? Quelque part je les appelai « l'autel commun de l'Europe ». Pourquoi? Non pour leur hauteur. Un peu plus haut, un peu plus bas, on n'en est pas plus près du ciel. Mais c'est que la grande harmonie, ailleurs vague, est palpable ici. La solidarité de la vie, la circulation de la nature, la bienveillante mutualité de ses éléments, tout est visible. Il se fait une grande lumière.

Chaque chaîne filtre de son glacier, pour révélation de la zone inaccessible, un torrent qui, recueilli, calmé, épuré dans un vaste lac, traduit en eau pure, en eau bleue, sort grand fleuve et va, magnifique, porter partout l'âme des Alpes. De ces innombrables eaux remonteront aux montagnes les brumes qui renouvellent le trésor de leurs glaciers.

Tout est si bien harmonisé et les perspectives sont telles, que les lacs et leurs fleuves réfléchissent ou regardent encore en s'éloignant la grave assemblée des montagnes, des hautes neiges, des vierges sublimes dont ils sont une émanation.

Ils se regardent, s'expliquent, s'accordent, s'aiment. Mais dans quelle austérité! Ils s'aiment comme identité des contrastes les plus forts. Fixité et fluidité. Rapidité, éternité. Les neiges par-dessus la verdure. L'hiver pressenti dès l'été.

De là une nature prudente, une sagesse générale dans les choses mêmes. On jouit sans perdre de vue qu'on ne jouira pas longtemps. Mais le cœur n'en est pas moins touché d'un monde si sérieux et si pur. Cette brièveté attache et cette austérité captive. Des neiges aux lacs, des bois aux fleuves, aux vertes et fraîches prairies, une virginité souveraine domine toute la contrée.

Ce sont des lieux pour tous les âges. L'âge avancé s'y raffermit, s'y associe à la Nature, et salue sans s'attrister les grandes ombres qui tombent des monts. Et les âmes neuves encore, qui n'y sentent que l'aurore et l'aube, s'y ouvrent à des joies charmantes de tendresse religieuse : tendresse pour l'âme du monde, tendresse pour ses moindres enfants.

Le lieu favori de nos promenades et notre cabinet d'étude était un petit bois de sapins assez élevé au-dessus du lac, derrière le rocher de Seeburgh. On y montait par deux routes doublement lumineuses de la réflexion immense du miroir splendide où se mirent les Quatre-Cantons. Nul paysage plus aimable, en le regardant vers Lucerne; nul plus sérieux, plus solennel, du côté où la vue s'enfonce vers le Saint-Gothard et l'amphithéâtre des monts. Mais cet éclat, ces grandeurs, finissaient tout à coup au premier pas sous nos sapins. On se fût cru au bout du monde. La lumière baissait, les bruits semblaient diminués ; la vie même paraissait absente.

C'est l'effet ordinaire de ces bois au premier regard. Au second, tout change. L'étouffement ou du moins la subordination qu'impose le sapin aux autres végétaux qui voudraient grandir sous son ombre, éclaircit l'intérieur ; et, quand les yeux se sont habitués à cette sorte de crépuscule, on voit bien mieux au loin, on observe bien mieux que dans le pêle-mêle inextricable des forêts ordinaires, où tout vous fait obstacle.

Ce que celle-ci nous présentait d'abord sous ses nobles et funèbres colonnes, qu'on aurait dites d'un temple, c'était un spectacle de mort, mais d'une mort nullement attristante, d'une mort parée, ornée et riche, comme la nature l'accorde souvent aux végétaux. A chaque pas, de vieux troncs d'arbres coupés, non déracinés, apparaissaient vêtus d'un incomparable velours vert, étoffe superbement feutrée de fines mousses moelleuses au tact, qui charmaient l'œil par leurs aspects changeants, leurs reflets, leurs lueurs.

Mais la vie animale, où était-elle? Notre oreille s'habitua à la reconnaître, à la deviner. Je ne parle pas du sifflet des mésanges, du rire étrange du pic, seigneur visible de l'endroit. Je pense à un autre peuple, auquel les oiseaux font la guerre. Un grand bourdonnement, assez fort pour couvrir le murmure d'un ruisseau, nous avertit que les guêpes hantaient la forêt. Déjà nous avions vu leur fort, d'où plus d'une nous fit la conduite, suspectant nos démarches et visiblement peu bienveillante.

Aux endroits même moins fréquentés des guêpes, de légers bruissements, sourds, intérieurs, semblaient sortir des arbres. Étaient-ce leurs génies, leurs dryades? Non, au contraire; leurs ennemis mystérieux, le grand peuple des ténèbres, qui, suivant les veines du tronc et dans toute sa longueur, se fait, par la morsure, des voies et des canaux, d'innombrables galeries. Les scolytes (c'est leur nom) sont quelquefois dans un seul arbre près de cent mille. Le sapin malade arrive, sous leurs dents, à la longue, à l'état d'une fine guipure. Cependant l'écorce est intacte, et il offre le fantôme de la vie.

Comment se défend l'arbre? Quelquefois par sa sève, qui, forte encore, asphyxie l'ennemi. Plus souvent du dehors il lui vient un ami, un médecin, le pic, qui soigneusement l'ausculte, tâte et frappe de son fort marteau, et, d'un zèle persévérant, veille, poursuit la colonie rongeuse.

Ce combat intérieur des deux vies, végétale, animale, s'entendait-il réellement ? On n'en était pas sûr.. On croyait parfois se tromper.

Dans ce silence qui n'était pas silence, je ne sais quoi nous disait pourtant que la morte forêt était vivante et comme prête à parler. Nous entrions pleins d'espérance, sûrs de trouver. A notre âme curieuse, nous sentions bien qu'une grande âme multiple allait répondre. Quoique assez fatigué et de la marche et d'une santé alors très chancelante, je me plaisais dans cette recherche, et sous ces pâles ombres. J'aimais à y voir devant moi une personne émue, tout éprise de ces grands mystères. Elle allait, la baguette en main, dans ce crépuscule fantastique, interrogeant la forêt sombre et comme cherchant le rameau d'or.

J'eusse peut-être quitté la partie, et je m'étais assis dans une clairière, lorsqu'enfin un sondage plus heureux, dans un vieux tronc semblable aux autres, fit éclater un monde que rien n'aurait fait soupçonner.

Au sommet de ce tronc, coupé à un pied de terre, on distinguait fort bien les travaux que les scolytes ou vers rongeurs, précédents habitants de l'arbre, avaient faits en se conformant au dessin concentrique de l'aubier. Mais tout cela était de l'histoire ancienne ; il s'agissait de bien autre chose. Ces misérables scolytes avaient péri, subi, comme leur arbre même, l'énergie d'une grande transformation chimique qui excluait toute vie.

Hors une, la plus âcre, vie brûlante et brûlée, ce semble, celle de ces êtres puissants sous forme infiniment petite, où l'on eût cru sans peine qu'une flamme noire, brillant par éclairs, avait tout consumé et seulement réservé l'esprit.

Le coup de théâtre fut violent, et cet immense fourmillement eut son effet. Une joie vive, inusitée, agita la main tout émue qui avait fait l'heureuse découverte, et, à mesure que la grandeur s'en révélait, un vertige, j'allais dire sauvage, passa de ce peuple éperdu à l'auteur de la grande ruine. Les murs de la cité volèrent, puis l'intérieur de l'édifice; des galeries, des salles innombrables, se découvrirent; généralement, quatre pouces, cinq pouces de longueur, sur un demi-pouce de haut. Hauteur certes bien suffisante, et je dirais majestueuse, si l'on veut avoir égard à la taille des citoyens de ce palais.

Vrai palais, ou plutôt vaste et superbe ville. Limitée en largeur. Mais à quelle profondeur plongeait-elle dans la terre? On dit qu'on en a rencontré qui, creusées avec persévérance, donnaient jusqu'à sept cents étages. Thèbes et Ninive furent peu de chose. Babylone et Babel peuvent seules, dans leurs exhaussements audacieux, soutenir quelque comparaison avec ces Babels ténébreuses qui vont grandissant dans l'abîme.

Mais ce qui étonne bien plus que la grandeur, c'est l'aspect intérieur de ces habitations. Au dehors tout humide, couvert de mousse, de petits cryptogames toujours trempés, moisis. Au dedans, une étonnante sécheresse, une propreté admirable; toutes les parois moelleusement fermes, exactement comme si elles eussent été tapissées d'un velours de coton, fort mat et sans éclat. Ce velours d'un noir doux résultait-il du bois lui-même puissamment modifié, ou d'un lit extrêmement fin des champignons microscopiques qui purent s'être établis dans l'arbre, quand tout humide encore il n'avait pas reçu ses tout-puissants transformateurs? L'agent de la métamorphose se révélait lui-même; chaque appartement pris à part, senti de près, saisissait l'odorat de l'âcre senteur de l'acide formique. Ce peuple avait tiré de lui cette grande métamorphose de sa demeure, l'avait brûlée et purgée par sa flamme, séchée et assainie par cet utile poison.

C'est cet acide aussi qui avait sans doute accéléré, aidé l'énorme et gigantesque travail, ouvert la voie aux petites morsures de ces sculpteurs infatigables qui pour ciseaux n'ont que leurs dents. Cependant, même avec cela, nul doute qu'il n'y fallût un temps considérable. Des générations successives très probablement y avaient passé, travaillant toujours sur le même plan et dans le même sens. L'image de la cité projetée, désirée, l'espoir de se créer une sûre forteresse, une noble et solide acropole, avait soutenu pendant de longues années ces fermes citoyens. Eh! que serait la vie, si l'on ne travaillait que pour soi? Regardons l'avenir. Les premiers, à coup sûr, qui versèrent leur vie dans cet arbre, et de leur noir petit squelette tirèrent, en s'épuisant, les sucs qui l'ont creusé, jouirent peu d'une habitation si triste et si trempée encore des malsaines humidités et des longues pluies; mais ils pensèrent aux citoyens futurs et rêvèrent la postérité.

Hélas! tout ce rêve d'espoir, j'ai bien peur qu'il ne soit fini. Ce n'est pas que cette baguette d'enfant, cette jeune et féminine main, ait bien profondément atteint une telle œuvre, engagée si loin dans la terre.

Mais les défenses extérieures qui recouvraient, fermaient le tout, en écartaient les pluies, elles ont été enlevées, dispersées. Et voilà les grandes eaux de l'automne qui vont venir du Righi, du Pilate, du Saint-Gothard, le père des fleuves, qui, flottant sur les forêts en noirs brouillards, ou tombant en torrents, mouilleront éternellement les appartements inférieurs. Et quelle vie brûlante, quelle flamme faudra-t-il opposer à ces invasions répétées des eaux, pour rétablir ces lieux et pour les assainir encore?

Je m'étais mis en face, assis sur un sapin, je regardais et je rêvais. Habitué aux chutes des républiques et des empires, cette chute cependant me jetait dans un océan de pensées. Un flot, et puis un flot, montait et battait dans mon cœur. Le vers d'Homère me revint à la bouche :

Et Troie aussi verra sa fatale journée !

Que puis-je pour ce monde détruit, pour la cité quasi ruinée ? Que puis-je pour ce grand peuple insecte, laborieux, méritant, que toutes les tribus animées poursuivent, ou dévorent, ou méprisent, et qui pourtant nous montre à tous les plus fortes images de l'amour désintéressé, du dévouement public, et le sens social en sa plus brûlante énergie ?... Une chose. Le comprendre, l'expliquer, si je puis, y porter la lumière, l'interprétation bienveillante.

Nous revînmes rêveurs, et nous entendant sans parler. Ce qui jusqu'à ce jour fut un amusement, une curiosité, une étude, dès lors ce fut un livre.

III

Je ne m'étonne pas si notre grand initiateur au monde des insectes, Swammerdam, au moment où le microscope lui permit de l'entrevoir, recula épouvanté.

Leur nom, c'est l'infini vivant.

Depuis deux cents ans on travaille en simplifiant d'un côté et en compliquant de l'autre. Les admirables ouvrages qu'on a faits sur ce sujet laissent, parmi une multitude de lueurs partielles, un certain éblouissement. C'est l'impression que nous donnait cette étude de quelques années.

Devais-je me flatter de simplifier plus que ne l'ont fait mes maîtres? Nullement. Je savais seulement, par la rencontre de Lucerne, par d'autres plus tard, que notre ignorance émue et sympathique entrerait plus loin peut-être dans le sens de ces petites vies que ne l'ont fait souvent les savants classificateurs.

Ceci me poursuivit l'hiver, mais je ne pouvais vérifier à Paris aucune expérience; c'est à Fontainebleau seulement que j'arrivai à la formule, simple du moins, qu'on va lire, et que j'obtins sur ce sujet quelque apaisement d'esprit.

Le lieu me favorisait fort, le moment, l'état de mon âme. Tout ce que le temps présent a de circonstances fâcheuses, en me refoulant sur moi, augmentait ma concentration. Nous nous constituâmes une parfaite solitude. Notre chambre fut pour nous toute la ville. Au dehors, seulement, un cercle de bois, parcouru à pied ; donc assez petit.

Ce cercle m'étreignait un peu, dans les grandes chaleurs où le soleil miroite sur le grès. Mais dans cette chaleur sèche la pensée ne mollit point. Je pus suivre et creuser la mienne, avec suite et persévérance, ayant, chose rare dans la vie, une grande unité harmonique d'idées et de sentiments, que je ne voulais nullement varier, mais approfondir.

Je sortais seul à midi, et je marchais quelque peu dans la forêt morne et muette, sablonneuse, sans souffle et sans voix. J'y emportais mon sujet, et croyais l'y trouver dans cet infini de sable que couvre un infini de feuilles. Mais combien plus vaste encore celui de la vie animée, l'abîme des imperceptibles où j'aurais voulu descendre !

Tout ce que dit Senancour de Fontainebleau est vrai pour l'homme de vague rêverie qui n'apporte pas là une pensée dominante. Oui, le paysage « est petit généralement, morne, bas, solitaire, sans être sauvage ». Les animaux y sont rares : on sait, à un près, le nombre des daims. Les oiseaux n'y sont pas nombreux. Peu ou point de sources visibles. Cette absence apparente d'eau contriste surtout celui qui vient des Alpes, qui a encore la fraîcheur de leurs innombrables fontaines, et dans les yeux la lumière de leurs lacs, ces charmants et grandioses miroirs. Là, tout est clair, lumineux, par les eaux et les neiges. Ici, tout est obscur. Ce petit coin, fort à part dans la France, est une énigme. Il vous montre ces grès morts sans trace de vie ; il vous montre, aujourd'hui surtout, ces pins qu'on vient de planter, et qui ne souffrent pas que rien vive sous leur ombre. Pour trouver ce que tout cela cache en dessous, il faut avoir l'instrument qui fait découvrir les sources, la baguette de coudrier. Tournez-la, et vous trouverez. Et quelle est cette baguette? Une étude ou un amour, une passion qui illumine ce monde intérieur.

La puissance de ce lieu n'est nullement dans ce qu'il a d'historique, ni dans ce qu'il contient d'art [1].

Le château y distrait de la forêt par sa variété extrême de souvenirs et d'époques. Il n'en augmente pas l'impression, au contraire. La vraie fée, c'est la nature; c'est cette étrange contrée, sombre, fantastique et stérile.

Notez que partout où la forêt prend de la grandeur, soit par l'étendue de la vue, soit par la hauteur des arbres, elle ressemble à toute forêt. Les hêtres très magnifiques, élancés, du Bas-Bréau, me semblent, malgré leur belle taille, leur écorce lisse, une chose qu'on voit ailleurs. Ce lieu n'est original que là où il est bas, sombre, rocheux, où il montre le combat du grès, de l'arbre tordu, la persévérance de l'orme ou l'effort vertueux du chêne.

Bien des gens sont restés ici pris, englués. Ils sont venus pour un mois, et sont restés jusqu'à la mort. Ils ont dit à ce lieu fée le mot de l'amant à l'amante : « Que je vive, que je meure en toi! » *Tecum vivere amem, tecum obeam libens!*

Le curieux, c'est que chacun y reconnaît ce qu'il

---

[1]. Il possède pourtant trois choses : une magnifique, la salle d'Henri II; une merveilleuse, la petite galerie de François Ier; et une sublime, les quatre colosses, reste incomparable d'un art perdu, la sculpture en grès.

aime. Saint Louis ne trouva qu'ici la Thébaïde qu'il rêvait. Henri IV, qui n'y voit que plaisir, dit : « Mes délicieux déserts. » Le pauvre exilé mystique, Kosciusko, y sent l'attrait des forêts de Lithuanie et y prend racine. Un homme de grès, de caillou, le Breton Maud'huy, retrouve ici sa Bretagne, et fait à coups de pavés le livre le plus original qu'on ait fait sur Fontainebleau.

Ce lieu est fort; on n'y est pas impunément. Quelques-uns y perdent l'esprit; tels y furent métamorphosés et se virent pousser les oreilles qui vinrent à Bottom dans la forêt de Windsor. Celle-ci est une personne; elle a ses amants et ses détracteurs. On la maudit, on la bénit. Un fou rêveur lui écrivait, sur un rocher près de Nemours : « Je te posséderai, marâtre! » Et le vieux soldat Denecourt, son amoureux, qui lui donna tout ce qu'il avait au monde, l'appelle « Mon adorée![1] »

Quelqu'un me disait : « N'est-ce pas la Viola de Shakespeare, au douteux aspect, mais toujours charmant, ici demoiselle, et là cavalier? Sa Rosalinde, jeune page, qui devient une fille rieuse? — Non, les contrastes sont plus grands.

La fée d'ici a je ne sais combien de visages. Elle a des froides plantes des Alpes, et elle peut, sous tel abri, cacher la plus frileuse flore. L'hiver, le printemps, austère, elle vous effraye d'âpres rochers qu'elle pare ou cache à l'automne d'un manteau empourpré de feuilles. Elle a à sa disposition, pour

---

1. On ne peut reconnaître assez ce qu'a fait M. Denecourt; il a rendu ce lieu admirable accessible à tous, aux plus pauvres, qui n'ont plus besoin de guides.

changer dans un même jour, le fin tissu de gaze errante que Lantara ne manque guère de lui donner dans ses tableaux. De son cercle de forêts, elle arrête de tous côtés les brumes légères à la pointe des arbres, s'amuse à s'en faire des voiles, des écharpes et des ceintures, je ne sais quel déguisement. Ses grès en leurs lourdes masses, vous les croiriez invariables, et ils changent d'aspect, de couleurs, j'allais dire de forme, à toute heure. La petite chaîne, par exemple, qu'on appelle le Rocher d'Avon, nous avait salués le matin, dans la senteur des bruyères, de la plus gaie lumière de l'aube, d'une ravissante aurore qui rosait le grès; tout semblait sourire et s'harmoniser aux études innocentes d'une âme poétique et pieuse. Le soir, nous y retournons, mais la fée fantasque a changé. Ces pins qui nous accueillirent sous leur ombrelle légère, devenus tout à coup sauvages, ils roulent des bruits étranges, des lamentations de mauvais augure. Ces arbustes qui le matin invitaient gracieusement la robe blanche à s'arrêter, à cueillir des baies ou des fleurs, ils ont l'air de recéler maintenant dans leurs fourrés je ne sais quoi de sinistre, des voleurs? ou des sorcières? Mais le changement le plus fort est celui des rochers qui nous reçurent et nous firent asseoir. Est-ce le soir? est-ce l'orage imminent qui les a changés? Je l'ignore; mais les voilà devenus de sombres sphinx, des éléphants couchés à terre, des mammouths et autres monstres des mondes anciens qui ne sont plus... Ils sont assis, il est vrai; mais s'ils allaient se lever?... Quoi qu'il en soit, l'heure avance, marchons... L'on se presse à mon bras.

Cette forêt mérite-t-elle donc le nom de la comédie :
Comme il vous plaît, « as you like it? »

Non ; pour être juste avec elle, il faut dire que cet amusement des métamorphoses, tous ces changements à vue, sont choses extérieures. Mobile en ses feuilles et ses brumes, fuyante en ses sables mouvants, elle a une assise profonde qu'aucune forêt n'a peut-être, une puissance de fixité qui se communique à l'âme, qui l'invite à s'affermir, à creuser et chercher en soi ce qu'elle contient d'immuable. Ne vous arrêtez pas trop à ces accidents fantastiques. Le dehors dit : *Comme il vous plaît*. Le dedans : *Toujours et toujours*.

C'est la véritable beauté, au cœur profond, fidèle et tendre, qui n'en varie pas moins sa grâce, et peut faire dire chaque jour le mot de Charles d'Orléans :

> Qui d'elle pourrait se lasser ?
> Toujours sa beauté renouvelle.

Ces idées me vinrent un jour qu'assis sur le mont Ussy, je regardais Fontainebleau. Je compris qu'en cet espace étroit, médiocre, en ce désordre apparent de grès, d'arbres, de rochers, il y avait une forme assez régulière qui devait cacher en elle un mystère que rien n'annonce au premier regard.

Au total, c'est presque un cercle de forêts et de collines, tout cela sec à la surface ; mais ce grès est très perméable, mais ce sable est très infiltrable. Et des eaux inaperçues descendent de tous côtés à un grand réservoir qui en occupe le fond.

Les orages sont fréquents ici, mais ils y éclatent peu. Presque toujours on les attend, et la forêt les retient, les arrête, garde pour elle ces richesses d'eaux suspendues, et ne les transmet au fond qu'en les tamisant par les feuilles, les bois, les sables inférieurs. Tout cela arrive en bas, sans qu'on s'en soit aperçu.

Creusez. Et vous trouverez.

Là est l'exquis, le vital du Génie du lieu.

Le mot *Génie* est trop fixe. Le mot *Fée* est trop mobile. Qui exprimera ce mystère du profond bassin caché? cette tromperie naïve et charmante qui ne promet que sécheresse et qui dessous fidèlement réserve le trésor de ses eaux?

Un grand artiste italien l'exprime dans les peintures de la salle d'Henri II. C'est la *Nemorosa*, les mains pleines de fleurs sauvages, cachée sous un âpre rocher, mais attendrie et rêveuse, et les yeux trempés de pleurs.

Nous sentîmes bien des fois ceci dans la suite de ce grand travail, et surtout les jours où la pluie tombait fine et douce. Il se faisait, autour de nous, comme un recueillement de la nature. Dans ce silence profond, nous n'entendions que nos cœurs, le balancier de l'horloge, parfois un cri d'hirondelle qui passait par-dessus nous.

Calmés, mais non assoupis, d'une lucidité plus grande et d'un œil plus net, nous pénétrions d'un degré de plus dans le monde ténébreux de l'atome, pour en tirer ce qui est, la lumière, surtout l'amour, vraie légitimité de ce monde muet, sa langue et sa voix éloquente pour parler au monde supérieur.

IV

Même aux heures de ses grands silences, la forêt a par moments des voix, des bruits ou des murmures qui vous rappellent la vie. Parfois, le pic laborieux, dans son dur travail de creuser les chênes, s'encourage d'un étrange cri. Souvent, le pesant marteau du carrier, tombant, retombant sur le grès, fait de loin entendre un coup sourd. Enfin, si vous prêtez l'oreille, vous parvenez à saisir un bruissement significatif, et vous voyez, à vos pieds, courir dans les feuilles froissées des populations infinies, les vrais habitants de ce lieu, les légions des fourmis.

Autant d'images du travail persévérant qui mêlent au fantastique une sérieuse gravité. Ils creusent, chacun à leur manière. Toi aussi, suis ton travail, creuse et fouille ta pensée.

Lieu admirable pour guérir de la grande maladie du jour, la mobilité, la vaine agitation. Ce temps ne connaît point son mal; ils se disent rassasiés, lorsqu'ils ont effleuré à peine. Ils partent de l'idée très fausse qu'en toute chose le meilleur est la surface et le dessus, qu'il suffit d'y porter les lèvres. Le dessus est souvent l'écume. C'est plus bas, c'est au dedans qu'est le breuvage de vie. Il faut pénétrer plus avant, se mêler davantage aux choses par la volonté et par l'habitude, pour y trouver l'harmonie, où est le bonheur et la force. Le malheur, la misère morale, c'est la dispersion d'esprit.

J'aime les lieux qui concentrent, qui resserrent le champ de la pensée. Ici, dans ce cercle étroit de collines, les changements sont tout extérieurs et de pure optique. Avec tant d'abris, les vents sont naturellement peu variables. La fixité de l'atmosphère donne une assiette morale. Je ne sais si l'idée s'y réveille fort; mais qui l'apporte éveillée, pourra la garder longtemps, y caresser sans distraction son rêve, en saisir, en goûter tous les accidents du dehors et tous les mystères du dedans. L'âme y poussera des racines et trouvera que le vrai sens, le sens exquis de la vie, n'est pas de courir les surfaces, mais d'étudier, de chercher, de jouir en profondeur.

Ce lieu avertit la pensée. Ces grès fixes et immuables sous la mobilité des feuilles parlent assez dans leur silence. Ils sont posés là, depuis quand? Depuis longtemps, puisque, malgré leur dureté, la pluie a pu les creuser! Nulle autre force n'y a prise. Tels ils furent, et tels ils sont. Leur vue dit au cœur : « Persévère. »

Ils semblaient devoir exclure la vie végétale. Mais les chênes héroïques ne se sont pas rebutés. Condamnés à vivre là, ils en sont venus à bout. Avec leurs racines tordues, avec les griffes puissantes dont ils ont saisi le rocher, eux aussi, à leur façon, disent éloquemment : « Persévère. » L'arbre invincible, s'obstinant plus il est contrarié, a d'autant plus, du côté libre, plongé au fond de la terre, puisé d'incalculables forces. L'un d'eux, pauvre vieux géant qu'on nomme le Charlemagne, usé, miné, foudroyé, après tant de siècles et tant d'accidents, est si ferme encore sur ses reins qu'en une seule de ses branches il a l'air de porter lui-même un grand chêne à bras tendu.

Il y a beaucoup à profiter entre ces grès et ces chênes. Et l'homme, si vous le trouvez là au travail, n'est pas au-dessous. Les vaillants carriers que je rencontrais en lutte contre le roc, avec ces monstrueux marteaux qui ne semblent pas faits pour la main de l'homme, je leur aurais cru volontiers la force résistante du grès et le cœur d'acier du chêne. Et cela est vrai sans doute pour l'âme et la volonté. Mais le corps résiste moins. La plupart meurent à quarante ans ; et les premiers emportés sont justement les meilleurs, les plus ardents au travail.

Les carriers et les fourmis, c'est toute la vie de la forêt. Jadis on eût dit aussi les abeilles. Elles étaient fort nombreuses, et l'on en rencontre encore, surtout vers Franchart. Elles ont dû diminuer depuis qu'on a planté tant de pins et d'arbres du Nord qui ne souffrent rien sous leur ombre, et qui ont supprimé dans beaucoup de lieux la bruyère et les fleurs. En récompense, les fourmis fauves, qui préfèrent comme matériaux les aiguilles et les chatons de pins, paraissent y prospérer. Nulle forêt peut-être plus riche en espèces de fourmis.

Voilà les vrais habitants du désert et qui en sont l'âme : les fourmis travaillant le sable, les carriers travaillant le grès. Les uns et les autres de même génie, des hommes fourmis en dessus, des fourmis presque hommes en dessous.

J'admirais la similitude de leur destinée, de leur patience laborieuse, de leur admirable persévérance. Le grès, matière très réfractaire, rebelle, qui souvent se fend mal, crée à ces pauvres travailleurs de grands désappointements. Ceux surtout qu'un hiver prolongé fait revenir à la carrière avant la fin du mauvais temps trouvent ces blocs (si durs et pourtant si perméables) pleins d'humidité et demi-gelés. De là, nombre de pavés mal réussis, de rebut. Ils ne se découragent point, et sans murmure recommencent leur âpre travail.

Même leçon de patience est donnée par les fourmis. Sans cesse les éleveurs d'oiseaux, les nourrisseurs de faisans, leur gâtent, bouleversent, emportent des œuvres immenses qui ont coûté une saison. Sans cesse elles recommencent avec une ardeur héroïque.

Nous allions les voir à toute heure et sympathisions avec elles de plus en plus. Leurs procédés patients, leur vie active et recueillie ressemble plus, en vérité, à celle du travailleur que la vie ailée de l'oiseau qui nous occupait jusque-là. Ce libre possesseur du jour, ce favori de la nature, plane de si haut sur l'homme!... A quoi pourrais-je comparer ma longue vie laborieuse? J'ai bien vu le ciel par instants, parfois ouï les chants d'en haut; mais toute mon existence, l'infatigable labeur qui me retient sur mon œuvre, m'assimile de bien plus près aux modestes corporations de l'abeille et de la fourmi.

Les travaux de leurs camarades, les carriers, au premier coup d'œil, sont peu agréables à voir. Tant de pierres manquées et mal équarries, tant de fragments, tant de poussière et de sable, cela n'attire pas. Vous croyez voir un champ de ruines. Mais qu'en pense la Nature? Si j'en juge par l'empressement que mettent les végétaux à se saisir de ce sable, à le mêler, à en faire une terre à leur usage, la Nature me semble heureuse de voir toute cette substance qui, retenue dans le grès depuis des milliers d'années, n'était pas en circulation, rentrer dans la mobilité de la vie universelle. Cet heureux combat de l'homme contre le roc tire enfin l'élément captif de ce long enchantement. L'herbe s'en empare; l'arbre s'en empare; les animaux s'en emparent. Tout ce sable, auquel le roc aboutit toujours à la longue, devient perméable à l'activité d'un vaste monde souterrain.

Rien ne me faisait plus rêver, nul spectacle ne me ramenait plus fortement sur moi-même. Moi aussi, j'ai été longtemps, par je ne sais quelle pauvreté ou quelle lenteur, comme ce grès réfractaire, sur qui souvent rien ne mord, ou qui, s'ouvrant de travers, ne donne que des fragments informes, irréguliers et de rebut. Il a fallu que l'Histoire, de son pesant marteau de fer, me dégageât de moi-même, me séparât de mes obstacles, me brisât et m'affranchît.

Sévère affranchissement. Pour quelques pierres que j'ai données au grand maçonnage d'avenir, que n'ai-je point perdu de moi-même? Parfois, frappé doublement du présent et du passé, je me sentis tomber en pièces; que dis-je? en poudre, en poussière; et je me vis par moments, comme je vois ce fond de carrière, tout de sable et de débris.

C'est pourtant de ces éléments que la Nature toute-puissante, par je ne sais quelle sève cachée au fond du caillou, m'a fait un renouvellement. D'un peu d'herbe et de bruyère, reliant ce que l'Histoire et le monde avaient broyé, elle a dit avec un sourire: « Vous autres, vous êtes le temps. Je suis la Nature éternelle. »

Donc, voici la rude carrière, hérissée des débris des âges, qui verdoie, produit encore, se couvre de tant de feuilles qu'elle n'en eut jamais de telles avant qu'on n'y mît le fer. « Sauvage végétation d'hiver? noirs sapins? tristes bouleaux?... » Mais non pas qu'à cette tristesse ne se mêle l'aubépine en fleur.

Ce que j'ai tant demandé, désiré, dans mes longues années de silence, où j'étais comme un bloc aride et comme un homme de pierre, c'était la fluidité de la sève, sa vertu d'épanchement. Ma jeunesse, venue tard, veut répandre mon âme ajournée. Hier je donnai *l'Oiseau*, élan du cœur vers la lumière. Aujourd'hui, la même force me mène, au contraire, sous la terre à m'embarquer avec vous dans la grande mer vivante des métamorphoses. Monde de mystères et de ténèbres. C'est pourtant celui où se trouvent les lueurs les plus pénétrantes sur les deux chers trésors de l'âme : l'Immortalité et l'Amour.

Fontainebleau, 8 septembre 1857.

LIVRE PREMIER

LA MÉTAMORPHOSE

I

TERREURS ET RÉPUGNANCES D'UNE ENFANT[1]

« L'hiver avait passé, l'été et presque les beaux jours, depuis le départ de mon père pour la Louisiane, dont il ne devait pas revenir. Notre maison de campagne était restée déserte. Ma mère, pleine de pressentiments et craignant d'y retourner elle-même, m'envoya une après-midi avec mes frères pour y recueillir quelques fruits.

« Et je partis, gardant, je l'avoue, un reste d'illusion, croyant presque retrouver au seuil paternel des bras amis pour me recevoir.

« Tout émue, je franchis la première entrée du domaine, et d'un élan j'arrivai en face de cette porte que tant de fois mon père nous avait ouverte avec cet ineffable sourire dont je vis encore.

1. Ce fragment d'un journal de famille était destiné d'abord à *l'Oiseau*.

« Enfant et déjà jeune fille, à cet âge d'imagination où le rêve est si puissant, j'opposai à la certitude l'obstiné besoin de mon cœur. J'attendis un moment au seuil dans une anxiété étrange ; la force de ma foi eût dû vaincre la triste réalité... Mais la porte resta close...

« Alors, d'une main tremblante, je l'ouvris moi-même pour y chercher du moins son ombre. Elle-même avait disparu. Un monde obscur, ennemi de la lumière, s'était glissé dans cet asile. J'en fus comme enveloppée.

« Sa petite table noire, pauvre relique de famille, les rayons de sa bibliothèque craquaient par intervalles sous la dent du ver rongeur. Cette chambre avait déjà pris un air antique. De grosses araignées, immobiles et comme gardiennes du lieu, avaient filé et tapissé l'alcôve vide. Des cloportes, des mille-pieds, couraient, rampaient çà et là, cherchant un refuge sous les lambris.

« Cette apparition étrange, imprévue, me pénétra si douloureusement que je retombai sur moi-même et m'écriai en fondant en larmes : « O mon père ! où êtes-vous ?... »

« Dès ce moment, je ne sentis plus que la désolation de ce lieu, et partout, dans la cour, dans le jardin, je retrouvai les hôtes nouveaux et silencieux qui avaient pris notre place.

« Déjà la première brume du soir se mêlait aux derniers rayons du soleil, et les limaçons, sollicités par cette humidité chaude, sortaient en foule des feuilles qui jonchaient déjà nos allées. Ils allaient lentement, mais sûrement, brouter le fruit tombé.

Des guêpes, et par nuées, se livraient hardiment au pillage, dépeçant à belles dents nos meilleures pêches et nos plus beaux raisins.

« Nos pommiers, si productifs d'habitude, couverts de toiles filées par des chenilles, n'offraient plus qu'un feuillage jauni. En moins d'une année, ils étaient devenus vieillards.

« Je n'avais pas été en rapport avec ce monde. La vigilance de mon père, et plus encore le secours des petits oiseaux, nous en avaient gardés. Aussi, dans mon inexpérience, et le cœur navré d'une telle ruine, je maudis ceux qu'il ne fallait pas maudire, puisque tous les êtres sont de Dieu.

« Plus tard, mais bien plus tard, je compris les raisons de la Providence. L'homme absent, l'insecte doit prendre sa place pour que tout passe au grand creuset, se renouvelle ou se purifie. »

Voilà les terreurs, les répugnances instinctives de l'enfant. Mais nous sommes tous enfants, et le philosophe même, avec toute sa volonté de sympathie universelle, ne se défend pas de ces impressions. L'appareil d'armes bizarres qu'a le plus souvent l'insecte lui semble une menace à l'homme.

Vivant dans un monde de combat, l'insecte avait grand besoin de naître armé de toutes pièces. Ceux des tropiques surtout sont souvent terribles à voir.

Cependant une bonne partie de ces armes qui nous effrayent, pinces, tenailles, scies, broches, tarières, filières, laminoirs et dents dentelées, ce formidable arsenal avec lequel ils ont l'air de vieux guerriers allant en guerre, sont souvent, à bien regarder, les pacifiques outils qui leur servent à gagner leur vie, les instruments de leur métier. L'artisan, ici, a tout avec lui. Il est à la fois l'ouvrier et la manufacture. Que serait-ce de nos ouvriers, s'ils marchaient toujours hérissés des aciers et des ferrailles dont ils se servent dans leurs travaux? Ils nous sembleraient bizarres, monstrueux, nous feraient peur.

L'insecte, nous le verrons plus tard, est guerrier par circonstance, par nécessité de défense ou d'appétit, mais généralement il est avant tout et surtout industriel. Pas une de ses espèces que l'on ne puisse classer par son art, et placer sous le drapeau d'une corporation de métiers.

L'effort de cet art, ou, pour parler le langage de nos vieilles corporations même, *le chef-d'œuvre* de cet ouvrier par lequel il se prouve maître, c'est le berceau. Chez eux, la mère devant ordinairement mourir en donnant naissance à l'enfant, sa grande affaire est de créer un ingénieux abri qui garde, nourrisse l'orphelin et serve de mère. Une œuvre si difficile exige des instruments qui nous semblent inexplicables. Tel, que vous assimileriez aux poignards du Moyen-âge, aux armes subtiles et perfides des assassinats d'Italie, est au contraire un instrument d'amour et de maternité.

Du reste, la Nature est si loin de partager nos préjugés, nos dégoûts, nos peurs enfantines, qu'elle semble soigner et protéger spécialement les espèces rongeuses qui contrarient l'économie de nos petites cultures, mais qui ailleurs l'aident utilement à maintenir l'équilibre des espèces et à combattre l'encombrement végétal de certains climats. Elle conserve très précieusement les chenilles que nous détruisons. Elle a soin (pour celle du chêne) de lui vernisser ses œufs, afin que, sous la feuille sèche, battus des vents et des pluies, ils n'en bravent pas moins l'hiver. Les chenilles processionnaires s'en vont vêtues et gardées de leurs épaisses fourrures qui imposent à leurs ennemis, jusqu'à ce que, devenues phalènes, elles volent, heureuses et libres, sous la garde des ténèbres.

Il se trouve, pour quelques-uns, que les précautions sont plus grandes encore. Agents sans doute essentiels de la transformation vitale, ils ont, par-dessus les autres, des garanties de durée qui leur assurent infailliblement une immortalité d'espèce.

Les pucerons, par exemple, vivipares et ovipares tour à tour, naissent tout vivants l'été pour être plus vite à la besogne; et sous forme d'œuf à l'automne, quand la feuille tombe et la sève s'endort, pour mieux résister au froid de l'hiver. Enfin, leur mère généreuse réserve à cette espèce aimée ce don inouï qu'une seule minute d'amour leur donnera, la fécondité pour quarante générations !

Des êtres ainsi privilégiés ont évidemment quelque chose à faire, une grande, importante mission qui les rend indispensables et fait d'eux une pièce essentielle de l'harmonie du monde. Nécessaires sont les soleils, mais aussi les moucherons. L'ordre est grand dans la Voie lactée, mais non pas moins dans la ruche. Qui sait si la vie des étoiles n'est pas moins essentielle? J'en vois qui filent, et Dieu s'en passe. Pas un genre d'insectes ne manque à l'appel. Qu'une seule espèce de fourmis fît défaut, cela serait grave, et ferait une dangereuse lacune dans l'économie générale.

II

LA PITIÉ

Le peintre Gros vit un jour entrer dans son atelier un de ses élèves, beau jeune homme insouciant, qui avait trouvé galant de piquer à son chapeau un superbe papillon dont il venait de faire la capture et qui se débattait encore. L'artiste fut indigné, il entra dans une violente colère : « Quoi ! malheureux, dit-il, voilà le sentiment que vous avez des belles choses ! Vous trouvez une créature charmante, et vous ne savez en rien faire que de la crucifier et la tuer barbarement !... Sortez d'ici, n'y rentrez plus ! ne reparaissez jamais devant moi ! »

Ce mot ne surprendra pas ceux qui savent quelle fut la vive sensibilité du grand artiste, sa religion de la beauté. Ce qui étonne davantage, c'est de voir un anatomiste, un homme qui vécut le scalpel à la main, Lyonnet, parler dans le même sens et au sujet des insectes qui intéressent le moins. Cet homme habile et patient a, comme on le sait, ouvert à la science une voie toute nouvelle par son immense travail sur la chenille du saule, où l'on apprit que l'insecte est identique pour les muscles aux animaux supérieurs. Lyonnet se félicite d'avoir pu mettre à fin ce long travail, sans avoir tué plus de huit ou neuf individus de l'espèce qu'il voulait décrire.

Noble résultat de l'étude ! En approfondissant la vie par ce travail persévérant, bien loin de s'y refroidir, il lui était plus sympathique. Le détail minutieux de l'infiniment petit lui avait révélé les sources de vive sensibilité qu'a cachées partout la nature. Il l'avait retrouvée la même au plus bas de l'échelle animale, et y avait pris le respect de toute existence.

Les insectes nous répugnent, nous inquiètent, parfois nous font peur juste en proportion de notre ignorance. Presque tous, spécialement dans nos climats, sont pourtant inoffensifs. Mais nous suspectons l'inconnu. Presque toujours nous les tuons, pour tout éclaircissement.

Je me rappelle qu'un matin, à quatre heures, en juin, le soleil étant déjà haut, je fus éveillé assez brusquement, lorsque j'avais encore beaucoup de fatigue et de sommeil. J'étais à la campagne, dans une chambre sans volet ni rideau, en plein levant, et les rayons arrivaient jusqu'à mon lit. Un magnifique bourdon, je ne sais comment, était dans la chambre, et joyeusement, au soleil, voletait et bourdonnait. Ce bruit m'ennuyait. Je me lève, et, pensant qu'il voulait sortir, je lui ouvre la fenêtre. Mais point ; telle n'était son idée. La matinée, quoique belle, était très fraîche, fort humide; il préférait rester dans la chambre, dans une température meilleure qui le séchait, le réchauffait; dehors, il était quatre heures; dedans, c'était déjà midi. Il agissait précisément comme j'eusse fait, et ne sortait point. Je voulus lui donner du temps ; je laissai la fenêtre ouverte, et me recouchai. Mais nul moyen de reposer. La fraîcheur du dehors entrant, lui aussi il entrait plus avant et voletait par la chambre. Cet hôte obstiné, importun, me donna un peu d'humeur. Je me levai, décidé à l'expulser de vive force. Un mouchoir était mon arme, mais je m'en servais sans doute assez maladroitement; je l'étourdis, je l'effrayai; il tourbillonnait de vertige, et de moins en moins songeait à sortir. Mon impatience croissait ; j'y allai plus fort, et trop fort sans doute... Il tomba sur l'appui de la fenêtre, et ne se releva plus.

Était-il mort ou étourdi? Je ne fermai point, pensant que, dans ce cas, l'air pourrait le raviver et qu'il s'en irait. Je me recouchai cependant, assez mécontent. Au total, c'était sa faute; pourquoi ne s'en allait-il pas? ce fut la première raison que je me donnai. Puis, en réfléchissant, je devins plus sévère pour moi; j'accusai mon impatience. Telle est la tyrannie de l'homme; il ne peut rien supporter. Ce roi de la création, comme tous les rois, est violent; à la moindre contradiction, il s'emporte, il éclate, il tue.

La matinée était très belle, fraîche et pourtant peu à peu déjà presque chaude. Heureux mélange de température, propre à ce très doux pays et à ce moment de l'année; c'était juin et en Normandie. Le caractère propre à ce mois et qui le distingue tout à fait de ceux qui suivront, c'est que les espèces innocentes, celles qui vivent de végétaux, sont nées toutes, mais pas encore les espèces meurtrières qui ont besoin de proie vivante ; force mouches, et point d'araignées. La mort n'a pas commencé, et il ne s'agit que d'amour. Toutes ces idées me venaient, mais point du tout agréables. Dans ce moment béni, sacré, où tous vivent en confiance, moi j'avais déjà tué ; l'homme seul rompait la paix de Dieu. Cette idée me fut amère. Que la victime fût petite ou grande, il importait peu ; la mort était toujours la mort. Et c'était sans occasion sérieuse, sans provocation, que j'avais brutalement troublé cette douce harmonie du printemps, gâté l'universelle idylle.

En roulant toutes ces pensées, je regardais par moment de mon lit vers la fenêtre, j'observais si le bourdon ne remuerait pas encore un peu, si réellement il était mort. Mais rien malheureusement, une immobilité complète.

Cela dura une demi-heure ou trois quarts d'heure environ. Puis, tout à coup, sans que le moindre mouvement préalable l'eût pu faire prévoir, je vois mon bourdon s'élever d'un vol sûr et fort, sans la moindre hésitation, comme si rien ne fût arrivé. Il passa dans le jardin, alors complètement réchauffé et plein de soleil.

Ce fut pour moi, je l'avoue, un bonheur, un soulagement. Mais, lui, il ne s'en doutait pas. Je vis qu'il avait pensé, dans sa petite prudence, que, s'il trahissait par le moindre signe la vie qui lui revenait, son bourreau pourrait l'achever. Donc, il fit le mort à merveille, attendit qu'il eût bien repris la force et le souffle, que ses ailes, sèches et chaudes, fussent toutes prêtes à l'emporter. Et alors, d'une volée, il partit sans dire adieu.

C'est dans un voyage en Suisse, dans le pays des Haller, des Huber et des Bonnet, que nous commençâmes à étudier sérieusement, ne nous contentant plus des collections qui ne montrent que le dehors, mais décidés à pénétrer les organes intérieurs par le scalpel et le microscope. Alors aussi il nous fallut commettre nos premiers crimes.

Je n'ai pas besoin de dire que cette préoccupation, cette émotion, plus dramatique qu'on ne le supposerait, fit tort à notre voyage. Ces lieux ravissants, sublimes, solennels, ne perdirent pas sans doute leur puissance sur nous. Mais la vie, la vie souffrante (et qu'il fallait faire souffrir) y faisait diversion. L'hymne ou l'épopée éternelle de ces infiniment grands combattait à peine le drame de nos infiniment petits. Une mouche nous dérobait les Alpes. L'agonie d'un coléoptère, qui fut dix jours à mourir, nous a voilé le mont Blanc; l'anatomie d'une fourmi nous fit oublier la Jungfrau.

N'importe, qui dira bien ce qui est grand, ce qui est petit? Tout est grand, tout est important, tout est égal au sein de la nature et dans l'impartialité de l'amour universel. Et où est-il plus sensible que dans l'infini travail du petit monde organique sur lequel nous tenions les yeux? Les relever vers ces monts, les abaisser sur ces insectes, c'était une et même chose.

« Le 20 juillet, par une journée très chaude, mais

rafraîchie encore de la brise matinale qui se jouait sur le lac entre Chillon et Clarens, je me promenais seule ; mon mari était resté à écrire. Le soleil glissait oblique entre nos vallées du pays de Vaud et frappait d'une pleine lumière les montagnes opposées de Savoie. Le lac déjà illuminé reflétait les vives arêtes des rochers, dont le pied, couvert de pâturages, prend vie et fraîcheur sur ses bords.

« Plus tard, le soleil tourne et la scène change. Un chaud rayon de lumière pénètre, au delà de Chillon, le long défilé du Valais, illumine la dent aiguë du Midi et colore vaporeusement le faîte du lointain Saint-Bernard. Mais je préférais à cette scène de splendeur l'heure du matin où notre Montreux repose dans l'ombre. C'était l'heure religieuse pour sa petite église, dont la terrasse à mi-côte, adossée aux pentes rapides, boisées et alors obscures, en verse l'eau cristalline aux vignes altérées d'en bas. Sous la terrasse, une belle grotte moussue, parée de stalactites, garde une pénétrante fraîcheur. Au-dessus, le temple, entouré de bancs de bois hospitaliers, une petite bibliothèque (autre temple) où les vignerons viennent emprunter des livres, enfin la jolie fontaine, font un charmant petit ensemble d'une gracieuse austérité. Le matin surtout, dans le demi-voile de brume qui annonce un jour de chaleur, ce beau lieu a l'effet d'une pensée religieuse, recueillie en soi et cependant étendue de cet immense tableau qu'elle embrasse, admire et bénit.

« J'y venais souvent, en montant la première pente des montagnes, solitaire et bordée de fleurs. J'y venais avec un livre, et pourtant je n'y lisais guère. La vue était trop absorbante : soit qu'elle se portât au loin sur la plane glace du lac, sur le vis-à-vis Savoyard, les rochers de Meillerie (forêts, prairies, précipices), ou près de nous sur le nid de Clarens et les basses tours de Chillon, soit qu'enfin mon regard revînt aux jolies maisons à contrevents verts de nos amis le médecin et le ministre chez qui mon mari travaillait[1], j'y restais dans un demi-rêve, où mon cœur, bien qu'ému, sentait les douceurs d'une harmonie sainte.

« Mais bientôt je m'apercevais que je n'étais pas tout à fait seule. Des abeilles ou des bourdons, qui s'étaient aussi levés de bonne heure, étaient déjà au travail, cherchaient dans les fleurs le miel distillé sous la rosée, plongeaient au fond des campanules, ou se glissaient adroitement dans la mystérieuse corolle du charmant Sabot de Vénus. De brillantes cicindèles ouvraient la chasse aux moucherons, tandis que des tribus plus lourdes, les bousiers, sombres saphirs, cherchaient leur vie au fond des herbes.

« Ce jour donc, le 20 juillet, laissant tomber mes regards machinalement à mes pieds et reposant un moment mes yeux du trop lumineux tableau, je vis avec étonnement une scène qui contrastait fort avec ce lieu charmant, béni, une lutte atroce de guerre. L'insecte géant qu'on appelle cerf-volant, l'un des plus gros de nos climats, masse noire et luisante aux cornes armées de superbes pinces en croissant, avait

---

1. Nous avions le bonheur de demeurer à Montreux, au plus beau lieu de la terre, chez une très rare personne que j'aurais crue une personne italienne ou espagnole, si je ne l'avais sue genevoise, et même sœur du chaleureux et savant historien de l'église de Genève. Porte à porte un grand médecin, homme simple, d'autant plus pénétrant dans les choses de la nature.

saisi et entamé un coléoptère de taille inférieure. Toutefois ces deux ennemis étant également couverts d'armes défensives admirables, à l'instar des corselets, brassards et cuissards de nos anciens chevaliers, la lutte était longue et cruelle. Tous deux de race meurtrière et qui vivent de petits insectes, grands seigneurs habitués à dévorer leurs vassaux ; quelle qu'eût été la victime du duel, le petit peuple eût certainement applaudi. Cependant le mouvement instinctif, aveugle, qui nous porte, en pareil cas, à séparer les combattants, m'entraîna à intervenir, et du bout de mon ombrelle, adroitement, délicatement, sans blesser les deux partis, j'obligeai le plus fort des deux lutteurs à lâcher prise. »

Ce prisonnier ramené fut, sans forme de procès, adjugé à nos observations, en punition de sa voracité fratricide. Du reste, notre système n'est point de piquer jamais les insectes : horrible supplice, désolant spectacle qui ne finit pas. Un mois après et davantage, vous voyez s'agiter encore ces pauvres crucifiés. L'éther donne généralement une mort rapide et qui semble plus douce. Nous éthérisâmes donc largement le prisonnier. En un moment il tourna, tomba ; nous le crûmes fini. Une heure ou deux se passèrent ; le voilà qui reprend vie, qui se remet sur ses pattes tremblantes, essaye de marcher ; il retombe, se relève encore. Mais, il faut le dire, il ne marchait que comme un homme ivre. Un enfant en aurait ri. Nous n'avions guère envie de rire, étant obligés encore de l'empoisonner. Une dose plus forte fut administrée. En vain, il revenait toujours. Il sembla même, chose bizarre, que cette espèce d'ivresse qui énervait, tuait presque les facultés du mouvement, avait surexcité d'autant les nerfs et ce qu'on appellerait les facultés amoureuses. L'emploi qu'il cherchait à faire de sa marche vacillante et de ses derniers efforts, c'était de joindre une femelle de son espèce que nous avions trouvée morte et qui était sur la table. Il la palpait de ses palpes et de ses bras tremblotants. Il parvint à la retourner, tâtonna (probablement il ne voyait plus), pour bien s'assurer si elle vivait. Il ne pouvait s'en séparer; l'on eût juré qu'il avait entrepris, lui mourant, de ressusciter cette morte. Spectacle bizarre, funèbre, mais touchant pour qui sait (de cœur) que la nature est identique. Nous en fûmes contristés; nous essayâmes d'abréger, à force d'éther, et de séparer cette Juliette de ce Roméo. Mais cet indomptable mâle se moquait de tous les poisons. Il se traînait lugubrement. Nous l'enfermâmes dans une grande boîte, où il ne finit qu'à la longue et par des doses incroyables. Il fallut bien quinze jours pour consommer son supplice; lecteur, tu peux bien dire le nôtre.

Cet être fort, résistant, d'une inextinguible flamme, nous mit en grande rêverie. Au premier pas dans le meurtre, la nature avait voulu nous montrer, et de main de maître, les persévérances étranges, indomptables, qu'elle donne à la vie. « L'amour est fort comme la mort. » Qui dit cela? c'est la Bible. Oui, et c'est aussi la Bible éternelle. Or, qui plus que l'amour consacre la vie, la rend émouvante, respectable et sainte? Et quelle tristesse est-ce donc de trancher celle-ci au moment divin où tout être a sa part de Dieu!

Nous nous disions pour excuse que cet insecte, qui

a vécu six années dans la nuit, ne vit ailé et sous le ciel que deux mois au plus, assez pour avoir le temps de se reproduire. Nous lui ôtions donc peu de temps ; un mois sur six ou sept années ! Oui, mais ce mois, c'était l'époque où toute sa vie avait tendu ; il végétait jusque-là, mais alors vraiment il vivait, régnait, était puissant, heureux. Longtemps insecte, pour cette heure il était devenu presque oiseau, fils de la terre fleurie et de la chaude lumière. Nous avions fait comme la Parque, qui se plaît à couper le fil tout juste au moment du bonheur.

III

LES IMPERCEPTIBLES CONSTRUCTEURS DU GLOBE

Il y a un monde sous ce monde, dessus, dedans, tout autour, dont nous ne nous doutons pas.

A peine, par moments, l'entendons-nous quelque peu murmurer, bruire, et sur cela nous disons : « C'est peu de chose, ce n'est rien. » Mais ce rien est l'infini.

L'infini de la vie invisible, de la vie silencieuse, le monde de la nuit, du fond de la terre, du ténébreux océan, les invisibles de l'air que nous respirons, ou qui, mêlés à nos liquides, circulent en nous inaperçus.

Monde énormément puissant, que l'on méprise en détail, et qui, par moments, terrifie, quand il apparaît aux yeux dans quelqu'une de ses grandes révélations imprévues.

Le navigateur, par exemple, qui, la nuit, voit l'Océan étinceler de lumière, danser en guirlandes de feu, s'égaye d'abord de ce spectacle. Il fait dix lieues : la guirlande s'allonge indéfiniment, elle s'agite, se tord, se noue aux mouvements de la lame ; c'est un serpent monstrueux qui va toujours s'allongeant, jusqu'à trente lieues, quarante lieues. Et tout cela n'est qu'une danse d'animalcules imperceptibles. En quel nombre ? A cette question l'imagination s'effraye ; elle sent là une nature de puissance immense, de richesse épouvantable, peu en rapport avec l'autre, avec la nature réglée, économe, en quelque sorte, de la vie supérieure.

On ne peut parler des insectes, des mollusques, sans nommer ces animalcules, qui semblent en être l'ébauche, qui, dans leur très simple organisme, les représentent déjà, les préparent, les prophétisent. Avec un fort microscope on aperçoit ces miniatures de l'insecte, qui en simulent l'organisme et en jouent les mouvements. Quand on parvient à distinguer les volvox, on croit, à leurs agrégations, aux tentacules de leur bouche, reconnaître de petits polypes. Les rhizopodes, pour être à peu près imperceptibles, n'en ont pas moins de bonnes et solides carapaces, qui les défendent aussi bien que les grosses coquilles des mollusques, des huîtres, des limaçons. Les tardigrades microscopiques tiennent déjà des insectes, et les leucophres des vers.

Que sont ces petits des petits ? Rien moins que les constructeurs du globe où nous sommes. De leurs corps, de leurs débris, ils ont préparé le sol qui est sous nos pas. Que leurs minimes coquilles soient encore reconnaissables, ou qu'elles aient, par décomposition, passé à l'état de craie, ils n'en sont pas moins notre base dans d'immenses parties de la terre. Un seul banc de cette craie, qui va de Paris à Tours, a cinquante lieues de longueur. Un autre, de largeur énorme, s'étend sur toute la Champagne. La craie pure ou blanc d'Espagne, qu'on trouve partout, n'est faite que de coquilles en poudre.

Et ce sont les plus petits qui ont fait les plus grandes choses. L'imperceptible rhizopode s'est bâti un monument bien autre que les Pyramides, pas moins que l'Italie centrale, une notable partie de la chaîne des Apennins. Mais c'était trop peu encore : les masses énormes du Chili, les prodigieuses Cordillères qui regardent le monde à leurs pieds, sont le monument funéraire où cet être insaisissable, et pour ainsi dire invisible, a enseveli les débris de son espèce disparue.

Arrière-monde caché sous le monde actuel et supérieur, dans les profondeurs de la vie ou dans l'obscurité du temps.

Que de choses il aurait à dire, si Dieu lui donnait la parole, lui permettait de rappeler tout ce qu'il fit ou fait pour nous! Les plantes élémentaires, les animalcules ébauchés qui, de leur poussière, nous ont fabriqué la féconde écorce du globe, ce beau théâtre de la vie, quelles justes réclamations ils pourraient nous adresser! « Pendant que vous dormiez encore, diraient les fougères, nous seules, transformant, épurant l'air non respirable alors, nous fîmes dans des milliers d'années la terre où devaient venir le blé et la rose. Nous fîmes le trésor souterrain des bancs énormes de charbon qui réchauffent votre foyer, et la masse entre autres de cent lieues de long dont vit la grande forge du monde (de Londres jusqu'à Newcastle). »

« Nous, diraient les imperceptibles, les animalcules obscurs, innomés, que l'homme méprise ou ignore, nous sommes tes nourriciers, nous sommes les préparateurs de tes cultures, de tes demeures. Ce ne sont pas les grands fossiles, rhinocéros ou mastodontes, qui ont fait ce sol de leurs os. Il est nôtre, ou plutôt nous-mêmes. Tes cités, tes Louvres, tes Capitoles, se sont bâtis de nos débris. La vie même en sa haute fleur, dans ce pétillant breuvage où la France distribue la joie à toute la terre, d'où vient-elle? Des collines arides où la vigne croît de la blanche poussière qui fut nous, et qui retrouve la chaleur cachée de nos existences antérieures. »

Longue serait la réclamation; la restitution impossible. Ces myriades de morts, ayant alimenté de leur calcaire ce qui fait notre nourriture, ont passé dans notre substance. D'autres aussi réclameraient. Le caillou même, le dur silex, il eut vie et nourrit la vie.

L'étonnement fut grand en Europe lorsqu'un professeur de Berlin, Ehrenberg, nous apprit que la pierre siliceuse singulièrement âpre, aigre, cassante, le tripoli qui polit les métaux, n'est autre chose qu'un débris d'animalcules, un agencement de carapaces d'infusoires d'une terrible petitesse. L'être dont il s'agit est tel qu'il en faut cent quatre-vingt-sept millions pour peser un grain.

Ces travaux des imperceptibles constructeurs du globe, que les savants admiraient dans les espèces éteintes, les voyageurs les ont retrouvés dans des espèces vivantes. Ils ont surpris, de nos jours même, en activité permanente, ces laboratoires immenses d'êtres invisibles en eux-mêmes ou d'une impuissance apparente, mais d'efficacité sans bornes, à juger par ses résultats. Ce que la mort fit pour la vie, la vie elle-même le raconte. Nombre de petits animaux sont par leurs œuvres actuelles les interprètes, les historiens de leurs prédécesseurs disparus.

Ceux-ci comme ceux-là, de leurs constructions ou de leurs débris, élèvent des îles dans la mer, des bancs immenses de récifs qui, reliés peu à peu, deviendront des terres nouvelles. Sans aller bien loin, en Sicile, parmi les madrépores qui en couvrent les côtes déchirées par les feux souterrains, un petit animal, le vermet, a fait un travail que l'homme n'eût jamais osé entreprendre. Il avance en protégeant son corps mou d'une enveloppe de pierre qu'il va sécrétant sans cesse. Continuant, développant ces tubes qui successivement l'abritèrent, il remplit parfaitement les vides que laissent entre eux les madrépores ou les coraux, comble l'intervalle entre les récifs, jette de l'un à l'autre des ponts qui les font communiquer; enfin il crée une voie dans les passes jusqu'ici impossibles. Avec le temps, ce constructeur aura accompli l'œuvre énorme d'un trottoir tout autour de l'île, dans sa circonférence de cent quatre-vingts lieues.

Mais c'est spécialement dans l'immensité de la mer du Sud que ces travaux se continuent en grand par les polypes calcaires, les coraux et madrépores de tout genre. Végétation animale qu'on pourrait comparer au travail des mousses de la tourbe, qui continuent de pousser dans sa partie supérieure tandis que les inférieures se transforment et se décomposent. Tout comme des végétaux, ces polypes et leur œuvre même, le corail mou et tendre encore, sont parfois la nourriture de poissons et de vers qui les paissent, les broutent à la façon de nos bestiaux, s'en nourrissent et les rendent en craie que rien ne ferait supposer avoir jamais eu vie. Récemment les marins anglais ont découvert au fond des mers cette manufacture de craie, qui la fait passer sans cesse de l'état vivant à l'état inorganique.

Ces causes de destruction n'empêchent pas les polypes de continuer imperturbablement leurs travaux immenses, élevant incessamment des îles, des barrages solides, parfaitement entendus pour résister à l'action de l'Océan. Ils se distribuent le travail selon leurs espèces. Les uns, plus paresseux, fonctionnent dans les eaux tranquilles, ou, plus loin de la lumière, dans les grandes profondeurs ; d'autres, sous le jour, dans les brisants même, dont ils deviennent les maîtres.

Mous, gélatineux, élastiques, adhérant à leur appui, à la masse pierreuse et poreuse, ils amortissent la furie de la vague bouillonnante qui userait le granit, ferait voler le rocher.

Sous les doux vents alizés qui règnent dans ces climats, la mer, uniformément, irait d'un flot régulier, si elle ne trouvait ces digues vivantes qui la forcent de reculer sur elle-même, dissipent la vague en poussière et lui donnent un éternel tourment.

L'eau les bat, c'est ce qu'il leur faut. La vague ne leur fait pas de mal, et elle travaille pour eux. Sa violence ne les use pas ; mais elle use les brisants, en détache par atomes la chaux dont ils vivent et bâtissent. Cette chaux, absorbée par eux, animalisée, se change en cent fleurs brillantes, vivantes, actives, qui sont nos polypes eux-mêmes et tout un monde analogue qui émaille le fond des eaux.

Sur le bord de ces îles, généralement circulaires comme un anneau, se fait de débris la terre végétale qui verdoie bientôt, et s'orne du seul arbre qui tolère l'eau salée, le cocotier. Voilà l'*humus*, voilà la vie qui ira toujours augmentant. L'eau douce y viendra, sollicitée par la végétation.

Type original d'un monde naissant qui pourra être habité tout à l'heure, le cocotier a ses insectes; les oiseaux s'y arrêteront; l'homme en recueillera les fruits. Les naufrages, les bois flottants, poussés par la mer, y amèneront à la longue des habitants de toute espèce.

Telle de ces îles, étendue, agrandie et affermie, n'a pas moins de vingt-cinq lieues de circonférence. Il en est de plus grandes encore, fertiles, habitées, populeuses, comme sont plusieurs des Maldives.

L'ambition des architectes pouvait se contenter, ce semble, de si vastes créations. Mais, pour assurer la solidité, ils ont augmenté l'étendue. Les contreforts par lesquels ils étayent leur œuvre au fond de la mer, se prolongeant, s'élevant, sont devenus des bancs qui relient les îles aux îles dans des longueurs prodigieuses. Sur la ligne de la vie brûlante, dans la zone des tropiques, ces constructeurs infatigables ont hardiment coupé la mer, rompu ses courants; ils arrêtent déjà les navigateurs.

La Nouvelle-Calédonie est maintenant entourée d'un récif de cent quarante-cinq lieues. La chaîne des îles Maldives a quatre cent quatre-vingts milles anglais.

A l'est de la Nouvelle-Hollande, un banc de polypes a trois cent soixante lieues, cent vingt-sept sans interruption. Enfin, dans la mer Pacifique, ce qu'on appelle l'Archipel dangereux a environ quatre cents lieues de long sur cent cinquante de large.

S'ils continuent de la sorte, reliant toujours leurs travaux, ils pourront réaliser la prophétie de M. Kirby, qui déjà y voyait un nouveau monde, brillant et fertile, et peu à peu, avec des siècles, un passage, un pont immense pour rattacher l'Amérique à l'Asie.

IV

L'AMOUR ET LA MORT

Au-dessus de cet infini de la vie élémentaire, de cette vie quasi végétale où la génération n'est encore qu'un bourgeonnement, va commencer l'être distinct, individuel et complet, en qui le réseau électrique des nerfs fortement centralisé suivra l'énergie rapide des actes et des résolutions.

Quelque humble que puisse sembler l'apparition de l'insecte, il est d'abord indépendant de l'existence immobile, expectante, de tous ces peuples inférieurs. Il naît dégagé de ce fatalisme communiste où chacun fut asservi, perdu dans la vie de tous. Il est par lui-même, il se meut, va, vient, avance ou retourne, se détourne à volonté, change de détermination, de direction, selon ses besoins, ses appétits, ses caprices. Il se suffit; il prévoit, pourvoit, se défend, fait face aux hasards imprévus..

N'y a-t-il pas déjà ici comme une première lueur de la personnalité?

L'individu s'est détaché. Il se montre tout d'abord pourvu admirablement des instruments qui l'aideront à soutenir et fortifier l'existence individuelle. Il naît avide, *absorbant*. Et cette absorption même, c'est précisément le service que la nature attend de lui. Il arrive pour épurer et désencombrer le monde, pour faire disparaître les vies morbides ou éteintes, qui font obstacle à la vie, pour sauver celle-ci des excès de sa profonde fécondité, du danger de la plénitude.

Nul être, nous le montrerons, n'aura autant que celui-ci puissance sur le globe. Nul n'influera sur la condition de l'existence générale avec ce degré d'énergie. Mais cette force extraordinaire, disproportionnée à la taille, au volume, au poids de l'insecte, est soumise à une loi dure : le renouvellement rapide, absolu, complet (à chaque génération) de l'individu.

L'amour implique la mort. Engendrer et enfanter, c'est mourir. Celui qui naît tue.

Sentence commune à tous les êtres, mais qui n'est accomplie sur aucun plus littéralement que sur l'insecte.

Pour le père d'abord, aimer, c'est mourir. Il faut qu'il se donne, s'arrache le meilleur de soi, qu'il périsse en lui, pour revivre en celui à qui il aura transmis son germe de résurrection.

Et pour la mère elle-même, dans la plupart des espèces d'insectes, la condamnation est la même. Elle aimera, enfantera et bientôt elle en mourra. L'amour n'aura pas pour elle son prix et sa récompense. Elle ne verra pas son fils. Elle n'aura pas les consolations de la mort, ne se voyant pas survivre dans un autre elle-même.

Grande et sévère différence entre cette mère et les mères des animaux supérieurs! La femme, la femelle des mammifères, en général, garde en soi son cher trésor; réchauffé de sa propre flamme, alimenté de son amour. Que la mère insecte serait envieuse, si elle connaissait ce suprême bonheur maternel! Elle, il lui faut chercher dans la froide nature, demander à un autre être, arbre, plante, fruit (ou à la terre même) de vouloir bien continuer sa maternité. Cela est sévère, non cruel. Regardons-y sérieusement. Si la mort sépare la mère et l'enfant, c'est qu'ils ne pourraient vivre ensemble, étant fortement séparés par les conditions opposées de vie et de nutrition. Lui, d'abord humble chenille, larve ou ver, mineur obscur, travailleur caché de la nuit, doit longtemps encore s'alimenter de pâtures grossières, et parfois de la mort même. Elle, ailée, transfigurée, qui est montée à la vie haute et légère, et ne vit que du miel des fleurs, comment s'accommoderait-elle des ténèbres, de l'utile abjection où l'enfant se fortifie? Ce qui est salutaire et vital pour ce fils ténébreux de la terre serait mortel à une mère aérienne, qui déjà a volé dans la tiédeur et la douce lumière du ciel.

Pour que l'enfant vienne à bien, il faut qu'elle lui crée l'ensevelissement provisoire d'un triple ou quadruple berceau où elle le déposera non dépourvu et sans secours, mais muni des premiers aliments, légers et propres à sa faiblesse, qu'il doit trouver à son réveil. Cela fait, elle ferme la porte, la scelle, et s'exclut elle-même, s'interdit d'y retourner. Elle doit céder ses droits à la mère universelle, qui la remplacera, la Nature.

Que cet enfant vive là fort commodément, que, de lui encore, il tire une enveloppe soyeuse qui tapisse sa douce prison, qu'enfin devenu assez fort il sorte quand la chaleur l'appelle, cela se comprend et s'explique; on l'admire sans étonnement. Ce qui étonne infiniment, c'est que cette mère (papillon, scarabée, etc.), après tant de changements où elle a passé, tant de mues, de sommeils transitoires, de métamorphoses, retrouve pour son enfant la connaissance du lieu, de la plante, où jadis, n'étant que chenille, elle se nourrit, grandit, d'où elle prit son point de départ. Merveille à confondre l'esprit !... Ceux que nous croyons les plus étourdis, la mouche, le papillon à la tête légère, au moment où la mort prochaine s'éclaire du rayon de l'amour, ils se posent, ils se recueillent, ils ont l'air de songer et de se ressouvenir. Puis, sans se tromper, ils vont. Le voici, ce végétal qui fut leur patrie première, leur lieu natal et leur berceau. Il va le redevenir et protégera leur enfant.

Ils se montrent tout à coup prudents, prévoyants, habiles. Ils pratiquent, pour lui ouvrir cette retraite, des arts inconnus, déploient des adresses incroyables. Comment cela? Qu'arrive-t-il? Parfois leurs armes de guerre, tournées à d'autres usages, deviennent des instruments d'amour. Parfois des appareils nouveaux, jusque-là cachés, apparaissent, tels d'extrême complication, et pour ce seul acte pourtant et pour cet unique jour!

On a fait un curieux livre sur la mécanique et l'instrumentation infiniment variée dont les insectes sont pourvus pour cette fonction maternelle. Ces outils sont souvent charmants de précision, de finesse, de subtilité. Qu'il suffise de citer celui de la mouche du rosier, fort bien décrit par Réaumur, cette scie dont les deux lames agissent en sens inverse, avec des dents dont chacune est elle-même dentelée.

Puissance inouïe de l'Amour! Soit que ce divin ouvrier leur prépare leurs petits outils, soit qu'il leur donne de les faire par l'effort et la véhémence du brûlant désir maternel, vous les voyez surgir en eux et fonctionner au moment d'une manière tout inattendue.

La tâche est simple du moins pour les tribus d'insectes sociables qui travaillent avec le secours et la protection d'une république nombreuse; mais elle est infiniment laborieuse et pénible pour les mères solitaires, qui, sans auxiliaire, époux ni ami, entreprennent des travaux énormes, parfois des constructions qui sont des œuvres de géant. C'est le nom qu'on peut donner aux nids de guêpes maçonnes. On est émerveillé de ce qu'une construction pareille a demandé de patience et de force de volonté.

La mère vieillit en quelques jours dans ce travail excessif. Elle s'use et n'en a pas le fruit. Ce berceau laborieux sert fréquemment pour un autre. Une usurpatrice étrangère ne s'en empare que trop souvent, profite de l'œuvre méritante, y établit son rejeton qui, non seulement va consommer l'aliment de l'hôte légitime, mais de cet héritier même va se faire un aliment.

Qui n'accordera à ce grand travail, d'un résultat si peu certain, un regard de compassion?

Aux jours ardents de juillet, quand l'étroit cercle

de forêts dont cette ville (Fontainebleau) est environnée y concentrait la chaleur, malgré la saison paresseuse, nous étions émerveillés du travail incessant, soutenu, d'une abeille solitaire qui toujours allait, venait. Les voyages infatigables la ramenaient toujours près de quelques vases de camélias et de lauriers-roses. Je la vois encore grande et svelte, d'un beau brun mêlé de noir, qui, à intervalles égaux, à peu près de cinq minutes, rapportait plié un fragment de feuilles (je crois de rosier) qu'elle introduisait par un trou profond dans la terre du vase où elle avait fait son nid.

Trois jours elle travailla avec la même ferveur. Rien n'indiquait qu'elle prît la moindre pâture. Toute à son œuvre, elle paraissait avoir déjà abandonné le soin de sa vie.

Si forte était sa préoccupation, si pressée son action, qu'on pouvait approcher très près. Elle ne s'effrayait de rien ; et nous pûmes, à notre aise, nous établir près du vase, nous y asseoir, et observer avec la même constance qu'elle mettait au travail.

Le matin du quatrième jour, nous trouvâmes l'ouverture fermée, et nous ne la revîmes plus. Elle avait fini. Épuisée, mais heureuse d'avoir fini, elle était restée sans doute au fond de quelque coin obscur pour y attendre son sort.

Nous procédâmes délicatement à détacher la terre qui tenait aux parois du vase pour examiner son travail.

Il y avait au fond, sous la forme à peu près de deux dés à coudre, deux berceaux : donc deux enfants. Elles ont toujours ce soin. Autant de petits, autant de cellules.

Chacune était formée de vingt-six fragments de feuilles. Réaumur, dans un nid semblable, n'en a compté que seize. Six de ces fragments qui fermaient l'entrée étaient parfaitement ronds, chose remarquable, si l'on songe à l'instrument nullement approprié à ce travail qui l'a accompli. Ils avaient cependant la précision identique qu'aurait donnée l'emporte-pièce.

Les autres portions de feuilles, taillées en ovales, posées très bien les unes sur les autres en suivant les contours du nid, étaient comme autant de toits que l'infatigable mère avait opposés au froid, à la pluie. Au fond un peu de miel, doux et dernier legs maternel, laissé par elle à ceux qu'elle abandonnait pour toujours.

Nous eûmes la satisfaction de les voir filer leur abri d'hiver. Il leur sera plus doux sous notre toit qu'au fond du vase. Les intentions de la mère seront parfaitement remplies. Adoptées, soignées, portées à Paris, les *nymphes* de Fontainebleau prendront, un matin de printemps, leur essor sur nos fenêtres, et pourront, jeunes abeilles, récolter, sinon le miel des bruyères, du moins celui du Luxembourg.

V

L'ORPHELINE. — LA FRILEUSE

Nous avons dit le plus facile, le plus doux à raconter, l'histoire de la créature privilégiée, pour qui sa mère a prévu, qui est nourrie, vêtue par elle. Mais beaucoup, le plus grand nombre, viennent nécessiteux, dépourvus. Ils tombent nus dans le vaste monde.

Pauvreté l'audacieuse, nécessité l'ingénieuse, le dur travail intérieur de la faim et du désir, les stimulent et développent les organes énergiques qui vont leur venir en aide.

Quels organes? le grand Swammerdam, le martyr de la patience, les démêla le premier. D'un œil perçant, sur l'œuf éclos, sur ce fond douteux, obscur, il saisit les premiers linéaments de la vie, et en eux les caractères décisifs et profonds qui sont le mystère de l'insecte.

Il vit la petite bête, d'un corps mou, pousser en avant des mandibules ou mâchoires, organe arrêté, prononcé, placé au-devant de la bouche, destiné visiblement à nourrir et à défendre cet être si faible encore.

Derrière cet appareil actif, il vit sur les côtes du corps un autre appareil passif, une série de petites bouches ou soupapes qui attendaient l'air et s'ouvraient pour le recevoir (les stigmates).

Précautions ingénieuses. L'orphelin qui naît tout nu, qui, lancé seul dans la vie, doit subir sans protection les plus laborieuses métamorphoses, ne suffit à ce travail qu'autant que, dès le premier jour, il mange avidement, absorbe, dévore. Il doit manger partout, toujours, même dans l'air le moins respirable, dans les lieux malsains, mortels. Voilà pourquoi la Nature lui donne une circulation et une respiration plus lentes, plus défiantes, si je puis ainsi parler, que celle des êtres supérieurs qui ne vivront que dans l'air pur. Chez ces êtres, comme chez l'homme, le sang va sans cesse à la rencontre de l'air pour s'y vivifier. Et chez l'insecte, au contraire, des appareils protecteurs qui gardent ces bouches latérales sont disposés de manière à pouvoir toujours modérer, tamiser, exclure, s'il le faut, l'air envahisseur. On trouve là une variété infinie de combinaisons pour le même but, je ne sais combien d'arts mécaniques, chimiques, des plus compliqués. On est terrassé de surprise. Recevoir sans recevoir, respirer sans respirer, rester maître dans une fonction qui, pourtant, doit être passive, se fier et se défier, se livrer et se garder, c'est le difficile problème que la vie se posait ici et auquel elle a trouvé d'innombrables solutions. Donner l'air à une chenille! voilà, orgueilleux humains qui vous dites le centre des choses, l'effort le plus laborieux où s'est épuisée la Nature.

Sa circulation ressemble à celle de l'embryon au sein de sa mère. Mais combien la condition de l'insecte est moins favorable! le fœtus est en contact fort médiat avec le monde par le doux milieu maternel. L'insecte embryon sans mère ne nage pas, comme l'autre, dans la mer de lait. Il est dans la rude matrice de la vie universelle; il y chemine à grand péril, sur l'âpre terre, de choc en choc.

Les modernes l'ont reconnu, l'*insecte est un embryon*. Mais cela seul semble devoir le condamner à la mort. Quelle rude contradiction! Un embryon lancé en pleine guerre, qui sera la proie de tous, des oiseaux, des insectes même! Embryon armé, il est vrai. Rien de plus étrange que de voir les molles chenilles brandir des mâchoires menaçantes, tandis que leur faible corps, dépourvu de toute défense, est exposé de tous côtés.

La fuite leur offre peu de chances. Ce qui les protège le mieux, c'est la nuit. Donc, elles fuient la lumière, elles vivent autant qu'elles peuvent sous la terre, dans le bois, au moins sous la feuille. Si cela est vrai des larves, des chenilles, de celles qu'on appelle vers, on peut le dire de l'insecte. Car son âge premier (celui de larve) dure longtemps, et celui de nymphe, enfin son troisieme âge, durent généralement très peu. Chez de nombreuses espèces (hannetons, cerfs-volants, etc.), trois ans, six ans de vie ténébreuse sous la terre, et sous le soleil trois mois.

Même les insectes qui vivent longtemps au soleil, comme les abeilles et les fourmis, travaillent volontiers dans l'obscurité; ils chérissent les ténèbres de leurs ruches, de leurs fourmilières.

On le peut dire en général : *l'insecte est le fils de la nuit.*

La plupart évitent le jour. Mais comment éviter l'air? Même dans les pays chauds, le contact de l'atmosphère variable et sur un corps nu et à vif, dont l'épiderme ne s'est pas durci encore, est infiniment pénible. Dans nos climats sévères, chaque souffle d'air doit lui faire la sensation de perçantes petites flèches, d'un million de fines aiguilles. Que serait-ce, grand Dieu! pour un pauvre fœtus humain, de sortir, à huit jours, quinze jours, du sein de sa mère, et, au lieu d'y faire en paix les transformations qui le fortifient, de les subir nu, sous le ciel? quelles seraient ses sensations en quittant son doux abri et en tombant dans l'air froid? Telles doivent être celles de l'insecte, quand mou, faible, attaquable et pénétrable de partout, flottant presque encore et gélatineux à l'œil, il subit le froid, le vent, le choc de tant de choses rudes.

Certaines espèces velues sont un peu mieux garanties. Certaines sont logées dans un fruit. Quelques-unes (abeilles, fourmis) ont une société protectrice. Pour l'immense majorité, l'insecte naît seul et nu.

Quelques-uns de nos lecteurs, toujours bien vêtus, bien chauffés, diront, j'en suis sûr, que le froid est une chose excellente qui réveille l'appétit, rend plus fort, etc. Mais ceux qui ont été pauvres comprendront très bien ce qu'on vient de dire. Pour ma part, mes souvenirs d'enfance me disent que le froid est proprement un supplice; nulle habitude n'y fait; la prolongation n'en rend pas l'effet plus doux. Quelle joie intime (dans les rudes et nécessiteux hivers) je sentais à chaque dégel qui me tirait de cet état agité, effaré, farouche, et m'amenait le bienheureux rétablissement de l'harmonie intérieure.

Je ne conteste pas, du reste, que le froid ne soit un puissant tonique qui éveille fortement l'esprit, l'aiguise, et n'en puisse tirer des efforts d'invention. Le froid, autant que la faim, et plus que la faim peut-être, est le grand aiguillon des arts; la faim alanguit, le froid fortifie.

Il est l'inspirateur puissant des multitudes infinies de ces petites frileuses qui, en naissant, cherchent avant tout des moyens de se voiler. La nourriture ne manque pas; la nature leur a préparé partout un ample banquet. Tout le règne végétal, l'animal en grande partie, sont là qui attendent, elles vivraient molles et paresseuses, comme l'enfant dort à son aise sur le placenta maternel qui nourrit son oisiveté. Mais le froid leur cuit, le froid humide les morfond et paralyse leurs entrailles, enfin la lumière les blesse. Elles n'ont pas de repos qu'elles ne se soient fait un abri. Au moindre degré de la vie, la plus infime chenille est artiste, et par le tissage, le filage, le découpage, a bientôt mis une robe, et, comme une seconde peau sur sa trop sensible peau, couvert sa nudité souffrante. Heureuse celle qui se trouve posée tout d'abord sur un terrain préparé, un drap de chaude laine, une bonne fourrure, elle ne manque pas de se faire au plus vite, dans notre habit, un joli paletot à sa taille, qu'elle laisse pourtant un peu flottant, comme font les mères économes au jeunes enfants qui grandissent, et pour qui l'habit trop lâche aujourd'hui sera juste et collant demain.

Celles qui naissent en contact avec les froides et vertes feuilles, avec leurs glacis lustrés, sont plus industrieuses encore. Elles pratiquent des arts qui étonnent. Telles élèvent des masses énormes avec des câbles imperceptibles, par des procédés mécaniques analogues à ceux qu'on a employés pour enlever et dresser l'obélisque de la place de la Concorde. D'autres découpent des figures savamment irrégulières, que la couture adapte ensuite dans son ensemble harmonique.

Toutes les corporations d'industrie se retrouvent ainsi dans ce petit monde : tailleurs, tisseurs, feutreurs, fileurs, mineurs, etc. Et, dans chaque corporation, on découvre des espèces qui spécialisent encore à leur façon, par des procédés divers qui leur appartiennent en propre.

Les tailleurs coupent des patrons. Ils enlèvent sur la feuille une pièce convenable. Puis, ils la transportent sur une autre feuille, la faufilent, en taillent une seconde sur le premier modèle, et les cousent ensemble. Cela fait, de leurs têtes écailleuses, ils aplatissent les nervures, comme le tailleur aplatit les coutures avec son fer. Puis ils doublent de la plus fine soie cet habit qu'ils devront transporter avec eux.

D'autres travaillent en mosaïque, d'autres en marqueterie, en placage. Après avoir filé la robe, ils la dissimulent en y collant avec art des matières qui les entourent. Les aquatiques, par exemple, déguiseront leur robe avec de la mousse, des lentilles, des moules ou des petits limaçons.

Les mineurs font des galeries entre deux feuilles, y circulent, se ménagent dans leurs souterrains des entrées et des sorties.

Grand labeur. Mais il y a entre les espèces une justice adimirable. Qui travaille enfant, agit peu adulte, et réciproquement. L'abeille qui, à l'état de larve, est grassement nourrie par ses parents, toujours voiturée, bercée, l'abeille aura une vie extrêmement laborieuse.

Au contraire, un autre insecte, qui, chenille, a fatigué, tissé, filé, n'aura rien à faire plus tard qu'à conter fleurette aux roses. C'est monsieur le papillon.

Pour la grande majorité, le dur travail est pour l'enfance, pour l'état de larve ou chenille. Travail double et violent. D'une part la recherche constante, urgente, exigeante, de la pâture que sollicite un immense besoin intérieur, le besoin de se réparer et de se renouveler, de refaire les organes acquis et d'en préparer de nouveaux.

La vie de ces pauvres enfants sans mère est faite de deux choses sévères : le travail et la croissance par la maladie.

Les mues ne sont pas autre chose.

Le moment douloureux étant venu pour la petite bête de changer son vêtement, celui qui adhère à sa chair, elle se sent prise de malaise, abandonne sa feuille, et languissante se traîne en quelque lieu solitaire. A la voir ainsi molle, inerte, flétrie, si différente d'elle-même, vous diriez qu'elle va mourir. Et en effet beaucoup succombent dans cette crise laborieuse.

Passive, suspendue à quelque branche, elle attend que la nature fasse son œuvre, que son épiderme se détache de la seconde peau qui est au-dessous, appelant à elle seule les énergies de la vie.

C'est alors que l'on voit la robe, si brillante naguère, se dessécher, se durcir comme une chose désormais inutile qui va être emportée par le vent.

Mais pour qu'il cède et se rompe, il faut que la malade, malgré sa faiblesse, s'agite en tout sens, se torde, se gonfle, se contracte et fasse tous les actes d'un être en sa plus grande force.

Enfin elle a vaincu, le vieux fourreau éclate et je la vois qui s'en dégage toute baignée de sueur.

N'y touchez pas encore, le moindre contact la blesserait. Elle le sent, ne bouge. Elle est pâle et comme en défaillance; il faut qu'elle attende pour se remettre en marche que sa peau soit moins sensible et ses jambes affermies. Bientôt heureusement la nourriture la remettra; un terrible appétit lui vient qui lui fait reprendre force, et la prépare encore à la mue. Tel est son sort. Elle est condamnée à s'enfanter toujours dans une série d'accouchements, jusqu'à ce qu'elle arrive enfin à sa transformation dernière.

Si l'effort ou la douleur lui donne une lueur de pensée, elle doit se dire à chaque mue : « Me voilà quitte!... j'ai fini, je serai tranquille, c'est mon dernier changement. » A quoi la Nature répond : « Pas encore! et pas encore! Tu ne t'es pas engendrée... Qui es-tu? rien qu'une *larve*, un masque qui va tomber. »

Quoi! un masque qui veut et travaille, qui s'ingénie, souffre, qui semble parfois plus avancé que ne sera l'être qui doit en surgir!... Tant d'industrie, tant d'adresse dans une peau qui tout à l'heure doit sécher et voler au vent!

Quoi qu'il en soit, un matin, je ne sais quelle irritation, quelle inquiétude la saisit, un aiguillon mystérieux la pousse à un travail nouveau. On dirait qu'en elle, une autre *elle* se meut, s'agite, suit un but tout tracé, et veut devenir... quoi? le sait-elle? on ne peut le dire, mais enfin vous la voyez agir, se conduire sagement, tout comme si elle le savait. Le pressentiment du sommeil qui va la gagner, la paralyser, la livrer inerte à tous ses ennemis, lui fait déployer tout à coup une activité nouvelle. « Travaillons bien! travaillons vite!... Ah! que je vais bien dormir! »

VI

LA MOMIE, NYMPHE OU CHRYSALIDE

Respectons l'enfance du monde. Pardonnons aux premiers âges les consolations et les espérances qu'ils tirèrent du drame étrange que l'insecte représente, les pensées d'immortalité qu'y puisa la grave Égypte. Ce drame a calmé plus de cœurs, a essuyé plus de larmes que tous les mystères de Canope et les fêtes d'Éleusis.

Quand la veuve en deuil, l'éternelle Isis qui se reproduit sans cesse avec les mêmes douleurs, s'arrachait de son Osiris, elle reportait son espoir sur le scarabée sacré, et elle essuyait ses pleurs.

Qui est la mort? qui est la vie? qui est la veille ou le sommeil?... Ne voyez-vous pas ce petit miracle, confident muet du tombeau, qui nous joue le jeu de la destinée? Il dort dans l'œuf, et plus tard il dort encore dans la nymphe. Il naît trois fois, il meurt trois fois, comme larve, nymphe et scarabée. Dans chacune de ses existences, il est la larve ou le masque, la figure de l'existence suivante. Il se prépare, il s'enfante et il se couve lui-même. Du plus rebutant sépulcre il jaillit étincelant. Sur la poudre, il resplendit; sur la grise plaine d'Égypte, en son moment d'aridité, il brille, il éclipse tout. Dans son aile de pierreries se mire le tout-puissant soleil.

Où était-il? Dans l'ombre immonde, dans la nuit et dans la mort. Un Dieu a su l'évoquer. Il le fera bien encore pour cette âme aimée!... Doux rayon!... L'espoir fondé sur la justice, sur l'impartial amour du créateur de toute vie.

Donc, la veuve met près de son mort le brillant gage d'avenir, expression de ce cri de femme : « Dieux bons! faites pour lui et pour moi ce que vous faites à l'insecte; n'accordez pas moins à l'homme, n'accordez à mon bien-aimé pas moins que vous ne donnez à ce frère du moucheron! »

§ La science moderne a-t-elle brisé cette antique poésie? a-t-elle tout à fait ramené le miracle à la nature?

L'inaugurateur de cette science, Swammerdam, a trouvé que la chenille contenait déjà la nymphe; bien plus, le papillon même. Dans la chenille il a surpris l'aile ébauchée, la trompe de cet être à venir.

Ce n'est pas tout. Malpighi vit la *nymphe* du ver à soie dans son sommeil virginal, *déjà pourvue des attributs de sa maternité future*, contenant les œufs que, papillon, elle doit féconder.

Et ce n'est pas tout encore. Réaumur, dans la chenille du chêne (t. I, p. 360), *dans une chenille âgée à peine de quelques heures*, trouva les œufs du futur papillon. C'est-à-dire que l'insecte enfant, à cet état où la chenille n'est elle-même qu'un œuf mobile (Harvey), cet enfant, cet œuf mobile, contenait des enfants, des œufs.

C'est l'identité des trois êtres. Plus de morts intermédiaires, ce semble ; une seule vie continue.

Tout semble clair, n'est-il pas vrai? Le mystère antique a péri? L'homme a vu, dans sa plénitude, le secret des choses?

Réaumur ne le pense pas ; Réaumur lui-même, qui nous a menés si loin. En donnant ses observations, il ne paraît pas satisfait et avoue « qu'elles laisseront encore beaucoup à désirer. » (T. I, p. 351.)

Il y a, en effet, de quoi confondre, effrayer l'imagination, à songer qu'une chenille, d'abord de la grosseur d'un fil, renferme tous les éléments de ses mues, de ses métamorphoses ; qu'elle contient ses enveloppes en nombre triple, et même octuple ; de plus le fourreau de sa nymphe, et son papillon complet, le tout replié l'un dans l'autre, avec un appareil immense de vaisseaux pour respirer, digérer, de nerfs pour sentir, de muscles pour se mouvoir! Prodigieuse anatomie! suivie pour la première fois en détail complet dans l'ouvrage colossal de Lyonnet sur la *Chenille du saule* (1 vol. in-folio). Ce monstre double, doué d'un fort estomac de chenille pour détruire tant de feuilles dures, aura tout à l'heure un léger et fin appareil pour baiser le miel des fleurs. La bête velue, qui contient tout une manufacture de soie, va annuler tout à l'heure ce système compliqué, etc., etc.

On sait les doux ménagements par lesquels la nature

fait passer le petit des animaux supérieurs de sa vie embryonnaire à la vie indépendante, appropriant d'anciens organes à des ouvrages nouveaux. Ici, ce n'est pas cela. Ce n'est pas un simple changement d'état. La destination n'est pas différente seulement mais contraire, dans un contraste violent. Donc, il faut des instruments de vie tout nouveaux, et l'abolition, le sacrifice définitif de l'organisme primitif.

La révolution si bien cachée pour les autres êtres ici est à nu. Plusieurs chenilles qui se changent en pleine lumière, et suspendues à un arbre par un petit câble de soie, nous permettent de voir de près, de nos yeux, ce prodigieux tour de force.

Effort digne d'admiration et de pitié! que cette nymphe, courte, faible, molle et gélatineuse, sans bras ni pattes, par la seule adresse qu'elle met à dilater et contracter ses anneaux, parvienne à se dégager de la lourde et rude machine qui fut elle, qu'elle parvienne à jeter là ses jambes, à se délivrer de sa tête, et, ce qu'on ose à peine dire, à tirer d'elle et rejeter plusieurs de ses grands organes intérieurs!

Cette petite masse, échappée ainsi du long masque pesant (qui tout à l'heure vivait pourtant d'une vie si énergique), le laisse pendiller, sécher, et remonte habilement jusqu'à l'attache de soie. Là elle va se fixer en son nouveau *moi* de nymphe, tandis que son ancien *moi*, battu du vent, va bientôt s'envoler je ne sais où.

Tout est et doit être changé. *Les jambes ne seront pas les jambes*. Il en faut de toutes légères. Que voudriez-vous que le fils de l'air, qui posera à peine à la pointe des herbes, fît de ces grosses courtes pattes, armées de crochets, de ventouses et de tant d'outils pesants?

La tête ne sera pas la tête, du moins l'énorme appareil des mandibules disparaît, et derrière, celui des muscles qui les ont tant agitées. Tout cela jeté avec le masque. Chose énorme! de masticateur, l'animal devient suceur. Une trompe flexible surgit.

Si quelque chose paraissait fondamental dans la chenille, c'était l'appareil digestif. Eh bien, cette base de son être n'est plus! Gosier absorbant, puissant estomac, avides entrailles, tout cela est *supprimé*, ou presque réduit à rien. Qu'en ferait l'être nouveau qui, dans certaines espèces de papillons, est dispensé d'aliments, n'a de bouche que par agrément, si bien affranchi de la digestion que souvent il n'a pas même d'ouverture inférieure? Il quitte sans difficulté un meuble désormais inutile, expectore la peau de son estomac! Cela est grand et magnifique, et nul spectacle plus grand! que la vie puisse à ce point changer, dominer les organes, qu'elle surnage victorieuse, tellement libre de l'ancien *moi!*... A ceux qui nous ont révélé ce prodige de transfiguration, du fond du cœur je dis : « Merci! »

Quelle sécurité merveilleuse dans cet être qui quitte tout, qui laisse là sans hésiter sa forte et solide existence, l'organisme compliqué qui fut *lui* tout à l'heure, sa propre personne! On dit sa *larve*, son masque; mais pourquoi? La personnalité semble au moins aussi énergique dans la chenille vigoureuse que dans le papillon si mou. Donc, c'est bien réellement son être personnel qu'elle laisse courageusement sécher, s'anéantir, pour devenir quoi? rien de rassurant, une courte masse molle, blanchâtre. Ouvrez la nymphe peu après qu'elle a filé; dans son linceul vous ne trouvez qu'une sorte de fluide laiteux, où rien n'apparaît, à peine de douteux linéaments qu'on voit ou que l'on croit voir. Dans quelque temps, vous pourrez, avec une fine aiguille, isoler ces je ne sais quoi, et vous figurer que ce sont les membres du futur papillon. Lacune effrayante. Il y a (pour beaucoup d'espèces) un moment où rien de l'ancien ne paraît plus, où rien du nouveau ne paraît encore. Quand Éson, taillé en pièces, fut mis, pour le rajeunir, dans le chaudron de Médée, vous auriez, en fouillant là, trouvé les membres d'Éson. Mais ici, rien de pareil.

Confiante, cependant, la momie s'entoure de ses bandelettes, acceptant docilement les ténèbres, l'inertie, la captivité du sépulcre. Elle sent une force en elle, et une raison d'être, une cause de vivre encore, *causa vivendi*. Et quelle cause? quelle raison? la vitalité amassée par son travail antérieur. Tout ce qu'elle a, comme chenille laborieuse, accumulé, c'est son obstacle à la mort, son impuissance de périr, ce qui fait que tout à l'heure elle doit non seulement vivre, mais d'une vie douce et légère, dont la facilité est proportionnée précisément aux efforts qu'elle fit dans l'existence antérieure.

Admirable compensation!... En plongeant si bas dans la vie, je croyais y rencontrer les fatalités physiques. Et j'y trouve la justice, l'immortalité, l'espérance.

Oui, l'antiquité eut raison, et la science moderne a raison. C'est mort et ce n'est pas mort; c'est, si l'on veut, mort partielle. Et la mort est-elle jamais autrement? N'est-elle pas une naissance?

A mesure que j'ai vécu, j'ai remarqué que chaque jour je mourais et je naissais; j'ai subi des mues pénibles, des transformations laborieuses. Une de plus ne m'étonne pas. J'ai passé mainte et mainte fois de la larve à la chrysalide et à un état plus complet, lequel au bout de quelque temps, incomplet sous d'autres rapports, me mettait en voie d'accomplir un cercle nouveau de métamorphoses.

Tout cela de moi à moi, mais non moins de moi à ceux qui furent encore moi, qui m'aimèrent, me voulurent, me firent, ou bien que j'aimai, que je fis. Eux aussi, ils ont été ou seront mes métamorphoses. Parfois, telle intonation, tel geste que je surprends en moi, me fait écrier : « Ah! ceci, c'est un geste de mon père! » Je ne l'avais pas prévu, et, si je l'avais prévu, cela ne se fût pas fait; la réflexion eût tout changé; mais, n'y pensant pas, je l'ai fait. Une émotion attendrie, un élan sacré me saisit, de sentir mon père si vivant en moi. Sommes-nous deux? Fûmes-nous un?... Oh! il fut ma chrysalide. Moi, je joue le même rôle pour ceux qui viendront demain, mes fils ou fils de ma pensée. Je sais, je sens qu'outre le fonds que je tenais de mon père, de mes pères et maîtres, outre l'héritage d'artiste-historien que d'autres prendront de moi, des germes existaient chez moi qui ne furent point développés. Un autre homme, et meilleur peut-être, fut en moi, qui n'a pas surgi. Pourquoi des germes supérieurs qui m'auraient fait grand, pourquoi des ailes puissantes que parfois je me suis senties, ne se sont-ils pas déployés dans la vie et l'action?

Ces germes ajournés me restent. Tard pour cette vie peut-être; mais pour une autre? qui sait?...

Un philosophe ingénieux a dit : Si l'embryon de l'homme, prisonnier au sein maternel, pouvait raisonner, ne dirait-il pas : « Je me vois pourvu « d'organes qui ne me servent guère ici, de jambes « pour ne pas marcher, d'estomac, de dents pour ne « pas manger. Patience! ces organes me disent que « la nature m'appelle ailleurs; un temps viendra, et « j'aurai un autre séjour, une vie où tous ces outils « trouveront emploi... Ils chôment, ils attendent « encore!... Je ne suis d'un homme que la chrysa- « lide. »

VII

LE PHÉNIX

Le coup de théâtre est complet. De la momie grise ou noirâtre qui se sèche et s'accourcit, vous voyez l'être nouveau, le ressuscité, le phénix, s'arracher et resplendir dans tout l'éclat de la jeunesse.

De sorte qu'à l'envers de nous, qui commençons par les beaux jours et semblons d'abord papillons, pour traîner plus tard et languir, lui commence par les années sombres, et d'une longue vie obscure il surgit à la jeunesse où il meurt glorifié.

Assistons à ce départ. Le souffle tiède du printemps a éveillé les végétaux; son banquet est préparé. Plus d'une fleur l'attend et sécrète son miel. Il tarde... C'est qu'aujourd'hui cette enveloppe impénétrable qui faisait sa sûreté fait un moment son obstacle. Faible, fatigué d'une si grande transformation, comment percera-t-il ce trop solide berceau qui risque de l'étouffer?

Il est des espèces (les fourmis, par exemple) où la

difficulté est telle que le captif n'arriverait jamais peut-être à s'élargir sans le travail secourable de quelqu'un qui du dehors s'efforce de le tirer de là, de l'accoucher, pour ainsi dire, de l'arracher de cè maillot obstiné qui l'emprisonne. Heureuse difficulté qui crée le lien des deux âges, attache la libératrice à cet enfant délivré, commence l'éducation et la société elle-même!

Mais, chez la plupart des insectes, la libératrice n'est autre que la Nature; cette mère inépuisable de tendresse et d'invention, donne au petit la clef magique qui va ouvrir la barrière, percer la prison, l'introduire au jour de la liberté.

« Quelle clef?... Et comment, direz-vous, cet être mou, peu consistant, va-t-il avoir prise et mordre sur un tissu ferme et serré, doublé parfois et muré par les alluvions pluviales pendant le cours d'un long hiver? »

Nous voilà bien embarrassé; mais la Nature ne l'est pas. De petits moyens tout simples lui suffisent; elle élude la difficulté, s'en joue. Le papillon du bombyx, par exemple, au moment critique, trouve une lime, où? dans son œil! Cet œil à facettes, d'une fine pointe de diamant, lime et coupe sa prison de soie.

Un autre (c'est le hanneton), enfermé sous terre, se trouve tout à coup ce jour-là un parfait mécanicien. De lui-même, de tout son corps, il fait un levier. Son extrémité postérieure se trouve justement être un pic, une forte pointe. Il l'enfonce solidement, s'ancre, s'affermit. De ce point d'appui il tire une force énorme, et de ses épaules robustes il soulève la motte pesante, l'élargit, trouve enfin le jour, étend son lourd appareil et d'ailes et de fourreaux d'ailes, et vole comme un hanneton.

Un autre mineur difforme, la courtilière ou grillon-taupe, n'atteindrait jamais la surface, si, pour remonter du fond de la terre, il n'avait deux énormes mains, ou plutôt deux puissants râteaux qui ouvrent sa voie. Pour être laid, il n'en est pas moins ému du printemps, pas moins amoureux. Mais il a la précaution de ne hasarder sa figure étrange qu'aux rayons douteux de la lune. Son cri plaintif touche celle à qui il s'adresse; elle y cède, elle apparaît, mais pour rentrer dans la nuit et confier à l'ombre protectrice l'espoir de sa postérité.

Un frêle insecte aquatique, le cousin, dans ce grand jour, prend le rôle audacieux de navigateur. Son enveloppe délaissée lui sert encore, et c'est sa barque. Il s'y pose, s'y dresse, étend pour voiles ses ailes nouvelles, vogue, et bien souvent sans naufrage aborde à la rive, où séchées, les mêmes ailes le porteront à la chasse et au plaisir. En une heure, il apparaît maître en tous ces arts nouveaux. C'est le propre de l'amour de savoir sans avoir appris.

L'amour est ailé. La mythologie a parfaitement raison. Cela se vérifie au sens propre et sans métaphore. Dans ce court moment, la nature témoigne d'une force impatiente pour voler à l'objet aimé. Tous s'élèvent au-dessus d'eux-mêmes, tous montent vers la lumière, tous cherchent, sur l'aile du désir. Le feu du dedans se révèle aussi en charmantes couleurs. Chacun se pare, chacun veut plaire.

Le papillon, des grands yeux veloutés qui ornent ses ailes, a l'air de vous regarder. Les scarabées de tout genre, comme des pierres mobiles, étonnent de leurs ardents reflets, de leur vivacité brûlante. Enfin du sein des ténèbres, elle-même, nue et sans voile, en étoiles scintillantes, éclate la flamme d'amour.

Il se fait à ce moment des transfigurations étranges, et des masques les plus humbles sortent, en contrastes violents, telles personnalités superbes.

Une larve obscure des marais, inerte, ne vivant que par ruse, devient la brillante amazone, la svelte guerrière ailée qu'on appelle Demoiselle (*libellula*). C'est le seul être de ce genre qui exprime la complète liberté du vol, étant parmi les insectes ce qu'est l'hirondelle parmi les oiseaux. Qui ne l'a suivie des yeux, dans ses mille mouvements variés, dans ses tours, détours, retours, dans les cercles infinis qu'elle fait, de ses ailes bleues, vertes, sur la prairie ou sur les eaux? Vol capricieux en apparence; mais point du tout, c'est une chasse, une élégante et rapide extermination de milliers d'insectes. Ce qui vous parait un jeu, c'est l'absorption avide dont ce brillant être de guerre alimente sa saison d'amour.

Ne croyez pas que ces richesses soient de purs dons des beaux climats, que ces brillants habits de bal qu'ils prennent pour aimer et mourir soient un simple regard du soleil, le tout-puissant décorateur, qui, de ses rayons, cuirait les émaux, les pierreries que nous admirons sur leurs ailes. Un autre soleil encore qui luit pour toute la terre, jusque dans les frimas du pôle, l'amour, y fait bien davantage. Il exalte en eux la vie intérieure, évoque toutes leurs puissances, et, au jour donné, en fait jaillir la suprême fleur. Ces étincelantes couleurs, ce sont leurs énergies visibles qui deviennent parlantes, éloquentes. C'est l'orgueil d'une vie complète qui, ayant atteint son sommet, s'y étale et y triomphe, qui veut s'épandre et se donner; c'est la traduction du désir, la prière impérieuse, le pressant appel aux objets aimés.

Dans les climats moyens et pâles, vous trouverez ces livrées brillantes qu'on croirait celles des tropiques. Qui n'a vu, sous notre ciel terne et indécis, étinceler la cantharide? Même aux plus mornes déserts, où l'été n'est qu'un instant, comme pour faire dépit au soleil, dépit à la terre nue et pauvre, l'amour suscite des êtres d'une splendeur somptueuse, opulents d'habits, de parure. La misérable Sibérie voit tout à coup se promener des princes et des grands seigneurs dans le peuple insecte. Le tyrannique climat de la Russie n'empêche pas d'énormes carabes, impitoyables chasseurs, plus fiers qu'Ivan le Terrible, de se décorer de maroquin vert, noir, violet ou bleu foncé, à reflets de noirs saphirs. Quelques-uns même, usurpant les vieilles chapes consacrées des czars et des Porphyrogénètes, se pavanent sous la pourpre, lisérée d'or byzantin.

Dans nos Sibéries voisines, je parle de nos hautes montagnes, sous la grêle, par exemple, des glaciers pyrénéens, sans se laisser décourager par des coups si rudes, volent encore de nobles insectes, d'exquise parure, la rosalie en manteau de satin gris perle, moucheté de velours noir.

Aux hautes Alpes, au Grindelwald, à la redoutable descente où ce glacier vient à vous, où vous touchez ses aiguilles, où son souffle aigre vous transit, j'admirai une timide, mais touchante protestation de l'amour. Parmi quelques maigres bouleaux, arbres martyrs qui subissent une flagellation éternelle, une pauvre petite plante, élégante et délicate, s'obstinait encore à fleurir; fleur rose, mais d'un rose violet, et digne de ces lugubres lieux. Le frère de cette tragique rose est un très petit insecte qui monte, tout faible qu'il est, plus que toutes les espèces, et qu'on trouve grelottant encore aux grandes neiges du mont Blanc. Là, on ne voit plus que le ciel, et dessous, le vaste linceul. La poétique créature a pris justement les deux teintes : le bleu céleste de ses ailes, d'incroyable délicatesse, semble lustré légèrement de la blanche poudre des frimas. Les tempêtes et les avalanches qui renversent les rochers ne lui font pas peur. Sous le souffle du géant terrible, dans sa barbe hérissée de glace et dans son redouté sourcil, il vole hardiment, le petit, imaginant apparemment que ce roi des éternels hivers hésitera à détruire la dernière fleur ailée d'amour qui, dans son empire de la mort, lui conserve un reflet du ciel.

LIVRE II

DE LA MISSION ET DES ARTS DE L'INSECTE

I

SWAMMERDAM

Que savait-on de l'infini, avant 1600? rien du tout. Rien de l'infiniment grand; rien de l'infiniment petit. La page célèbre de Pascal, tant citée sur ce sujet, est l'étonnement naïf de l'humanité si vieille et si jeune, qui commence à s'apercevoir de sa prodigieuse ignorance, ouvre enfin les yeux au réel et s'éveille entre deux abîmes.

Personne n'ignore qu'en 1610 Galilée, ayant reçu de Hollande le verre grossissant, construisit le télescope, le braqua et vit le ciel. Mais on sait moins communément que Swammerdam, s'emparant avec génie du microscope ébauché, le tourna en bas, et le premier entrevit l'infini vivant, le monde des atomes animés! Ils se succèdent. A l'époque où meurt le grand Italien

(1632), naît ce Hollandais, le Galilée de l'infiniment petit (1637).

Prodigieuse révolution. L'abîme de la vie apparut dans sa profondeur avec des milliards de milliards d'êtres inconnus et d'organisations bizarres qu'on n'eût même osé rêver. Mais le plus fort, c'est que la méthode même des sciences se trouvait changée! Jusque-là nous comptions sur nos sens. L'observation la plus sévère invoquait leur témoignage, et croyait qu'on ne pouvait appeler de leur jugement. Mais voici que l'expérience et les sens même, rectifiés par un puissant auxiliaire, avouent que non seulement ils nous ont caché la plupart des choses, mais que, sur ce qu'ils ont montré, à chaque instant ils ont trompé.

Rien de plus curieux que d'observer les impressions toutes contraires que les deux révolutions firent sur leurs auteurs. Galilée, devant l'infini du ciel, où tout paraît harmonique et merveilleusement calculé, a plus de joie que de surprise encore; il annonce la chose à l'Europe dans le style le plus enjoué. Swammerdam, devant l'infini du monde microscopique, paraît saisi de terreur. Il recule devant le gouffre de la nature en combat, se dévorant elle-même. Il se trouble; il semble craindre que toutes ses idées, ses croyances, n'en soient ébranlées. État bizarre, mélancolique, qui, avec ses grands travaux, abrège ses jours. Arrêtons-nous quelque peu sur ce créateur de la science, qui en fut aussi le martyr.

Le grand médecin Boerhaave, qui, cent ans après Swammerdam, publia avec un soin pieux sa *Bible de la nature*, dit un mot surprenant et qui fait rêver : « Il eut une ardente imagination de tristesse passionnée qui le portait au sublime. » Ainsi ce maître des maîtres dans les choses de patience, insatiable observateur du plus minutieux détail, qui poursuivit la nature si loin dans l'imperceptible, c'était une âme poétique, un homme d'imagination, un de ces mélancoliques qui veulent l'infini, rien de moins, et meurent de l'avoir manqué.

Association remarquable de dons qui, au premier coup d'œil, semblent opposés : l'amour du grand et le goût des recherches les plus délicates, la sublimité de tendance et l'analyse obstinée qui voudrait diviser l'atome et ne dit jamais assez. Mais, dans la réalité, ces dons sont-ils si contraires ? Nullement. Celui qui a le cœur amoureux de la Nature dira qu'ils vont bien ensemble. Rien de grand et rien de petit. Pour qui aime, un simple cheveu vaut autant, souvent plus qu'un monde.

Il naquit dans un cabinet d'histoire naturelle (1637). Cela fit sa destinée. Ce cabinet, formé par son père, apothicaire d'Amsterdam, était un pêle-mêle, un chaos. L'enfant voulut le ranger et en faire un catalogue. Cette modeste ambition le mena de proche en proche à devenir le plus grand naturaliste du siècle.

Son père était un de ces zélés collecteurs, comme on commençait à en voir en Hollande, thésauriseurs insatiables de diverses raretés. Ce n'était pas de tableaux (quoique Rembrandt fût dans sa gloire), ce n'était pas d'antiquités que celui-ci remplissait sa maison. Mais tout ce que les vaisseaux pouvaient rapporter des deux Indes en minéraux, plantes, animaux bizarres et extraordinaires, il l'acquérait à tout prix, l'entassait. Ces merveilles du monde inconnues, en contraste par leur éclat, leur magnificence tropicale, avec le terne climat qui les recevait et la pâle mer du Nord, troublèrent le jeune Hollandais d'une vive curiosité, de je ne sais quelle dévotion passionnée de la Nature.

Un fort bon peintre hollandais a fait un charmant tableau du jeune Grotius, savant universel à douze ans, entouré d'in-folio, de cartes, de mappemondes, de tous les moyens de l'érudition. Combien j'aurais mieux aimé que ce peintre ou plutôt Rembrandt, le tout-puissant magicien, nous eût montré le cabinet mystérieux, ce brillant chaos des trois règnes, et le jeune Swammerdam aux prises avec la grande énigme!

La foule, le mouvement prodigieux d'Amsterdam, favorisaient sa solitude. Ces Babylones du commerce sont pour le penseur de profonds déserts. Dans ce muet océan d'hommes d'une activité mercantile, au bord des canaux dormants, il vivait à peu près comme Robinson dans son île. Isolé dans sa famille même qui ne le comprenait guère, il sortait peu du cabinet, et descendait le moins possible dans la boutique paternelle.

Toute sa récréation était d'aller chercher des insectes dans ce peu de terre qu'offre la Hollande, hors des eaux. Les prairies mélancoliques, couvertes des troupeaux de Paul Potter, ont, l'été, dans leur chaleur humide, une grande variété de vie animale. Le voyageur en est frappé quand il voit la grue, la cigogne, le corbeau, ailleurs ennemis, que la nourriture abondante réconcilie ici parfaitement et qui la cherchent ensemble en bonne intelligence. Cela donne au paysage un charme particulier. Les bestiaux y ont un air de sécurité placide qu'on ne trouve guère ailleurs. L'été est court, et de bonne heure prend la gravité de l'automne. Homme et nature, tout y paraît pacifique, harmonisé dans une grande douceur morale et dans un grand sérieux.

Tout collecteur qu'était son père, il s'affligeait de voir la jeunesse de Swammerdam se passer ainsi. Il eût voulu faire de son fils un honorable ministre qui brillât dans la controverse, un éloquent prédicateur. Et l'enfant, de plus en plus, semblait devenir muet. Le père, chagrin, de la gloire se rabattit à l'argent. Dans cette capitale de l'or, si fiévreuse et si maladive, nulle carrière plus lucrative que celle de médecin.

Là, obstacle tout contraire : Swammerdam entra de grand cœur dans les études médicales, mais à condition de les créer; elles n'existaient pas encore. Or, la base sur laquelle il eût voulu les placer, c'était la création préalable des sciences naturelles. Comment guérir l'homme malade sans connaître l'homme en santé? et celui-ci, le connaît-on sans étudier à côté les animaux inférieurs qui le traduisent et l'expliquent? Ces mystères si délicats, les voit-on bien avec ses yeux? La faiblesse de ce sens ne nous donne-t-elle pas le change? La création sérieuse de la science supposait une réforme de nos sens et la création de l'optique.

Véritable création. Regardez le microscope. Est-ce une simple lunette? Aux yeux qu'avait l'instrument, Swammerdam ajouta des bras, dont l'un porte le verre et l'autre l'objet. Lui-même, il dit, en parlant d'une recherche des plus difficiles, « qu'il avait essayé de se faire aider d'une autre personne, mais que ce secours fait obstacle ». C'est alors qu'il organisa ce muet homme de cuivre, discret serviteur qui se prête à tout. Grâce à lui, l'observateur dispose de mains supplémentaires et de plusieurs yeux de force différente. De même que les oiseaux font leurs yeux grands ou petits, plus renflés ou moins renflés, pour voir en gros des ensembles, ou percer d'un fin regard le menu détail, Swammerdam créa la méthode du grossissement successif, l'art d'employer des verres de grandeur diverse et de diverse courbure, qui permettent et de voir en masse et d'étudier chaque partie, enfin de revoir l'ensemble pour remettre les parties en place et reconstituer l'harmonie totale.

Était-ce tout? Non; pour observer les choses mortes il faut du temps : mais le temps nous vole ces choses. La mort, qui semble se prêter à l'étude par son immobilité, est trompeuse; elle fixe un moment le masque, et l'objet fond en dessous. Nouvelle création de Swammerdam. Non seulement il enseigna à voir et à regarder, mais il trouva des moyens pour qu'on pût regarder toujours. Par des injections conservatrices il fixa ces choses éphémères, obligea le temps de faire halte et força la mort de durer. Le czar Pierre, qui, longtemps après, vit chez un de ses disciples le corps charmant, souple et frais d'un petit enfant avec sa belle carnation, crut que cette rose était vivante, et ne put s'empêcher de l'embrasser.

Tout cela est bientôt dit; mais que ce fut long à faire! Que d'essais! Quels miracles de patience, de délicatesse, de ménagements habiles! A mesure surtout qu'on descend l'échelle de la petitesse, l'insuffisance de nos moyens entrave de plus en plus. Nous ne touchons guère sans briser. Nos doigts énormes ne prennent plus; ils font ombre, ils font obstacle. Nos instruments sont grossiers pour opérer sur ces atomes; nous les affinons; mais alors comment mettre la pointe invisible dans un invisible objet? Les deux termes en présence nous fuient... La passion seule, l'invincible amour de la vie et de la nature, le dirai-je, je ne sais quelle tendresse, une sensibilité féminine (dans un mâle génie scientifique), pouvaient en venir à bout. Notre Hollandais aimait ces petits êtres. Il craignait tant de les blesser qu'il leur épargnait le scalpel; il évitait tant qu'il pouvait l'acier et préférait l'ivoire, si ferme, mais pourtant si doux! Il en faisait d'infiniment petites aiguilles aiguisées au microscope, lesquelles ne pouvaient aller vite et l'obligeaient d'observer lentement.

Ce respect pour la Nature, cette tendresse, eurent d'elle leur récompense. Très jeune et simple étudiant à l'université de Leyde, il eut sur elle deux prises profondes au plus haut et au plus bas. Le premier il vit et comprit la maternité humaine et la maternité de l'insecte. J'écarte le premier sujet, si délicat et si grand, où il fut en concurrence avec ses maîtres de Leyde. Insistons sur le second. Il disséqua, décrivit les ovaires de l'abeille, les trouva dans le prétendu roi, et montra que c'était une reine ou plutôt une mère. Il expliqua de même la maternité de la fourmi. Découverte capitale qui donna le vrai mystère de l'insecte supérieur, nous initia au caractère réel de ces sociétés, qui ne sont point des monarchies, mais des républiques maternelles et de vastes berceaux publics dont chacun élève un peuple.

Le fait le plus général de la vie des insectes, la haute loi de leur existence, c'est la *métamorphose*. Les changements, obscurs chez les autres êtres, sont très saillants chez ceux-ci. Les trois âges de l'insecte paraissaient trois êtres. Qui eût osé soutenir que la chenille, avec ce luxe pesant d'organes digestifs, qu'elle traîne et ses grosses pattes velues, fût même chose qu'un être ailé, éthéré, le papillon?

Il osa dire, et montra par la plus fine anatomie, que chenilles, nymphes et papillons, c'étaient trois états du même être, trois évolutions naturelles et légitimes de sa vie.

Comment l'Europe savante accueillerait-elle cette science nouvelle des métamorphoses? C'était la question. Swammerdam, jeune et sans autorité, sans position d'académie ou d'université, vivait dans son cabinet. Presque rien, de son vivant, ne fut publié de lui, ni même cinquante ans après lui, de sorte que ses découvertes purent circuler, profiter à tous, plus qu'à lui et à sa gloire.

La Hollande resta froide. Des professeurs éminents de l'université de Leyde étaient contre lui et trouvaient mauvais que ce simple étudiant se plaçât par ses découvertes à côté d'eux ou au-dessus.

La situation misérable et nécessiteuse où le laissait son père n'était pas faite non plus pour le recommander beaucoup en ce pays. Dans ses travaux assez coûteux, il était soutenu par la générosité de ses amis. A Leyde, c'était son professeur d'anatomie, Van Horn, qui en faisait tous les frais.

Deux académies illustres allaient se former, la Société de Londres et notre Académie des Sciences.

Mais la première, spécialement inspirée du génie d'Harvey, élève de Padoue, regardait vers l'Italie ; elle adressait ses questions au très grand et très exact observateur Malpighi, qui donna, à sa prière, l'anatomie du ver à soie. J'ignore pourquoi ces Anglais se détournaient de la Hollande, et n'interrogèrent pas aussi le génie de Swammerdam.

Il ne fut accueilli qu'en France. C'est ici, près de Paris, qu'il fit la première démonstration publique de sa découverte. Son ami Thévenot, le célèbre voyageur et publicateur de voyages, réunissait chez lui, à Issy, diverses classes de savants, linguistes, orientalistes, et surtout, comme on le disait alors, les curieux de la nature. Ce fut la première origine de notre Académie des Sciences. On peut dire que la révélation du grand Hollandais a inauguré son berceau.

Un Français avait sauvé de l'Inquisition les derniers manuscrits de Galilée. Un Français encore, Thévenot, soutint Swammerdam de sa bourse et de son crédit. Il eût voulu le fixer à Paris. Et d'autre part, le grand-duc de Toscane l'appelait à Florence. Mais le sort de Galilée parlait assez haut. Même en France, il y avait peu de sûreté. Le mystique Morin fut brûlé à Paris, en 1664, l'année où Molière joua les premiers actes du *Tartufe*. Swammerdam, qui justement y était alors, put assister aux deux spectacles.

Lui-même, si positif, il se trouvait avoir des tendances singulières au mysticisme. Plus il entrait dans le détail, plus il eût voulu remonter à la source générale de l'amour et de la vie. Effort impuissant qui le consumait. Dès l'âge de trente-deux ans, l'excès du travail, le chagrin, la mélancolie religieuse, le menaient déjà à la mort. Il avait eu de bonne heure les fièvres, si générales dans ce pays de marais, et il ne les ménageait guère. Il observait au microscope chaque jour, de six heures à midi; le reste du temps écrivait. Et pour ces observations, il cherchait de préférence les jours d'été de forte lumière et de grand soleil; il y restait tête nue, pour ne pas perdre le moindre rayon, « souvent jusqu'à être inondé, trempé de sueur ». Sa vue se fatiguait fort.

Il était déjà en cet état en 1669, quand il publia dans un premier essai le principe de la métamorphose des insectes. Il était sûr d'être immortel, mais d'autant plus en péril de mourir de faim. Son père lui retira désormais toute assistance. Swammerdam, par ses découvertes (vaisseaux lymphatiques, hernies, etc.), avait très directement avancé la médecine et même la chirurgie, mais il n'était pas médecin. Il avait, par obéissance, essayé de pratiquer; il ne put continuer et en fit une maladie. Le foyer même lui manqua. Son père ferma la maison, se retira chez son gendre, lui dit de se pourvoir ailleurs et de loger où il pourrait. Un ami riche l'avait souvent prié, supplié de venir demeurer chez lui. Expulsé de la maison paternelle, Swammerdam fit l'effort d'aller chez l'ami et de lui rappeler ses offres; mais il ne s'en souvint plus.

Tous les malheurs fondaient sur lui. Pauvre, malade, traînant sur le pavé d'Amsterdam, avec une grosse collection qu'il ne savait où loger, il reçut encore un épouvantable coup, la ruine de son pays... La terre lui manqua sous les pieds.

C'était la funèbre année 1672, où la Hollande parut

anéantie sous l'invasion de Louis XIV. Elle n'avait pas, certes, cette patrie, gâté Swammerdam. Mais enfin, c'était la terre natale de la science, de la libre raison, l'asile de la pensée humaine. Et voilà qu'elle s'enfonce engloutie des armées françaises, engloutie de l'Océan qu'elle-même appelle à son secours. Elle ne survit qu'en se tuant! Survit-elle? Elle ne sera plus dès lors que l'ombre d'elle-même.

La mélancolie infinie d'un tel changement a eu son peintre et son poète dans Ruysdaël, qui naît et meurt précisément au temps de Swammerdam, et, comme lui, meurt à quarante ans. Lorsque je contemple au Louvre les tableaux inestimables que possède de lui le musée, l'un me fait penser à l'autre. Le petit homme qui suit le triste sentier des dunes à l'approche de l'orage me rappelle mon chasseur d'insectes; et la marine sublime de l'estacade aux eaux rousses, battues si terriblement, électrisées de la tempête, semble une expression dramatique de ces tempêtes morales qu'eut le pauvre Swammerdam quand il écrivait *l'Éphémère* « parmi les larmes et les sanglots ».

L'*éphémère* est cette mouche qui naît juste pour mourir, vit une heure unique d'amour.

Mais Swammerdam n'avait pas eu cette heure, et il semble qu'il ait passé sa si courte vie dans un parfait isolement. A l'âge de trente-six ans, il touchait déjà à sa fin. Le fonds d'imagination et de tendresse universelle qui était en lui ne pouvait être alimenté par les sèches controverses du temps. En cet état, par hasard, il lui tomba sous la main un livre inconnu, un livre de femme. Cette douce voix lui alla à l'âme et le consola un peu. Le livre était un des opuscules d'une mystique célèbre du temps, mademoiselle Bourignon.

Quelque pauvre que fût Swammerdam, il entreprit le pèlerinage de l'Allemagne, où elle était, et y alla voir sa consolatrice. Il en tira un secours très réel de sortir du moins de sa polémique avec les savants, ses rivaux, d'oublier toute concurrence, et de remettre à Dieu seul sa défense et ses découvertes.

Il eût voulu se retirer dans une profonde solitude. Pour cela, il fallait vendre ce cher et précieux cabinet où il avait usé ses jours, mis son cœur, et qui enfin était devenu lui-même. Il lui fallait s'en détacher. A ce prix, il calculait qu'il aurait un revenu qui suffirait à ses besoins; mais ce malheur même et cette séparation qu'il voulait, il ne put l'avoir. Ni en Hollande, ni en France, le cabinet ne trouva d'acheteur. Peut-être les amateurs riches, qui ne songent qu'au vain éclat, n'y trouvaient pas les espèces brillantes qui nous donnent un plaisir d'enfant. La collection du grand inventeur offrait des choses plus sérieuses, la série, l'enchaînement logique de ses découvertes, cette méthode parlante et vivante qui eût guidé le génie aux découvertes nouvelles. Hélas! elle périt dispersée.

Malade depuis longtemps, en 1680, soit faiblesse, soit dégoût de la vie et des hommes, il s'enferma, ne voulut plus sortir. Il légua ses manuscrits au seul ami qu'il eût, ami fidèle de toute sa vie, et que lui-même, en mourant, il appelle « incomparable », le Français Thévenot. Il mourut à quarante-trois ans.

Qui l'avait tué réellement? Sa science elle-même. Cette trop brusque révélation le frappa et l'emporta. Si Pascal vit près de lui s'ouvrir un abîme imaginaire, que pouvait-il arriver de ce Pascal hollandais qui voyait l'abîme réel et l'approfondissement sans terme de ce monde inattendu! Il ne s'agissait pas ici d'une échelle décroissante de grandeurs abstraites ou d'atomes inorganiques, mais de l'enveloppement successif, du mouvement prodigieux des êtres qui sont l'un dans l'autre. Pour le peu que nous en voyons, chaque animal est la petite planète, le monde qu'habitent des animaux plus petits encore, habités par d'autres plus petits. Et cela, sans fin, sans repos, sauf l'impuissance de nos sens et l'imperfection de l'optique.

Cet infini, entr'ouvert par la main de Swammerdam, tous allaient l'approfondir, incessamment y creuser. Dès ce temps, l'Europe y travaille avec ses tendances diverses. Leuwenhoek s'y précipite, y trouve et conquiert des mondes. Le positif Italien Malpighi se montre ici le plus audacieux peut-être. Il prouve que l'insecte a un cœur! Ce cœur bat comme le nôtre. On n'a pas loin à aller pour lui donner bientôt une âme... Swammerdam, qui vivait encore, en est terrifié. Il s'effraye de cette pente; il voudrait s'y retenir; il voudrait douter de ce cœur.

Il lui semblait que la science, lancée par lui, précipitée au courant de ses découvertes, le menait à quelque chose de grand et de terrible, qu'il n'aurait pas voulu voir : comme celui qui, se trouvant dans une barque sur l'énorme mer d'eau douce qui va faire la chute du Niagara, se sent dans un mouvement calme, mais invincible et immense, qui le mène, où?... Il ne veut pas, il n'ose pas y penser.

II

LE MICROSCOPE. — L'INSECTE A-T-IL UNE PHYSIONOMIE?

Armé de ce sixième sens que l'homme vient d'acquérir, je puis, à ma volonté, marcher dans l'une ou l'autre voie. Il ne tient qu'à moi de suivre, d'atteindre et calculer des mondes, de graviter avec eux par leurs orbites immenses. Mais je me sens plus vivement attiré vers l'autre abîme, celui de l'infiniment petit. J'entrevois dans ces atomes une intensité d'énergie qui me charme et m'émerveille. Moi-même, ne suis-je pas un atome? Ni Jupiter, ni Sirius, ces énormes globes si loin de moi, si peu en rapport avec moi, ne m'apprendront le secret de l'existence terrestre. Ceux-ci, au contraire, m'entourent, me pressent et me servent ou me nuisent. S'ils ne me sont pas semblables, ils me sont associés.

Fatalement associés. Et je ne peux pas les fuir : plusieurs vivent dans l'air que j'aspire, que dis-je? dans mes liquides, au dedans de moi. J'ai intérêt à les connaître. Mais mon intérêt souverain est d'échapper à ma triste et misérable ignorance, de ne pas sortir de ce monde sans avoir entrevu l'infini.

Plein de ces idées, je m'adressai à l'un des hommes de ce temps qui ont fait le plus grand usage et le plus heureux du microscope, le célèbre docteur Robin. Sous sa direction, j'achetai chez l'habile opticien Nachet un excellent instrument, et je l'établis devant ma fenêtre sous un très beau jour.

Je l'ai dit, le microscope, c'est bien plus qu'une lunette. C'est un aide, un serviteur qui a des mains pour suppléer les vôtres, des yeux et des yeux mobiles qui changent pour faire voir l'objet à la grosseur désirable, dans tel détail ou dans l'ensemble. On comprend parfaitement l'absorbant attrait qu'il exerce; quelque fatigue qu'il cause, on ne peut plus s'en détacher. Il débuta, comme on a vu, par tuer son père, Swammerdam. A combien de travailleurs n'a-t-il pas ôté depuis, sinon la vie, du moins les yeux! Le premier Huber, de bonne heure, a été aveugle. L'illustre auteur du grand ouvrage sur le hanneton, M. Strauss, l'est devenu à peu près. Notre pâle et ardent Robin est déjà sur cette pente, et poursuit sans s'arrêter. La séduction est trop forte. Qui pourrait renoncer au vrai, dès qu'on l'entrevit une fois? qui pourrait rentrer de bon gré dans le monde d'erreurs où nous sommes? Mieux vaut ne plus voir du tout que de voir presque toujours faux.

Me voici donc face à face de mon petit homme de cuivre. Je ne perdis pas un instant pour interroger son oracle. Telle fut sa première réponse assez rude sur les deux objets que je présentai :

L'un était une main humaine, blanche et délicate,

une main gauche, la plus oisive, d'une personne qui ne fait rien ;

L'autre une patte d'araignée.

Le premier objet, à l'œil nu, semblait assez agréable ; l'autre, une petite lame obscure, d'un brun sale, plutôt répugnant.

Au microscope, c'était exactement le contraire. Dans la patte d'araignée, aisément purgée de quelques villosités, il montrait un peigne magnifique de la plus belle écaille, laquelle, bien loin d'être sale, par son extrême poli était impossible à salir ; tout aurait glissé dessus. Cet objet paraissait être à deux fins : une très fine main avec laquelle la fileuse se fait glisser à son fil pour monter, descendre ; d'autre part, un peigne qui sert à l'attentive ouvrière pour tenir sa toile, pendant le travail, dans la position voulue, jusqu'à ce que le fil ténu, qui semble plutôt un nuage, s'affermisse, séché par l'air, et ne revienne plus flottant sur lui-même.

Pour la main humaine, le point qu'on en pouvait présenter sous le microscope semblait, même au verre le plus faible, un objet immense, vague, incompréhensible à force de grossièreté. Même à une loupe moyenne qui grossit seulement douze ou quinze fois, elle paraissait un tissu jaunâtre et rosâtre, rude et sec, mal tendu, une sorte de taffetas à réseau, dont chaque maille boursouflait d'une manière inégale.

Rien de plus humiliant.

Cet impitoyable juge, sévère même pour les fleurs, est terrible à la fleur humaine. La plus fraîche et la plus charmante fera sagement de n'en pas tenter l'expérience. Elle frémirait d'elle-même. Ses fossettes seraient des abîmes. Le léger duvet de pêche qui est pour sa belle peau comme un couronnement de délicatesse offrirait de rudes broussailles, que dis-je? de sauvages forêts.

Sur cette première expérience, je sentis que ce trop véridique oracle ne changeait pas seulement nos idées sur les grandeurs, mais non moins sur les aspects, les couleurs, les formes, transfigurant toute chose, il faut le dire, du faux au vrai.

Résignons-nous. Quoi que nous dise cet organe de la vérité, je le remercie et je le salue, dût-il me déclarer un monstre. Mais il n'en est pas ainsi. S'il change de manière sévère nos idées sur telle surface, en revanche, il nous révèle des mondes vraiment infinis de beauté en profondeur. Cent choses que la vue simple trouve horribles en anatomie, deviennent d'une délicatesse touchante, attendrissante, d'un charme poétique qui va au sublime. Ce n'est pas le lieu d'insister. Mais une simple goutte de sang, d'un rouge brique peu agréable à la simple vue, lourde, épaisse, opaque, si vous la regardez, séchée, au verre grossissant, vous offre une délicieuse arborescence rose, avec de fins ramuscules aussi mignons que ceux du corail sont mousses et grossiers.

Mais tenons-nous aux insectes. Prenons le plus misérable, le tout petit papillon de la mite qui mange nos draps, ce papillon d'un blanc sale qui paraît le dernier des êtres. Prenez son aile seulement. Non, bien moins, seulement un peu de poussière, de cette farine légère qui couvre son aile. Vous êtes stupéfait de voir que la nature, épuisant la plus ingénieuse industrie pour que ce rebut de la création vole à son aise et sans fatigue, a semé son aile, non pas de poussière, mais d'une multitude de petits ballons. Ce sont, si vous aimez mieux, autant de parachutes, instruments de vol fort commodes, qui, ouverts, soutiennent le petit aéronaute sans fatigue, indéfiniment, qui, plus ou moins tendus, le font monter ou baisser, et, pliés, le mettent au repos. Le moindre des papillons, soutenu ainsi, a une faculté de vol aussi illimitée que le premier oiseau du ciel.

On s'intéresse vivement à ces curieux appareils où ils ont devancé nos arts. On observe leurs étranges et surprenants modes d'action, comme on ferait des habitants d'une autre planète, par miracles apportés ici. Mais ce qu'on voudrait voir le plus, ce qu'on brûle de saisir, c'est quelque reflet du dedans, quelque lueur du flambeau qui est contenu en eux, quelque semblant de la pensée. Ont-ils une physionomie? Saisirai-je dans leur face étrange quelque trace de cette intelligence qui ressemble tant à la nôtre, si nous en jugeons par les œuvres? L'expression qui me touche dans l'œil du chien et des autres animaux rapprochés de moi, n'en retrouverai-je pas quelque chose dans l'abeille, dans la fourmi, dans ces êtres ingénieux, créateurs, qui font des choses dont le chien est incapable?

Un homme d'esprit me disait : « Enfant, j'étais fort curieux d'insectes, je cherchais les chenilles et j'en faisais collection. Ma curiosité était surtout de les voir au visage, et je n'y parvenais pas. Tout ce que j'en distinguais était confus, morne, triste. Cela me découragea. Je laissai les collections. »

Moi aussi j'étais enfant dans cette étude nouvelle,

je veux dire neuf et curieux. Ma grande curiosité était d'interroger le visage de ce petit monde muet, d'y surprendre, au défaut de voix, la pensée silencieuse. Pensée? le rêve du moins, l'instinct obscur et flottant.

Je m'adressai à la fourmi.

Être humble de forme et de couleur, mais doué à un degré prodigieux d'instinct social et du sens de l'éducation. Je ne parle pas de leur vif esprit de ressources, de l'extemporanéité qui leur permet de faire face aux périls, aux embarras, aux hasards.

Je pris donc une fourmi de l'espèce la plus commune, fourmi neutre, de ces ouvrières dispensées d'amour, en qui le sexe, atrophié au profit du travail, développe d'autant plus l'instinct, qui seules font tous les métiers dans la petite cité, pourvoyeuses, nourrices, architectes, inventives de cent façons.

Je choisis un très beau jour, un jour serein, lumineux, non d'une lumière crue d'été, mais d'une calme lumière d'automne (1er septembre 1856). J'étais seul, dans un grand repos et un silence profond, dans ce complet oubli du monde que nous obtenons rarement. Après tant d'agitations du présent et du passé, mon cœur un moment se taisait.

Jamais je ne fus plus prêt à entendre les voix muettes qui ne s'adressent point à l'oreille, à pénétrer d'un esprit calme et bienveillant dans le mystère du petit monde qui nous entoure de tous côtés, et qui reste pourtant jusqu'ici hors de nos communications et par delà notre portée.

Tête à tête avec ma fourmi, armé d'une assez bonne loupe qui la grossissait douze fois, je la posai délicatement sur une grande et belle feuille de papier blanc qui couvrait presque ma table.

Au microscope, je n'eusse vu qu'une partie, et non l'ensemble. Un grossissement très fort m'aurait exagéré aussi des détails un peu secondaires, comme les poils assez rares dont la fourmi est pourvue. Enfin sa mobilité n'eût pas permis de la tenir au foyer du microscope. La loupe, mobile aussi bien qu'elle, la suivait dans ses mouvements.

Non sans peine cependant. Elle était vive et alerte, inquiète, fort impatiente de sortir de là. Je la regardais au centre de la feuille, lorsque déjà elle était presque à l'extrémité. Je fus obligé de l'éthériser quelque peu pour l'engourdir et la rendre moins mobile.

Elle paraissait très propre, extrêmement vernissée. Quoique neutre, et non femelle, elle avait le ventre assez fort. Le ventre joignait le corselet par deux petits renflements. Du corselet se dégageait nettement, finement, la tête, forte et presque ronde.

Cette tête, vue ainsi en masse, semblait celle d'un oiseau. Mais point de bec; à la place, un prolongement circulaire, dans lequel un regard attentif me fit voir la réunion de deux petits croissants, rejoints par la pointe. C'étaient ses dents ou mandibules, dents qui n'agissent pas, comme les nôtres, de haut en bas, mais horizontalement et de côté. L'insecte de ses mandibules fait l'usage le plus varié ; ce ne sont pas seulement des armes et des instruments de manducation, mais des outils pour tous les arts, suppléant en partie les mains, pour maçonner, gâcher, sculpter, pour enlever et porter les petits, parfois même de grands et d'énormes poids.

Bien lui prit de se trouver si bien cuirassée. L'éther glissa, entra fort peu, et l'étourdit seulement. Après un moment d'immobilité, elle revint à moitié et fit quelques mouvements, comme ceux d'une personne ivre, ou frappée d'une forte migraine. Elle avait l'air de se dire : « Où suis-je ? » et elle tâchait de reconnaître le terrain où elle marchait, la grande feuille de papier. Elle fit quelques pas chancelants, tombant presque de droite et de gauche. Elle portait en avant deux instruments que d'abord je croyais être des pattes, mais qui, mieux vus, en étaient essentiellement différents.

Ils prenaient naissance à côté des yeux, et, comme eux, c'étaient manifestement des instruments d'observation. Ces antennes, comme on les appelle, longues, fortes, délicates, vibrantes au contact le plus léger, sont charnues, articulées d'une vingtaine de pièces mobiles, agencées l'une dans l'autre. Instrument infiniment propre à palper et tâtonner. Mais il a bien d'autres usages ; par lui, les fourmis se transmettent en une seconde des avis assez compliqués, puisqu'ils changent leur direction et les font rétrograder, prendre tout à coup un autre chemin ; c'est évidemment un langage, comme celui du télégraphe. Ce merveilleux organe du tact est de plus probablement une sorte d'ouïe, étant tellement mobile qu'il doit frémir aux moindres vibrations de l'air et sentir toute onde sonore.

L'accord de ces mouvements, de ce fin et délicat appareil tactile et télégraphique, cette forte tête enfin qui semblait penser : le tout faisait illusion. Ses attitudes, ses tâtonnements, ses efforts pour se rendre compte de la situation, la montraient précisément ce que nous aurions été dans une circonstance semblable. La reine Mab de Shakespeare, dans son char de coque de noix, me revenait à l'esprit. Plus encore, les histoires d'Huber, histoires saisissantes, et presque effrayantes, qui feraient croire ces êtres si avancés dans le bien et dans le mal.

Elle me tournait le dos obstinément, comme si elle avait craint de voir son persécuteur. Elle devait m'envisager comme un horrible géant, et, malgré cet état d'ivresse, elle faisait de constants et d'énergiques efforts pour s'éloigner de moi et se mettre en sûreté.

Je la ramenais doucement et avec précaution. Mais je ne pouvais obtenir qu'elle me montrât sa face. Trop grande était son antipathie, sa terreur, sans doute. Je me décidai alors à la prendre avec une petite pince, et à la tenir sur le dos, en serrant le moins possible. Ce serrement, quoique léger, comprimant les petits trous (stigmates) par lesquels elles respirent, lui fut infiniment pénible, à juger par sa résistance. Des petits ongles de ses pattes, de ses mandibules, elle pinçait si fortement la pince que j'entendais vibrer l'air à chaque coup qu'elle donnait. Je profitai avec hâte de l'attitude pénible où je tenais ma fourmi : je regardai son visage.

Ce qui désoriente le plus et lui donne un aspect étrange, ce sont principalement les dents ou mandibules, placées en dehors de la bouche, et partant l'une de droite, l'autre de gauche, horizontalement, pour se rencontrer; les nôtres sont verticales. Ces dents en avant menacent et semblent présenter le combat. Cependant, comme nous l'avons dit, elles ont des usages pacifiques et *servent aussi de mains*.

Derrière ces dents apparaissent de petits filets ou palpes, à l'entrée de la bouche. Ce sont en réalité comme *de petites mains de la bouche*, qui palpent, manient, retournent ce qu'on y apporte.

Du front partent les antennes, autres mains, mais du dehors, mobiles à l'excès, sensibles, *des mains électriques*.

Derrière la tête, au corselet, commencent les pattes, deux d'abord, de grande dextérité, et que M. Kirby a nommées justement les bras.

Un appareil si compliqué, mis à la partie antérieure du corps, ne peut manquer d'obscurcir, d'embrouiller sa physionomie. Que serait-ce de la nôtre, si de nos yeux, de notre bouche, partaient six mains, sans préjudice de celles qui viendraient des épaules, et de quatre autres qui seraient placées plus bas?

Tout est donné à l'action et à la défense. La face que montre l'insecte, c'est son crâne résistant, sa boîte osseuse, laquelle ne peut remuer. Elle enchâsse, encadre et fixe les yeux qui ne remuent pas non plus; mais ils n'en ont pas besoin, étant extérieurs et multiples; ceux de la fourmi sont divisés en cinquante facettes qui lui montrent tout, devant et derrière. Donc, une vue admirable, mais point de regard. Nul muscle extérieur qui mobilise le masque. Donc, point de physionomie.

La pantomime, en récompense, était extrêmement expressive, je dirai même fort touchante. Quand elle vit qu'elle était si peu ferme, si peu capable de marcher, elle fit ce qu'aurait fait l'homme prudent et sagace : elle travailla à se remettre par les moyens mêmes que nous employons. Elle procéda à un massage méthodique de toute sa personne en allant du haut au bas. Assise comme un petit singe, elle se passait adroitement dans la bouche les bras ou pattes antérieures, et les tournait de manière à lisser son dos et ses reins. De moment en moment, elle revenait à la tête, la prenait par ses deux mains, comme si elle eût voulu secouer et mettre dehors cette fatale ivresse qui la rendait si peu propre à pourvoir à son salut. On eût dit qu'elle s'interrogeait, se redemandait sa pensée, se disait, comme nous faisons dans un mauvais songe : « Est-ce vrai ? est-ce faux !... pauvre tête !... hélas ! qu'est-elle donc devenue ? »

Je sentais à ce moment que nous vivions dans deux mondes. Et nul moyen de nous entendre. Quel langage pour la rassurer ? Moi, la voix ; elle, les antennes. Pas une de mes paroles ne pouvait avoir accès à son télégraphe électrique qui lui sert d'ouïe.

Cette boîte osseuse continue qui enveloppe les corps, isole aussi de nous l'insecte, nous le cache. Il a un cœur, qui bat aussi bien que le nôtre ; mais sous son épaisse armure on n'en voit pas le battement. Ce langage sans parole qui nous touche dans tant d'êtres muets, lui, il ne l'a même pas. Il est tout enveloppé de mystère et de silence.

Il respire, ou plutôt reçoit l'air par le côté, non de face, non par la tête. On ne sent pas en lui le souffle, l'élan de la respiration. Dès lors, comment parlerait-il et comment se plaindrait-il ? Il n'a rien de tous nos langages. Il a des bruits, non une voix.

Ce masque fixe, immobile, condamné à ne rien dire, est-ce celui d'un monstre ou d'un spectre ? Non. D'après ses mouvements, et tant d'actes empreints de réflexion, d'après ses arts plus avancés que ceux des grands animaux, on est bien tenté de croire qu'en cette tête il y a quelqu'un. Et, du plus haut au plus bas de l'échelle de la vie on sent l'identité de l'âme.

III

L'INSECTE COMME AGENT DE LA NATURE
DANS L'ACCÉLÉRATION DE LA MORT ET DE LA VIE

L'insecte n'a pas mes langages. Il ne parle ni par la voix ni par la physionomie. Par quoi donc s'exprime-t-il?

Il parle par ses énergies :

1° Par l'action immense de destruction qu'il exerce sur le trop-plein de la nature, sur une foule d'existences trop lentes ou morbides qu'elle a hâte de faire disparaître.

2° Il parle encore par ses énergies visibles, surtout au moment de l'amour; ses couleurs, ses feux, ses poisons (dont plusieurs sont nos remèdes).

3° Il parle enfin par ses arts, qui pourraient féconder les nôtres.

C'est tout le sujet de ce deuxième livre.

Abordons d'abord le sujet par où il nous blesse le plus et semble l'auxiliaire de la mort, son immense, son ardente et infatigable destruction. Envisageons-la dans l'histoire et prenons-la de plus haut.

Pour répondre à nos petitesses, à nos dégoûts, à nos terreurs, aux jugements étroits, égoïstes, que nous portons sur ces choses, il faut rappeler les grandes et nécessaires réactions de la nature.

Elle n'a pas marché avec l'ordre d'un flot continu mais avec des retours, des reculs sur elle-même qui lui permettaient de s'harmoniser. Notre vue myope, qui s'arrête quelquefois sur ces mouvements rétrogrades en apparence, s'alarme, s'effraye, méconnaît l'ensemble.

C'est le propre de l'Amour infini, qui va créant, toujours, à chaque création qu'il fait, de la porter à l'infini. Mais, dans cet infini même, il suscite une création d'antagonismes qui réduira la première. Si nous lui voyons produire de monstrueux destructeurs, soyons sûrs qu'ils arrivèrent, comme remède et répression, pour arrêter des monstres de fécondité.

Les insectes herbivores ont été la répression de l'épouvantable encombrement végétal du monde primitif.

Mais ces herbivores débordant toute loi et toute raison, arrivèrent pour réprimer les insectes insectivores.

Ceux-ci, robustes et terribles, tyrans de la création, par leurs armes et par leurs ailes, eussent été vainqueurs des vainqueurs, et auraient poussé à bout les espèces les plus faibles, si, sur tout le peuple insecte et sur son vol le plus fier, ne fût survenue la grande aile, un tyran supérieur, l'oiseau. La *demoiselle* orgueilleuse fut enlevée par l'hirondelle.

Par ces destructions successives, la production a été non supprimée, mais contenue, et les espèces équilibrées. De sorte que tous durent et vivent. Plus une espèce est émondée, plus elle est féconde. Déborde-t-elle? à l'instant ce trop-plein est balancé par la fécondité nouvelle qu'elle ajoute à ses destructeurs.

Hommes de cette époque tardive, fils du maigre et sobre Occident, élevés dans ces petits jardins serrés, soignés, épluchés, que vous appelez grandes cultures, agrandissez, je vous prie, étendez vos conceptions et tâchez d'imaginer autre chose que ces miniatures, si vous voulez comprendre un peu les forces primitives du globe, l'abondance et surabondance que put déployer la terre, quand, trempée de chauds brouillards, elle poussa de son sein le flux de sa première jeunesse. Les plus chaudes contrées du globe actuel en montrent encore quelque chose, mais dans une pâle décadence. L'Afrique qui, en majeure partie, a perdu ses eaux, garde pour souvenir d'alors dans ses zones les mieux conservées cette herbe énorme et ventrue, arbre herbacé, le baobab. Les forêts inextricables de la Guyane et du Brésil, dans leur enchevêtrement, dans leurs chaos de plantes folles qui, sans règle ni mesure, enveloppent des arbres géants, les étouffent, les pourrissent, les enterrent dans les débris, voilà des images imparfaites de ce grand chaos antique. Les seuls êtres assez impurs pour en souffrir l'impureté, en aspirer les souffles mortels, c'étaient les reptiles à gros ventre, les lourds crapauds, les caïmans verts, les serpents gonflés de boue, de venin. Et tels auraient été les habitants de la terre. Ne pouvant reprendre haleine, sous cet horrible étouffement, elle n'eût jamais pu souffler cet air pur qui nous a fait vivre.

Alors, d'en haut, fondit l'oiseau qui, plongeant au gouffre, rapportait au ciel sur la pointe des hautes forêts quelqu'un de ses monstres. Mais son combat incessant serait resté à jamais au-dessous de l'abominable fécondité de ces races, si, par en bas, des milliards de rongeurs n'eussent éclairci l'encombrement, dénudé ces affreux repaires, rouvert aux traits du soleil la bourre sous laquelle haletait la terre. Les plus humbles des insectes firent l'ouvrage le plus énorme qui rendît le monde habitable : ils dévorèrent le chaos.

« Petits moyens, grand résultat, direz-vous. Comment ces petits vinrent-ils à bout d'un infini ? » Vous ne garderiez pas ce doute, si seulement vous aviez été témoin une fois du réveil de nos vers à soie, quand un matin ils éclosent, avec cette faim immense qu'aucune abondance de feuilles ne peut satisfaire. Leur hôte se croyait en mesure de les contenter avec une belle et riche plantation de mûriers. Mais ceci n'est rien encore. Vous leur apportez des forêts, et ils demandent toujours. A vingt pas et davantage, vous entendez un bruissement étrange et non interrompu, comme de ruisseaux qui couleraient toujours, et toujours en frottant, usant le caillou. Et vous ne vous trompez pas, c'est un ruisseau, c'est un torrent, un fleuve infini de matières vivantes qui, sous cette grande mécanique de tant de petits instruments, bruit, résonne et murmure, passant de la vie végétale à celle d'insectes, et doucement, invinciblement, se fond dans l'animalité.

Pour revenir au premier âge, les destructeurs les plus terribles, les rongeurs les plus implacables qui percèrent la pourriture inférieure du grand chaos, qui plus haut délivrèrent l'arbre de l'étreinte de ses parasites, enfin s'en prirent aux rameaux, éclaircirent l'ombre livide, ceux-là furent les bienfaiteurs des espèces à venir. Leur travail non interrompu d'indomptable destruction mit à la raison l'orgie végétale où s'était perdue la nature. Elle eut beau produire, ils vainquirent, ils firent de superbes clairières, et les monstres, exilés des gouffres où ils pullulaient, devinrent de plus en plus stériles, livrés par cette grande révélation des forêts au fils de la lumière, l'oiseau.

· Profond accord et beau traité entre celui-ci et son opposé, le fils de la nuit, l'insecte, qui lui fit jour dans l'abîme, lui livra ses ennemis. Ajoutez qu'à mesure qu'une nourriture exubérante fortifia, exalta l'insecte, quand son sang fut enivré de tant de brûlants végétaux, une âpreté inconnue commença, et des espèces hardies, féroces, ne s'amusèrent plus à ronger les abris des monstres. Elles s'en prirent aux monstres mêmes. Aiguillons, tarières, ventouses, dents tranchantes, pinces acérées, un arsenal d'armes inconnues qui n'ont pas de noms encore, naquirent, s'allongèrent, s'aiguisèrent pour travailler la matière vive. Il le fallait. Ce fut le rasoir qui trancha la gourme immonde du monde naissant. Elle avait nourri, multiplié la gent, faiblement animalisée, des vers engourdis, des larves à sang blême, une vie pâle, infime encore, qui gagna à travers ce brûlant creuset de vie âpre qui fut l'insecte supérieur.

Je ne connais rien sur terre qui semble plus fort, plus ferme, plus durable et plus redoutable que ces miniatures cuirassées du rhinocéros, qui courent sur la terre aussi vite que ce mammifère est lourd et pesant. Le carabes, les nasicornes, les cerfs-volants, qui emportent avec tant d'agilité des armures plus redoutables que toutes celles du Moyen-âge, ne nous rassurent que par leur taille. La force est épouvantable ici, relativement. Si vous supposiez un homme aussi fort en proportion, il emporterait dans ses bras l'obélisque de Louqsor.

Ces énergies d'absorption, concentrant en ces insectes d'énormes foyers de forces, se traduisirent dans la lumière par des énergies de couleur. A celles-ci, dans les espèces où la vie s'exalta le plus, succédèrent les énergies morales. Ces superbes héros barbares, les scarabées, furent effacés par les modestes citoyens, fourmis et abeilles, où la beauté fut l'harmonie.

C'est toute l'histoire des insectes. Mais, quelque haut que ces derniers doivent nous conduire, ne méprisons pas le point de départ, les utiles rongeurs et mineurs, qui ont travaillé, préparé le globe.

Leur œuvre est-elle terminée? Nullement. Des zones immenses restent pour ainsi dire antiques, condamnées à une fécondité terrible et malsaine. Au centre de l'Amérique, les plus riches forêts du monde semblent toujours repousser l'homme qui n'y vient que pour mourir. Ses bras, amaigris de fièvre, n'ont pas même assez de force pour en recueillir les trésors. Qu'un arbre tombe sur la voie, c'est pour l'homme nonchalant un insurmontable obstacle. Il le tourne, et vous voyez le circuit marqué dans les hautes herbes. Heureusement les termites ne reculent pas si aisément. S'ils viennent en face de l'arbre, ils ne l'évitent point, n'en font pas le tour. Ils l'attaquent bravement de front, y mettent autant de travailleurs qu'il faut, quelques millions, et en deux jours ou trois jours l'arbre est dévoré, la voie libre.

La haute loi de la nature, la loi de salut, dans de telles contrées, c'est la destruction rapide de tout ce qui est décroissant, languissant, stagnant, donc nuisible, sa purification brûlante par le creuset de la vie. Ce creuset, c'est surtout l'insecte. Il ne faut pas accuser sa furie d'absorption. Qui songe à accuser la flamme? La flamme n'est accusable que quand elle ne brûle pas. Et de même, ce feu vivant, l'insecte, est fait pour dévorer. Il faut qu'il soit ardent, cruel, aveugle, d'un appétit implacable. Loin de lui la sobriété, la modération, la pitié! Toutes ces vertus de l'homme et des êtres supérieurs seraient des nonsens qu'on ne peut même imaginer. Concevez-vous un insecte avec la sensibilité et la tendresse du chien! qui pleurerait comme un castor? qui aurait les aspirations, la poésie du rossignol? enfin la pitié de l'homme?... Mais ce serait un insecte incapable, très impropre à son métier d'anatomiste, de disséqueur et destructeur, disons mieux, de traducteur universel de la Nature, qui, précipitant la mort en supprimant les langueurs, accélère par cela même le brillant retour de la vie. Par lui, dégagée et légère, elle dit, d'une joie sauvage : « Nulle maladie, nulle vieillesse!... Fi de toute décroissance!... Salut à l'éternelle jeunesse!... Meure ce qui vécut plus d'un jour! »

Notez que cette furie d'insectes ailés qui semblent des agents de mort est souvent une cause de vie. Leur persécution acharnée des troupeaux malades, alanguis de chaleur humide, est le salut de ceux-ci. Ils resteraient stupidement résignés, et, d'heure en heure, moins capables de bouger, mornes, liés par la fièvre, et ne se relèveraient plus. L'inexorable aiguillon sait bien les remettre debout; tremblants sur leurs jambes, ils fuient; l'insecte ne les quitte pas, les presse, les pousse, et, sanglants, les amène aux régions salubres des terres sèches et des eaux vives, où, moins satisfait lui-même, leur furieux guide les quitte et retourne aux vapeurs malsaines, à son royaume de mort.

En Afrique, dans le Soudan, un petit insecte, la mouche Nâm, dirige souverainement les migrations des troupeaux. Au temps de la sécheresse, elle sévit contre le chameau; elle s'introduit hardiment dans l'oreille de l'éléphant. Les géants, invinciblement poussés par ce pasteur ailé, échappent aux feux du Midi et s'en vont, en grande hâte, chercher la brise du Nord. Les bœufs, au contraire, ménagés par elle avec l'Arabe, leur maître, restent paisibles au Midi.

Les plus terribles des insectes, les grosses fourmis de la Guyane, sont bénis précisément pour leur puissance dévorante. Nul moyen sans elles de purger à fond les habitations de toute sorte d'engeance obscure qui pullule dans les ténèbres, dans les planchers, les charpentes, dans les moindres fentes. Mais un matin, l'armée noire se présente aux portes des habitations; ce sont les *fourmis de visite*. On se retire, on leur fait place, on évacue la maison. « Entrez, mesdames, allez, venez; faites ici comme chez vous... » Il y aurait peu de sûreté pour les maîtres à rester, car ces visiteuses exactes ont pour loi de ne laisser où elles passent nulle chose vivante. Tout insecte périt d'abord, les plus gros, les invisibles, les œufs même les mieux cachés. Puis, les petits animaux, crapauds, couleuvres, mulots, rien n'échappe. La place est nette, sans débris; les moindres restes sont consciencieusement dévorés.

Les grosses araignées des Antilles, sans se piquer d'arriver à une purification si terrible et si complète, travaillent cependant très bien à la propreté de la maison. Nul insecte dégoûtant n'est souffert par elles. Ce sont de très bonnes servantes, plus propres que les esclaves. Aussi on les apprécie, et on les achète comme domestiques indispensables. Il est des marchés où l'on fait la *traite* des araignées.

L'araignée, en Sibérie, jouit de la considération qu'elle mérite partout à tant de titres. Ce monde de l'extrême Nord, dont l'été si court n'en est pas moins infesté de cousins, de moucherons, voit son bienfaiteur dans l'utile insecte qui oppose à cette armée une chasse industrieuse au profit de l'homme. Sa prudence consommée, son habileté supérieure, la prescience qu'elle a des variations de l'atmosphère et des phases du climat ont porté si haut l'idée que s'en font les Sibériens, que plusieurs de leurs tribus rapportent la création du monde à une gigantesque araignée.

IV

INSECTES AUXILIAIRES DE L'HOMME

Un chasseur de petits oiseaux, dans un ingénieux mémoire académique, a émis ce paradoxe : « Que leur multiplication récente est la cause de la maladie de la vigne, de la pomme de terre, etc. » Comment cela? Cette maladie, qui éclata la première fois en septembre 1845, est venue, dit l'auteur, des animalcules microscopiques et des végétations parasites que les insectes détruisaient jusque-là. Mais ces insectes protecteurs de l'agriculture auraient péri, dévorés par les oiseaux en 1844. La fatale loi de mai 1844, qui protège les oiseaux, aurait multiplié ceux-ci au point que les insectes, chassés et détruits par eux, ne purent continuer à nos plantes le secours qu'ils leur prêtaient contre les ennemis invisibles.

Cette hypothèse, exposée avec esprit et talent, et qui semble même appuyée de faits et de dates, porte tout entière sur un point. Si ce point manque, elle s'écroule.

Elle suppose que les oiseaux ont été efficacement protégés par la loi et que, depuis douze ans, *ils ont pu multiplier*, devenir maîtres du terrain, tyrans exterminateurs des espèces utiles d'insectes, qu'enfin malheureusement *ces insectes auraient à peu près disparu.*

A cela il y a trois réponses :

1° Les oiseaux n'ont nullement multiplié. Ce n'est pas au *Bulletin des Lois* qu'il faut le demander, c'est aux oiseleurs, aux chasseurs. Or, voici ce qu'ils répondent : « On a tant détruit d'oiseaux depuis que la loi les protège, qu'en certains pays la chasse est effectivement impossible, parce qu'il n'y a plus rien à tuer. »

Dans la Provence, aux lieux mêmes où les cousins sont le plus insupportables (donc les oiseaux plus précieux), dans la Camargue, les chasseurs, au défaut d'oiseaux mangeables, tuent maintenant les hirondelles. Ils se placent à l'affût aux points où elles sont en file, et réussissent à en tuer plusieurs d'un même coup de fusil.

2° Les insectes n'ont nullement été détruits par les oiseaux. Demandez aux agriculteurs quelle est cette classe d'insectes qui a disparu. Ils ont beau chercher, ils ne trouvent pas qu'une seule espèce ait diminué. Au contraire, on les a vus, dans les années en question, multiplier, croître, fleurir, et rien ne les empêchait de faire la guerre à leur aise aux animalcules invisibles.

Pas une espèce d'insecte ne manque; mais, en revanche, d'excellents observateurs nous apprennent, dans leurs livres de chasse ou d'histoire naturelle, que plusieurs espèces d'oiseaux auront bientôt disparu.

3° Les oiseaux ne sont pas, autant que le dit l'auteur du mémoire, d'*inintelligents assassins*. Loin de là, ils assassinent de préférence les insectes qui nous sont le plus nuisibles. L'époque où ils leur font une guerre réellement meurtrière, c'est celle où ils en nourrissent leurs petits. Que leur portent-ils? Bien peu d'insectes insectivores; ceux-ci, armés, cuirassés, des carabes, des cerfs-volants, couverts d'écailles métalliques, armés de pinces et de crocs, d'une vie indestructible, seraient un manger effrayant pour les petits de la fauvette; ces petits fuiraient plutôt devant un pareil aliment. Ce n'est pas cela du tout que la judicieuse mère cherche et donne à ses enfants. Ce sont des insectes mous et quasi laiteux, des larves grasses et succulentes, de bonnes petites chenilles tendres, tous animaux herbivores, fructivores, légumivores, justement ceux qui font du tort à nos jardins, à nos campagnes.

Donc le travail capital de l'oiseau contre l'insecte coïncide précisément avec le travail de l'agriculteur.

Du reste, nous sommes loin de dire, comme l'auteur nous le fait dire, que l'oiseau soit *le seul* épurateur de la création. Il faudrait être bien aveugle et bien inintelligent pour ne pas voir qu'il partage ce rôle avec l'insecte. L'action même de celui-ci est sans doute plus efficace dans la poursuite d'un monde d'atomes vivants, que l'insecte dont les yeux sont des microscopes, distingue, atteint, dans beaucoup de lieux obscurs, inaccessibles à l'oiseau. Celui-ci, d'autre part, est l'épurateur essentiel pour ce qui demande et la vue lointaine et le vol, pour les nuées effroyables d'autres animalcules invisibles qui flottent et nagent dans l'air, et, de là, dans nos poumons.

L'équilibre des espèces est désirable, en général. Toutes ont leur utilité. Nous nous joignons volontiers à l'auteur du mémoire dans le vœu qu'on distingue spécialement et qu'on épargne surtout les insectes aptes à détruire des insectes plus petits. Le paysan les détruit tous, sans savoir qu'en tuant, par exemple, la libellule ou demoiselle, la brillante meurtrière qui tue mille insectes en un jour, lui, il travaille pour eux; il est l'auxiliaire des insectes, le conservateur et propagateur de ceux qui mangent son bien. La terrible cicindèle, sans avoir un si haut vol, avec les poignards croisés, ou plutôt les deux cimeterres qui lui servent de mâchoires, fait des ravages d'insectes rapides, inouïs. Ménagez-la, respectez-la. N'écoutez pas l'enfant séduit par la richesse de ses ailes, et n'allez pas, pour lui plaire, mettre à la pointe d'une épingle votre excellent chasseur d'insectes, auxiliaire si efficace des travaux de l'agriculture.

Les carabes, tribus immenses de guerriers armés jusqu'aux dents, qui, sous leurs lourdes cuirasses, ont une activité brûlante, ce sont les vrais gardes champêtres qui, jour et nuit, sans fêtes ni repos, protègent vos champs. Jamais ils ne se permettront d'y toucher la moindre chose. Ils procèdent uniquement à l'enlèvement des voleurs et ne veulent de salaire que le corps du voleur même.

D'autres travaillent sous la terre. L'innocent lombric, qui la perce, la remue, prépare à merveille les terres glaises et argileuses qui ont peu d'évaporation. D'autres, en compagnie de la taupe, poursuivent dans les profondeurs la cruelle ennemie de l'agriculture, la larve horriblement vorace, destructive, du hanneton, qui, trois ans durant, eût coupé la racine des plantes en dessous.

Les insectes insectivores ont des droits trop évidents à la protection de l'homme, dont ils sont les alliés. Mais, parmi les herbivores même, il y a d'excellents destructeurs de plantes nuisibles. L'ortie, inutile, piquante, désagréable en tout sens, est respectée des quadrupèdes; à peine un seul daigne y toucher, et cinquante espèces d'insectes travaillent, d'accord avec nous, pour nous en débarrasser.

Une fort belle classe d'insectes, les uns riches de costume, les autres d'intelligence, sont les nécrophores, ceux qui nous rendent le service de faire disparaître toute chose morte du sol. La Nature, à qui ils sont si utiles, les a traités en véritables favoris, les honorant de beaux habits et les rendant industrieux, ingénieux dans leurs fonctions. Chose remarquable, avec ce métier sinistre, loin d'être plus farouches, ils sont remarquablement sociables au besoin; ils savent réunir leurs forces, combiner leur action et agir avec concert. Bref, ces honnêtes croque-morts sont, dans le peuple des insectes, une brillante aristocratie.

La nature évidemment n'a pas les mêmes idées que nous. Elle comble les plus utiles, quelles que soient leurs fonctions. Le bousier, par exemple, qui fait disparaître la fiente, en payement de ce service est habillé de saphir. Le célèbre bousier d'Égypte, l'attacus sacré des tombeaux, apparaît glorifié d'une auréole d'émeraude.

Qui dirait tous les services que rendent ces expurgateurs? Mais on n'est guère juste pour eux. Il m'arriva, en avril, quand je voulais mettre au jardin des dahlias qui avaient passé l'hiver au verger, que l'humidité du climat (de Nantes), le sol de terre glaise compacte et sans écoulement, avaient pourri les tubercules. Nombre d'insectes étaient là, fort utilement occupés à purger ce foyer choquant de dissolution, et cela à la grande indignation du jardinier, tout près de les accuser du mal qu'ils faisaient disparaître.

L'ennemi des jardins humides, le limaçon, est poursuivi par un insecte, le drilus, qui le guette, et, pour mieux le suivre, monte sur lui, se fait porter, saisit le moment favorable, et le limaçon rentrant, entre aussi, vit chez lui, de lui. Un limaçon lui dure quinze jours. Alors il passe à un autre, plus gros, puis à un troisième, plus gros encore. Il lui en faut trois. Au troisième, comme il va se changer en nymphe, le drilus fait place nette, et, pour dormir commodément, prend la solide maison de l'ennemi qui l'a nourri.

Rien ne serait plus utile que d'éclairer le paysan sur la distinction à faire entre les insectes utiles et les insectes nuisibles à l'agriculture; sur ceux dont les arts divers peuvent tirer parti, spécialement les arts chimiques, qui trouveront probablement des ressources inattendues dans des êtres doués d'une vie si riche et si intense. Une très honorable initiative, en ce genre, revient à l'éminent naturaliste qui a si bien organisé le muséum de Rouen. Tous ses élèves en ont gardé une mémoire reconnaissante; et je dois à l'un d'eux la reproduction d'une leçon originale et instructive sur l'insecte comme comestible.

« Un regrettable préjugé, un raffinement ridicule a éloigné notre Occident d'une source d'alimentation des plus riches et des plus exquises. Quel droit les mangeurs de gibier faisandé, d'oiseaux non vidés, quel droit encore les mangeurs d'huîtres, de ce mollusque glaireux, auraient-ils de repousser l'alimentation de l'insecte?

« La Bourgogne a le bon sens de profiter, sans vain dégoût, du mollusque excellent dont les vignes sont peuplées, je veux dire du limaçon, qu'elle accommode au beurre et aux fines herbes, mets aussi sain pour la poitrine qu'il est agréable à la bouche et profitable à l'estomac.

« Un savant célèbre, Lalande, osa faire un pas de plus et passer à la chenille, s'élevant d'un degré encore au-dessus du préjugé. Nous lui devons de savoir que la chenille a le goût d'amande et l'araignée de noisette. Il s'habitua à celle-ci, qu'il trouvait plus délicate. » Je le crois bien. En tout sens l'araignée est un être supérieur.

« Plusieurs insectes sont tellement savoureux et substantiels, qu'entre tous les aliments ils avaient été choisis par les dames comme renouvellement de vie, de beauté, de jeunesse. Les Romaines de l'Empire vieilli reprenaient les formes amples des Cornélia de la république par l'usage du cossus. Les sultanes de l'Orient, des pays voluptueux, où l'amour cherche les contours arrondis, se font apporter des blaps, et, oisives dans les jardins, au bruit des eaux jaillissantes, puisent dans le succulent insecte une Jouvence éternelle.

« Au Brésil, la Portugaise tire des malalis du bambou, quand l'arbre a sa fleur nuptiale, un beurre frais pour les aliments, et mange en bonbons les fourmis au moment où l'aile les soulève dans les airs comme une aspiration d'amour.

« Mais généralement l'insecte, à part sa valeur réelle, a été recherché des peuples dont il détruisait la culture. Il leur ôtait les aliments; ils l'ont pris pour aliment. La terrible sauterelle, dont la multiplication a mis tant de fois l'Orient en péril, a d'autant plus été poursuivie, dévorée par l'Orient. On dit que le calife Omar, à sa table de famille, vit tomber une sauterelle et lut sur son aile : « Nous pondons quatre« vingt-dix-neuf œufs; et si nous en pondions cent, « nous dévasterions le monde. »

« Heureusement la sauterelle est la manne de l'Asie. Qui ne sait que les prophètes, dans les grottes du Carmel, ne vivaient pas d'autre chose? Les prophètes de l'islamisme suivaient le même régime. On disait un jour à Omar : « Que pensez-vous des sauterelles? — Que j'en voudrais un plein panier. » Un jour, elles lui manquèrent. A grand'peine un serviteur lui en trouva une, et, reconnaissant, charmé, il s'écria : « Dieu est grand! »

« Aujourd'hui encore, on vend des sauterelles dans tout l'Orient, et on les mange au café comme dessert et friandise. On en charge des vaisseaux; on en trafique à pleins tonneaux.

« Nous avons ici des insectes bien autrement substantiels et plus riches d'alimentation. Qui nous arrête? Et quel scrupule avons-nous de prendre contre eux de si utiles représailles? »

A ce point de son discours, l'orateur trouva dans son auditoire, où affluaient les paysans intelligents de Normandie, une attention profonde, comme aux endroits où retentit dans le Parlement britannique le cri d'usage : « *Hear! hear!* Écoutez! écoutez! »

Il avait prévu ce moment; car, ayant mis sur sa table quelques-uns des insectes les plus redoutés de l'agriculture, il les prit, les mit sous sa dent, les avala gravement avec cette forte parole qui ne perdra pas son fruit : « Il nous ont mangés... mangeons-les! »

V

LA FANTASMAGORIE DES COULEURS
ET DES LUMIÈRES

Si l'insecte ne nous parle pas et ne veut pas nous parler, est-ce à dire qu'il n'exprime pas la brûlante intensité de la vie qui est en lui ?

Nul être ne se révèle plus clairement, mais de lui à lui, d'insecte à insecte. Ils sont entre eux ; c'est un monde fermé qui ne dit rien en dehors, ne se parle qu'à lui-même.

Pour les usages ordinaires, une télégraphie électrique existe dans leurs antennes. Mais le grand, l'éloquent langage, apparaît chez eux vers la fin, pour un moment court, il est vrai, qui de près annonce la mort, la grande fête de l'amour.

Ils parlent par l'insigne ornement qu'ils revêtent alors, par l'aile, le vol et la vie légère, « par la fantaisie qui leur vient (dit le bon Du Tertre) de se faire oiseaux ». Ils parlent par ces brillants hiéroglyphes de couleurs, de dessins bizarres, cette coquetterie étrange de toilettes extraordinaires. Ils parlent par la lumière même, et quelques espèces révèlent leur flamme intérieure par un visible flambeau.

Ils dépensent magnifiquement, royalement, ces derniers jours. Et pourquoi les ménager? ils mourront demain. Éclate donc la vie splendide! Étincellent l'or et l'émeraude, le saphir et le rubis! et qu'elle ruisselle elle-même, cette incandescente ardeur, torrent d'existence, torrent de lumière prodigués dans un commun et rapide écoulement.

L'espace manque dans nos musées pour étaler la variété prodigieuse, infinie, des parures dont la Nature a voulu maternellement glorifier l'hymen de l'insecte et lui paradiser ses noces. Un amateur distingué ayant eu la patience de me montrer de suite, genre par genre, espèce par espèce, son immense collection, je fus étourdi, stupéfié, comme épouvanté de la force inépuisable, j'allais dire de la furie d'invention que déploie ici la Nature. Je succombai, je fermai les yeux et demandai grâce ; car mon cerveau se prenait, s'aveuglait, devenait obtus. Mais, elle, elle ne se lassait pas ; elle m'inondait et m'accablait d'êtres charmants, d'êtres bizarres, de monstres admirables, en ailes de feu, en cuirasses d'émeraudes, vêtus d'émaux de cent sortes, armés d'appareils étranges, aussi brillants que menaçants, les uns en acier bruni, glacé d'or, les autres à houppes soyeuses, feutrées de noir velours : tels à fins pinceaux de soie fauve sur un riche fond acajou ; celui-ci en velours grenat piqué d'or ; puis des bleus lustrés, inouïs, relevés de points veloutés ; ailleurs des rayures métalliques, alternées de velours mats.

Il en était qui semblaient dire : « Nous sommes

toute la Nature à nous seuls. Si elle périt, nous en jouerons la comédie, et nous simulerons tous les êtres. Car, si vous voulez des fourrures, nous voici en palatines, telles que n'en porta jamais l'impératrice de Russie ; et, si vous voulez des plumes, nous voici tout emplumés pour défier l'oiseau-mouche ; et, si vous voulez des feuilles, nous sommes feuilles à s'y tromper. Le bois même, toutes les substances, il n'est rien que nous n'imitions. Prenez, je vous prie, cette branche, et tenez... c'est un insecte. »

Alors, je défaillis vraiment. Je fis une humble révérence à ce peuple redoutable, je sortis de l'antre magique la tête en feu, et longtemps ces masques étincelants dansaient, tournaient, me poursuivaient, continuant sur ma rétine leur bal effréné.

Je les avais vus là pourtant sous des cadres et dans des boîtes, aussi morts que dans la nature ils furent ardents et fourmillants. Qu'eût-ce donc été de les voir dans l'animation, vivants, surtout dans les climats de feu où ils abondent et surabondent, où tout s'harmonise avec eux, où l'air, où l'eau, où la flore, imprégnés de flammes fécondes, rivalisent avec l'âpre ardeur des légions animales pour la fureur de l'amour, la production précipitée et renouvelée sans cesse par la mort impatiente ?

Les forêts américaines du Brésil et de la Guyane sont les redoutables officines où se brasse incessamment le grand échange des êtres. La féerie bizarre du règne végétal s'accorde à celle des forces animées. Des cris sauvages, âpres, plaintifs, non des chants, en sont le concert. Des voix étranges d'oiseaux, dans les bois, dans les savanes, se relayent vibrantes, rauques, mais régulières et comme pour indiquer les heures. Elles sont l'horloge du désert. Autres de jour, autres de nuit, parfaitement distinctes aussi en ces trois moments, du matin, du midi et du soir. Elles inquiètent, en ce qu'elles reproduisent nos voix ou nos bruits; elles semblent ironiques et moqueuses. Tel crie, tel siffle et tel soupire. Celui-ci sonne la cloche, celui-là frappe du marteau, et un autre fait entendre les sons de la cornemuse. L'immensité des campos retentit de la grande voix du cariama. Et celle du vainqueur des serpents, du courageux kamichi, âpre et forte, sur les marécages, fait tressaillir le sauvage, qui a cru ouïr passer les esprits.

Le soir, au chant de la cigale, au coassement des grenouilles, au cri des chouettes, aux lamentations des vampires, s'unit le hurlement des singes. Mais un sifflement arraché comme d'une poitrine déchirée les fait taire, répand la terreur. Il indique la présence du rôdeur aux griffes aiguës, du rapide jaguar.

Du reste, rien ne rassure ici. Ces eaux vertes, si paisibles, d'où s'entendent par moments quelques soupirs étouffés, si vous y mettiez le pied, vous verriez avec terreur que ce sont des eaux solides. Des caïmans, de leurs dos verdâtres, comme des mousses ou herbes aquatiques, en font la superficie. Qu'un être vivant paraisse, tout lève la tête, tout grouille; on voit dans toute sa terreur se dresser l'étrange assemblée. Est-ce tout?... Ces monstres eux-mêmes qui règnent à la surface, ils ont en dessous des tyrans. Le piranga, poisson-rasoir, aussi rapide que le caïman est lourd, de la fine scie de ses dents, avant qu'il ait pu se tourner, lui coupe la queue et l'emporte. Le caïman, presque toujours ainsi mutilé, périrait, si sa cuirasse n'empêchait son ennemi de le disséquer. Ce terrible anatomiste, d'un éclair de son scalpel, ampute au passage, au vol, les oiseaux qui rasent les flots. Nombre d'oiseaux aquatiques qu'on prend sont ainsi mutilés. Qu'est-ce donc des quadrupèdes? les plus puissants sont dévorés. Un horrible combat se passe sans cesse dans ces eaux profondes, eaux vivantes et combles de vie, mais combles de mort aussi, où se réalise à la lettre un rapide et furieux suicide de la nature, se dévorant pour se refaire.

Les insectes sont au niveau en furie et en beauté. L'exaltation de la vie, manifestée chez les taons, les moustiques, par la soif du sang, se révèle en d'autres espèces par de ravissantes couleurs, des bizarreries de dessin, des singularités de formes, qui étonnent ou qui effrayent. Le charançon impérial, fier dans sa verte cuirasse pointillée de poudre d'or, semble avoir traversé les mines de cette terre des métaux, et s'être enrichi au passage. Les buprestes, d'un vert plus jaune, semblent des pierreries toutes montées qui vont et qui marchent. L'arlequin de la Guyane, faucheur gigantesque, armé d'antennes démesurées et de prodigieuses jambes, pour courir par les obstacles innombrables d'herbes hautes, l'arlequin est marqueté sur fond jaune de virgules noires, d'inexplicables hiéroglyphes, être doublement étrange, doublement énigmatique. Il rappelle singulièrement la combinaison des tissus indiens, où, pour accorder des couleurs qui n'iraient pas toujours ensemble, l'artiste fait des lignes brisées, ondulées, qui en adoucissent, en achèvent l'harmonie.

Les papillons, doux insectes qui aiment la société, couvrant les rives de leurs tribus ailées, transforment toute la prairie en ravissants tapis de fleurs. Le papillon par excellence, le glorieux papillon du Brésil, d'un bleu riche à reflets changeants, plane mollement, aux heures brûlantes, sur les eaux que couvre le dôme impérial des forêts en fleurs. Être pacifique et splendide, qui semble le roi innocent de cette puissante Nature. D'autres le suivent, non moins beaux, et toujours d'autres encore. La magnifique légion suit, de son azur flottant, le courant des eaux.

Voilà les langues de l'amour. L'iris infinie de tant de couleurs n'est pas autre chose ; c'est sa traduction variée. Mais quoi ? si l'amour lui-même paraissait sans intermédiaire.

Déjà, chez nous, la timide luciole, immobile sous le buisson, laisse voir sa petite lampe qui doit guider dans la nuit l'amant vers l'amante. En Italie, elle s'agite, et sa flamme a pris des ailes. J'en fus frappé, dès le Piémont, aux eaux brûlantes d'Acqui, où le soufre était partout ; la danse effrénée des lumières semblait aiguillonnée des feux que la terre a dans ses entrailles. Au Brésil, des feuilles même sont inondées de phosphore. Comment manquerait-il à l'insecte pour l'illumination des noces ? Cette merveille, sous les tropiques, brille partout et enchante tout. On en connaît deux cents espèces à qui la nature a donné la poétique faculté d'expirer la flamme et d'enchanter leur grande fête par cette poésie de lumière.

Une charmante femme allemande, mademoiselle Mérian, transplantée sous ces zones de feu, nous a conté naïvement l'effroi qu'elle eut de leurs merveilles.

Fille, petite-fille d'excellents et laborieux graveurs, elle-même artiste et très lettrée, elle nous a donné en latin, en hollandais et en français, un admirable ouvrage pittoresque sur les insectes de Surinam. La savante dame, dans une vie exemplaire de malheurs et de vertus, n'eut qu'une folie (qui n'a la sienne?) : ce fut l'amour de la Nature. Elle quitta l'Allemagne pour la Hollande, attirée par ses collections uniques, brillantes des trésors des deux mondes. Puis cela ne ne lui suffit pas, elle passa à la Guyane et y peignit plusieurs années. Elle unissait dans le même tableau (méthode excellente) l'insecte, la plante dont il vit, le reptile qui vit de l'insecte. Consciencieuse comme elle était, elle cherchait et faisait poser ses redoutables modèles, dont pourtant elle avait peur..Une fois que les Indiens sauvages lui avaient apporté un panier d'insectes, elle s'endort après le travail. Mais un rêve étrange lui trouble son chaste sommeil. Il lui semble entendre une lyre, une amoureuse mélodie. Puis, cette mélodie s'enflamme, ce n'est plus un chant, c'est un incendie. Toute la chambre est pleine de feu... Elle s'éveille, et tout était vrai. Le panier était la lyre, le panier était le volcan. Elle vit bien vite heureusement que ce volcan ne brûlait pas. Les captifs étaient des fulgores ; leur chant était celui des noces, et leur flamme la flamme d'amour.

Dans ces contrées, on voyage beaucoup la nuit pour échapper à la chaleur. Mais on n'oserait s'engager dans les ténèbres peuplées des profondes forêts, si les insectes lumineux ne rassuraient le voyageur. Il les voit briller au loin, danser, voltiger. Il les voit de près posés sur les buissons à sa portée. Il les prend pour l'accompagner, les fixe sur sa chaussure pour lui montrer son chemin et pour faire fuir les serpents. Mais, quand l'aube se fait voir, reconnaissant et soigneux, il les pose sur un buisson, les rend à leur œuvre amoureuse. C'est un doux proverbe indien : « Emporte la mouche de feu ; mais remets-la où tu l'as prise. »

Qui ne s'attendrirait à cette flamme ? Elle suit le mouvement de la vie, elle flamboie, elle pâlit en cadence avec le flux, le reflux de notre respiration ; elle va juste au rythme du cœur. Il se dilate ou se contracte en accord avec elle, et le trouble de la passion trouble aussi ce tremblant flambeau.

Qu'est-ce au fond ? le désir visible, l'effort de plaire et d'être aimé, traduit de cent manières diverses dans les langues de la lumière. L'un, d'un bleu incomparable, à la tête de rubis, efface en scintillation le charbon ardent. L'autre, plus mélancolique, s'enfonce dans un rouge sombre. Tel, du jaune de la flamme, pâlissant encore et passant au vert, semble exprimer les langueurs, les abattements, les orages des violents amours du Midi.

La fille ardente d'Espagne, plus âpre sous le ciel d'Amérique, met la main sur l'être de la flamme, elle le saisit comme sien. Elle en fait un talisman, son bijou et sa victime. Brûlant, elle se le pose sur son sein brûlant ; il doit y mourir.

Nul usage qu'elles n'en fassent. Par une coquetterie hardie, liant de soie, emprisonnant de gaze ces flammes animées, elles les tournent en ardents colliers, les roulent autour de la taille en ceintures de feu. Elles arrivent reines au bal sous un diadème infernal de topazes vivantes, de sensibles émeraudes, qu'on voit flamboyer ou pâlir (de leur amour? de leur souffrance?). Parure brillante et funèbre d'un magnétisme sinistre, où le charme s'augmente d'un sentiment de mort. Elles dansent; la flamme moins vive associe ses doux reflets, qui paraissent s'attendrir, aux langueurs d'un profond œil noir. Elles dansent, sans fin et sans raison, sans pitié ni souvenir de la lumière amoureuse qui meurt et s'éteint sur leur sein, muette et sans voix pour leur dire : « Remets-moi où tu m'as prise. »

VI

LA SOIE

L'idéal des arts humains dans le filage et le tissage, me disait un méridional (fabricant, mais inspiré), l'idéal que nous poursuivons, c'est un beau cheveu de femme. Oh! que les plus douces laines, que le coton le plus fin sont loin de l'atteindre! à quelle énorme distance de ce cheveu tous nos progrès nous laissent et nous laisseront toujours! Nous nous traînons bien loin derrière, et regardons avec envie cette perfection suprême que tous les jours la Nature réalise en se jouant.

« Ce cheveu fin, fort, résistant, vibrant d'une légère sonorité qui va de l'oreille au cœur, et avec cela doux, chauxs, lumineux et électrique... c'est la fleur de la fleur humaine.

« On fait de vaines disputes du mérite de la couleur. Qu'importe? le noir brillant contient et promet la flamme. Le blond la montre avec les splendeurs de la Toison d'or. Le brun chatoyant au soleil s'approprie le soleil même, s'en sert, le mêle à ses mirages, flotte, ondoie, varie sans cesse dans ses reflets ruisselants, par moments sourit de lumière et par moments s'assombrit, trompe toujours, et, quoi qu'on en dise, vous donne un démenti charmant.

« L'effort capital, infini, de l'industrie humaine, a combiné tous les moyens pour rehausser le coton. Entre les Vosges et le Rhin, le rare accord des capitaux, des machines, des arts du dessin, enfin des sciences chimiques, a produit ces beaux résultats de l'indienne d'Alsace, auxquels l'Angleterre elle-même rend hommage en les achetant. Hélas! tout cela ne peut pas déguiser encore la pauvreté originaire du tissu ingrat qu'on a tant orné. Si la femme qui s'en revêt avec vanité et s'en croit plus belle veut laisser tomber ses cheveux et en dérouler les ondes sur cette indigente richesse de nos plus brillants cotons, qu'adviendra-t-il? et combien ce vêtement sera-t-il humilié!

« Monsieur, il faut l'avouer, une seule chose se soutient à côté du cheveu de femme. Un seul fabricant peut lutter. Ce fabricant est l'insecte, le modeste ver à soie. »

Un charme particulier entoure les travaux de la soie. Elle ennoblit ce qui l'entoure. En traversant nos plus rudes contrées, les vallées de l'Ardèche, où tout est rochers, où le mûrier, le châtaignier, semblent se passer de la terre, vivre d'air et de caillou, où de basses maisons en pierre sèche attristent les yeux de leur teinte grise, partout je voyais à la porte, sous une espèce d'arcade, deux ou trois charmantes filles, au teint brun, aux blanches dents, qui souriaient au passant et filaient de l'or. Le passant leur disait tout bas, emporté par la voiture : « Quel dommage, innocentes fées, que cet or ne soit pas pour vous! Au lieu de le déguiser d'une couleur inutile, de le défigurer par l'art, qu'il gagnerait à rester lui et sur ces belles fileuses! Combien mieux qu'aux grandes dames ce royal tissu vous irait! »

Il suffit de voir la soie pour dire qu'elle n'est pas d'ici, pas plus que toute chose douce. Le doux, l'exquis, vient d'Orient. Notre Occident, ce dur soldat, ce forgeron, ce mineur, n'est que pour fouiller. C'est la bonne mère Asie, dédaignée de son rude fils, qui lui a donné les choses où paraît l'essence du globe. Avec le cheval arabe et le rossignol, elle lui a donné le café, le sucre et la soie, les ravivements de l'existence et la vraie parure d'amour.

Quand la soie arriva à Rome, les impératrices sentirent qu'avant d'avoir ce vêtement elles étaient restées plébéiennes. Elles l'assimilèrent, pour son doux éclat, aux perles orientales, la payant, sans marchander, au prix des perles et de l'or.

La Chine y tenait tellement que, pour en garder le monopole, elle avait mis peine de mort pour celui qui oserait exporter le ver à soie. Ce ne fut qu'à grand péril, en le cachant dans une canne creuse, qu'on réussit à l'en sortir pour le porter à Byzance, d'où il passa en Occident.

Le Moyen-âge, l'âge d'indigence et de disputes stériles, où la laine était un luxe pour les riches, où le pauvre portait de la toile en hiver, n'eut garde de songer à la soie. L'Italie la fabriqua seule.

- C'est l'or des soies de Vérone qui, dans le Giorgion, au puissant début de l'art vénitien, ou dans le fort Titien, le maître des maîtres, pare d'un rutilant rayon leurs blondes et leurs rousses admirables, les premières beautés du monde.

D'autre part, dans un âge de déclin, lorsque l'Espagne et la Flandre avaient pâli, le peintre mélancolique qui préféra entre toutes les femmes entamées par la vie, la fleur malade, le fruit trop tôt piqué, mûri par l'aiguillon, Van Dyck revêt de blanche soie, comme d'un consolant rayon de la lune, ses belles inclinées, languissantes. Sous leurs satins aux plis si doux, elles troublent encore les cœurs de vains rêves et de regrets.

La femme qui sut rester belle jusqu'au dernier déclin de l'âge, dont le chiffre inscrit partout nous enseigne que l'amour peut vaincre le temps, Diane de Poitiers, dans son art profond, fit exactement le contraire de nos étourdies, qui changent sans cesse, comme pour amuser les passants, ne laissent nulle trace au cœur et ne font nulle impression. Elle laissa ces Iris se délecter elles-mêmes de leur fugitif arc-en-ciel. Elle, comme la Diane du ciel, elle garda même costume, blanc ou noir, et toujours la soie.

Ce fut pour lui plaire qu'Henri II porta les premiers bas de soie, et le fin juste-au-corps de soie, qui marquait dans toute sa grâce une taille svelte et nerveuse. On sait l'ardente passion qu'Henri IV montra plus tard pour cette noble industrie, plantant des mûriers partout, sur les routes, sur les places, dans les cours de ses palais et jusque dans ses Tuileries. La soie de tenture, de décoration, de meubles, d'étoffes à fleurs, prit bientôt son essor à Lyon, qui en fournit toute l'Europe.

Le dirai-je cependant? Les grands et profonds effets ne sont nullement ceux de la soie ornée. La soie laissée en nature et pas même teinte est dans un rapport plus intime avec la femme et la beauté. L'ambre et les perles, un peu jaunes, avec les guipures et les dentelles, pas trop jeunes, sont les seuls objets que la soie aime pour voisins.

Noble parure, nullement voyante, qui prête un charme de douceur à la trop vive jeunese, et donne à la beauté pâlie son plus attendrissant reflet.

Il y a là un vrai mystère qui nous charme. La couleur ou le brillant? Le coton a bien son brillant, et, sous l'apprêt, il prend souvent une agréable fraîcheur. La soie n'est pas proprement brillante, mais lumineuse, d'une douce lumière électrique, tout naturellement concordante à l'électricité de femme. Tissu vivant, elle embrasse volontiers la personne vivante.

Les dames de l'Orient, avant qu'elles n'adoptassent les sottes modes d'Occident, n'avaient que deux vêtements : dessus le vrai cachemire (si fin que le plus vaste châle devait passer par un anneau), et dessous une belle tunique de soie, d'un blond pâle, ou plutôt paillé, d'un reflet d'ambre magnétique.

Ces deux vêtements étaient moins des vêtements que des amis, de doux esclaves, de souples et charmants flatteurs : le cachemire chaud, caressant, se prêtant à tout, se roulant de lui-même après le bain sur la baigneuse frissonnante; la tunique de soie, au contraire, légère, aérienne, pas trop diaphane. Sa blonde blancheur la mariait parfaitement au mat de la peau; on aurait dit volontiers qu'elle tenait cette couleur de sa constante intimité et de sa tendre accoutumance. Inférieure à la peau sans doute, elle semblait pourtant un peu sœur, ou plutôt elle finissait par faire partie de la personne et s'y fondre, en quelque sorte, comme un rêve mêlé à toute l'existence et qu'on n'en détache plus.

VII

LES INSTRUMENTS DE L'INSECTE ET SES ÉNERGIES CHIMIQUES,
POURPRE, CANTHARIDE, ETC.

Ai-je insisté trop là-dessus? Nullement, je suis au fond, au plus profond de mon sujet.

La soie n'en est pas un aspect particulier, mais général. Presque tout insecte fait de la soie.

On s'est tenu jusqu'ici à une soie, celle du bombyx, même à celle d'une espèce de bombyx assez peu fécond. Espérons que la méritante Société d'acclimatation nous donnera le bombyx chinois qui vit sur le petit chêne, dont la soie forte, à bon marché, peut habiller les plus pauvres. Tous dès lors pourront revêtir un habit chaud et léger, imperméable, solide; ajoutez beau, brillant, noble. Un tel changement serait, aux yeux, l'ennoblissement général, la transfiguration du peuple.

Réaumur a dit dès longtemps que nombre de chrysalides fourniraient une belle soie. L'araignée en donnerait une, aussi fine que résistante. Voir l'admirable voile de soie d'araignée que l'on conserve au Muséum.

Arachné, si délicate, au fil léger comme un nuage si fin, et pourtant si fort, qui sort de ses mamelons, Arachné est par excellence la tisseuse. Mais l'insecte, en général, est la fileuse, vouée à cet art féminin. J'allais dire : L'insecte est femme.

Chez nous, féminin veut dire faible; chez eux, c'est le synonyme de la force et de l'énergie. C'est, comme maternité surtout, pour défendre et nourrir l'enfant, pour approvisionner le berceau où il va rester seul et orphelin, c'est pour cela spécialement que l'insecte est un être de guerre, muni d'armes redoutables.

Pour les instruments qui percent, taillent, scient, etc., malgré tous nos progrès, l'insecte a peut-être encore aujourd'hui un peu d'avance sur l'homme. L'instinct de la maternité, le besoin d'ouvrir à l'enfant, à son futur orphelin, l'abri protecteur des corps les plus durs, lui a fait faire évidemment des efforts extraordinaires pour développer, affiner ses outils. Quelques-uns, assez bizarres, n'ont pas encore d'analogues chez Charrière ni chez sir Henri.

Bien avant que Réaumur n'organisât le thermomètre, les fourmis, soignant leurs œufs délicats, hygrométriques, sensibles au froid, au soleil, divisaient leurs habitations en échelle de trente ou quarante étages, descendant ou remontant les petites créatures, juste au degré de chaleur, de sécheresse ou d'humidité, que la température du jour, et de l'heure du jour, leur rend nécessaire. Infaillible thermomètre sur lequel on peut se régler avec autant de certitude que sur celui des physiciens.

Dans ces comparaisons de l'industrie des insectes

avec la nôtre, les différences qu'on remarque ne tiennent pas aux méthodes mêmes, mais à la spécialité de leurs besoins, de leur situation. Ils varient leurs arts à propos. L'araignée, par exemple, qui, dans son filet de chasse chaque jour improvisé, mêle le collage au tissage pour alléger l'opération, suit un procédé différent dans son travail solennel des cocons durables, doux, chauds, qui doivent recevoir ses petits. Ce nid semblerait plutôt en partie tissu, en partie feutré, comme la plupart des nids d'oiseaux.

On sait que l'araignée aquatique nous a donné le modèle des cloches à plongeur ; mais on ne sait pas encore généralement qu'un ingénieux paysan de Normandie vient d'imiter parfaitement le procédé de la larve des syrphes, qui, par un appareil respiratoire extrêmement prolongé, reste en communication avec l'air pur et sain, alors même qu'elle travaille au fond des eaux les plus putrides.

Il semble qu'une pharmacie, une chimie, une parfumerie tout entière, soit dans les insectes. Les sciences s'en sont-elles assez occupées ? La vie puissante qui donne aux muscles de ces êtres si petits des forces extraordinaires, semble aussi douer leurs liquides de propriétés énergiques que n'ont pas les grands animaux, d'énergies brûlantes. Plusieurs ont, pour se défendre, des caustiques qu'ils lancent au moment où vous approchez, ou comme des poudres fulminantes. Plusieurs, des venins qui coulent où est entré l'aiguillon. Quelques-uns ont, de surcroît, un art pour magnétiser ou éthériser l'ennemi. D'autres, comme certaines fourmis qui travaillent dans les bois humides, assainissent leurs demeures en les brûlant pour ainsi dire par la force de l'acide formique.

Le genre entier des cérambyx exhale une odeur de rose, forte, qui s'annonce au loin, durable, qui reste après la mort. Même chez des carnassiers, même chez des mangeurs de fumier (coprophages), on trouve des insectes parfumés, ou qui, du moins, s'ils sont en danger d'être pris, pour vous distraire ou comme pour demander grâce, jettent des odeurs agréables.

D'autres éclatent par des teintures admirables. Les rouges sombres de la cochenille du nopal ont fourni la pourpre des rois.

Par un mélange, on obtient encore de la cochenille la couleur gaie par excellence, souriante, le carmin avec les teintes et nuances innombrables de la rose.

Un art souverain des insectes, c'est de porter par la piqûre et de concentrer sur un point les liquides qui courent dans la plante, dans l'être vivant. C'est l'art même de l'irritation. Les applications en sont innombrables en industrie, en médecine; teintures, peintures, ornements variés, cent choses bizarres et jolies nous viennent de la piqûre des galles, des excroissances et gibbosités qu'ils font lever habilement.

Une cochenille, en travail pour tirer par ce procédé, de végétaux exotiques, l'enveloppe de gomme solide où elle veut passer son sommeil, nous donne le rouge des rouges, l'écarlate de la laque, qui colorera les vernis, la cire, une foule d'objets.

En mal, en bien, les piqûres d'insectes sur la chair vivante sont de violents dérivatifs pour troubler le cours de la vie, ou le rétablir. Rien de médiocre en eux. Quelques-uns, sans aiguillon, vous brûlent par leur âcreté intérieure.

Qui n'a vu dans une campagne poudreuse, devant la moisson altérée, la cantharide, en émail vert, croiser âprement le sentier d'un pas saccadé et farouche? Brûlant élixir de vie, où l'amour se change en poison. Ce n'est guère impunément qu'on l'emploie en médecine. Cette pharmacie du Moyen-âge, dangereuse à l'homme, n'est pas innocente, ce semble, pour les animaux eux-mêmes. Une chatte, très intelligente, mais d'une ardeur excentrique, que j'ai eue longtemps, entre autres caprices violents, faisait la chasse aux cantharides. L'âcreté du bel insecte semblait l'attirer, comme la flamme le papillon. C'était un enivrement. Mais quand, à travers les fleurs, elle avait saisi, broyé sa dangereuse victime, celle-ci semblait se venger. L'inflammable nature féline, piquée de cet aiguillon, éclatait en cris, en fureurs, en bonds étranges. Elle expiait cette orgie de feu par d'atroces douleurs.

Tout au contraire, un autre insecte, le ver du bambou, ou le malalis, si vous en ôtez la tête qui est un mortel poison, vous offre une crème exquise, dont l'effet doux et sopitif est, disent les Indiens du Brésil, d'endormir l'amour. Deux jours, deux nuits, la jeune fille qui y a goûté, assoupie sous l'arbre en fleur, n'en court pas moins en esprit la profondeur des forêts vierges, le mystère des fraîches rives qui n'ont jamais vu le soleil ni le pas de l'homme, rien que le vol solitaire du grand papillon d'azur. Mais elle n'y est pas seule; l'amour y étanche sa soif des fruits les plus délicieux.

VIII

DE LA RÉNOVATION DE NOS ARTS PAR L'ÉTUDE DE L'INSECTE

Les arts proprement dits, les beaux-arts, profiteraient encore plus que l'industrie de l'étude des insectes. L'orfèvre, le lapidaire, feront bien de leur demander des modèles et des leçons. Les insectes mous, les mouches, ont spécialement dans leurs yeux des iris vraiment magiques, près desquelles aucun écrin ne soutient la comparaison. Ce sont toujours en passant d'une espèce à l'autre, et même, si je ne me trompe, de l'individu à l'autre, des combinaisons nouvelles. Notez que les mouches aux ailes brillantes ne sont pas toujours les plus avantagées du côté des yeux. Prenez la mouche aux chevaux, terne, grise, poudreuse, odieuse, qui ne vit que de sang chaud : son œil, au verre grossissant, offre la féerie étrange d'une mosaïque de pierreries, telle qu'à peine l'eût trouvée tout l'art de Froment-Meurice.

Si vous descendez plus bas, des insectes qui ne vivent pas, comme cette mouche, de matières vivantes, mais de choses mortes, d'ordure et de décompositions, étonnent par la richesse de leurs reflets, que nos émaux devraient tâcher de reproduire. Le bousier, lourd insecte noir à le regarder par le dos, offre au ventre un sombre saphir, comme on n'en a jamais vu dans la couronne des rois. Et que dire du fils des morts, du scarabée de l'Égypte, vivante émeraude, mais tellement supérieur à cette pierre par la gravité, l'opulence, la magie du reflet! L'imagination est saisie, et l'on ne s'étonne point que ce peuple tendre et pieux, si amoureux de la mort, plein des rêves de l'éternité, lui ait donné pour symbole ce petit miracle animal, jet brûlant de vie sorti du sépulcre.

Il faut un art de regarder, un choix du jour et des lumières. Ce n'est ni au même jour ni à la même heure qu'on peut observer l'insecte des tropiques et celui de nos climats. Le premier ne doit être vu que par un temps favorable, de ciel pur et de grand soleil, sous un vif et chaud rayon, analogue à la lumière où il baignait dans son pays. L'autre, parfois nul à la vue, mais déjà plus beau sous le microscope, peut réserver ses grands effets à l'éclairage du soir, à la lumière artificielle. Le hanneton, rude et prosaïque au premier aspect, promet peu. Cependant son aile écailleuse, mise au foyer du microscope, bien éclairée en dessous du petit miroir, et vue ainsi par transparence, offre une noble étoffe d'hiver, feuille morte, où serpentent des veines d'un très beau brun. Et le soir, c'est bien autre chose : plus de brun, la partie jaunâtre de l'écaille a pris le dessus; elle paraît seule à la lumière un or (triste comparaison!), un or étrange, magique, or de paradis, comme on le rêve pour les murs de la Jérusalem céleste ou pour les vêtements de lumière que les âmes portent devant Dieu. Soleil plus doux que le soleil, et qui, on ne sait pourquoi, charme et attendrit le cœur.

Mirage étrange!... et qu'ai-je dit!... Toute cette fête de lumière, c'était l'aile d'un hanneton!

Maintenant il est tel insecte qui ni le jour, ni la nuit, ni à l'œil nu, ni au microscope, n'exciterait d'intérêt; mais, si vous prenez la peine, avec un scalpel patient, délicat, de soulever dans l'épaisseur de son aile écailleuse les feuillets qui la composent, vous trouverez le plus souvent des dessins inattendus, parfois de courbes végétales, de légers rameaux, parfois de figures angulaires striées, comme hiéroglyphiques, qui rappellent l'alphabet de certaines langues orientales. Vrai grimoire, en réalité, qu'on ne peut ramener, comparer à aucune forme connue.

Ces étranges caractères, qui attirent fortement l'œil, le ramènent toujours, inquiètent l'esprit, sont très dignes de cet intérêt. Ce qu'ils disent et expriment dans leurs langues saillantes, c'est la circulation de la vie. Les unes sont les tubes par lesquels l'air passe dans l'aile et la distend pour le vol; les autres, les petites veines où circulent les puissants liquides qui donnent à l'être imperceptible ses couleurs et son énergie.

Les formes les plus charmantes, ce sont les formes vivantes. Tirez-vous une goutte de sang; regardez-la au microscope. Cette goutte en s'étendant vous offre une arborescence délicieuse, la finesse, la légèreté qu'ont certains arbres d'hiver, quand ils se révèlent en leur figure vraie et ne sont plus ombrés de feuilles.

Ainsi, l'infinie puissance de beauté qu'a la nature ne se borne pas aux surfaces, comme l'avait cru l'antiquité. Elle ne s'occupe pas de nos yeux; elle travaille pour son œuvre même, non pour le regard. De la surface au dedans, elle va augmentant souvent la beauté en profondeur. Elle rend éminemment belles des choses absolument cachées, que la mort seule dévoilera. Parfois, comme pour nous contredire et confondre nos idées, elle fait ravissants de formes des organes qui, selon nous, accomplissent de basses fonctions. Je pense à l'extrême beauté, à la tendre délicatesse de cet arbre de corail qui pompe incessamment le chyle de nos intestins.

Pour revenir aux insectes, la beauté abonde chez eux, au dehors et au dedans. Il n'est nullement nécessaire de fouiller loin pour la trouver. Prenons un insecte fort peu rare, que je trouve à chaque instant sur le sable de Fontainebleau, dans les endroits bien soleillés. Prenons, non sans précaution, car elle est fort bien armée, la brillante cicindèle. Très agréable à l'œil nu, elle apparaît au microscope le plus riche objet peut-être, le plus varié que l'art puisse étudier. Créatures vraiment surprenantes! Chaque individu diffère; tous émaillés, tous parés à l'excès, sans se ressembler. A chacun que l'on peut prendre et étudier à part, ce sont nouvelles découvertes.

C'est un animal chasseur des autres insectes, très ardent et très meurtrier, pourvu d'armes admirables, ayant devant pour mandibules, deux redoutables croissants qui se ferment l'un dans l'autre, transpercent profondément, et de deux côtés, sa proie. Cette nourriture vivante et riche semble peindre la cicindèle de ses merveilleuses couleurs. Tout y est. Sur les ailes, un semis varié d'yeux de paons. Au corselet, des *vermicels* diversement et doucement nués serpentent sur un fond sombre. Le ventre, les jambes, sont glacés dans des tons si riches qu'aucun émail ne soutiendrait la comparaison ; l'œil à peine en supporte la vivacité. L'étrange, c'est que, près des émaux, vous trouvez les tons mats des fleurs et de l'aile du papillon. A tous ces éléments divers, ajoutez des singularités qu'on croirait de l'art humain, dans les genres orientaux, persan, turc, ou du châle indien, où les couleurs, un peu éteintes, ont pris une basse admirable ; le temps, à leur harmonie, a mis peu à peu la sourdine.

Franchement, quoi de semblable, ou qui approche de loin, dans nos arts? Combien ils auraient besoin, fatigués qu'ils semblent, alanguis, de reprendre à ces sources vives!

En général, au lieu d'aller directement à la Nature, à l'intarissable fontaine de beauté et d'invention, ils ont demandé secours à l'érudition, aux arts d'autrefois, au passé de l'homme.

On a copié les vieux bijoux, parfois ceux des peuples barbares qui les tiraient de nos marchands. On a copié les vieilles robes, les étoffes de nos aïeules. On a copié surtout les vitraux gothiques, dont les formes et les couleurs ont été prises au hasard, transportées sur les objets qui pouvaient le moins s'y prêter, par exemple, sur les châles.

Ces vieux vitraux, si l'on voulait les comprendre et les refaire, certains émaux de scarabées en auraient donné leçon. Ils offrent au microscope des effets fort analogues, justement parce qu'ils ont ce qui en faisait la beauté. Les vitraux du treizième siècle (voyez à Bourges, et spécialement au musée de cette ville) étaient doubles. La lumière y restait, ne les traversait pas, leur donnait des effets magiques de pierreries. Telles sont ces ailes d'insectes composées de plusieurs feuillets, entre lesquels, au microscope, vous voyez courir un réseau de caractères mystérieux.

Le gothique, si peu en rapport avec nos besoins, nos idées, est sorti de l'ameublement. Mais il est resté dans le châle. Riche et coûteuse industrie qui, entrée une fois en cette voie bizarre d'imiter en laines opaques les vitraux dont la transparence est tout le mérite, a grand'peine à en sortir.

On n'a pas consulté les femmes. Les hommes, pour faire de l'art et des dessins compliqués, entassant arceaux et vitraux, condamnant nos dames à porter des églises sur le dos, ont, à ces pesants dessins, donné la base pesante des plus fortes laines. Le tout expédié de Londres, de Paris, pour être tissu servilement par les Indiens, qui ont désappris leurs arts.

Nos intelligents marchands de Paris, qui ont suivi à regret la voie qu'imposaient les grands producteurs, pourront fort bien un matin échapper aux genres lourds et *riches*. Quelqu'un perdra patience, et, tournant le dos aux copistes de vieilleries, ira demander conseil à la Nature elle-même, aux grandes collections d'insectes, aux serres du Jardin des Plantes.

La Nature, qui est une femme, lui dira que pour parer ses sœurs, au tissu doux, léger, de l'ancien cachemire, il faut inscrire, non pas les tours de Notre-Dame, mais cent créatures charmantes, — si vous voulez, ce petit prodige, si commun, de la cicindèle, où tous les genres sont mêlés; — moins que cela, le scarabée de pourpre glorifié dans son lis; — ou la verte chrysomèle, que ce matin j'ai trouvée sensuellement blottie au fond d'une rose.

Est-ce à dire qu'il faille copier? Point du tout. Ces êtres vivants, et dans leur robe d'amour, par cela seul ont une grâce, je dirai une auréole animée, qu'on ne traduit pas. Il faut les aimer seulement, les contempler, s'en inspirer, en tirer des formes idéales, et des iris toutes nouvelles, de surprenants bouquets de fleurs. Ainsi transformés, ils seront, non pas tels que dans la Nature, mais fantastiques et merveilleux, comme l'enfant qui les désire les vit en dormant, ou la fille amoureuse d'une belle parure, ou comme la jeune femme enceinte dans ses envies les a rêvés.

IX

L'ARAIGNÉE — L'INDUSTRIE — LE CHÔMAGE

Avant de passer aux sociétés d'insectes qui rempliront le dernier livre, parlons ici d'un solitaire.

Plus haut, plus bas que l'insecte, l'araignée s'en sépare par l'organisation, s'en rapproche par les instincts, les besoins, l'alimentation,

Être fortement spécialisé en tout sens, elle se trouve hors des grandes classes, et comme à part dans la création.

Dans les pays plantureux des tropiques, où le gibier surabonde, elle vit en société. On en cite qui tendent autour d'un arbre un vaste filet commun, dont elles gardent les avenues en parfait concert. Bien plus, ayant souvent affaire à des insectes puissants, même à de petits oiseaux, elles coopèrent dans le péril et elles se prêtent main-forte.

Mais cette vie sociétaire est tout exceptionnelle, bornée à certaines espèces, aux climats les plus favorisés. Partout ailleurs l'araignée, par la fatalité de sa vie, de son organisme, a le caractère du chasseur, celui du sauvage qui, vivant de proie incertaine, reste envieux, défiant, exclusif et solitaire.

Ajoutez qu'elle n'est pas comme le chasseur ordinaire qui en est quitte pour ses courses, ses efforts, son activité. Sa chasse, à elle, est coûteuse, si j'ose dire, et exige une constante mise de fonds. Chaque jour, chaque heure, de sa substance elle doit tirer l'élément nécessaire de ce filet qui lui donnera la nourriture et renouvellera sa substance. Donc, elle s'affame pour se nourrir, elle s'épuise pour se refaire, elle se maigrit sur l'espoir incertain de s'engraisser. Sa vie est une loterie, remise à la chance de mille contingents imprévus. Cela ne peut manquer de faire un être inquiet, peu sympathique à ses semblables, où elle voit des concurrents ; tranchons le mot, un animal fatalement égoïste. S'il ne l'était, il périrait.

Le pis pour ce pauvre animal, c'est qu'il est laid foncièrement. Il n'est pas de ceux qui, laids à l'œil nu, se réhabilitent par le microscope. La spécialité trop forte du métier, nous le voyons chez les hommes, atrophie tel membre, exagère tel autre, exclut l'harmonie ; le forgeron souvent est bossu. De même l'araignée est ventrue. En elle la nature a tout sacrifié au métier, au besoin, à l'appareil industriel qui satisfera le besoin. C'est un ouvrier, un cordier, un fileur et un tisseur. Ne regardez pas sa figure, mais le produit de son art. Elle n'est pas seulement un fileur, elle est une filature. Concentrée et circulaire, avec huit pattes autour du corps, huit yeux vigilants sur la tête, elle étonne par la proéminence excentrique d'un ventre énorme. Trait ignoble, où l'observateur inattentif et léger ne verrait que gourmandise. Hélas! c'est tout le contraire; ce ventre, c'est son atelier, son magasin, c'est la poche où le cordier tient devant lui la matière du fil qu'il dévide; mais, comme elle n'emplit cette poche de rien que de sa substance, elle ne grossit qu'aux dépens d'elle-même, à force de sobriété. Et vous la verrez souvent, étique pour tout le reste, conserver toujours gonflé ce trésor où est l'élément indispensable du travail, l'espérance de son industrie, et sa seule chance d'avenir. Vrai type de l'industriel. « Si je jeûne aujourd'hui, dit-elle, je mangerai peut-être demain; mais si ma fabrique chôme, tout est fini, mon estomac doit chômer, jeûner à jamais. »

Mes premiers rapports avec l'araignée ne furent rien moins qu'agréables. Dans ma nécessiteuse enfance, lorsque je travaillais seul (comme je l'ai dit dans *le Peuple*) à l'imprimerie de mon père, alors ruinée et désertée, l'atelier temporairement était dans une sorte de cave, suffisamment éclairée, étant cave par le boulevard où nous demeurions, mais rez-de-chaussée sur la rue Basse. Par un large soupirail grillé, le soleil venait à midi égayer un peu d'un rayon oblique la sombre casse où j'assemblais mes petites lettres de plomb. Alors, à l'angle du mur, j'apercevais distinctement une prudente araignée qui, supposant que le rayon amènerait pour son déjeuner quelque étourdi moucheron, se rapprochait de ma casse. Ce rayon qui ne tombait point dans son angle, mais plus près de moi, était pour elle une tentation naturelle de m'approcher. Malgré le dégoût naturel, j'admirai dans quelle mesure progressive de timide, lente et sage expérimentation, elle s'assurait du caractère de celui auquel il fallait qu'elle confiât presque sa vie. Elle m'observait certainement de tous ses huit yeux, et se posait le problème : « Est-ce, n'est-ce pas un ennemi? »

Sans analyser sa figure, ni bien distinguer ses yeux, je me sentais regardé, observé; et apparemment l'observation, à la longue, me fut tout à fait favorable. Par l'instinct du travail peut-être (qui est si grand dans son espèce), elle sentit que je devais être un paisible travailleur, et que j'étais là aussi occupé, comme elle, à tisser ma toile. Quoi qu'il en soit, elle quitta les ambages, les précautions, avec une vive décision, comme dans une démarche hardie et un peu risquée. Non sans grâce, elle descendit sur son fil, et se posa résolument sur notre frontière respective, le bord de ma casse favorisé en ce moment d'un blond rayon de soleil pâle.

J'étais entre deux sentiments. J'avoue que je ne goûtai pas une société si intime; la figure d'une telle amie me revenait peu; d'autre part, cet être prudent, observateur, qui certainement ne prodiguait pas sa confiance, était venu là me dire : « Eh! pourquoi ne prendrais-je pas un tant soit peu de ton soleil?... Si différents, nous arrivons cependant ensemble du travail nécessiteux et de la froide obscurité à ce doux banquet de lumière... Prends un cœur et fraternisons. Ce rayon que tu me permets, reçois-le de moi, garde-le... Dans un demi-siècle encore, il illuminera ton hiver. »

Comme la noire petite fée le disait en son langage, bas, très bas, on ne peut plus bas (ainsi parlent les araignées), j'en gardai l'effet vaguement. Mais cela dormait en moi. Puis, la chose eut un réveil court en 1840, et se rendormit encore jusqu'à ce jour, 15 mai 1857, où je viens pour la première fois de l'expliquer et de l'écrire.

Donc, en 1840, après une perte de famille, je passai les vacances à Paris, et seul me promenais tout le jour dans le petit jardin de la rue des Postes. Les miens étaient à la campagne. Je me mis machinalement à regarder les belles étoiles concentriques que les araignées faisaient autour de mes arbres, qu'elles raccommodaient, refaisaient sans cesse avec une louable industrie, se donnant une peine immense à garder le peu que j'avais de fruits, de raisins, me soulageant aussi moi-même de l'importunité des mouches et de la piqûre des cousins. Elles rappelèrent à ma mémoire la noire araignée domestique qui, dans mon enfance, entra en conversation avec moi. Celles-ci étaient fort différentes. Filles de l'air et de la lumière, toujours exposées, toujours sous les yeux, sans abri que le dessous d'une feuille où il est aisé de les prendre, elles ne pouvaient avoir les réserves, la diplomatie de mon ancienne connaissance. Tout leur travail était visible, tout leur petit mystère au vent, leur personne à discrétion ; elles n'avaient de protection que la pitié ou les services si positifs qu'elles rendent, l'intérêt bien entendu.

Celles qui tendent aux branches des arbres, comme celles qui tendent aux fenêtres, ont une attention visible à prendre le vent, à se bien poser dans un courant d'air qui amènera les insectes, ou au passage du rayon lumineux dans lequel viendra danser le moucheron. La toile ne tombe pas d'aplomb, ce qui ne donnerait qu'un courant ; l'araignée, en parfait marin, lui donne une grande obliquité, qui lui permet de recevoir deux courants ou davantage.

A l'extrémité de son ventre, quatre filières ou mamelons, pouvant sortir ou rentrer (à la façon des lunettes d'approche), lancent, par leur mouvement, un tout petit nuage qui grossit de minute en minute. Ce nuage, ce sont des fils d'une ténuité infinie ; chaque mamelon en sécrète mille, et les quatre en se rejoignant font de leurs quatre mille fils le fil unique, assez fort, dont sera tissue la toile.

Notez bien que les fils de l'intelligent fabricant ne sont pas de même nature, mais de qualité, de force différentes, selon leur destination. Il en est de secs pour ourdir, d'autres visqueux pour coller. Ceux du nid qui recevra les petits sont un coton, et ceux qui protègeront le cocon où sont les œufs ont toute la résistance nécessaire à leur sûreté.

Quand elle a fourni un jet suffisant de fils pour entreprendre la toile, d'un point élevé, elle se laisse glisser et dévide son écheveau. Elle y reste suspendue, et de suite remontant au point de départ à l'aide de son petit cordage, elle se porte vers un autre point, et continue, traçant ainsi une série de rayons qui partent tous du même centre.

La chaîne ourdie, elle s'occupe à faire la trame en croisant le fil. Courant de rayon en rayon, elle touche chacune des filières qui y attachent le fil circulaire. Le tout n'est pas un tissu serré, mais un véritable filet, de telle proportion géométrique que toutes les mailles du cercle sont toujours de même grandeur.

Cette toile, sortie d'elle, vivante et vibrante, est

bien plus qu'un instrument, c'est une partie de son être. Circulaire elle-même de forme, l'araignée semble s'étendre en ce cercle et prolonger les filaments de ses nerfs aux fils rayonnants qu'elle ourdit. C'est au centre de sa toile qu'elle a sa plus grande force pour l'attaque ou pour la défense. Hors de là elle est timide; une mouche la ferait reculer. Cette toile est à la fois pour elle un télégraphe électrique qui sent le tact le plus léger, lui révèle la présence d'un gibier imperceptible, presque impondérable; en même temps, comme elle est quelque peu visqueuse, elle lui retient cette proie, retarde même et empêtre de dangereux ennemis.

S'il fait du vent, l'agitation continuelle de la toile l'empêcherait de se rendre compte de ce qui s'y passe; alors, elle se tient au centre. En temps ordinaire, elle reste près de là sous une feuille pour ne pas effrayer la proie, ou ne pas être elle-même celle de ses nombreux ennemis.

La prudence et la patience est son caractère plus que le courage. Elle a trop d'expérience, elle a eu trop d'accidents, de mésaventures, elle est trop habituée aux sévérités du sort pour avoir beaucoup d'audace. Elle a peur même d'une fourmi. Celle-ci, souvent mauvaise tête, inquiète et âpre rôdeuse, qui n'a peur de rien, s'obstine parfois à explorer cette toile dont elle ne peut rien faire. L'araignée alors lui cède la place, soit qu'elle craigne le contact de l'acide de la fourmi, qui brûle comme de l'eau-forte, soit qu'en bonne travailleuse elle calcule qu'une lutte longue et difficile lui emploiera plus de temps qu'il n'en faut pour faire une toile. Donc, sans y mettre la moindre susceptibilité d'amour-propre, elle la laisse se pavaner là, et s'établit un peu plus loin.

Tout vit de proie. La nature va se dévorant elle-même; mais la proie n'est pas toujours achetée et méritée par une industrie patiente, qui mérite d'être respectée. Aucun être cependant plus que celui-ci n'est le jouet du sort. Comme tout bon travailleur, elle lui fournit double prise, et son œuvre et sa personne. Une infinité d'insectes, le meurtrier carabe, la demoiselle, élégante et magnifique assassine, n'ont que leurs corps et leurs armes, et passent joyeusement leur vie à tuer. D'autres ont des asiles sûrs, faciles à défendre, où ils craignent peu de dangers. L'araignée des champs n'a ni l'un ni l'autre avantage. Elle est dans la position de l'industriel établi, qui par sa petite fortune, mal garantie, attire ou tente la cupidité ou l'insulte. Le lézard d'en bas, l'écureuil d'en haut, donnent la chasse au faible chasseur. L'inerte crapaud, lui, darde sa langue visqueuse qui le colle et l'immobilise. C'est le bonheur de l'hirondelle, dans son cercle gracieux, d'enlever sans se déranger l'araignée et la toile, et tous les oiseaux la considèrent comme une grande friandise ou une excellente médecine. Il n'est pas jusqu'au rossignol, fidèle, comme les grands chanteurs, à une certaine hygiène, qui, de temps en temps, ne s'ordonne, pour purgatif, une araignée.

Ne fût-elle gobée elle-même, si l'instrument de son métier périt, c'est la même chose. Que la toile soit défaite coup sur coup, le jeûne un peu prolongé la met hors d'état de fournir du fil, et bientôt elle meurt de faim. Elle est constamment serrée dans ce cercle vicieux : pour filer, il faut manger ; pour manger, il faut filer. Ce fil, c'est pour elle celui de la Parque, celui de la destinée.

Nous fîmes une fois l'expérience d'enlever trois fois de suite la toile à une araignée. Trois fois, en six heures, elle la refit avec une admirable patience et sans se désespérer. Expérience fort cruelle, que nous nous sommes reprochée. On n'en rencontre que trop de ces malheureuses, que des accidents de ce genre ont jetées dans le chômage, et désormais trop épuisées pour relever leur industrie. On les voit, squelettes vivants, essayer en vain un autre métier auquel elles réussissent mal, et douloureusement envier les longues jambes des faucheuses qui gagnent leur vie à la course.

Quand on parle de l'avidité gloutonne de l'araignée, on oublie qu'elle doit manger double, ou bien périr : manger pour refaire son corps, manger pour refaire son fil.

Trois choses contribuent à l'user : l'ardeur du travail incessant, la susceptibilité nerveuse, vive au dernier point chez elle, enfin son double système de respiration. Car elle n'a pas seulement la respiration passive de l'insecte qui subit l'air introduit par ses stigmates, elle a de plus une sorte de respiration active, analogue au jeu des poumons dans les animaux supérieurs. Elle prend l'air et s'en empare, le transforme et le décompose, s'en renouvelle incessamment. Rien qu'à voir ses mouvements, on sent que c'est plus qu'un insecte ; le flux vital y doit courir dans une circulation rapide, le cœur battre bien autrement qu'en la mouche ou le papillon.

. Supériorité, mais péril. L'insecte brave impunément les miasmes méphitiques, les fortes odeurs. L'araignée n'y résiste pas. Immédiatement frappée, elle tombe en convulsions, s'agite et expire. Je le vis un jour à Lucerne; le chloroforme, dont le cerf-volant, quinze jours durant, avait enduré l'action sans pouvoir mourir, tout d'abord, au premier contact, foudroya une araignée. Elle était de première force, et je la voyais occupée à manger un moucheron. Je voulus l'observer, et je versai sur elle une seule goutte. L'effet fut terrible. On n'eût vu rien de plus saisissant dans une asphyxie humaine. Elle tomba à la renverse, se redressa, puis s'affaissa; tous les appuis lui manquèrent, et ses membres parurent désarticulés. Une chose fut très pathétique; c'est qu'en ce moment suprême la fécondité de son sein apparut; dans l'agonie, ses mamelons laissaient aller le petit nuage de toile, de sorte qu'on eût cru qu'en mourant elle allait travailler encore.

J'en fus triste, et, dans l'espoir que l'air la remettrait peut-être, je la posai sur ma fenêtre; mais ce n'était plus elle-même. Je ne sais comment cela s'était fait, elle avait comme fondu, et ce n'était plus qu'une anatomie. Sa substance évanouie ne laissait qu'une ombre légère. Le vent l'emporta au lac.

X

LA MAISON DE L'ARAIGNÉE. — SES AMOURS

L'araignée dépasse de loin tout insecte solitaire. Elle n'a pas seulement le nid; elle n'a pas seulement l'affût, la station passagère de chasse, elle a (dans certaines espèces du moins) une maison régulière, une vraie maison très compliquée : vestibule et chambre à coucher, avec une issue par derrière; la porte enfin, pour comble d'art, que dis-je? une porte faite pour se fermer d'elle-même, retombant par son propre poids.

La porte! voilà ce qui manque même aux grandes cités des abeilles et des fourmis; ces républiques industrieuses ne se sont pas élevées jusque-là.

Les fourmis sont précisément au point où en sont restés la plupart de nos Africains. Chaque soir, elles ferment leur habitation par le travail immense et toujours renouvelé d'une clôture à claire-voie, peu solide, qui ne dispense pas de poser des sentinelles. Il est vrai que ces grands peuples, si vaillants et si bien armés, n'ont guère peur de l'invasion, et, comme Lacédémone, peuvent n'avoir ni fossés ni murs. Leur fière intrépidité a limité leur industrie.

Au contraire, la pauvre ouvrière qui vit seule, toujours épuisée de l'épanchement de son fil et de son travail continu, ne compte guère sur sa vaillance. Elle a dû, dans certains pays et certaines circonstances où elle craignait davantage, s'ingénier profondément, et elle a trouvé ce petit miracle de prudence, de combinaison, qui a éclipsé et l'insecte et l'homme sauvage. Je ne parle pas des gros animaux, si peu industrieux, sauf le seul castor peut-être.

Dans les environs de Lucerne, nous vîmes pour la première fois les maisons de l'araignée (l'agelène). C'était un fourreau, fort bien fait, dont le vestibule tourné au midi s'épanouissait au dehors à la façon d'un entonnoir. Cette partie extérieure, formant un petit abri soleillé, était le piège et l'affût. La dame du logis se tenait tout au fond de l'entonnoir; mais derrière ce fond lui-même, à l'extrémité inférieure du fourreau, était pratiquée une arrière-chambre, petite et fort sûre, dans un cocon blanc bien solide. Elle s'y fiait tellement que, pendant que nous détachions les soies qui reliaient tout l'édifice au buisson, elle n'essaya pas d'en-sortir. Nous n'avions ni détruit ni endommagé, mais déplacé seulement cette demeure. Le lendemain, nous la retrouvâmes réparée et amarrée au buisson de tous côtés. L'exposition n'était plus si favorable; mais sans doute l'ouvrière, dans une saison avancée (en septembre et sous les Alpes), ne se sentait pas en fonds pour recommencer ce grand ouvrage de l'été.

Dans les forêts du Brésil, une petite araignée a sa case suspendue juste au milieu de sa toile. Au moindre danger, elle y court, et n'y est pas plutôt entrée, dit Swainson, que la porte brusquement se ferme par un ressort.

Mais le chef-d'œuvre du genre se voit, surtout en Corse, chez la mygale pionnière. Son habitation est un petit puits, industrieusement maçonné, aux parois lisses et unies, avec double tapisserie, gros tapis rude du côté de la terre, et fin tapis satiné du côté qu'habite l'artiste. Le puits est fermé à son orifice d'une porte. Cette porte est un disque plus large en haut qu'en bas, et reçu dans un évasement de manière à clore hermétiquement. Le disque, qui n'a que trois lignes d'épaisseur, contient cependant trente doubles de toiles, et entre les toiles existent, en même nombre, des couches ou enduits légers de terre, de sorte que la porte entière est formée de soixante portes. Voilà bien de la patience ; mais voici l'ingénieux : toutes ces portes de toile et de terre vont s'emboîtant l'une dans l'autre. Celles de toile, sur un point, se prolongent dans le mur, reliant la porte au mur et en formant la charnière. Cette porte s'ouvre en dehors quand l'araignée la soulève pour sortir, et se referme par son poids. Mais l'ennemi pourrait venir à bout de l'ouvrir. Cela est prévu. A l'endroit opposé à la charnière, de petits trous sont pratiqués dans la porte ; l'araignée s'y cramponne et devient un verrou vivant. (Voy. Audouin et Walckenaër.)

Qu'adviendrait-il si cette étonnante ouvrière, placée dans des circonstances particulières et gênantes (comme les abeilles l'ont été par les expériences d'Huber, était appelée à varier son art et à innover ? le ferait-elle ? a-t-elle enfin l'esprit de ressources, et, au besoin, d'innovation que déploient en certains cas les insectes supérieurs ? Cela vaut la peine d'être essayé. Ce qui est sûr, c'est que les simples épéires (araignées de nos jardins) savent fort bien, si vous leur ôtez l'espace nécessaire pour tendre leur voile géométrique, en construire une à réseaux irréguliers, décroissant proportionnellement selon le resserrement de l'espace.

Expériences du reste difficiles. L'araignée est si nerveuse, que la peur qui la rend artiste peut aussi la paralyser et lui faire perdre la tête. Sa toile seule lui donne courage. Hors de sa toile, toute chose la fait frissonner. En captivité, n'ayant pas de toile, c'est elle qui fuit devant sa proie; elle n'a pas le courage de faire front à une mouche.

Sa condition misérable, qui est l'attente passive, explique tout son caractère. Attendre en agissant, en courant, en combattant, c'est tromper le temps et la faim; mais rester là immobile, ne pouvoir bouger sans faire peur au gibier, le voir venir, souvent tout près, mais passer, et rester le ventre vide ! Assister aux danses infinies, insouciantes du moucheron, qui, dans son rayon de soleil, s'amuse, se balance des heures sans se rendre aux vœux avides de celle qui lui dit tout bas : « Viens, petit !... viens, mon petit ! » c'est un supplice, une suite d'espérances et de mortifications.

Il suit sa danse et n'en tient compte.

Le fatal mot : « Dînerai-je ? » revient, creuse les entrailles. Puis l'autre mot, plus sinistre : « Si je ne dîne aujourd'hui, plus de fil; bien moins encore puis-je espérer dîner demain ! »

Il résulte de tout cela un être souffreteux, inquiet, mais prodigieusement éveillé, attentif, et qui perçoit non seulement le moindre contact, mais le moindre bruit. L'araignée n'y est que trop sensible. Une commotion assez légère paraît la mettre hors d'elle-même. Elle semble s'évanouir; vous la voyez tout à coup tomber du haut d'un plafond, foudroyée par la frayeur.

Cette sensibilité, comme on peut croire, éclate surtout quand elle est mère. Misérable et gagne-petit, elle n'en est pas moins infiniment tendre, large pour les siens, généreuse. Tandis que les oiseaux de proie, chasseurs ailés qui ont tant de ressources, chassent leurs enfants de bonne heure, y voient des concurrents gloutons et les forcent à coups de bec d'habiter hors du domaine qu'ils se réservent en propre, l'araignée ne se contente pas de porter ses œufs en cocon, mais dans certaines espèces elle les nourrit vivants, avides, les garde, les porte sur son dos; ou bien elle les fait marcher en les retenant par un fil; s'il y a danger, elle tire le fil, ils sautent sur elle, elle les sauve. Si elle ne le peut, elle aime mieux périr. On en a vu qui, pour ne pas les abandonner, se laissaient engloutir au gouffre du formica-leo. On en a vu, d'une espèce lente, qui, ne pouvant les sauver, ne fuient pas, se font prendre avec eux.

Leurs nids souvent sont des chefs-d'œuvre. J'en avais admiré en Suisse, à Interlaken, longs tubes, doux, chauds à l'intérieur, bien tapissés, et au dehors habilement dissimulés par un pêle-mêle artiste de petits fragments de feuilles, d'imperceptibles branchettes, de débris de plâtre gris, de façon à se fondre parfaitement pour la couleur avec le mur où ils s'appuient. Mais tout cela n'était rien en comparaison d'une œuvre d'art que j'ai ici à Fontainebleau. Le 22 juillet 1857, j'aperçus dans une remise un joli panier rond, d'un pouce environ en tous sens, mêlé de tous matériaux, sans couvercle (n'ayant pas à craindre la pluie). Il était très gracieusement suspendu à une poutre par d'élégants liens de soie, que j'appellerais de petites mains, comme en ont les plantes grimpantes. Dedans, posée sur ses œufs, dans une incubation constante, se voyait une araignée. Elle n'en bougeait jamais, sauf peut-être un moment la nuit, pour chercher sa nourriture. Il n'y eut jamais animal si craintif. Aux plus douces approches, la peur la faisait fuir, tomber même; une fois qu'on la dérangea un peu brusquement, elle en prit un si grand effroi qu'elle ne reparut plus de tout le jour. Elle couva pendant six semaines, et, sans ces inquiétudes, peut-être elle fût restée plus longtemps.

Mère admirable, artiste ingénieuse et délicate, femelle surtout, femelle nerveuse et craintive au plus haut degré, cette étrange sensitive m'expliquait parfaitement les sentiments tout contraires que nous inspire l'araignée : répulsion, attraction. On s'en éloigne, on s'en rapproche. Elle est si âpre et en même temps si prodigieusement sensible ! Elle respire à notre manière. Et les mamelons délicats d'où elle sécrète sa soie, comme un nuage de lait (à la voir au microscope), sont l'organe le plus féminin qui peut-être soit dans la Nature.

- Hélas! elle est solitaire. Sauf quelques espèces (mygales) où le père aide un peu la mère, elle n'a nul secours à attendre. Le mâle, après l'amour, est plutôt un ennemi. Cruels effets de la misère! Il s'aperçoit que ses enfants peuvent être un aliment. Mais la mère, plus grosse que lui, fait la même réflexion, pense que le mangeur est mangeable, et parfois croque son époux.

Ces événements atroces n'arrivent pas, j'en suis sûr, dans les climats où l'aisance et une vie abondante ne dépravent pas leur naturel. Mais en nos pays, si nombreuses, avec un gibier bien plus rare, dans une violente concurrence, ces malheureuses sont entre elles comme les naufragés du radeau de *la Méduse*.

Un cruel tyran, le ventre, domine toute la nature. Il dompte jusqu'à l'amour. Chez un être soucieux, inquiet, comme l'araignée, l'amour est très défiant. Au plus fort de la passion, le mâle, faible et maigre, n'approche qu'avec de grandes réserves, un respect craintif, de la majestueuse dame. Il avance et il recule; il observe; il semble se demander à lui-même s'il a quelque peu fléchi un être si fier. Il emploie les moyens timides d'un lent magnétisme, surtout une patience extrême. Il croit peu aux premiers signes, ne se livre qu'à bon escient. Enfin, quand l'objet adoré fait grâce et se montre sensible, ardent même dans ses épanchements, il ne s'y fie pas tellement que, tout à coup, sous je ne sais quelle panique, sans compliments, il ne s'évade et s'enfuie à toutes jambes.

Telle est la terrible idylle des noires amours de nos plafonds. Chez les araignées des jardins, il y a moins de défiance. La nature adoucit les cœurs, et l'âpre industrialisme lui-même mollit dans la vie des champs.

Nous en voyons sur nos arbres qui traitent assez bien leurs maris, et ne se souviennent pas trop qu'ils sont leurs concurrents de chasse. Elles les laissent demeurer en même lieu, quoique un peu à part et les tenant à distance. Un léger plancher les sépare. La princesse consent qu'il habite sous elle, au rez-de-chaussée, tandis qu'elle vivra au premier, le tenant dessous et subordonné, de sorte qu'il n'aille pas se croire le roi, mais le *prince-époux* et *le mari de la reine.*

Ont-elles quelques sympathies hors de leur espèce? On l'a dit et je le crois. Elles sont isolées de nous bien moins que les vrais insectes. Elles vivent dans nos maisons, ont intérêt à nous connaître et semblent nous observer. Elles font grande attention aux voix et aux bruits, les perçoivent à merveille. Si elles n'ont pas les organes d'audition des insectes (qui sembleraient les antennes), c'est qu'en elles tout est antenne. Leur vigilance excessive, l'irradiation nerveuse qui se sent partout chez elles, leur donnent la plus vive réceptivité.

On a parlé souvent de l'araignée musicienne de Pellisson. Une autre anecdote moins connue n'est pas moins frappante. Une de ces petites victimes qu'on fait virtuoses avant l'âge, Berthome, illustre en 1800, devait ses étonnants succès à la reclusion sauvage où on le faisait travailler. A huit ans, il étonnait, stupéfiait par son violon. Dans sa constante solitude, il avait un camarade dont on ne se doutait pas, une araignée... Elle était d'abord dans l'angle du mur, mais elle s'était donné licence d'avancer de l'angle au pupitre, du pupitre sur l'enfant, et jusque sur le bras si mobile qui tenait l'archet. Là, elle écoutait de fort près, dilettante émue, palpitante. Elle était tout un auditoire. Il n'en faut pas plus à l'artiste pour lui renvoyer, lui doubler son âme.

L'enfant malheureusement avait une mère adoptive, qui, un jour, introduisant un amateur au sanctuaire, vit le sensible animal à son poste. Un coup de pantoufle anéantit l'auditoire... L'enfant tomba à la renverse, en fut malade trois mois, et il faillit en mourir.

LIVRE III

SOCIÉTÉS DES INSECTES

I

LA CITÉ DES TÉNÈBRES. — LES TERMITES

M. de Préfontaine (cité par Huber, *Fourmis*) raconte que, voyageant en Guyane, il vit des nègres faire le siège de certains édifices bizarres qu'il appelle fourmilières. Ils n'osaient les attaquer que de loin et avec des armes à feu, ayant eu de plus la précaution de creuser un petit canal dont l'eau arrêtât l'armée assiégée et noyât les bataillons qui voudraient faire des sorties.

Ces édifices ne sont point des habitations de fourmis, mais celles des termites, autre espèce d'insectes. On les trouve non seulement à la Guyane, mais dans l'Afrique, à la Nouvelle-Hollande et dans les savanes de l'Amérique du Nord.

Une foule de voyageurs ont parlé de ces insectes. L'ouvrage spécial et le plus instructif est celui de Smeathman, que nous avons sous les yeux, avec les excellentes planches dont il est orné. Les dessins ont été pris sur des termitières d'Afrique.

Qu'on se figure une butte de terre de douze pieds (quelquefois on en a trouvé de vingt), que de loin on pourrait prendre pour une cabane de nègres. Mais de près, on voit fort bien que c'est le produit d'un art supérieur. La forme, très singulière, est celle d'un dôme pointu, ou, si l'on veut, d'une aiguille obtuse qui domine tout. Mais l'aiguille a pour support quatre, cinq, six clochetons de cinq ou six pieds de haut. A ceux-ci sont adossés de bas clochers d'à peu près deux pieds de hauteur. L'ensemble pourrait passer pour une sorte de cathédrale orientale, dont l'aiguille principale aurait une double ceinture de minarets, décroissants de hauteur; le tout d'une solidité extrême, étant d'une argile dure qui au feu fait la meilleure brique. Non seulement plusieurs hommes y montent sans rien ébranler, mais les taureaux sauvages eux-mêmes s'y établissent en vedette pour voir, par-dessus les hautes herbes qui couvrent la plaine, si le lion ou la panthère ne surprend pas le troupeau.

Cependant ce dôme est creux, et le plancher inférieur qui le porte est lui-même soutenu par une construction demi-creuse que forme la rencontre de quatre arches de deux ou trois pieds, arches de forme très solide, étant pointues, ogivales et comme de style gothique. Plus bas encore, s'étendent des passages ou corridors, des espaces plafonnés qu'on pourrait nommer des salles, enfin des logements commodes, amples, salubres, qui peuvent recevoir un grand peuple; bref, toute une cité souterraine.

Un large couloir en spirale tournoie et monte doucement dans l'épaisseur de l'édifice. Nulle ouverture, ni porte ni fenêtre ; les entrées et les sorties sont dissimulées, éloignées ; elles aboutissent loin dans la plaine.

C'est la construction la plus considérable, la plus importante qui témoigne du génie des insectes ; travail d'infinie patience et d'un art audacieux. Il ne faut pas oublier que ces murs devenus si durs ont été d'abord friables et sujets à s'écrouler. Il a donc fallu pour monter si haut ce titanique édifice une continuité d'efforts, de constructions provisoires, démolies successivement quand elles avaient servi à permettre de construire plus haut. Les maçons ont commencé par les pyramides extérieures d'un pied et demi ou de deux pieds, puis par celles du second rang. Mais celles-ci étant solides et durcies, on en a intrépidement miné la base pour faire les couloirs, les corridors et l'escalier en spirale. Même opération sous le dôme, qu'on a évidé au dedans, de façon que la grande voûte creuse avec son plancher inférieur portât sur les voûtes étroites des quatre arches qui font le centre et la base de l'édifice.

Notez que le dôme porte sur lui-même, et que ses substructions lui suffiraient à la rigueur, les pyramides latérales n'étant que ses auxiliaires non indispensables. C'est là le principe de l'art véritable, franc, courageux, qui, comptant sur soi et sur son calcul, ne demande pas secours aux appuis extérieurs, n'a pas besoin d'arcs-boutants ni de contreforts. C'est le système même de Brunelleschi.

Qui a porté l'art jusque-là ? Il faut le dire, c'est

l'utilité même. Le dôme aigu, les clochetons ou aiguilles, sont combinés à merveille pour résister aux pluies terribles des tropiques. Ce dôme tient l'eau à distance et la fait écouler vite. Fût-il crevé, le plancher sur lequel il porte le ferait encore déborder, comme d'un toit, sur l'enceinte extérieure qui la verserait à terre. Le dôme, creux comme un four, se réchauffe vite et s'imprègne de la puissante chaleur qu'il communique aux souterrains pour l'éclosion des œufs et pour le bien-être d'un peuple fort nu, et d'autant plus ami d'une température élevée.

Ce monument est un chef-d'œuvre d'art, justement parce qu'il est celui de l'utilité. Le beau et le bien se tiennent. Maintenant, on voudra savoir quels sont ces étonnants artistes; nous osons à peine le dire : les plus méprisés de la nature.

On leur a donné plusieurs noms, entre autres celui de termites, et encore de fourmis de bois : nom peu exact, à coup sûr; les fourmis sont leurs ennemis, et leur corps, extrêmement mou, est exactement l'opposé du corps sec et dur des fourmis.

On les nomme aussi poux de bois, et ils semblent en effet une molle et faible vermine, qui s'écrase sans résistance. Risée magnifique de Dieu, qui aime à exalter les moindres! La Memphis et la Babylone, le vrai Capitole des insectes, est bâti par qui? par des poux. Quoique leur luxe de mâchoires, leurs quatre étages de dents, en fassent d'admirables rongeurs, toutefois, si l'on excepte des individus d'élite (leurs soldats), ils n'ont pas d'armes sérieuses. Leurs dents faites pour ronger sont impuissantes à combattre. La destination des termites est visible;

malgré les noms redoutables qu'on a donnés à leurs espèces (*bellicosus*, *mordax*, *atrox*), ce sont de simples ouvriers.

Tout insecte est plus fort qu'eux, ou du moins plus dur, plus garanti, mieux cuirassé. Tous, spécialement les fourmis, leur donnent la chasse et en mangent des légions. Les oiseaux en sont avides; les basses-cours en absorbent d'effroyables quantités. Tous (même l'homme qui les fait cuire) y trouvent une saveur agréable; les nègres ne peuvent s'en rassasier.

Ils travaillent sans y voir. Ils n'ont point d'yeux, du moins visibles. Très probablement, les ténèbres où ils vivent atrophient en eux cet organe, comme il l'est par l'obscurité dans l'espèce de canards qu'on trouve sur les lacs souterrains de la Carinthie. Les rares espèces de termites qui se hasardent au jour ont des yeux très observables et parfaitement conformés.

Les ténèbres, la proscription qui les poursuit sous la lumière, semblent avoir développé leur singulière industrie. Contre le monde du jour qui leur est tellement hostile, ils ont bâti, quand ils ont pu, ce petit monde de la nuit, où ils exercent leurs arts. Ils n'en sortent que pour chercher leurs provisions, la gomme et d'autres substances dont ils font des magasins.

Leur attachement est extrême pour ces villes de ténèbres. Ils les défendent obstinément. Au premier coup qu'on y donne, chacun résiste à sa manière : les ouvriers en poussant du dedans un mortier qui ferme les trous, les soldats en attaquant les agresseurs mêmes, et les perçant jusqu'au sang de leurs pinces acérées, s'attachant à la blessure et se faisant écraser plutôt que de lâcher prise. Tout homme nu (comme sont les nègres) se rebute sous ses morsures, se décourage, est vaincu.

Si vous persistez pourtant, si vous pénétrez, vous admirez le palais, ses circuits, les passages, les ponts aériens, les salles où loge le peuple, les nourriceries pour les œufs, les caves, celliers ou magasins. Mais enfin, allez au centre. Là est le mystère de ce petit monde; là est son palladium, son idole, entourée sans cesse des soins d'une foule empressée. Objet étrange et choquant, qui n'en est pas moins servi et visiblement adoré.

C'est la reine ou la mère commune, épouvantablement féconde, d'où sort non interrompu un flux d'environ soixante œufs par minute, ou quatre-vingt mille œufs par jour?

Rien de plus bizarre. Ces bêtes étranges, que l'on compare à la vermine, n'en ont pas moins le moment de suprême poésie, l'heure d'amour; un moment les ailes leur poussent, et presque à l'instant elles tombent. Les couples dépouillés ainsi, n'ayant ni abri, ni force, nul moyen de résister, sont une proie pour tous les insectes, une manne sur laquelle ils se jettent. Les termites ouvriers, qui n'ont eu ni amour ni ailes, tâchent de sauver un couple de ces victimes, les accueillent, faibles, déchus, misérables, et ils les font rois.

On les porte, on les établit au centre de la cité, dans la salle où aboutissent toutes les salles et tous les passages. Là on les ravive, on les refait, on les nourrit jour et nuit, et la femelle peu à peu prend une énorme grosseur, jusqu'à devenir deux mille fois plus grosse de corps et de ventre; par un contraste hideux, la tête ne grossit pas. Du reste immobile, et dès lors captive, les portes où elle passe sont devenues infiniment trop étroites pour un tel monstre. Donc, elle restera là, versant, jusqu'à ce qu'elle crève, ce torrent de matière vive qu'on recueille nuit et jour, et qui demain sera le peuple.

Cette bête molle et blanchâtre, un ventre plutôt qu'un être, est grosse au moins comme le pouce; un voyageur prétend en avoir vu une de la taille de l'écrevisse. Plus grosse elle est, plus féconde, plus intarissable, cette terrible mère des poux semble d'autant plus adorée de sa vermine fanatique. Elle paraît leur idéal, leur poésie, leur enthousiasme. Si vous l'emportez avec un débris, une ruine de la cité, vous les voyez sous le bocal se mettre à l'instant au travail, bâtir une arche qui protège la tête vénérée de la mère, lui refaire sa salle royale, qui deviendrait, si les matériaux le permettaient, le centre, la base de la cité ressuscitée.

Je ne m'étonne pas, au reste, de la rage d'amour que montre ce peuple pour cet instrument de fécondité. Si toutes les espèces ensemble ne travaillaient à les détruire, cette mère vraiment prodigieuse les ferait maîtres du monde, et que dis-je? ses seuls habitants. Les poissons resteraient seuls; mais les insectes eux-mêmes périraient. Il suffit de se rappeler que la mère abeille ne fait en un an que ce que la mère termite peut faire en un jour. Par elle, ils engloutiraient tout; mais ils sont faibles et savoureux, et c'est tout qui les engloutit.

Quand les espèces de termites qui vivent et logent dans le bois s'approchent malheureusement de nous, il n'est guère de moyen d'arrêter leurs ravages. Ils travaillent avec une rapidité, une vigueur incroyables. On les a vus en une nuit percer en longueur tout un pied de table, puis la table même dans son épaisseur, et toujours perçant descendre par le pied opposé.

On s'imagine aisément l'effet d'un pareil travail poussé à travers les solives et la charpente d'une maison. Le pis, c'est qu'on est longtemps avant de s'en apercevoir. On continue de se fier à des appuis minés qui tout à coup croulent un matin; on dort paisible sous des toits qui demain ne seront plus.

La ville de Valencia, dans la Nouvelle-Grenade, minée par les souterrains qu'ils ont faits dans la terre, est suspendue maintenant sur ces dangereuses catacombes.

Nous-mêmes avons vu, à La Rochelle, les commencements redoutables des travaux qu'ils exécutent dans les charpentes d'une partie de la ville où les vaisseaux les ont apportés. Des édifices entiers s'y trouvent ainsi maintenant rongés, sans qu'il y paraisse, tous les bois creusés, évidés, jusqu'aux rampes des escaliers; n'appuyez pas trop; elles cèdent, s'affaissent sous votre main. Ces terribles rongeurs semblent pourtant vouloir se tenir jusqu'ici dans un quartier de la ville et ne pas entamer le reste. Autrement, cette cité historique, importante encore par la marine et le commerce, se trouverait à l'état d'Herculanum et de Pompéi.

II

LES FOURMIS. — LEUR MÉNAGE. — LEURS NOCES

Les fourmis ont sur tous les insectes une supériorité : c'est qu'elles sont moins spécialisées par leur vie, leur nourriture et leurs instruments d'industrie. Généralement elles s'accommodent de tout et travaillent partout : nul agent plus énergique d'épuration, d'expurgation. Elles sont, pour ainsi dire, les factotums de la Nature.

. Les termites, du moins la plupart, travaillent dans les ténèbres, sous la terre; les fourmis dessus et dessous.

. Comme les termites, elles font sous les zones tropicales de remarquables édifices, des dômes sous lesquels leurs chrysalides reçoivent la chaleur du soleil sans la piqûre de ses cuisants rayons. Mais ce ne sont pas des forteresses; les fourmis n'en ont pas besoin. Elles sont, dans ces contrées, reines et tyrans de tous les autres êtres. Les carabes exterminateurs, les nécrophores ensevelisseurs, qui chez nous jouent, comme insectes, le rôle de l'aigle et du vautour, osent à peine paraître dans les latitudes brûlantes où dominent les fourmis. Toute chose qui gît à terre est à l'instant dévorée par elles. Lund (*Mémoire sur les fourmis*) dit qu'il eut à peine le temps de ramasser un oiseau qu'il venait de voir tomber. Les fourmis y étaient déjà et s'en emparaient. La police de salubrité est faite par elles avec une énergique, une implacable exactitude.

Ces grosses fourmis du Midi, bien plus âpres que les nôtres, se sentant dames et maîtresses, craintes de tous, ne craignant personne, vont devant elles imperturbablement, sans se détourner pour aucun obstacle. Qu'une maison soit sur leur passage, elles entrent, et tout ce qui est vivant, même les énormes, venimeuses et redoutables araignées, même de petits mammifères, tout est dévoré. Les hommes leur quittent la place. Mais si l'on ne peut pas quitter, l'invasion est fort à craindre. Une fois, à La Barbade, on en vit une longue colonne défiler pendant plusieurs jours dans un nombre épouvantable. Toute la terre en était noire, et le torrent se dirigeait précisément du côté des habitations. On les écrasait par centaines sans qu'elles y fissent attention; on en détruisit des milliers, et elles avançaient toujours. Nul mur, nul fossé n'eût servi; l'eau même n'eût pu les arrêter : on sait qu'elles font des ponts vivants, en s'accrochant les unes aux autres comme en grappes ou en guirlandes. Heureusement, on imagina de semer d'avance sur le sol de petits volcans, de petits amas de poudre qui, de distance en distance, sautaient sous elles, emportaient des files et dispersaient les autres, les couvrant de feu, de fumée, les aveuglant de poussière. Cela réussit. Du moins elles se détournèrent un peu et passèrent d'un autre côté.

Linné appelle les termites le fléau des deux Indes ; et l'on pourrait également donner ce nom aux fourmis, si l'on ne considérait que le dégât qu'elles causent dans les travaux et les cultures de l'homme. En quelques heures, elles dépouillent un grand oranger, le déménagent entièrement de toutes ses feuilles. Elles ravagent en une nuit un champ de coton, de manioc ou de cannes à sucre. Voilà leurs crimes. Leurs vertus, c'est de détruire encore mieux tout ce qui nuirait à l'homme, comme insecte ou chose insalubre. Bref, sans elles, on ne pourrait habiter certains pays.

Pour les nôtres, en conscience, je ne vois pas qu'elles fassent le moindre mal à l'homme ni aux végétaux qu'il cultive. Loin de là, elles le délivrent d'une infinité de petits insectes. Je les ai vues souvent en longue file emportant chacune à sa bouche une toute petite chenille qu'elles portaient précieusement au garde-manger de la république. Ce tableau les eût fait bénir de tout honnête agriculteur.

Les fourmis maçonnes, qui travaillent en terre et entièrement sous terre, sont difficiles à observer. Mais celles qu'on appellerait charpentières peuvent être aisément suivies, du moins dans la partie supérieure de leurs constructions. Elles sont obligées d'exhausser et de réparer sans cesse le dôme de leur édifice, sujet à crouler. Au peu de terre qu'elles emploient, elles mêlent les feuilles, les aiguilles de sapins, des chatons de pins. Si un brin se trouve arqué, coudé, noueux, c'est un trésor : elles s'en servent comme arcade, mieux encore, comme ogive : car l'arc pointu est plus solide. Les avenues nombreuses qui mènent au dehors rayonnent en éventail : elles partent d'un point concentrique et s'épanouissent à la circonférence. Des salles basses, mais spacieuses, divisent la masse de l'édifice. La plus vaste est au centre et sous le dôme, salle aussi plus élevée et destinée, ce semble, aux communications publiques. Vous y trouveriez à toute heure des citoyens affairés qui, par le contact rapide de leurs antennes (sorte de télégraphe électrique) paraissent se communiquer les nouvelles, se donner des avis ou des directions mutuelles. C'est une espèce de forum.

Rien de plus curieux à observer que les mouvements et les travaux divers de ce grand peuple. Tandis que des pourvoyeuses s'en vont traire les pucerons, chasser aux insectes ou se fournir de matériaux, d'autres, sédentaires, se livrent entièrement aux soins de la famille, à l'éducation des enfants. Occupation immense, incessante, si l'on en juge par le mouvement continuel des nourrices autour des berceaux. Qu'il tombe une goutte de pluie, qu'il fasse un rayon de soleil, c'est un remuement général, un déménagement de tous les enfants de la colonie, et cela avec une ardeur qui ne lasse jamais. On les voit enlever délicatement ces gros enfants qui pèsent autant qu'elles, et, d'étage en étage, les placer au point nécessaire.

Cette échelle de chaleur, en quarante degrés, qu'est-ce autre chose que le thermomètre ?

Ce n'est pas tout. Les soins de l'alimentation, et ce qu'on appellerait l'allaitement, sont aussi beaucoup plus compliqués que chez les abeilles. Les œufs doivent recevoir de la bouche des berceuses une humidité nourrissante. Les larves prennent la becquée. Celle qui a filé sa coque et devient nymphe n'aurait pas la force d'en sortir, si les surveillantes, attentives, n'étaient là pour ouvrir cette coque, délivrer la petite fourmi et l'initier à la lumière. Dans les fourmilières artificielles que nous nous sommes procurées pour voir de plus près, nous avons été à même d'observer un détail qu'Huber regrette de n'avoir pu saisir.

De légers mouvements imprimés par l'enfant à son maillot avertissent que son heure est venue. Nous prenions plaisir à regarder les nourrices assises sur leurs reins comme de petites fées, immobiles et dressées, épiant visiblement sous ce voile muet le premier désir de liberté.

Comme chez toute race supérieure, cet enfant naît faible, inhabile à tout. Ses premiers pas sont si chancelants qu'il tombe à chaque instant sur ses genoux. Il faut, pour ainsi dire, le tenir à la lisière. Sa grande vitalité ne se trahit que par un besoin incessant de nourriture. Aussi, quand les chaleurs sont fortes et qu'il faut ouvrir un grand nombre de maillots par jour, on parque les nouveau-nés dans un même point de la cité.

Un jour, pourtant, j'en vis une montrer sa tête, un peu pâle encore, à l'une des portes de la ville, puis dépasser le seuil et marcher sur le faîte de la fourmilière. Mais on ne lui permit pas longtemps cette escapade. Une nourrice, la rencontrant, la saisit par le sommet de la tête et l'achemina doucement vers une des portes les plus voisines.

L'enfant fit résistance; il se laissa traîner, et dans la route ayant rencontré une poutrelle, il en profita pour se roidir et épuiser les forces de sa conductrice. Celle-ci, toujours douce, lâcha prise un instant, fit un tour, et revint à la charge auprès de son nourrisson, qui, lassé enfin, finit par obéir.

Quand celui-ci est fortifié, il faut le diriger, lui apprendre à connaître le labyrinthe intérieur de la cité, les faubourgs, les avenues qui mènent au dehors et les sentiers de la banlieue. Puis on le dresse à la chasse, on l'habitue à se pourvoir, à vivre de hasard et de peu, de tout aliment. La sobriété est la base de toute république.

La fourmi, qui n'est pas dédaigneuse et accepte toute nourriture, est, pour cela même, moins inquiète et moins égoïste. C'est bien à tort qu'on l'appelait *avare.* Loin de là, elle ne semble occupée qu'à multiplier dans sa ville le nombre des copartageants. Dans sa maternité généreuse pour ceux qu'elle n'a pas enfantés, dans sa sollicitude pour ces petits d'hier qui deviennent aujourd'hui de jeunes citoyens, naît un sens tout nouveau, fort rare chez les insectes, celui de la fraternité. (Latreille, Huber.)

Le point le plus obscur, le plus curieux de cette éducation, c'est sans doute la communication du langage, qui rappelle les formes de la franc-maçonnerie. Il leur permet de transmettre à des foules des avis souvent compliqués, et de changer en un moment la marche de toute une colonne, l'action de tout un peuple. Ce langage consiste principalement dans le tact des antennes, ou dans un choc léger des mandibules. Elles insistent (peut-être pour persuader) par des coups de tête contre le thorax. Enfin, il leur arrive d'enlever l'auditeur, qui ne fait aucune résistance, et de le transporter au lieu, à l'objet désigné. Dans ce cas, qui sans doute est celui d'une chose difficile à croire ou à expliquer, l'auditeur convaincu s'unit à l'autre et tous deux vont enlever d'autres témoins qui, à leur tour, font sur d'autres, en nombre toujours croissant, la même opération. Nos mots parlementaires, *enlever la foule, transporter l'auditoire*, etc., ne sont nullement métaphoriques chez les fourmis.

A cette vive gesticulation elles joignent beaucoup d'autres mouvements peu explicables. Ce sont des cavalcades où elles courent montées l'une sur l'autre, de légers défis par de petits coups sur les joues. Elles se dressent alors et luttent deux à deux, se tirant par une jambe, par une mandibule ou par une antenne. On a appelé cela des jeux; mais je ne sais qu'en croire. Chez un peuple si appliqué, si visiblement sérieux, cette gymnastique a peut-être un but hygiénique que nous ne savons pas.

Nous avions si bien ménagé nos prisonnières, qu'elles s'étaient habituées à leur nouveau domicile, et travaillaient sous nos yeux comme elles l'eussent fait dans leur propre cité. Elles s'étaient refait une petite ville en miniature avec des portes dont elles augmentaient soigneusement le nombre, dans les jours de forte chaleur surtout, sans doute pour donner de l'air aux petits, qu'on avait soin de placer près des ouvertures.

Le soir, consciencieusement, selon leur invariable usage, elles procédaient au travail de la fermeture des portes, comme ayant toujours à craindre quelque nocturne invasion des vagabonds sans industrie. Spectacle fort intéressant, dont nous allions souvent jouir devant les grandes fourmilières en activité.

Nul tableau plus varié; de toutes parts, à grandes distances, on les voyait venir en longues files, apportant toutes quelque chose, l'une un long fétu de paille, l'autre un joli chaton de pin, ou (selon les pays) de noires feuilles de sapin en aiguille. Telle, comme un petit bûcheron revenant à la tombée du jour, rapportait une branchette, un imperceptible fagot; d'autres enfin, qui semblaient revenir à vide, n'en étaient que plus chargées : elles venaient de traire les pucerons, et rapportaient aux petits comme l'allaitement du soir.

Aux approches de la cité, aux points où commençait la pente, c'était plaisir de voir la vigueur, l'ardeur, le zèle avec lesquels on faisait gravir tant de pesants matériaux. Dès qu'une lâchait, n'en pouvait plus, une ou deux autres succédaient. Et la solive, la poutre, vivement enlevée, semblait comme animée, montait. L'adresse et le coup d'œil suppléaient à la force. Arrêté ici, on tournait et l'on avançait par là un peu plus haut qu'il ne fallait; alors on dévalait le poids précisément sur l'ouverture qu'on voulait masquer; un vif et léger mouvement faisait pirouetter la masse, qui tombait à point. Nombre de problèmes de statique et de mécanique étaient résolus par une heureuse audace et dans une grande économie d'efforts. Peu à peu, tout se trouvait clos. Le vaste dôme, embrassant d'une courbe douce et je dirais moelleuse tout un grand peuple travailleur dans son légitime repos, n'offrait plus aucun jour, ni porte ni fenêtre, et paraissait un simple monticule de petits débris de sapin. Est-ce à dire que tout reposât en pleine confiance? on aurait eu tort de le croire. Quelques sentinelles erraient; au plus léger contact d'une baguette, au frôlement d'une feuille, quelques gardes sortaient, couraient autour, et, rassurés, rentraient, mais sans nul doute pour continuer la veille et rester en faction.

La scène la plus surprenante à laquelle on puisse assister, c'est un mariage de fourmis.

Les folies, comme on sait, les plus folles sont celles des sages. L'honnête, l'économe, la respectable république donne alors (un seul jour, il est vrai, par année) un prodigieux spectacle, d'amour? de fureur? on ne sait, mais plein de vertige, et, tranchons le mot, de terreur. M. Huber y trouve l'aspect d'une fête nationale. Quelle fête! et quelle scène d'ivresse! Mais non, rien d'humain ne donne l'idée de cette tourbillonnante effervescence.

Je l'observai, un jour d'orage, entre six et sept heures du soir. Ce jour avait été mêlé d'ondées et de chaude lumière. L'horizon était fort chargé, et cependant l'air calme. Il y avait une halte pour la Nature avant la reprise des grandes pluies.

Sur un toit bas et incliné, je vois, d'une même averse, tomber tout un déluge d'insectes ailés qui semblaient étourdis, ahuris, délirants. Dire leur agitation, leurs courses désordonnées, leurs culbutes et leurs chocs pour arriver plus tôt au but, serait chose impossible. Plusieurs se fixèrent et aimèrent. Le plus grand nombre tournait, tournait sans s'arrêter. Tous étaient si pressés de vivre, que cela même y faisait obstacle. Ce désir fiévreux faisait peur.

Terrible idylle! On n'eût pas su, en conscience, ce qu'ils voulaient. S'aimaient-ils? se dévoraient-ils? A travers ce peuple éperdu de fiancés qui ne connaissaient rien, erraient d'autres fourmis sans ailes, qui s'attaquaient surtout aux gens les plus embarrassés, les mordaient, les tiraient si bien que nous pensâmes les voir croquer les amoureux. Mais point. Elles voulaient seulement s'en faire obéir et les rappeler à eux-mêmes. Leur vive pantomime, c'était le conseil de la sagesse traduit en action. Les fourmis non ailées étaient les sages et irréprochables nourrices, qui, n'ayant pas d'enfants, élèvent ceux des autres, et portent tout le poids du travail de la cité.

Ces vierges surveillaient les amoureuses et paresseuses, inspectaient sévèrement les noces comme l'acte public qui, chaque année, refait le peuple. Leur crainte naturelle était que ces fous envolés n'allassent faire l'amour ailleurs, créer d'autres peuplades, sans souci de la mère-patrie.

Plusieurs ailées cédaient, se laissaient ramener en bas, vers la patrie et la vertu. Mais beaucoup s'arrachaient, et décidément s'envolaient, ne voulant suivre que l'amour et le caprice.

Ce fut une étonnante vision, un songe fantastique, à ne sortir jamais du souvenir.

Au matin, rien qui rappelât les fureurs de la veille, sauf des débris d'ailes arrachées, où l'on n'eût deviné la trace d'une unique soirée d'amour.

III

LES FOURMIS. — LEURS TROUPEAUX
ET LEURS ESCLAVES

Quand, pour la première fois, j'appris par la lecture d'Huber ce fait bizarre, prodigieux, que certaines fourmis ont des esclaves, je fus bien étonné (tout le monde l'a été à cette étrange révélation); mais je fus surtout attristé et blessé.

Quoi! je quitte l'histoire des hommes pour chercher l'innocence ; j'espère trouver tout au moins chez les bêtes la justice égale de la nature, la primitive rectitude du plan de la création; je cherche chez ce peuple, que jusque-là j'aimais et estimais, peuple laborieux, peuple sobre, image sévère et touchante des vertus de la république... et j'y trouve cette chose sans nom !

Quelle joie et quelle victoire pour les partisans de l'esclavage, pour tous les amis du mal!... Enfer et tyrannie, riez et réjouissez-vous... Une tache noire s'est révélée dans la lumière de la nature.

J'avais jeté Huber, et jamais livre ne me parut plus

odieux. Pardon, illustre observateur, votre aïeul, votre père, m'avaient ravi, charmé. Le premier Huber, le grand historien des abeilles, a ajouté à la religion des hommes; il a relevé nos cœurs. Mais l'Huber des fourmis avait brisé le mien.

C'était cependant un devoir de reprendre le livre et d'examiner de plus près. Un insecte immoral, machiavélique et pervers! cela vaut d'être examiné.

Mais, d'abord, distinguons. Une partie des prétendus esclaves pourrait n'être que des bestiaux.

Il suffit de voir les fourmis, maigres à ce point, brillantes et vernissées, pour supposer qu'elles sont les plus adustes, les plus brûlés de tous les êtres. Leur singulière âcreté est constatée par la chimie, qui a su tirer de leur corps le mordant acide formique. Elles le lancent parfois, quand elles sont en péril, comme un venin, à leurs ennemis. Elles l'emploient, dans certaines espèces, à sécher, noircir, brûler presque, les arbres où elles se font des demeures. Une substance si corrosive pour les autres ne l'est-elle pas pour elles-mêmes? Je serais tenté de le croire, et j'attribuerais à cette âcreté l'avidité extrême qu'elles témoignent pour le miel et autres choses qui l'adoucissent. Je soumets cette hypothèse aux savants.

Les fourmis du Mexique, dans un climat favorisé entre tous, ont deux classes d'ouvrières, les unes qui vont chercher les provisions, les autres inactives et sédentaires, qui les élaborent et en font une espèce de miel dont elles se nourrissent toutes.

Les fourmis de nos climats, pour la plupart incapables de faire du miel, satisfont au besoin qu'elles en ont en léchant ou trayant une sorte de miellée sur les pucerons, inertes animaux qui, sans travail, par le seul fait de l'organisation, tirent des liquides sucrés de toutes sortes de plantes. La transmission de ce miel aux fourmis se fait sans violence et comme d'un consentement mutuel.

Elle s'opère par une sorte de chatouillement ou de traction douce, comme celle que nous exerçons sur une vache. Ces pucerons, placés à l'extrême limite de la vie animale, très flottants d'organisation, vivipares en été, ovipares en automne, sont de très humbles créatures, prodigieusement inférieures en intelligence aux fourmis. Le verre grossissant vous les montre toujours courbés, toujours à paître. Leur attitude est celle des bestiaux. Ce sont pour les fourmis leurs vaches laitières. Pour en profiter en tout temps, elles les transportent souvent dans la fourmilière, où ils vivent à merveille ensemble. Elles soignent les œufs des pucerons, en ménagent l'éclosion, repaissent les pucerons adultes de leurs végétaux favoris.

Dans les situations où il y aurait difficulté pour les transporter et les mettre à l'étable, elles les parquent sur place, construisent, tout autour des rameaux, des cylindres de terre qui enveloppent avec eux leur arbre de pâture. On peut appeler cela les parcs, les chalets des fourmis. Elles y vont traire leurs bêtes à certaines heures, et parfois portent leurs petits au milieu du troupeau pour leur distribuer plus aisément la nourriture. J'assiste bien souvent, le soir surtout, à ces scènes hollandaises, auxquelles il ne manque jusqu'ici qu'un Paul Potter des fourmis.

Notez que ces pucerons, transportés ou parqués sur

place, ont l'avantage inappréciable d'avoir la garantie et la défense de la redoutable république. Le *lion des pucerons* (on appelle ainsi un petit ver) et autres bêtes sauvages, s'ils osaient approcher du bétail des fourmis, sentiraient cruellement les fortes mandibules et le brûlant acide formique.

Jusque-là donc, point de reproche : ce sont des bestiaux et non des esclaves. Elles font ce que nous faisons; elles usent du privilège des êtres supérieurs, et elles en usent avec douceur et plus de ménagement que l'homme.

Mais voici le plus délicat. Il y a deux espèces de fourmis, assez grosses, du reste, nullement distinguées, qui emploient comme servantes, nourrices et cuisinières, de petites fourmis qui ont bien plus d'art et plus d'*ingegno*.

Ce fait bizarre, qui semble devoir changer toutes nos idées sur la moralité animale, a été trouvé au commencement de ce siècle. Pierre Huber, fils du célèbre observateur des abeilles, se promenant dans une campagne près de Genève, vit à terre une forte colonne de fourmis *roussâtres* qui étaient en marche, et s'avisa de la suivre. Sur les flancs, quelques-unes empressées allaient et venaient, comme pour aligner la colonne. A un quart d'heure de marche, elles s'arrêtent devant une fourmilière de petites fourmis noires; un combat acharné s'engage aux portes.

Les noires résistent, en petit nombre; la grande masse du peuple attaqué s'enfuyait par les portes les plus éloignées du combat, emportant leurs petits. C'était précisément de ces petits qu'il s'agissait; ce que les noires craignaient avec raison, c'était un vol d'enfants. Il vit bientôt les assaillants qui avaient pu pénétrer dans la place en ressortir chargés d'enfants de noires. On eût cru voir sur la côte d'Afrique une descente de négriers.

Les rousses, chargées de ce butin vivant, laissèrent la pauvre cité dans la désolation de cette grande perte, et reprirent le chemin de leur demeure, où les suivit l'observateur ému et retenant presque son souffle. Mais combien son étonnement s'accrut quand, aux portes de la cité rousse, une petite population de fourmis noires vint recevoir les vainqueurs, les décharger de leur butin, accueillant avec une joie visible ces enfants de leur race, qui, sans doute, devaient la continuer sur la terre étrangère.

Voilà donc une cité mixte, où vivent en bonne intelligence des fourmis fortes et guerrières et de petites noires. Mais celles-ci, que font-elles? Huber ne tarda pas à voir qu'elles seules, en effet, faisaient tout. Seules elles construisaient; seules elles élevaient les enfants des rousses et ceux de leur espèce qu'elles leur apportaient; seules elles administraient la cité, l'alimentation, servaient et nourrissaient les rousses, qui, comme de gros enfants géants, indolemment se faisaient donner la becquée par leurs petites nourrices. Nul travail que la guerre, le vol et leur piraterie de négriers. Nul mouvement, dans les intervalles, que de vagabonder oisives, et de se chauffer au soleil sur la porte de leurs casernes.

Le plus curieux, c'est de voir ces ilotes civilisés aimer leurs gros guerriers barbares et soigner leurs enfants, accomplir avec joie les œuvres de servage, que dis-je? pousser à l'extension du servage, encourager les vols d'enfants. Tout cela n'a-t-il pas l'apparence d'un libre consentement à l'ordre de choses établi?

Et qui sait si la joie, l'orgueil de gouverner les forts, de maîtriser les maîtres, n'est pas pour ces petites noires une liberté intérieure, exquise et souveraine, au-dessus de toutes celles que leur aurait données l'égalité de la patrie?

Huber fit une expérience. Il voulut voir ce qu'il adviendrait, si ces grosses rousses se trouvaient sans serviteurs, et si elles sauraient se servir elles-mêmes. Il pensa peut-être que ces dégénérées pourraient se relever par l'amour maternel, si fort chez les fourmis.

Il en mit quelques-unes dans une boîte vitrée, et avec elles quelques nymphes. Instinctivement, elles se mirent d'abord à les remuer, à les bercer à leur manière; mais bientôt elles trouvèrent (fort grosses et bien portantes qu'elles étaient!) que c'était un poids trop lourd; elles les laissèrent là, par terre, et les abandonnèrent. Elles s'abandonnaient elles-mêmes. Huber leur avait mis du miel dans un coin, et elles n'avaient qu'à prendre. Misérable dégradation! cruelle punition dont l'esclavage atteint les maîtres! elle n'y touchèrent pas; elles semblaient ne plus rien connaître; elles étaient devenues si grossièrement ignorantes, indolentes, qu'elles ne pouvaient plus se nourrir. Elles moururent, en partie, devant les aliments.

Alors, Huber, pour compléter l'expérience, introduisit une seule petite noire. La présence de ce sage ilote changea tout, et rétablit la vie et l'ordre. Il alla droit au miel, et nourrit les gros imbéciles mourants;

il fit une case dans la terre, un couvoir, y mit les petits, prépara l'éclosion, surveilla les maillots (ou nymphes), amena à bien un petit peuple, qui, bientôt laborieux à son tour, devait seconder sa nourrice. Heureuse puissance de l'esprit! Un seul individu avait recréé la cité. .

L'observateur comprit alors qu'avec une telle supériorité d'intelligence, ces ilotes, en réalité, devaient, dans la cité, porter légèrement le servage et peut-être gouverner leurs maîtres. Une étude persévérante lui montra qu'en effet il en était ainsi. Les petites noires, en beaucoup de choses, pèsent d'une autorité morale dont les signes sont très visibles; elles ne permettent pas, par exemple, aux grosses rousses de sortir seules pour des courses inutiles, et elles les forcent à rentrer. Même en corps, ces guerriers ne sont pas libres de sortir, si leurs sages petits ilotes ne jugent pas le temps favorable, s'ils craignent l'orage, ou si le jour est avancé. Quand une excursion réussit mal et que les rousses reviennent sans enfants, les petites noires sont à la porte de la cité pour les empêcher de rentrer et les renvoyer au combat. Bien plus, on les voit empoigner ces lâches au collet, et les forcer de se remettre en route.

Voilà des faits prodigieux, tels que les vit l'illustre observateur. Il n'en crut pas ses yeux, et il appela un des premiers naturalistes de la Suisse, M. Jurine, pour examiner de nouveau et décider s'il se trompait. Ce témoin, et tous ceux qui observèrent ensuite, trouvèrent qu'il avait très bien vu.

Oserai-je le dire? après des témoignages si graves, je conservais quelque doute. Tranchons le mot, *j'es-*

pérais que le fait, sans être absolument faux, avait été mal observé. Le dimanche, 2 août 1857, je l'ai vu, de mes yeux vu, dans le parc de Fontainebleau. J'étais avec un savant illustre, excellent observateur, et qui vit tout comme moi.

C'était une journée très chaude. Il était quatre heures et demie de l'après-midi. Nous vîmes sortir d'un tas de pierres une colonne de fourmis, quatre à cinq cents fourmis rousses ou rougeâtres, précisément de la couleur des élytres du hanneton. Elles marchaient rapidement vers un gazon, maintenues en colonne par leurs sergents ou serre-files que l'on voyait sur les flancs, et qui ne permettaient pas que l'on s'écartât (c'est ce que tout le monde a pu voir sur une file de fourmis en marche). Mais ce qui me parut nouveau et m'étonna, c'est que peu à peu celles qui étaient à la tête, se rapprochant les unes des autres, n'avançaient plus qu'en tournant; elles passaient et repassaient par la foule tourbillonnante, et décrivaient des cercles concentriques; manœuvre évidemment propre à produire l'exaltation, à augmenter l'énergie, chacune, par le contact, s'électrisant de l'ardeur de toutes.

Tout à coup, la masse tournante semble s'enfoncer, disparaît. Dans le gazon, où rien n'indiquait qu'il y eût une fourmilière, se trouvait un imperceptible trou où nous les vîmes s'engloutir en moins de temps qu'il n'en faut pour écrire cette ligne. Nous nous demandions si c'était une entrée de leur domicile, si elles rentraient dans leur cité... En une minute au plus, elles nous donnèrent la réponse, nous montrèrent que nous nous trompions. Elles sortirent à flot brusquement, chacune emportant une nymphe sur ses mandibules.

Qu'il fallût si peu de temps, cela disait suffisamment qu'elles avaient su d'avance les localités, la place des œufs, l'heure où ils sont concentrés, enfin la mesure des résistances qu'elles avaient à attendre. Peut-être n'était-ce pas leur premier voyage.

Les petites noires sur qui les rousses faisaient la razzia sortirent en assez grand nombre; mais j'en eus vraiment pitié. Elles n'essayaient pas de combattre. Elles semblaient effarées, éperdues. Elles tâchaient seulement de retarder les ravisseurs en s'y accrochant. Une rousse fut ainsi arrêtée, mais une autre rousse qui était libre la débarrassa du fardeau; et dès lors la noire la lâcha. La scène enfin fut lamentable pour les noires. Elles ne firent nulle sérieuse résistance. Les cinq cents rousses réussirent à enlever trois cents enfants à peu près. A deux ou trois pieds du trou, les noires cessèrent de les poursuivre, désespérèrent, se résignèrent. Tout cela ne dura pas dix minutes pour l'aller et le retour. Les deux parties étaient trop inégales. C'était évidemment un facile abus de la force, très probablement une avanie souvent répétée, une tyrannie des grosses, qui levaient sur leurs pauvres petites voisines des tributs d'enfants.

Ce fait choquant et hideux, tâchons du moins de le comprendre. Il est propre à quelques espèces; il est un incident particulier, un cas exceptionnel, mais rentrant au total dans une loi générale de la vie des fourmis. Leurs sociétés reposent sur le principe de *la division du travail* et de *la spécialité des fonctions*. La fourmilière à l'état normal comprend, comme on sait, trois classes : 1° la grande masse, composée des vierges laborieuses, qui s'en tiennent à l'amour des enfants communs à la république et font tous les travaux de la cité ; 2° des femelles fécondes, faibles, molles, inintelligentes ; 3° de petits mâles chétifs qui ne naissent que pour mourir.

La première classe, en réalité, c'est véritablement le peuple. Or, dans ce peuple, vous trouvez deux divisions industrielles, deux grands corps de métiers. L'un fait toutes les œuvres de force, transports d'objets pesants, quête lointaine et périlleuse de vivres, et au besoin la guerre. L'autre, presque toujours à la maison, reçoit les matériaux, fait le ménage, toute l'économie intérieure, mais surtout l'œuvre capitale de la cité, l'éducation des enfants.

Les deux corporations, celle des pourvoyeuses et guerrières, celle des nourrices et gouvernantes, sont (dans chaque tribu) de taille inégale, mais identiques d'espèce, de couleur, d'organisation.

L'égalité morale semble parfaite entre ces guerrières de grande taille et ces petites industrieuses. S'il y avait quelque différence, on pourrait dire que la classe des petites, qui fait la cité et qui fait le peuple par l'éducation, est vraiment la partie essentielle, la vie, le génie, l'âme ; celle qui seule, au besoin, pourrait constituer la patrie.

Or, voici que M. Huber découvre deux espèces (rousse et rouge) à qui manque justement cette classe essentielle, cet élément fondamental des cités de fourmis. Si la classe accessoire, la classe guerrière, manquait, cela surprendrait moins. Mais ici, en réalité, c'est la base qui fait défaut, le fonds vital, la raison d'être. On est moins étonné de la ressource dépravée par laquelle subsistent ces rousses que de la monstrueuse lacune qui les force d'y recourir.

Il y a là un mystère qu'on ne peut guère expliquer aujourd'hui, mais que l'histoire générale de l'espèce, de ses migrations, de ses changements, si on pouvait la refaire, éclaircirait probablement. Qui ne sait combien les animaux se modifient au dehors, au dedans, dans leurs formes et dans leurs mœurs, par les déplacements? Qui, par exemple, reconnaîtrait le frère de nos bouledogues, du chien du Saint-Bernard, du chien géant de Perse qui étranglait les lions, dans le chien avorton de la Havane, si frileux qu'en ce climat même la nature l'a vêtu d'une toison épaisse, qui le cache et en fait une énigme?

L'animal transplanté peut devenir un monstre.

Les fourmis aussi ont pu avoir leurs révolutions, leurs changements physiques et moraux, à mesure que le globe, partout habitable, a favorisé leurs migrations. Plusieurs espèces, dans les beaux climats de l'Amérique, ont gardé l'industrie de faire du miel; les nôtres n'en savent pas faire, et elles ont été obligées de recourir aux pucerons; de là un art et un progrès, l'industrie d'élever, de garder, de parquer ce bétail.

Telles espèces ont pu avancer, mais telles rétrograder. Et c'est ainsi que j'expliquerais ce brigandage des rousses. Ce sont probablement des classes dépaysées et démoralisées, des fragments de cités déchues qui ont perdu leurs arts, et qui ne vivraient pas sans ce moyen barbare et désespéré de l'esclavage. Elles n'ont plus la caste artiste, éducatrice, sans laquelle tout peuple périt. Réduites à la vie militaire, elles ne vivraient pas deux jours, si elles ne s'ajoutaient des âmes. Elles vont donc, pour ne pas périr, voler ces petites âmes noires, lesquelles les soignent, il est vrai, mais aussi les gouvernent. Et cela non seulement dans l'intérieur de la cité, mais au dehors, décidant leurs expéditions ou bien les ajournant, enfin réglant la guerre, tandis que les rousses, loin de régler les affaires de la paix, ne semblent même pas les comprendre.

Triomphe singulier de l'intelligence! Puissance invincible de l'âme!

IV

LES FOURMIS. — LA GUERRE CIVILE
L'EXTERMINATION DE LA CITÉ

Une punition du tyran, c'est que, le voulût-il, il ne peut aisément délivrer son captif. Aussi longtemps que mon rossignol chante, je vois qu'il sent bien peu sa cage, et je porte légèrement sa captivité ; mais, dès que le temps du chant passe, je partage sa mélancolie, et toujours me revient la question : « Comment le délivrer ? » Il ne sait plus voler et il est à peu près sans ailes. Libre, il périrait à deux pas. Les libertés qu'il prend à Paris dans une grande chambre, et ici, à Fontainebleau, dans un petit jardin, sont peu de chose en vérité. Il n'en profite guère ; presque toujours il reste caché dans un groseiller, à songer et à écouter. Ce qu'il entend, les chants vifs des fauvettes, des voix d'amour et de maternité, redouble, je crois, sa tristesse. Si bien qu'ici, en plein air, sous le ciel, dans une liberté relative, il perdait l'appétit et ne voulait plus manger. Nous avisâmes de lui rendre son régime naturel et de l'alimenter des insectes qui le nourrissent dans les bois. Autre difficulté. Qui n'aurait répugnance de chercher, d'apporter des proies vivantes à dévorer? Nous aimions mieux lui donner des insectes à venir, des œufs d'insectes, d'inertes nymphes endormies. On en fait commerce à Fontainebleau, où nos seigneurs les faisans, race féodale, ne daignent manger autre chose que des œufs de fourmis.

Donc, le 8 juin au soir, on m'apporta de la forêt un gros morceau de terre mêlé de petites bûchettes de bois et surtout de petits débris d'arbres du Nord, des aiguilles de sapins ou menues feuilles piquantes qui semblent des épines.

Au milieu, les habitants pêle-mêle, de toute taille et de tout état, œufs, larves, nymphes, ouvrières fort petites, grandes fourmis qui semblaient être des guerrières et des protectrices, enfin quelques femelles qui venaient de prendre leurs habits de noces, les ailes qu'elles portent pour le moment de l'amour. C'était ainsi un spécimen très complet de la cité, varié, mais bien marqué d'un même signe, tout ce peuple brunâtre ayant au corselet une même tache d'un rouge obscur. Comme classe et profession de fourmis, elles étaient aisément caractérisées par leur logis même, quoique bouleversé : c'étaient des fourmis charpentières, de celles qui étayent leurs étages supérieurs avec des bûchettes de bois.

Ce peuple, dans ce grand changement de situation, n'était nullement abattu. Il continuait ses affaires. Le capital, c'était de soustraire les œufs et les nymphes à l'action d'un soleil trop fort. Le mouvement général les avait tirés de leurs souterrains et les avait mis au-dessus. Les petites fourmis s'en occupaient activement. Les grosses allaient, venaient, faisaient des rondes, et même extérieurement, autour d'un grand vase de terre qui contenait ce fragment démembré de la cité. Elles marchaient d'un pas ferme, ne reculaient devant rien. Nous-mêmes ne leur faisions pas peur. Quand nous présentions devant elles quelque obstacle, une branchette ou notre doigt, elles s'asseyaient sur leurs reins, manœuvraient à merveille leurs petits bras, et nous tapaient à la façon d'un jeune chat.

Dans leurs rondes autour du vase, elles rencontrèrent sur le sable des noires-cendrées qui ont pris possession de notre jardin et y ont fait en dessous de grands établissements. Celles-ci n'ont pas recours au bois, mais bâtissent en maçonnerie, ayant pour cimenter la terre leur salive, et pour sécher et assainir, leur acide formique.

Ce qui leur rend le lieu fort agréable, c'est que les rosiers, les pommiers, les pêchers leur présentent en abondance les troupeaux de pucerons dont elles tirent la miellée pour elles et leurs petits.

La rencontre fut peu amicale. Quoique les grosses charpentières eussent parmi les leurs des fourmis de taille assez petite, elles différaient fort des noires par leurs hautes jambes et la tache rouge du corselet. Elles furent impitoyables. Peut-être soupçonnaient-elles que ces rôdeuses noires étaient des espions envoyés pour observer, pour préparer des embûches à la colonie émigrante qui venait de débarquer. Bref, les grosses charpentières tuèrent les petites maçonnes.

Cet acte eut des résultats terribles et incalculables.

Le vase était malheureusement placé près d'un pommier couvert de ces pucerons lanigères qui font la désolation des jardiniers et la joie des fourmis. Nos maçonnes venaient de prendre possession du précieux troupeau sucré et s'étaient campées dans les racines mêmes de l'arbre, à portée de cette grande exploitation. Elles y étaient, sous terre, en corps de peuple, dans un nombre infini.

Le meurtre eut lieu à onze heures. A onze heures un quart, au plus tard, tout le peuple noir était averti, soulevé, il était debout, monté de tous ses souterrains, sorti par toutes ses portes. Sous ces longues colonnes sombres, le sable avait disparu; nos allées étaient noires, vivantes. Le soleil, qui tombait d'aplomb dans le petit jardin, piquait, brûlait la multitude qui n'en avançait que plus vite. Vivant toujours sous la terre, elles doivent avoir le cerveau très sensible. La furie de la chaleur, surtout la crainte que ces géants envahisseurs n'entreprissent sur leurs familles, tout cela les poussait intrépides au-devant de la mort.

D'une mort qui nous semblait certaine, car chacune des grosses charpentières, pour la taille et l'épaisseur, valait bien huit ou dix de ces petites maçonnes. Aux premières rencontres nous avions vu qu'une grosse sur une petite l'exterminait d'un coup.

Les maçonnes avaient le nombre. Mais quoi? si les premiers rangs étaient arrêtés, périssaient, puis les seconds, puis les troisièmes, si l'armée, avançant, ne faisait que fournir de nouvelles victimes? Telles étaient nos inquiétudes. Nous craignions tout pour les petites indigènes de notre jardin, troublées par cette intrusion d'un peuple étranger que nous avions amené, peuple mal appris et brutal, qui, sans provocation aucune, avait débuté par des meurtres sur les habitants du pays.

Nous n'avions comparé, il faut l'avouer, que les forces matérielles, et non tenu compte des forces morales.

Nous vîmes, au premier choc, une adresse et une entente du côté des petites noires qui nous étonna. Six par six, elles s'emparaient d'une des grosses, chacune tenant, immobilisant une patte; et deux encore lui montant sur le dos sautaient aux antennes, ne les lâchaient plus : de sorte que ce géant, ainsi lié par tous les membres, devenait un corps inerte. Il semblait perdre l'esprit, s'hébéter, n'avoir plus conscience de son énorme supériorité de force. D'autres alors venaient, qui, dessus, dessous, sans danger le perçaient.

La scène, regardée de près, était effroyable. Quelque intérêt que les petites méritassent par leur héroïsme, leur furie faisait horreur. Il était impossible de voir sans pitié ces pauvres géants garrottés, misérablement traînés, tiraillés à droite et à gauche, nageant comme en pleine mer dans ces flots de rage et d'acharnement, aveugles, impuissants et sans résistance, comme de faibles moutons à la boucherie.

Nous aurions voulu, pour beaucoup, les séparer. Mais comment faire? Nous étions devant l'infini. Les forces de l'homme expirent en présence de pareilles multitudes. Nous pouvions, à la rigueur, faire un déluge universel, un petit moment de noyade. Mais cela n'eût pas suffi. Elles n'auraient pas lâché prise, et, le torrent écoulé, le massacre eût continué. Le seul remède, mais atroce, et pire que le mal, eût été à force de paille, de brûler les deux peuples, les vainqueurs et les vaincus.

Ce qui nous frappa le plus, c'est qu'en réalité il n'y avait de garrottées, de prises, que bien peu de grosses. Si celles qui restaient libres fussent tombées sur les assaillantes, elles en pouvaient faire aisément un épouvantable carnage, leur action étant si rapide et donnant la mort d'un coup. Mais elles ne s'en avisaient point. Elles couraient éperdues, et justement fuyaient au fond du danger même, au plus épais des masses ennemies. Hélas! elles n'étaient pas vaincues seulement, elles paraissaient devenues folles. Tandis que les petites, se sentant chez elles, sur leur sol, se montraient si fermes, les grosses étrangères, sans racine, fragment désespéré d'une cité anéantie, ne connaissant rien au pays où elles étaient transplantées, sentaient que tout leur était hostile, tout embûche et rien abri... État lamentable d'un peuple où la patrie a péri, et qui a perdu ses dieux!

Ah! je les excuse. Nous-mêmes, nous avions presque terreur à voir ces légions de la mort, cette terrible armée de petits squelettes noirs qui avaient tous escaladé le malheureux vase de terre, et, dans ce lieu resserré, étouffé, brûlant, n'ayant pas même de place, furieux, montaient les uns sur les autres. A mesure que la déroute des grosses devenait certaine, des appétits effroyables se révélaient chez les noires. Nous en vîmes le moment... Ce fut un coup de théâtre. Dans leur pantomime muette, mais horriblement éloquente, nous entendîmes ce cri : « Leurs enfants sont gras! »

La gloutonne armée de maigres se jeta sur les

enfants. Ceux-ci, d'une race supérieure, étaient assez lourds ; de plus, leur enveloppe oblongue de nymphes, aux contours arrondis, offrait peu de prise. Deux, trois, quatre petites noires, réunissant leurs efforts, parvenaient difficilement à en faire remonter un seul du fond du vase de terre sur ses parois vernissées. Elles prirent alors brusquement une résolution terrible : ce fut d'arracher ces maillots, d'emporter les enfants nus. Arrachement difficile, car le petit adhère fortement, et ses membres repliés sont de plus soudés entre eux ; de sorte que ce développement violent et subit ne se faisait que par blessures, écartèlement. Elles les emportaient tels quels, palpitants et déchirés.

Nous avions cru, au commencement de cette saisie d'enfants, voir simplement une scène d'enlèvement d'esclaves, comme ils ne sont que trop communs chez les hommes et chez les fourmis. Mais nous comprîmes alors qu'il s'agissait de tout autre chose. En les tirant cruellement de cette enveloppe, qui est pour elles la condition de vie, on annonçait trop bien qu'on se souciait peu qu'ils vécussent. C'était de la chair, de la viande que l'on emportait, une proie tendre pour les jeunes restés au logis, les enfants gras livrés vivants à la furie des enfants maigres.

Pour comprendre l'horreur de la scène, il faut savoir ce que c'est que les gros œufs de fourmis, qu'on appelle œufs improprement, mais qui sont leurs nymphes ou chrysalides, petites fourmis organisées qui, sous le voile, affermissent leur délicate existence, tendre et molle encore. Elles y restent pour accomplir un progrès de solidification, de coloration successive.

Ce voile très fin et très doux qu'elles se filent est,

comme on sait, d'un blanc mat, teinté à peine d'un jaune délicat, qui, plus fort, irait au nankin. Si vous l'ouvrez un peu avant la sortie de l'insecte parfait, vous trouvez un être justement de même couleur, tout replié sur lui-même comme l'embryon humain l'est au sein de sa mère. Déplié, il offre bien l'aspect de la future fourmi, mais il en diffère singulièrement par le caractère : la tête est tout innocente; si vous relevez les antennes qui semblent alors des oreilles, cette jeune blanche tête semble celle d'un petit lapin. Les yeux seuls, qui sont deux points noirs, marqués assez fortement, annoncent la coloration prochaine. Du reste, rien ne fait pressentir que ce petit animal, faible et dénué, fort touchant et intéressant, doive, en huit jours, devenir l'être noir si énergique, âpre de vie, âcre de sang, qui va courir sur la terre avec cette furie de travail et de brûlante activité.

On comprend qu'à cet état les nymphes de fourmis, laiteuses, succulentes, soient un mets fort appétissant pour l'oiseau et pour une infinité d'êtres qui les recherchent avidement.

Je n'ai ouvert qu'une nymphe des derniers jours et près de l'éclosion. Mais j'en eus assez. Cette vue (avec une loupe qui grossissait douze fois) était fort pénible. L'être était formé et complet, déjà noir au ventre, jaune au corselet. La tête était intelligente, comme celle d'une vieille fourmi, mais pâle, passant du jaune au noir. Cette tête, lourde et faible encore, et comme pleine de vertige, tombait à droite et à gauche, avec un effet singulier de somnolence et de douleur. On aurait cru qu'elle disait : « Ah! si tôt!... M'avoir appelée si cruellement, avant l'heure, de mon doux berceau au dur travail de la vie !... Mais c'en est fait de moi ! » Elle s'efforçait cependant, pour faire face aux chances inconnues de sa situation nouvelle, de dégager vivement ses pattes adhérentes. Les antennes l'étaient déjà parfaitement et s'agitaient pour percevoir le monde nouveau ; cet organe, tout cérébral, disait assez l'inquiétude et l'agitation du cerveau. Sa plus grande contrariété était de ne pouvoir délivrer ses deux bras (ou pattes antérieures). Elle y travaillait violemment. Ils étaient collés de je ne sais quoi qu'on aurait dit du sang pâle, et l'on suait à voir le pauvre petit être, déjà prudent et craintif, ne pouvant pas arriver à compléter ses moyens de défense, et tirer, tirer (ce semble à les arracher) ses deux bras sanglants.

J'ai expliqué ceci un peu longuement, pour faire comprendre l'intérêt passionné que les fourmis portent à ces boules que notre œil trouverait insignifiantes. Elles sentent, sous la transparence de ce fin tissu, palpiter l'enfant sous ces deux formes touchantes, ou la créature innocente, dénuée, qui rêve encore, ou l'être déjà formé, intelligent, qui perçoit tout et ne peut se défendre, qui, même avant de voir le jour, peut avoir toutes les craintes et les agitations de la vie.

L'impression la plus pénible, pour les petits des insectes, c'est le froid subit, du moins la nudité, l'exposition à l'air et à la lumière. Cela leur est tellement antipathique et douloureux que, dans certaines espèces, c'est la source de leurs arts, de leurs plus ingénieuses inventions. Les œufs et nymphes de fourmis dans leur petit maillot transparent, et plus encore la larve qui en est privée, ressentent avec une extrême sensibilité toutes les variations atmosphériques. De là les soins délicats, incessants de leurs nourrices pour les porter, les monter, descendre, aux degrés bien ménagés de leurs trente ou quarante étages, pour bien garder leurs chères frileuses du froid, de l'humidité, et aussi de l'excès du chaud. Un degré de plus ou de moins, c'est pour elles la vie ou la mort.

Cruel et tragique changement pour ces filles de l'amour, traitées jusque-là avec une gâterie excessive, et ménagées beaucoup plus que des princesses, d'être brusquement mises nues, dépouillées à coups de pinces, de dents, de tenailles, déshabillées par le bourreau. Jetées tout à coup au soleil brûlant, traînées, poussées, roulées par toutes les aspérités d'un sable grossier, sensibles, infiniment sensibles, dans leur nudité nouvelle, aux chocs, aux heurts, aux sauts brusques que leurs violents ennemis ne leur épargnaient guère.

On a vu, dans les villes prises par un ennemi furieux, que la rage ouvrait les tombeaux des morts. Mais ici, nous assistions à l'exhumation des vivants, au dépouillement de ces innocentes et si vulnérables créatures, pauvres chairs sans épiderme, pour qui le plus léger contact eût été déjà la douleur.

Cette immense exécution sur le peuple et sur les enfants fut tellement précipitée, qu'à trois heures de l'après-midi tout était fini à peu près : la cité, dans tous les sens dépeuplée et saccagée, et son avenir étaient sans résurrection.

Nous crûmes que quelque fugitive pouvait se

cacher encore, que peut-être les vainqueurs abandonneraient ce désert si nous les dépaysions en les transportant avec la cité détruite dans une remise pavée hors du jardin, et qu'alors se réveillerait en elles la pensée de leur famille, à qui d'ailleurs elles ne pouvaient plus porter rien à dévorer. Cela en effet se réalisa.

Le matin du 10 juin, on les voyait dispersées sur toutes les routes qui s'acheminaient vers leur demeure, à l'autre bout du jardin. Mais la destinée des vaincus semblait accomplie. La ville défunte et muette n'était qu'un cimetière où, avec quelques corps épars, on ne voyait que du bois mort, de vieux chatons d'arbres du Nord, et ces funèbres aiguilles (de pins et sapins jadis verts) aussi mortes que la cité.

J'avoue qu'une telle vengeance, si disproportionnée à l'acte qui en fut la cause ou le prétexte, m'avait fortement indigné, et mon cœur, changeant de parti, était tout aliéné de ces barbares petites noires.

Tout autant que j'en vis qui se promenaient encore implacables sur les ruines, je les fis rudement sauter par-dessus les murs (je veux dire les bords du vase). En vain l'on me remontrait avec douceur que ces noires avaient été provoquées, qu'elles avaient montré le plus grand courage, ayant bravé un tel péril qu'on les croyait perdues d'avance. C'étaient des tribus sauvages, cruelles, mais héroïques, comme les Iroquois, les Hurons, les héros vindicatifs qui peuplaient jadis les forêts du Mississipi et du Canada. Ces raisons si bonnes ne me calmaient pas. J'avais trop cette énormité sur le cœur. Sans vouloir les écraser, j'avoue que, si ces noires féroces se trouvaient parfois sous mon pied, je ne le détournais pas.

Le malheureux vase vide me retenait, me rappelait toujours. Le soir du 11, nous y étions encore, assis par terre, le menton dans la main et tout pensifs. Nos regards plongeaient au fond. Sur l'immobilité parfaite, nous nous obstinions à vouloir un signe de vie, quelque chose qui dît encore que tout n'était pas fini. Cette volonté fixe sembla avoir la force d'une évocation, et, comme si nos désirs avaient rappelé au jour quelque misérable esprit de la cité veuve, une des victimes échappées apparut, se précipita hors du champ de mort, courut... Et nous aperçûmes qu'elle emportait un bèrceau.

La nuit venait, et elle était dans un lieu tout étranger, profondément hostile, pavé de ses ennemis. Quelques trous rares, qu'on pouvait croire des asiles, étaient justement les bouches de l'enfer des noires. L'infortunée fugitive, avec le poids de cet enfant dont elle surchargeait son malheur, courait éperdue et sans savoir où. Je la suivais des yeux, du cœur ; mais l'obscurité me la déroba.

V

LES GUÊPES. — LEUR FURIE D'IMPROVISATION

Quand la guêpe, un jour d'été, vous entre par la fenêtre, avec ce fort *zou! zou! zou!* agressif et menaçant, chacun se met sur ses gardes. L'enfant a peur, la femme suspend son ouvrage, l'homme même lève les yeux : « Insolente! impudente mouche! » Et il s'arme d'un mouchoir.

Cependant l'animal superbe, ayant volé par tous les coins, jeté sur toute la chambre un regard méprisant, rapide, part à grand bruit, sans daigner remarquer ce mauvais accueil. Tout ce qu'il a en pensée, c'est ceci : « Pauvre maison! pas un fruit, point d'araignée, point de mouche, pas le moindre morceau de viande! »

Alors, elle fait une descente à l'étal du voisinage, chez le boucher de campagne : « Boucher, tu as ma pratique. Je veux bien me fournir chez toi. N'hésite pas, sot avare. Coupe-moi un joli morceau, et je te rendrai service. Je tuerai tes mouches à viande. Traitons, et soyons amis. Tous deux nous sommes nés pour tuer. »

Les animaux lourds et lents, dans le genre de l'homme, sont tous fort scandalisés des procédés de la guêpe. Elle agit, ne parle pas. Mais si elle daignait parler, son apologie serait simple. Un mot y suffit. C'est l'être à qui la nature impose le destin terrible d'avoir à supprimer le temps. On parle de l'*éphémère* qui vit quelques heures; c'est assez pour qui ne fait rien. La vraie éphémère, c'est la guêpe. Elle doit dans un court été (de six mois, qui se réduit à quatre d'activité) accomplir, non seulement le cercle de la vie individuelle, naître, manger, aimer, mourir, mais, ce qui est bien plus fort, le cercle d'une longue vie sociale, la plus compliquée qu'ait l'insecte. Ce que l'abeille élabore à la longue en plusieurs années, la guêpe doit le réaliser à l'instant. Bien plus que l'abeille ! car celle-ci fait ses rayons dans une maison préparée (ruche, creux de roche, tronc d'arbre); mais la guêpe doit improviser le dehors comme le dedans, les remparts de la cité avec la cité elle-même.

Quatre mois pour tout créer, pour faire et défaire un peuple, — peuple très organisé !

Apprenez, races paresseuses qui dites qu'en quatre-vingts ans on n'a pas de temps, apprenez à le mépriser. C'est chose toute relative. Il n'y a jamais de temps pour la limace à plat ventre, dût-elle traîner des siècles. Il y a toujours du temps pour l'activité héroïque, la grande volonté, l'énergie.

La guêpe meurt. Sa cité de trente mille âmes, révolutionnairement improvisée, comme par un coup foudroyant de génie et de courage, sa cité subsiste et témoigne d'elle. Solide, éminemment solide, travaillée en conscience et comme pour une éternité.

Voyons le point de départ. Une misérable mouche, qui l'hiver a survécu à la destruction du peuple, sort poudreuse de sa cachette. Grâce à Dieu, c'est le printemps. Va-t-elle se chauffer au soleil? Non, pas un jour de repos. Quel premier devoir? aimer, d'un amour brûlant, rapide, aller au but, prendre au passage cette force de vitalité qui va créer tout le peuple. L'amour au vol, nul arrêt, tout au grand but social.

Seule et sauvage, avec son idée, son espérance, cette mère de la patrie future fait d'abord les citoyens, quelques milliers de travailleurs. On sait déjà qu'entre insectes, tout travailleur est femelle. Celles-ci sont donc des ouvrières, mais l'âpre besoin du travail supprime en elles le sexe. Elles aiment du grand amour. Vierges austères, elles n'auront d'autre époux que la cité.

Le fil du travail ardent passe de la mère aux filles. Son travail fut d'enfanter; le leur est d'édifier. Même furie d'improvisation. Selon les lieux et les climats, la tribu, l'espèce, le travail varie. Ici, elles creuseront sous terre l'antre où l'on placera l'édifice, mais en l'isolant de la terre, le gardant de l'humidité. Là, on le suspend à l'air, en fort et dur cartonnage, à braver toutes les pluies. Pour faire ce papier, ce carton, on se rue à la forêt, on choisit quelque bois bien préparé, longtemps mouillé, que la nature a déjà roui préalablement comme nous rouissons le chanvre. Là dedans, d'une dent âpre, aiguë (car ce ne sont pas ici les jolies trompes d'abeilles, arrangées pour baiser les fleurs), là on mord profondément, on arrache et on détache, on scie les filaments rebelles, on les charpit comme nous faisons de la toile, on les pétrit d'une langue forte. La pâte mêlée d'une salive visqueuse et agglutinante, on l'étale en lames minces. Les dents fermées comme un pressoir consomment l'œuvre. L'élément du carton est préparé.

Alors, commence un second art. La papetière devient maçonne. Elle n'a pas la queue du castor pour truelle, mais chez la guêpe d'Amérique une palette à la jambe sert au même usage. L'opération n'est pas la même ici et à la Guyane. La maçonne de Cayenne, ayant fait les murs, n'a qu'à y suspendre une succession de plafonds; elle suit, dans ce pays plus sec, le type de nos maisons humaines. Mais la maçonne d'Europe, qui opère en cartonnage sous un climat humide où l'été même a parfois de longues pluies, suit un autre plan : *une maison dans la maison*, une ruche tout à fait isolée de l'enveloppe qui la contient. C'est ce qui préserve le mieux ce peuple ardent et frileux, dont il faut bien garder la flamme.

Tel dehors, donc tel dedans. Telle maison, donc tel habitant. On ne sait pas encore assez, parmi les humains, combien l'habitation influe sur nos dispositions morales. Cette duplication de muraille, ce puissant enveloppement d'un peuple ainsi serré en lui sous sa double et forte enceinte, ne contribuera pas peu à l'unité de la cité.

Autre singularité, petite, dira-t-on? non, grande pour l'observateur sérieux. Cette cité a deux portes; on entre par l'une, et on sort par l'autre. Ainsi, nul encombrement; on ne se rencontre jamais. C'est ce que fait tout peuple qui économise le temps et veut aller vite en affaires. A Londres, on fait comme les guêpes : ici, les allants, et là les venants; chacun prend sa droite, ceux-ci un trottoir, ceux-là l'autre. Le Strand n'offre pas l'embarras des flâneurs de la rue Vivienne, qui se font sans cesse obstacle et nagent laborieusement dans les embarras qu'ils créent.

Mais revenons. Pourquoi ces constructions? Cet être si robuste et d'une vie si intense a-t-il donc plus, peur de l'air que tant d'insectes délicats, que la nerveuse araignée qui n'a que sa maison de toile ou même vit sous une feuille? C'est là le haut mystère de vie pour l'insecte supérieur, c'est ce qui fait l'*ingegno* universel de la fourmi sur la terre et sous la terre, c'est ce qui fait l'activité et le persévérant travail, l'économie de l'abeille. Quoi donc? *l'amour de l'avenir*, le désir de perpétuer et d'éterniser ce qu'on aime. Tout leur amour, c'est l'enfant.

Aimer l'enfant et l'avenir, travailler en vue du temps et de ce qui n'est pas encore, s'épuiser, mourir de travail, pour que la postérité ait moins à travailler, et vive! noble idéal certainement de la société, quelle qu'elle soit. On le comprend bien chez ceux qui ont du temps devant eux, une vie à employer, comme les hommes et les abeilles. Mais que celle qui n'a point de temps, qui meurt ce soir, aime le temps qui ne sera pas le sien, qu'elle immole ce peu de vie à la vie qui vient derrière, dévoue à l'enfant de demain son seul et unique jour, cela est propre à la guêpe; c'est original et sublime.

Pas une minute à perdre; la mère augmente incessamment leur charge. Elle fait, outre les travailleuses, des mâles qui ne travaillent guère, dont la petite fonction, fort courte, obtient à peine grâce pour leur inactivité. Chez ces peuples sérieux, tragiques, des insectes, la Nature, comme pour s'égayer un moment par une distraction comique, a fait les pauvres petits mâles, généralement trapus, ventrus, innocents petits Falstaff, qu'on garde comme un sérail de serviteurs sans conséquence. La caricature est complète chez les mâles de l'abeille, qui, alléguant qu'ils ne savent ni récolter au dehors, ni édifier au dedans, passent le temps à jaser devant la ruche (comme nos jeunes gens à fumer).

Chez les guêpes, la vie est tellement tendue, brûlante, âpre, que les mâles eux-mêmes, quelque fainéants qu'ils soient, n'osent rester à rien faire. Ces dames, qui ne plaisantent pas et qui ont des aiguillons dont les mâles sont dépourvus, pourraient le trouver mauvais, et les relancer à coups de poignard. Aussi ils ont imaginé de travailler sans travailler; ils ont l'air de faire quelque chose, un peu de ménage intérieur, de propreté, de balayage. Si quelqu'un meurt, l'enterrement leur sert de prétexte; pour enlever un léger poids, ils suent, ils se mettent plusieurs. Bref, ils sont très ridicules. Et leurs terribles compagnes, j'en suis sûr, en rient elles-mêmes.

Elles ont vraiment fort à faire. Vingt ou trente mille bouches à nourrir, c'est une bien grosse maison. Si elles avaient seulement une sage activité d'abeilles, leur cité mourrait de faim. Il leur faut une rapidité violente, furieuse, meurtrière; il leur faut les apparences d'une gloutonnerie immense, il leur faut le culte et l'amour que Sparte avait pour le vol. Mais ce qui fait leur puissance, ce qu'on sent chez elles, pour peu qu'on les observe un moment, c'est leur magnifique insolence, le mépris superbe qu'elles ont de tous les autres êtres, et leur forte conviction que ce bétail leur appartient. Si l'on considère, il est vrai, leur énergie, près de laquelle les lions et tigres sont des races de moutons, et leur prodigieux effort d'improvisation chaque année, et enfin leur dévouement absolu au bien public, on ne voit guère dans la nature de créatures relativement plus puissantes ni qui aient droit de s'estimer davantage.

Nos cœurs modernes pourtant ont quelque peine à admettre la violence des vertus antiques. Leur amour de la cité, illimité, va jusqu'au crime. Qui n'a vu leur ardeur féroce à poursuivre les abeilles? Il est des espèces de guêpes qui savent pourtant faire du miel; mais c'est dans les beaux climats qui, ne connaissant pas d'hiver, laissent aux guêpes un peu de temps et de paisible travail. Ici, il n'en est pas ainsi. Leur vie, étranglée en six mois, leur fait chercher des moyens de simplification cruelle. Il faut du miel à leurs enfants. Donc, elles tombent sur l'abeille, la saisissent; de leur corps si svelte, où la taille est un simple fil, elles recourbent l'extrémité, de sorte que la prisonnière reçoit par-dessous l'aiguillon; poignardée, la guêpe la scie en trois coups de dents, laisse là la tête et le corselet se débattre longtemps encore; mais le ventre plein de miel, la barbare l'emporte et le donne à ses petits.

Nul remords. La mort des autres ne coûte rien apparemment à celle qui sait que demain elle va mourir elle-même.

Que dis-je? ces vierges de Tauride n'attendent pas que la Nature mette sur elles sa main pesante et l'ignoble plomb de l'hiver. Elles ont porté l'épée; elles veulent mourir par l'épée. La cité finit par un grand massacre. Les enfants, si chers naguère, si chers encore, on les tue. Enfants tardifs que le froid, la misère, tuerait demain, leurs sœurs, tantes et bonnes nourrices, leur donnent au moins l'avantage de mourir par ce qui les aime. Ce dernier don, une mort courte, est libéralement octroyé à bon nombre d'infortunés qui ne pensaient pas à le demander, de petits mâles inutiles, même de jeunes ouvrières qui naquirent tard et ne peuvent justifier d'un tempérament assez fort pour résister à l'hiver. Qu'il ne soit pas dit que l'on voie la race héroïque chercher l'humiliante hospitalité des toits enfumés de l'homme, et, pour vouloir vivre un peu plus, étaler sa triste dépouille au charnier d'une araignée! Non, enfants! non, sœurs! mourez. La république est immortelle. Telle de nous, favorisée par le miracle annuel et la loterie de la Nature, pourra tout recommencer. Qu'il en reste une, c'est assez. Dût périr le monde, un grand cœur suffirait pour refaire un monde.

VI

LES ABEILLES DE VIRGILE

Tous les modernes ont triomphé de l'ignorance de Virgile et de sa fable d'Aristée, qui tire la vie de la mort et fait naître ses abeilles du flanc des taureaux immolés. Moi, je n'en ai jamais ri. Je sais, je sens que toute parole de ce grand poète sacré a une valeur très grave, une autorité que j'appellerais augurale et pontificale. Le quatrième livre des *Géorgiques,* spécialement, fut une œuvre sainte, sortie du plus profond du cœur. C'était un pieux hommage au malheur et à l'amitié, l'éloge d'un proscrit, de Gallus, le plus tendre ami de Virgile. Cet éloge fut effacé, sans doute, par le prudent Mécène. Et Virgile y substitua sa résurrection des abeilles, ce chant plein d'immortalité, qui, dans le mystère des transformations de la Nature, contient notre meilleur espoir : Que la mort n'est pas une mort, mais une nouvelle vie commencée.

Aurait-il pris le vain plaisir de faire un conte populaire à ce lieu consacré du poème qu'avait occupé le nom d'un ami? Je ne le croirai jamais. La fable, si c'en est une, a dû avoir quelque base sérieuse, un côté de vérité. Ce n'est pas ici le poète mondain, le chanteur urbain, comme Horace, l'élégant favori de Rome. Ce n'est pas l'improvisateur charmant de la cour d'Auguste, le léger, l'indiscret Ovide, qui trahit les amours des dieux. Virgile est l'enfant de la terre, la noble et candide figure du vieux paysan italique, religieux interrogateur, soigneux et naïf interprète des secrets de la Nature, Qu'il se soit trompé sur les mots, qu'il ait mal appliqué les noms, cela n'est pas impossible; mais pour les faits, c'est autre chose : ce qu'il dit, je crois qu'il l'a vu.

Un hasard me mit sur la voie. Le 28 octobre 1856, nous montions au cimetière du Père-Lachaise pour visiter avant l'hiver les sépultures de ma famille, la tombe qui réunit mon père et son petit-fils. Ce dernier né m'était venu l'année même qui terminait la première moitié de ce siècle, et je l'avais nommé Lazare dans mon espoir religieux du réveil des nations. J'avais cru voir sur son visage comme une lueur des pensées fortes et tendres qui me remplissaient le cœur à ce dernier moment de mon enseignement. Vanité de nos espérances! Cette fleur de mon automne, que j'aurais voulu animer de la vitalité puissante qui a commencé tard pour moi, elle disparut presque en naissant. Et il me fallut déposer mon enfant aux pieds de mon père, déjà mort depuis quatre années. Deux cyprès que je plantai alors dans cette mauvaise terre d'argile n'en ont pas moins pris en si peu de temps une étonnante croissance. Deux fois, trois fois plus hauts que moi, ils dressent des branches vigoureuses d'un jeune et riche feuillage qui veut toujours pointer au ciel. Qu'on les baisse avec effort, elles se relèvent fières et fortes, vivantes d'une incroyable sève, comme si ces arbres avaient bu dans la terre ce que j'y mis, le cher trésor de mon passé et mon invincible espérance.

Au milieu de ces pensées, montant la colline, avant d'arriver à la tombe qui est dans l'allée supérieure, je faisais cette observation, qu'ayant eu tant d'occasions de fréquenter ce beau et triste lieu, ayant été à un autre âge le plus assidu visiteur des morts, je n'avais presque jamais vu d'insectes au Père-Lachaise. A peine, au grand moment des fleurs, lorsque tout en est couvert et que même nombre de vieux tombeaux abandonnés sont comme engloutis dans les roses, je n'ai pas remarqué que la vie animale y abondât, comme elle fait ailleurs. Peu d'oiseaux, très peu d'insectes. Pourquoi? je ne pourrais le dire.

En faisant cette réflexion, nous avions achevé de gravir la colline; nous étions devant la tombe. J'y trouvai avec admiration, le dirai-je? avec une sorte de saisissement un surprenant démenti à ce que je venais de dire.

Une vingtaine environ de très brillantes abeilles voletaient sur le jardinet, aussi étroit qu'un cercueil, dépouillé et pauvre de fleurs, attristé de la saison. Il ne restait guère dans tout le cimetière que les dernières fleurs d'automne, quelques défaillantes roses du Bengale, demi-effeuillées. Le lieu même où nous étions, plein de constructions nouvelles, de maçonnage et de plâtre, était une Arabie déserte. Sur la tombe enfin, il n'y avait, vers la tête du grand-père, que quelques blancs asters, fort pâles, et sur mon enfant les cyprès. Il fallait bien que ces asters, dans ce mauvais sol argileux, nourris ou des souffles de l'air, ou des esprits de la terre, gardassent un peu de miel, puisque ces petites glaneuses y venaient récolter encore.

Je ne suis pas superstitieux. Je ne crois qu'à un miracle, le miracle permanent de la Providence naturelle. J'éprouvai pourtant combien une vive surprise de cœur peut ébranler l'esprit. Je me sentis reconnaissant de voir les mystérieux petits êtres animer cette solitude, où moi-même, hélas! je viens rarement. L'entraînement croissant du travail où les jours poussent les jours, la flamme haletante de cette forge où l'on forge de plus en plus vite, doutant si l'on vivra demain, tout cela nous tient plus loin des tombeaux que nous n'y fûmes aux temps rêveurs de la jeunesse. Je fus saisi de voir celles-ci me suppléer, tenir ma place. En mon absence elles peuplaient, vivifiaient le lieu, consolaient mes morts, les réjouissaient peut-être. Mon père leur aurait souri avec sa bonté indulgente; elles auraient fait le bonheur, la première joie de mon enfant.

L'intérêt ne les menait guère. Il y avait si peu à prendre pour elles! Cependant, quand nous suspendîmes aux cyprès des couronnes d'immortelles que nous apportions, elles eurent la curiosité d'aller voir si ces nouvelles fleurs avaient en elles quelque chose. La dure et piquante corolle les rebuta vite, et les renvoya aux asters fanés. J'en fus triste, et je leur dis : « Tard, bien tard, vous venez, amies, et sur la tombe du pauvre!... Que n'ai-je à vous récompenser d'un petit banquet d'amitié, qui vous soutienne et vous réchauffe aux premiers froids qui déjà soufflent sur ces hauteurs glaciales, exposées au vent du nord! »

Comme si elles m'avaient compris, leurs mouvements répliquèrent juste. J'en vis qui, de leurs petits bras, adroitement tournés en arrière, se frottaient le dos au soleil; elles voulaient s'imbiber à fond de ce rayon tiède et s'en pénétrer. Elles profitaient de l'heure malheureusement bien courte où le soleil tourne si vite; on le sent à peine, et il est passé. Leur geste, très significatif, disait manifestement : « Oh! la froide matinée que nous avons eue!... Hâtons-nous!... Avant une heure commence la soirée non moins froide, la nuit glacée, qui sait? l'hiver! et bientôt la mort pour nous. »

Elles étaient très vives encore, merveilleusement propres et nettes, je dirais presque lumineuses, sous leurs ailes lustrées, glacées d'or. Je ne vis jamais de plus beaux insectes, plus visiblement animés d'une vie supérieure. Une chose m'embarrassait, c'est qu'elles étaient trop belles, trop luisantes, n'ayant point leur costume industriel, leur habit velu, leurs pinceaux, leurs brosses. Enfin, j'aperçus une chose, c'est qu'elles n'avaient pas non plus les quatre ailes de l'abeille, mais seulement deux.

Je reconnus mon erreur. Celles-ci sont justement celles qui trompèrent aussi Virgile. Comme moi, il les crut abeilles et leur a donné ce faux nom. Réaumur avoue que lui-même il y fut un moment trompé.

Mais le fait conté par Virgile n'est pas inexact. On comprend qu'il ait vivement ému l'antiquité et qu'elle y ait vu un type de résurrection. Elles semblent les filles de la mort. Des trois âges de leur existence, elles passent le premier dans les eaux morbides et mortelles, funestes à tous les autres êtres, que laissent échapper les résidus de la vie en dissolution; par une tendresse ingénieuse, la nature les y préserve, les maintient vivantes et les fait respirer en pleine mort. Le second âge, elles le passent sous la terre, dans les ténèbres, pour y dormir leur sommeil de chrysalide. Mais, quittes de cette sépulture, elles sont bien dédommagées de leur abaissement antérieur; une vie légère, aérienne, exempte des travaux de l'abeille, glorifiée par des ailes d'or, comme celle-ci n'en eut jamais, leur est accordée, avec des mœurs douces. Innocentes et sans aiguillon, elles vivent leur saison d'amour sous le soleil et dans les fleurs. Loin de rougir de leur origine, nobles abeilles virgiliennes, elles ne dédaignent pas les fleurs du cimetière, elles font société aux morts, et, pour les vivants, recueillent ce miel de l'âme, l'espoir de l'avenir.

VII

L'ABEILLE AUX CHAMPS

« Quand la plante arrive à la fleur, au plus haut point de sa vie, qu'elle prend des formes symétriques, des parfums, des couleurs, une irritabilité quasi animale, elle sort de l'isolement, et se lie davantage avec le tout. Mais elle est fixée dans un lieu et sans rapprochement d'amour. L'animal, au contraire, c'est le mouvement; il annonce sa joie de vivre par sa mobilité capricieuse. Alors la plante captive jette un regard d'amicale confiance sur la vie libre de l'animal, lui offre l'abondance de sa substance, et, pour salaire, attend de lui qu'il opère sa fécondation. Alors aussi, comme pourrait le faire un frère plus âgé, l'animal aide à la plante, et prête à sa dépendance les secours de la liberté. Mais, pour cela, il faut l'animal tout à fait libre, je veux dire ailé, lié avec la vie végétale qui fut sa bonne nourrice. Voilà l'insecte, messager et médiateur de l'amour des plantes, leur propagateur, instrument zélé de leur fécondation.

« Avec un soin maternel, la plante, en son propre corps, donne un lieu où l'œuf de l'insecte se développe. Elle nourrit la jeune larve qui ne peut agir encore, mais qui enfin, sortant de sa végétation dans l'œuf, se meut librement, se nourrit. La fécondité créatrice de la plante répare aisément ce que lui a soustrait l'insecte, et tous deux ainsi, l'animal et la plante, arrivent harmoniquement au point le plus haut de la vie. L'animal, de sa basse sphère de nutrition, s'élève à une sphère plus élevée, le pur besoin du mouvement, et la poursuite de l'amour. La plante, il est vrai, ne monte pas si haut; mais sa fleur est un beau rêve d'une existence supérieure : rêve qui, bien que passager, va, par les fruits, assurer la conservation de l'espèce. La plante en fleur, l'insecte ailé, atteignent, comme de concert, un développement analogue, manifesté par les couleurs, les belles formes symétriques, le raffinement de la substance. Des fleurs papilionacées, par exemple, on dirait presque des insectes devenus plantes.

« Cette existence harmonique va et marche au même rythme des moments de la journée. Chaque fleur au suc de laquelle est assigné un insecte s'épanouit à l'heure où il vit de la vie la plus active, se ferme à l'heure de son repos. Ils sentent ainsi leur unité; l'amour les attire l'un vers l'autre. La plante ici joue la femelle, base fixe de création, engagée dans la nature. L'insecte semble le petit mâle qui se détache de la terre, voltige en l'air ; rappelé toutefois par la plante à l'unité du tout terrestre. Il est une anthère ailée, qui répand la vie aux fleurs. » (Burdach, livre II, chap. III.)

Ce que le vent fait au hasard, jetant, par ondées, par caprice, les éléments générateurs, l'insecte le fait par amour, amour direct de son espèce, amour indirect et confus de cette aimable auxiliaire qui l'accueille et le nourrit, qui nourrira même encore ses œufs après lui et continuera sa maternité. Aussi son action n'est pas, comme était celle du vent, extérieure et superficielle. Elle est intérieure, pénétrante; l'insecte, ardent et curieux, ne se laisse pas arrêter par ces légers petits obstacles dont la pudeur végétale entoure le seuil de ses mystères; il écarte hardiment les voiles, il entre au ménage des fleurs. Il prend, il pille, il emporte, sûr d'être approuvé de tout. La fleur, dans son expansion impuissante, est trop heureuse de ces larcins libérateurs qui vont transporter son désir où il voulait aller lui-même. « Prends, dit-elle, et prends davantage. » L'insecte y fait tout son effort; chacun de ses poils devient une petite flèche magnétique qui attire et veut attirer. Puisse-t-il se couvrir de ces pointes, et de toute sa surface (à l'instar du paratonnerre) concentrer sur soi ce trésor d'électricité végétale! c'est son vœu. Vœu réalisé dans l'insecte supérieur, dans l'abeille, toute hérissée de cet appareil attractif, l'abeille prédestinée, par les outils qui lui sont propres, et à sa petite industrie personnelle de faire le miel, et à la très grande industrie, générale, universelle, de la fécondation des plantes.

Excellente créature, à qui s'adresse surtout ce que le grand physiologiste vient de dire de ces amours de la fleur et de l'insecte; mais avec une spécialité admirable de l'abeille. Elle ne prend à la fleur que ce noble luxe de vie que celle-ci prodigue à l'amour. Elle n'établit pas son fruit dans la plante pour l'alimenter et pour manger sa nourrice. Au lieu d'y déposer son œuf aux hasards de la vie végétale, comme fait le papillon de sa future chenille, l'abeille ménage la plante et, sans l'attaquer, lui emprunte les précieux matériaux dont son art tire les palais d'albâtre, d'ambre ou d'or, où vont dormir ses enfants.

Cette innocence de l'abeille est un de ses hauts attributs, autant que son art admirable. Son aiguillon n'est qu'une arme défensive et très nécessaire, non contre l'homme auquel d'elle-même elle n'aurait pas affaire, mais contre les guêpes cruelles, ses terribles ennemies. L'abeille, tout au contraire, ne fait de mal à personne. Elle ne vit point de la mort; sa vie inoffensive ne demande point d'autres vies. Elle suscite des existences innombrables, elle vivifie, elle féconde. Il n'est pas d'inculte désert, de lieu sauvage où elle n'anime, n'active la végétation languissante, pressant les plantes d'éclore, les veillant, les épiant. Elle leur reproche leur paresse, et, dès qu'elles s'ouvrent à l'amour, ces pauvres vierges muettes, elle établit de l'une à l'autre comme les pourparlers nécessaires, emporte dans ses murmures leurs poussières et leurs parfums, met en rapport les aromes qui sont leurs pensées de fleurs.

Cela commence au mois de mars. Quand un soleil incertain, mais déjà puissant, réveille la sève endormie, de petites fleurs des champs, la violette sauvage, la pâquerette des gazons, le bouton d'or des haies, la giroflée hâtive, s'épanouissent et parfument l'air. Mais cela pour un moment. A peine ouvertes à midi, dès trois heures elles se replient et voilent leurs frissonnantes étamines. A ce court moment de douce chaleur, vous voyez un petit être blond, tout velu, mais bien frileux, qui se hasarde aussi à déplier ses ailes. L'abeille quitte sa cité, sachant que la manne est prête pour elle et pour ses petits.

Peu de chose alors, il est vrai, mais la plupart des berceaux sont vides à cette époque. La grande fécondité de la mère abeille est encore cachée dans son sein. La ponte régulière, rapide, qui doit créer un monde, ne commencera que plus tard, aux beaux jours de mai.

Admirable correspondance. La plupart des fleurs frileuses, de même que la frileuse abeille, attendent une saison plus fixe pour déployer au soleil leurs corolles, trop délicates pour les caprices d'avril.

C'est plaisir de voir le commerce de ces êtres charmants. La fleur docile s'incline et se prête aux mouvements inquiets de l'insecte. Le sanctuaire qu'elle avait fermé aux vents, au regard, elle l'ouvre à sa chère abeille qui va, tout imprégnée d'elle, porter son message d'amour. Les précautions délicieuses que la Nature a prises pour voiler aux profanes le mystère qui se passe là n'arrêtent pas un moment la chercheuse hardie qui est comme de la maison et ne craint pas d'être en tiers. Telle fleur, par exemple, se trouve protégée par deux pétales qui se rejoignent et font dôme (comme l'iris du bord des eaux, qui protège ainsi de la pluie ses délicats petits maris). Telle autre, comme le pois de senteur, se coiffe d'une espèce de casque dont il faut lever la visière.

L'abeille s'établit au fond de ces réduits dignes des

31

fées, tendus des plus doux tapis, sous des pavillons fantastiques, des murailles de topaze et des plafonds de saphirs. Mais, pauvres comparaisons empruntées aux pierreries mortes!... Celles-ci vivent, et elles sentent, elles désirent, elles attendent. Et si l'heureux conquérant du petit royaume caché, si l'impérieux violateur de leurs innocentes barrières, l'insecte, mêle et confond tout, elles lui diront merci, le combleront de leurs parfums et le chargeront de leur miel.

Il y a des lieux favorisés, et il y a des heures bénies, où l'abeille, en récoltant, accomplit, chaste travailleuse, des milliers de mariages. Sur les côtes par exemple, et près de la sauvage mer où l'on n'irait guère chercher ces pacifiques idylles, s'il est un repli bien caché, garanti, soleillé, la nature ne manque pas, dans la douceur chaude et humide de cet abri maternel, de faire un petit monde élu où la fleur distille à l'abeille le plus doux de son nectar, où l'abeille soulage la fleur comble et courbée de son désir.

Chaude, humide et douce aussi est l'heure qui précède le soir. Caressée du dernier soleil dont elle garde en soi la tiédeur, humectée dans sa corolle de la brume légère qui déjà blanchit, la fleur se sent vivre deux fois et d'une double électricité; elle est pressée d'aimer, elle aime. Les étamines éclatent, secouent leur nuage d'encens. Vienne la médiatrice, à cette heure charmante et sacrée, qu'elle vienne la secourable abeille! qu'elle s'empare de ces parfums que le vent du soir aurait dispersés, qu'elle les répartisse sagement, prenne ici et donne là. Les fleurs ne sont plus solitaires; la prairie est devenue par elle une société où tous s'entendent et tous s'aiment, initiés à l'hymen par leur petit pontife ailé.

C'est un devoir non moins grave pour l'abeille de se lever de bonne heure et d'assister au moment où la fleur qui sommeillait sous la rosée pénétrante (dégagée par son divin maître, père et amant, le soleil), s'éveille, revient à elle-même. Frappée du rayon sympathique, elle n'y résiste pas; elle laisse aller, attendrie, tout ce qu'elle a de meilleur; elle est comme une petite source où le miel vient goutte à goutte. Prenez-le, il en revient. A point se trouve alors l'abeille; son œuvre est ici presque faite; le doux trésor, bien préparé dans cette heure de perfection, lui coûtera peu de travail. Elle l'apporte à ses enfants : « Mangez, c'est l'âme des fleurs. »

A midi, dans la chaleur, restera-t-elle inactive? Le hâle et la sécheresse ont tari les fleurs de la plaine. Mais celles des bois, abritées par de fraîches ombres, ont la coupe pleine; celles des ruisseaux murmurants, des muets et profonds marais, sont alors en pleine vie. Le *Pensez à moi* rêve et pleure de petites larmes de miel. Le blanc nénuphar lui-même, de sa pâle virginité, donne un doux trésor d'amour.

« Le chaud ne nuit pas à l'abeille, mais le froid extrêmement. Elle est si consciencieuse que, pour ne pas perdre un jour de travail dans nos courts étés, elle n'a pas assez égard aux brusques retours d'hiver, aux aigres caprices de bise, qui nous viennent parfois dans les plus beaux jours. Des insectes moins intelligents, mais aussi moins laborieux, savent parfaitement s'y soustraire. Dans leur prudence paresseuse, ils se disent : « A demain!... Chômons. » Et ils attendent patiemment un jour, deux jours ou davantage, que ce méchant vent du nord ait calmé sa mauvaise humeur. Mais ceux qui ont charge d'âmes, une grosse famille à nourrir, ceux qui savent qu'un hiver doux peut venir qui tienne ce peuple éveillé (donc affamé), ceux-là, dis-je, se feraient scrupule de prendre un seul jour de repos.

« Aussi, par des matins très froids d'un juin qui valait un mars, elles n'hésitaient pas à se mettre intrépidement en campagne. Mais elles sont plus vaillantes que robustes; le froid les prenait, et je les voyais languissantes et comme paralysées, qui se traînaient à mes fenêtres. Elles n'essayaient pas de fuir et se laissaient prendre. Elles étaient à l'état sacré, je veux dire portant les signes de leur courageux et infatigable travail, imprégnées de poussière de fleurs, et leurs petites corbeilles chargées, surchargées de pollen. Elles avaient l'air de dire : « Nous ne sommes point des « fainéantes. Loin de là, aux froides heures du matin, « où plus d'une sommeille, nous avions déjà journée « faite. Mais, hélas ! les temps sont si durs, et si péné« trante est la bise ! Nous voilà transies. Un moment, « je vous prie, d'hospitalité ! »

« Qui ne respecterait l'infortune de ces irréprochables et trop ardentes ouvrières ? Je leur prêtais non seulement un toit, la tiédeur d'un appartement fermé au vent, ouvert au soleil; mais je leur improvisais un repas d'amie, sans façon. Où ? au fond d'un sucrier.

« La frileuse, ayant ravivé à un beau et chaud rayon sa chaleur perdue, et remis en bon état tout ce petit monde électrique de poils dont elle est hérissée, commençait à s'informer de sa prison momentanée et trouvait avec une surprise agréable que ce cristal était une salle à manger. De bon appétit se mettant à table, elle attaquait un morceau de sucre, et de sa trompe en suçait tout ce qu'elle en pouvait prendre. Le repas fini, quand l'abeille, tout à fait ressuscitée, remuait, allait, venait, demandait la porte, sans lui faire perdre un moment d'une journée déjà avancée, je l'élargissais... D'un plein vol, charmée d'un soleil meilleur, elle retournait à ses affaires, bourdonnant très distinctement : « Adieu, madame, et grand merci. »

VIII

LES ABEILLES ARCHITECTES. — LA CITÉ

Si le guêpier tenait de Sparte, la ruche est, dans le monde insecte, la véritable Athènes. Ici, tout est art. Le peuple, l'élite artiste du peuple, crée incessamment deux choses, d'une part la Cité, la patrie, de l'autre la Mère universelle qui doit non seulement perpétuer le peuple, mais de plus être son idole, son fétiche, le dieu vivant de la Cité.

Ce qui est commun aux abeilles avec les guêpes, les fourmis, tous les insectes sociables, c'est la vie désintéressée des tantes et sœurs, vierges laborieuses, qui se dévouent tout entières à une maternité d'adoption.

Et ce qui sépare l'abeille de ces peuples analogues, c'est qu'elle a besoin de se faire une idole nationale dont l'amour l'invite au travail.

Tout cela a été longtemps méconnu. On croyait d'abord que cet État était une monarchie, *qu'il avait un roi*. Point du tout; ce roi est une femelle. Alors, on s'est rabattu à dire : *Cette femelle est une reine.* Erreur encore. Non seulement elle ne règne pas, ne gouverne pas, ne dirige rien, mais elle est gouvernée en certaines choses, parfois mise en charte privée. C'est plus et moins qu'une reine. C'est un objet d'adoration publique et légale; je dis légale et constitutionnelle, car cette adoration n'est pas tellement aveugle qu'en tels cas l'idole ne soit, comme on verra, traitée très sévèrement.

« Donc, ce gouvernement serait au fond démocratique? » Oui, si l'on considère l'unanime dévouement du peuple, le travail spontané de tous. Nul ne commande. Mais au fond, on voit bien que ce qui domine en toute chose élevée, c'est une élite intelligente, une aristocratie d'artistes. La Cité n'est point bâtie ni organisée par tout le peuple, mais par une classe spéciale, une espèce de corporation. Tandis que la grande foule des abeilles va chercher aux champs la nourriture commune, certaines abeilles plus grosses, les cirières, élaborent la cire, la préparent, la taillent, l'emploient habilement. Comme les francs-maçons du Moyen-âge, cette respectable corporation d'architectes travaille et bâtit sur les principes d'une profonde géométrie. Ce sont, comme ceux de nos vieux temps, *les maîtres des pierres vives.* Mais combien ces dignes abeilles méritent mieux encore ce nom! Les matériaux qu'elles emploient ont passé par elles, ont été élaborés par leur action vitale, vivifiés de leurs sucs intérieurs.

Ni le miel, ni la cire ne sont des substances végétales. Ces petites abeilles légères qui vont chercher le suc des fleurs, le rapportent déjà changé, enrichi de leur vie virginale. Doux et pur, il passe de leur bouche à la bouche de leurs grandes sœurs. Celles-ci, les graves cirières, ayant reçu cet aliment vivifié et doté de la charmante douceur qui est comme l'âme du peuple, elles l'élaborent à leur tour, l'affermissent de leur vie propre, qui est la solidité. Sages et sédentaires, du liquide, elles font un miel sédentaire, un miel à la seconde puissance; j'allais dire, un miel réfléchi. Ce n'est pas tout, cette substance deux fois élaborée et deux fois dotée de suc animal, elles ne l'emploieront encore qu'en l'humectant incessamment de leur salive, qui la rend plus molle pendant le travail et plus résistante après.

Avais-je tort tout à l'heure de dire que cette construction est vraiment celle *des pierres vives?* Pas un atome de ces matériaux qui ne passe trois fois par la vie, et ne s'en imprègne trois fois. Qui dira, dans cette ruche, si c'est la fleur qui a fourni le plus, ou si c'est l'abeille? Celle-ci y est pour une grande part. Ici, la maison du peuple, c'est la substance du peuple et son âme visible; il a tiré de lui sa propre cité, et il est sa cité même. Abeilles et ruche, même chose.

Mais observons-les au travail.

Seule, au centre de la ruche encore vide et à créer, la docte cirière s'avance. Sous ses anneaux elle prend délicatement une plaque de cire que ses mains portent à sa bouche. La plaque est broyée de ses dents, et, comme ses dents sont des filières, la cire en sort sous forme de ruban. Huit plaques sont ainsi fournies, travaillées et imbibées; huit petits blocs en résultent qu'elle pose comme premiers jalons de la construction première, comme assises mères de la Cité.

D'autres continuent sans s'écarter de ce qu'a commencé la première. Si quelque novice inintelligente ne suit pas le plan adopté, les maîtresses abeilles, savantes et expérimentées, sont là pour saisir le défaut et y porter remède. (Huber.)

Dans le bloc total, bien posé, aligné, où plusieurs ont harmoniquement déposé leur tribut de cire, il faut maintenant creuser, donner une forme. Une encore, une seule, se détache des autres, et de sa langue cornée, de ses dents, de ses pattes, dans cette matière assez ferme, elle parvient à faire une cavité, comme une voûte renversée. Fatiguée, elle se retire, d'autres arrivent pour modeler. A deux, elles amincissent et affinent les murs. Le seul point à observer, c'est de ménager toujours habilement l'épaisseur. Mais comment l'apprécient-elles? Qui les avertit de l'instant où un coup de trop ferait une ouverture dans la cloison? Jamais cependant elles ne prennent la peine de faire le tour et d'aller observer de l'autre côté. Les yeux leur sont inutiles; elles jugent de tout par leurs antennes qui sont leurs sondes et leurs compas. Elles palpent, et, par un tact infiniment délicat, elles sentent à l'élasticité de la cire, ou au son qu'elle rend, s'il y a sûreté à creuser, ou s'il faut s'en tenir là et ne pas aller plus avant.

La construction, comme on sait, est à deux fins. Les alvéoles sont généralement l'été des berceaux, l'hiver des réservoirs de pollen et de miel, un grenier d'abondance pour la république. Chacun de ces vases est clos et scellé de son couvercle de cire. Clôture religieusement respectée de tout le peuple, qui ne prend pour sa subsistance qu'à un seul rayon ouvert. Ce rayon fini, on passe à un autre, mais toujours avec grande réserve et grande sobriété.

On a dit et répété que la construction était absolument uniforme. Buffon va jusqu'à prétendre que l'alvéole n'est que la forme même de l'abeille qui s'établit dans la cire, et qui, du frottement de son corps, par une manœuvre aveugle, obtient une empreinte, un creux, un alvéole identique. Vaine hypothèse, que la moindre réflexion ferait juger improbable, quand même l'observation ne la démentirait pas.

En réalité, leur travail est extrêmement varié, incidenté de diverses manières.

Premièrement, les rayons sont percés au centre de corridors ou petits tunnels qui dispensent de tourner autour des deux surfaces. Économes en toute chose, elles sont avares de temps.

Deuxièmement, la forme des alvéoles n'est nullement identique. Elles préfèrent l'hexagone, la forme précisément la meilleure pour donner le plus d'alvéoles dans le plus petit espace. Mais elles ne sont nullement esclaves de cette forme. Le premier rayon qu'elles collent au bois n'y tiendrait que faiblement et seulement par les saillies, s'il se composait d'alvéoles à six pans. Elles le font à cinq seulement, le composent d'alvéoles *pentagones* pour ménager de larges bases qui s'attachent au bois solidement sur une ligne continue. Le tout agglutiné, scellé, non pas avec de la cire, mais avec leur gomme (ou propolis), qui, en séchant, devient dure comme du fer.

Les grandes cellules royales ou berceaux des mères futures, qu'on voit au côté des rayons, *ne sont point à six pans*, mais dans une forme d'œuf oblong, ce qui donne à ces favorites une aisance considérable et une grande facilité de développement.

Enfin, dans le commun même des alvéoles hexagones, analogues au premier coup d'œil, avec un peu d'attention, on voit de graves différences. Elles sont petites pour les ouvrières glaneuses, plus grandes pour les artistes cirières, grosses et larges pour les mâles. Cette largeur s'obtient au moyen d'une petite pièce arrondie que l'on met dans le fond, et qui le rend un peu circulaire, j'allais dire ventru. Telle maison, tel habitant ; le mâle naîtra trapu, ventru, prédestiné qu'il fut à cette forme par celle de son berceau.

Ainsi, elles varient d'elles-mêmes le dessin et l'étendue des cellules. Elles les varient plus encore selon les obstacles qu'on leur oppose. Si on leur refuse la place, elles réduisent leurs hexagones proportionnellement avec une adresse extrême. C'est ce qu'Huber vérifia par d'ingénieuses expériences. Il imagina de les contrarier en posant, au lieu de bois, une plaque de verre à l'un des murs de la ruche où elles attachent leurs rayons. Elles virent de loin ce verre glissant où rien n'eût pu se fixer, et, prenant dès lors leurs mesures, elles coudèrent leur gâteau de façon qu'il évitât le verre et allât rejoindre le bois. Mais, pour couder ces rayons, il fallait changer le diamètre des cellules, rendre plus grand celui de la partie convexe, plus petit celui de la partie concave. Délicat problème qui fut résolu sans difficulté par ces habiles architectes.

En plein hiver, dit-il encore, dans leur saison

d'inertie, un gâteau trop lourd croula, fut arrêté au passage par les gâteaux du dessous. L'éboulement était imminent. Elles inventèrent des renforts, des cordons en fort mastic qui, tenant au gâteau tombé et aux parois de la ruche, empêchèrent cette ruine dangereuse d'entraîner l'édifice inférieur. Puis, pour prévenir des malheurs semblables, elles créèrent des pièces nouvelles, inusitées, d'architecture, arcs-boutants, contreforts, piliers, solives, etc.

Nouvelles et inusitées! Ceci réfutait assez la théorie de Buffon. Que des machines innovassent, que des automates inventassent! chose difficile à expliquer. Cependant l'autorité souveraine de ce grand dictateur de l'histoire naturelle aurait prévalu peut-être sur les faits, sur l'observation, si, vers la fin du dernier siècle, les abeilles elles-mêmes, par un coup imprévu, n'avaient définitivement tranché la question.

C'était vers le temps de la Révolution américaine, peu avant la Révolution française. On vit apparaître et se répandre un être inconnu à notre Europe, d'une figure effrayante, un grand et fort papillon de nuit, marqué assez nettement en gris fauve d'une vilaine tête de mort. Cet être sinistre, qu'on n'avait vu jamais, alarma les campagnes et parut l'augure des plus grands malheurs. En réalité, ceux qui s'en effrayaient l'avaient apporté eux-mêmes. Il était venu en chenille avec sa plante natale, la pomme de terre américaine, le végétal à la mode que Parmentier préconisait, que Louis XVI protégeait, et qu'on répandait partout. Les savants le baptisèrent d'un nom peu rassurant : le Sphinx Atropos.

Cet animal était terrible, en effet, mais pour le miel.

Il en était fort glouton, et capable de tout pour y arriver. Une ruche de trente mille abeilles ne l'effrayait pas. En pleine nuit, le monstre avide, profitant de l'heure où les abords de la Cité sont moins gardés, avec un petit bruit lugubre, étouffé, comme étoupé par le duvet mou qui le couvre (comme toutes les bêtes de nuit), envahissait la ruche, allait aux rayons, se gorgeait, pillait, gâchait, bouleversait les magasins et les enfants. On avait beau s'éveiller, se rassembler, s'ameuter, l'aiguillon ne perçait pas l'espèce de couverture, de matelas mou et élastique dont il est garni partout, comme ces armures de coton que portaient les Mexicains du temps de Cortès, et qu'aucune arme espagnole ne pouvait percer.

Huber avisait aux moyens de protéger ses abeilles contre ce pillard effronté. Ferait-il des grilles, des portes? et comment? c'était son doute. Les clôtures les mieux imaginées avaient toujours l'inconvénient de gêner le grand mouvement d'entrée, de sortie, qui se fait au seuil de la ruche. Leur impatience leur rendrait intolérables ces barrières où elles pourraient s'embarrasser et briser leurs ailes.

Un matin, l'aide fidèle qui le secondait dans ses expériences lui apprit que les abeilles avaient déjà elles-mêmes résolu le problème. Elles avaient, en diverses ruches, imaginé, essayé des systèmes divers de défense et de fortifications. Tantôt elles construisaient un mur de cire, avec d'étroites fenêtres, où le *gros* ennemi ne pouvait passer. Tantôt, par une invention plus ingénieuse, sans boucher rien, elles plaçaient aux portes des arcades entrecroisées, ou de petites cloisons les unes derrière les autres, mais qui se contrariaient, c'est-à-dire qu'au vide laissé par les premières répondait le plein des secondes. Ainsi nombre d'ouvertures pour la foule impatiente des abeilles qui pouvaient, comme à l'ordinaire, entrer, sortir, sans autres obstacles que d'aller un peu en **zigzag**. Mais clôture, absolue clôture, pour le grand et *gros* **ennemi qui ne** pouvait plus entrer avec ses ailes déployées, ni même glisser sans froissement par ces corridors étroits.

Ce fut le coup d'État des bêtes, la révolution des insectes, exécuté par les abeilles, non seulement contre ceux qui les volaient, mais contre ceux qui niaient leur intelligence. Les théoriciens qui la leur refusaient, les Malebranche et les Buffon, durent se tenir pour battus. L'on dut revenir à la réserve des grands observateurs, des Swammerdam, des Réaumur, qui, loin de contester le génie des insectes, nous donnent nombre de faits pour prouver qu'il est flexible, qu'il peut grandir par les dangers, les obstacles, quitter les routines, faire des progrès inattendus dans certaines circonstances.

IX

COMMENT LES ABEILLES CRÉENT LE PEUPLE ET LA MÈRE COMMUNE

Tout, dans la vie des abeilles, est combiné pour l'enfant. Voyons donc cet objet d'amour. Voyons ce que sera au fond de l'alvéole, qui vient d'être édifié, la petite vierge du travail.

D'abord elle naît très pure, à ce point qu'elle n'a pas même l'organe des nécessités inférieures. Sur une fine bouillie de miel et de poussière de fleurs, qu'on lui renouvelle, vous ne voyez d'abord qu'une virgule, puis un C, une spirale. Mais déjà elle vit, elle est organisée, active, si bien qu'au huitième jour, fileuse habile, elle tisse son filet de métamorphose. Ses nourrices, pour qu'elle ait un parfait repos au moment sacré, ont l'attention de fermer sa cellule ; elles y posent un petit dôme, de couleur fauve et veloutée. Elle est nymphe dix jours, enveloppée d'un voile d'une extrême blancheur, très fin, qui vous laisse voir une miniature de mouche, yeux, ailes et pattes. Vingt et un jours suffisent à son développement. Elle entame alors le petit dôme, le pousse de sa tête ; puis, de ses premières pattes posées au bord, elle tire avec force pour dégager le tout. Grand effort. Mais le miel est là pour la refaire ; à la première cellule elle y plonge sa trompe, s'initie elle-même à la vie.

Elle est humide encore, grise et très faible. Elle va se sécher au soleil, durcir ses ailes plissées et molles. Là, elle est accueillie de ses nombreuses tantes, qui l'essuient et la lèchent amoureusement, lui donnent le baiser maternel.

Nul être n'est mieux ustensillé ni plus manifestement appelé à une spécialité d'industrie. Chaque organe lui dit sa leçon et ce qu'elle a à faire. Éclairée de cinq yeux et dirigée par deux antennes, elle porte en avant, au dehors de sa bouche, un unique et merveilleux instrument de dégustation, la trompe, longue langue extérieure, délicate et demi-velue pour mieux s'imprégner et s'imbiber. Protégée, au repos, d'un bel étui d'écaille, la trompe tire sa fine pointe pour toucher un liquide, et cette pointe mouillée, elle la ramène au fond de sa bouche où réside la langue intérieure, juge intime de la sensation, et qui en décide en dernier ressort.

A cet appareil délicat, joignez des attributs plus rudes qui accusent sa vocation : des poils de tous côtés pour s'empreindre des poussières des fleurs, des brosses aux jambes pour concentrer cette récolte, des corbeilles pour la serrer en pelotes de toutes couleurs. Tout cela mis ensemble, c'est l'insigne du métier.... Va, ma fille, et sois moissonneuse.

Tu n'auras nul autre désir et tu ne voudras rien de

plus. Les vierges fées qui ont préparé ton berceau et t'alimentent par jour, te font ce qu'elles furent. Sobres, laborieuses et stériles, elles épargnent sur elles-mêmes; elles maintiennent en elles et en toi la virginité par le jeûne, du moins la faible nourriture, tandis qu'elles traitent splendidement la Mère future, encore enfant, et sont même très larges pour la tribu nombreuse des mâles, la plupart inutiles.

C'est ici que l'on touche le fond de la Cité, l'aristocratie du dévouement et de l'intelligence. Les cirières, ou abeilles architectes, si elles consultaient la Mère vivante, ne lui prépareraient jamais une héritière. Elle est aveuglément jalouse, et ne demande qu'à la tuer, dès qu'elle naîtra. On ne l'écoute point. Ces sages et fortes têtes, songeant que nous mourons tous, avisent à la perpétuer. Donc, à côté des alvéoles, ou petits berceaux resserrés qui reçoivent tous les enfants de la république, elles bâtissent de très larges loges, quinze fois, vingt fois plus amples, où l'œuf ordinaire qu'on y met, favorisé par l'aisance et la liberté, pourra grossir et grandir, développer à plaisir toutes ses facultés naturelles. Pour mieux assurer la croissance supérieure de l'œuf élu, on lui prodigue une nourriture plus forte, plus généreuse, qui donnera l'essor à son sexe et le douera de fécondité. Telle est l'efficacité de cette puissante liqueur, que si les nourrices en laissent par mégarde tomber des gouttes sur les berceaux voisins, les petites abeilles, heureuses de ce hasard, participent à la fécondité, quoique à un degré inférieur.

- J'ai fait des rois, madame, et n'ai pas voulu l'être.

Ce vers de la tragédie caractérise parfaitement le désintéressement de ces sages nourrices. Elles donnent à la favorite tous les dons de ce monde, un beau et ample local, une nourriture supérieure, et ce paradis des femelles, la maternité! Aux autres, au contraire, à leurs sœurs, qui naîtront semblables à elles, les berceaux serrés, les aliments grossiers, le travail incessant, la peine. Les unes iront aux champs, sueront pour le peuple et la Mère ; les autres, enfermées au logis, bâtiront incessamment, soigneront la progéniture. Nulle récréation ; je ne vois pas qu'elles aient, comme les fourmis, de fêtes ni de jeux gymnastiques. Toute leur fête sera le travail (dont cette Mère est dispensée). A une seule elles donnent l'amour, et ne gardent que la sagesse.

L'attribut caractéristique de cet enfant de la Grâce, dont tout le peuple est amoureux, est spécialement d'avoir de belles longues pattes d'or, ou plutôt d'ambre transparent, d'un jaune doré. Cette riche couleur ennoblit son ventre, et se retrouve encore au bord de ses anneaux dorsaux. Élégante, svelte et noble, elle est dispensée de traîner l'appareil industriel qui surcharge l'ouvrière, les brosses et les corbeilles. Comme toute abeille, elle porte l'épée, je veux dire l'aiguillon, mais ne le fait sortir guère (sauf un duel personnel) ; elle en a peu d'occasions, étant entourée, obsédée, accablée plutôt d'un excès d'amour.

Cette Mère est fort timide ; un rien suffit pour l'effrayer ; au moindre danger, elle fuit et se cache au fond de la ruche. Sa tête n'est pas bien grosse, et son unique fonction qui la spécialise tellement, n'est pas de celles qui peuvent élargir beaucoup le cerveau.

Les autres ont plus d'occasion d'acquérir des connaissances et de varier leurs aptitudes. Les petites moissonneuses prennent une grande expérience de la campagne et de la vie. Les abeilles architectes qui, de plus, règlent mille affaires imprévues de l'intérieur, sont bien obligées de songer et de développer leur intelligence. La mère n'a que deux choses à faire.

Par un beau jour de printemps, au soleil, vers les trois heures de l'après-midi, elle sort, et sur un millier, ou davantage, de mâles, elle se choisit un époux, l'enlève un moment sur ses ailes, puis le rejette mutilé ; il ne survit pas au bonheur. Elle rentre, et tout est fini. Elle est fécondée pour quatre ans, le terme ordinaire de sa vie. Point d'amours plus courtes et plus chastes. Tout son travail, de jour, de nuit, sans distinction de saison, sauf trois mois d'engourdissement dans les hivers rigoureux, est de pondre partout, sans cesse. Elle va de cellule en cellule, et dans chacune laisse un œuf. C'est tout ce qu'on lui demande. Elle est aimée pour cela, et précisément en proportion de sa fécondité. Si elle devenait stérile, tout languirait, et l'activité, et le travail, et l'amour qu'on a pour elle. Le sentiment qu'on lui témoigne n'est pas tellement personnel que l'idée de l'utilité, de la conservation et de la perpétuité du peuple, n'y domine très visiblement.

Cette Mère, disent nos auteurs, a la tête un peu *légère*. Comme tous ceux qui n'ont rien à faire, elle est capricieuse, volage. Au bout d'une année de ponte et de vie sédentaire au fond de la ruche, il lui prend envie du grand air, d'aller voir un peu le monde, de visiter de nouveaux pays. Elle a cependant un motif plus sérieux qu'ils ne disent. Elle voit ces vastes loges où l'on élève de jeunes Mères qui pourront la remplacer. Elle sent là ces rivales, et elle en est fort jalouse. Sans cesse, elle rôde autour, et, sans la garde assidue qui les protège et l'en éloigne, à travers les minces parois, elle darderait son aiguillon. Qu'est-ce donc quand les jeunes captives, ignorantes de sa fureur et de leur danger, font des efforts imprudents pour s'élargir de leurs berceaux, bruissent, se mettent à faire entendre le petit chant de cigale qui est propre aux Mères des abeilles, et qui dit si clairement à l'ancienne que les prétendantes sont là?... La prévoyance des abeilles qui, à tout événement, ont fait éclore ainsi ces jeunes Mères, les met alors dans l'embarras. Un affreux duel est possible, un massacre des innocents ; l'ancienne, si on la laissait faire, n'épargnerait pas une de ces odieuses femelles. Mieux vaut le divorce que la guerre civile. L'ancienne, agitée, effarée, court partout, et paraît dire : « Eh bien ! qui m'aime me suive ! » Elle entonne un chant de départ. Tout travail est suspendu.

Déterminées à la suivre, nombre d'abeilles se mettent en devoir de se préparer ; elles mangent pour plusieurs jours. L'agitation excessive se trahit par un changement subit de température ; de vingt-huit degrés la chaleur de la ruche monte jusqu'à trente ou trente-deux. Chose intolérable pour elles ; c'est un trait particulier de leur organisation de transpirer aisément. Dans cette chaleur élevée, elles sont toutes trempées de sueur. Donc, il faut partir ou mourir. La Mère sort, on se précipite. Elles tourbillonnent un moment sur la patrie abandonnée, s'élancent un peu plus loin en décrivant dans l'air des entre-croisements bizarres, incroyables. L'air en est comme obscurci. Quelques-unes enfin se fixent sur la branche d'un arbre voisin, puis beaucoup d'autres avec la reine. Elles s'accrochent les unes aux autres et pendent en une grosse grappe. Le calme se rétablit. Les autres cités d'abeilles qui avaient pris l'alarme, craignant l'invasion de ces fugitives, qui gardaient leurs portes, centuplaient leurs postes ordinaires, respirent, les voyant fixées, et retournent à leurs travaux.

Cependant des messagers prudents et fidèles se sont détachés de la grappe, et vont vérifier tout autour quelles sont les localités qui favoriseraient un nouvel établissement. M. Debeauvoys a observé le premier cette prévoyance, et cet envoi spécial de maréchaux des logis qui doivent instruire et diriger la colonie nouvelle. Un arbre creux, un rocher cave, protégés du vent du nord, la proximité d'un ruisseau où l'on puisse commodément boire, c'est ce qui décide le plus nos sages émigrantes. Une ruche toute préparée et déjà garnie de miel ne leur est pas indifférente. Elles sont fort positives, guidées par un sens excellent.

Est-ce à dire qu'on ait quitté sans regret ce lieu natal où l'on a si bien travaillé? et que, parti une fois, on ne s'en souvienne? Nullement. La Mère surtout, *tête légère,* a des caprices de retour, et deux fois, trois fois (on l'a vu), elle peut s'obstiner à revenir, ramenant avec elle la colonie trop dévouée.

Que serait-ce si, dans ces retours, elle se retrouvait tête à tête avec la Mère nouvelle que le peuple non émigrant a dû lui substituer? Il y aurait un duel. Et il arrive de même, sans émigration, quand, malgré toute l'attention qu'on a de l'en empêcher, une jeune Mère a percé sa loge et vient présenter à l'ancienne l'objet détesté de sa jalousie. Le combat est infaillible. Cependant, comme chacune sait l'autre armée d'un dard mortel, leur poltronnerie naturelle pourrait modérer leur fureur et borner la lutte à quelques secousses innocentes, à une vaine prise de corps, comme un pugilat d'athlètes payés. Mais le peuple qui fait cercle et les regarde de près, ce peuple est très sérieux ; il entend que l'affaire soit telle. La division dans la Cité serait le dernier des maux. Elles sont aussi si économes, sobres pour elles-mêmes, pour autrui parcimonieuses, qu'elles tiennent compte, j'en suis sûr, de l'énormité de la dépense, s'il y avait deux Mères à entretenir. Chacune d'elles, royalement nourries comme elles sont, grève assez la république. L'État serait ruiné, s'il payait double budget. Donc, il faut qu'une des deux meure. Et l'on voit ce spectacle étrange qui caractérise à fond l'esprit singulier de ce peuple, que cet objet d'adoration, naguère gorgé, brossé, léché, s'il recule, on le ramène au combat, on l'y pousse, jusqu'à ce que l'une des deux étant parvenue à sauter sur l'autre, de son abdomen recourbé et ramené sous l'ennemie, lui plonge au fond des entrailles l'irrémissible poignard.

L'unité est ainsi gagnée. La survivante qui, vaincue, eût été jetée sans regret, victorieuse devient l'idole, le dieu vivant de la Cité ; mais, qu'elle y songe, à cette expresse condition de perpétuer le peuple et de rester toujours féconde.

Posons le cas déplorable où toute Mère aurait péri. Qu'arriverait-il de ce monde orphelin? tomberait-il, comme on l'a dit, en démoralisation complète? Ce malheur entraînerait-il une furieuse anarchie, un pillage universel de la Cité par elle-même? Nullement, dit M. Debeauvoys. Il y a quelques heures de trouble, de douleur et de colère, d'apparent délire. On va, on vient, on s'agite, on suspend le travail; on néglige même un moment les nourrissons. Mais ce peuple, essentiellement sérieux, revient à sa dignité, se ressouvient de lui-même. La Mère est morte! vive la Mère! nous saurons en refaire une autre. Ce que nous fûmes hier, nous le sommes encore aujourd'hui.

La dernière sera la première. C'est la plus jeune enfant du peuple, qui à peine a ouvert sa coque, qui n'a pas eu le temps de subir le serrement d'un étroit berceau, qui n'a pas encore maigri au maigre aliment de l'ouvrière. Cet aliment n'est pas le miel, c'est la simple poussière des fleurs qu'on nomme *le pain des abeilles*. Celles qui ont déjà vécu au pain sec resteront petites; elles n'ont plus la faculté de transformation.

Mais celle-ci, si molle et si tendre, deviendra ce qu'on voudra. Pour qu'elle soit une vraie femelle, une abeille d'amour, et féconde, que faut-il? la liberté. Qu'on lui fasse un vaste berceau où sa jeune vie flotte, s'agite et végète à l'aise. Il en coûtera trois berceaux qu'on détruit au profit du sien, trois enfants qui ne naîtront point. Qu'importe, si celle-ci dans un an vous en fait dix mille?

Son sacre, à la Mère du peuple, c'est cette nourriture vivante que le peuple tire de lui-même et où il ajoute sa douceur d'abeille à l'esprit embaumé des fleurs. Haute et forte nourriture, riche du parfum enivrant des herbes aromatiques, plus riche du virginal amour que trente mille sœurs ont mis là pour le merveilleux enfant qui leur appartient à toutes.

Au troisième jour, l'enfant voit son berceau étendu d'un ornement combiné pour la rendre plus libre encore, une pyramide renversée. Au cinquième seulement on y met le sceau, pour qu'elle y dorme paisible, et tranquillement accomplisse sa métamorphose. Dès lors, plus d'inquiétude. On garde la chère endormie qui sera demain l'âme commune et donnera par l'amour l'élan au travail du peuple. Il la garde et il la sert, mais avec la fierté digne d'un peuple qui n'adore que son œuvre, élue de lui, nourrie de lui, faite par lui, pouvant se défaire. C'est son orgueil que de savoir au besoin se créer son dieu.

CONCLUSION

L'abeille et la fourmi nous donnent la haute harmonie de l'insecte.

Toutes deux, hautement intelligentes, sont élevées comme artistes, architectes, etc. L'abeille, de plus, géomètre. La fourmi, remarquable surtout comme éducatrice.

La fourmi est franchement, fortement républicaine, n'ayant nul besoin d'un symbole visible et vivant de la Cité, estimant peu, gouvernant assez rudement les femelles faibles et molles qui perpétuent le peuple. L'abeille, au contraire, plus tendre, ce semble, ou moins raisonneuse et plus imaginative, trouve un soutien moral dans le culte de la Mère commune. C'est, pour ces cités de vierges, comme une religion d'amour.

Chez les fourmis, chez les abeilles, la maternité est le principe social; mais la fraternité y prend racine, y fleurit, s'élève très haut.

Ce livre, commencé en si grande obscurité, se termine en grande lumière.

Pour bien juger les insectes, regardez, appréciez leurs travaux, leurs sociétés. Si leur organisation se classe aussi bas qu'on le dit, ils sont d'autant plus admirables d'accomplir des œuvres si hautes avec des organes tellement inférieurs.

Notez que les travaux souvent les plus avancés sont exécutés par ceux (tels que les fourmis, par exemple) qui n'ont point d'outils spéciaux qui les facilitent, mais doivent y suppléer par l'adresse et l'invention.

Si ces artistes n'étaient si petits, quelle considération on aurait pour leurs arts et leurs travaux? Quand on comparerait les cités des termites aux cabanes du nègre, les travaux souterrains des fourmis aux petites excavations de nos Tourangeaux de la Loire, combien on ferait ressortir les arts supérieurs des insectes! C'est donc la grosseur qui change vos jugements moraux? Quelle taille faut-il avoir pour mériter votre estime?

Du reste, si ce livre ne modifie pas l'opinion du lecteur, il a fort modifié la nôtre. Elle a changé considérablement dans le cours de ce travail. Nous crûmes étudier des choses, et nous trouvâmes des âmes.

L'observation quotidienne, familière, nous initiant à leur vie, développa en nous un sentiment qui animait notre étude, mais la compliquait aussi : le respect de leurs personnes et de leurs vies.

« Quoi donc? une vie d'insecte? une existence de fourmi? La nature en fait bon marché, les renouvelle sans cesse, prodigue les êtres, les sacrifie les uns aux autres... »

Oui, mais c'est qu'elle les a faits. Elle donne et retire la vie, elle a le secret de leurs destinées, celui des compensations dans la suite du progrès possible. Nous, nous ne pouvons rien sur eux, sinon de les faire souffrir.

Cela est grave. Ce n'est pas là une sensibilité d'enfant. Au contraire, ni les enfants ni les savants n'y prendront garde. Mais un homme, l'homme habitué à compter avec lui-même et à estimer ses actes, n'ôtera pas légèrement à un être ce don de la vie, qu'il est tellement au-dessus de nous de pouvoir donner aux moindres.

Cette pensée prit force en nous. Et d'abord une personne plus impressionnable que moi et plus scrupuleuse, qui était venue ici avec le projet de faire la petite entomologie des insectes de Fontainebleau, hésita, ajourna, puis, sa conscience interrogée, crut devoir y renoncer. Sans condamner aucunement les collections scientifiques, tout à fait indispensables, il est sûr qu'il ne faut pas faire de la mort un amusement. Notez que beaucoup de ces êtres sont beaucoup moins importants par la forme et la couleur que par l'attitude et le mouvement, qui ne se conservent pas au bout d'une épingle.

Notre première délibération en ce genre eut lieu sur le sort d'un fort remarquable papillon (un sphinx, si je ne me trompe) que nous prîmes au filet pour l'examiner un moment. Je l'admirais depuis plusieurs jours, allant, venant sur les fleurs, non pas, comme la plupart, voletant à l'étourdie, mais les choisissant de haut, puis, avec une très fine trompe, très longue, et dardée de loin, il suçait à petits coups, et se retirait très vite, comme il eût fait ramené d'un ressort d'acier, Mouvement de grâce incomparable, d'une sobriété coquette, qui semblait toujours dire : « Assez... Pour ce jour, assez... A demain ! » — Je n'ai rien vu de plus joli.

Ce n'est qu'un papillon gris, et point du tout remarquable. Qui devinerait, à le voir mort, qu'il est, en prestesse charmante, le favori de la nature où sa grâce s'est épuisée ?

Nous ouvrîmes le filet. Et nous eûmes, quelques jours après, le plaisir de revoir le même papillon, qui, dans un mauvais temps, vint le soir prendre abri chez nous et se posa dans la chambre. Au matin, il voulut jouir du soleil et s'envola.

Je dois dire, au reste, que tous les naufragés de l'arrière-saison, avertis par un instinct très sûr, mais bien surprenant, venaient volontiers, quelques-uns temporairement, tels pour rester avec nous. Un jeune bouvreuil, en mauvais état, et qui visiblement avait eu plus d'une aventure, arriva tout effaré, et, dès le premier jour, mangea dans la main. C'est ce qui était arrivé à une créature plus misérable encore, un tout petit rouge-queue, à qui on avait barbarement arraché l'aigrette pour le vendre comme rossignol. Cet être, si maltraité des hommes et qui devait en avoir peur, se trompa si peu, que non seulement il prit tout d'abord la graine à la main, aux lèvres, mais ne voulut plus dormir que sur le doigt de sa maîtresse.

Quant aux insectes, la domestication en est impossible. Mais plusieurs semblent pourtant pouvoir vivre avec l'homme, apprécier les gens paisibles et la douceur du caractère. L'hiver dernier, deux jolies coccinelles rouges avaient élu domicile sur notre table, parmi nos papiers et nos livres, remués constamment. On ne savait que leur donner. Elles passèrent toute la saison sans manger et paraissant ne pas s'en porter plus mal. La chaleur de l'appartement semblait leur être agréable.

Voici le grand vent de septembre qui, hier même, jette chez nous une fort belle chenille rousse. Quoiqu'elle ne fût pas arrivée librement, mais poussée malgré elle, nous crûmes devoir respecter le naufrage. Nous ignorions de quelle plante elle venait, mais nous supposions par ses allures qu'elle en avait été enlevée au moment où elle allait filer. On lui présenta diverses feuilles, mais pas une ne lui plaisait. Elle allait, venait, témoignant d'une agitation extraordinaire. On supposa qu'elle voulait se suspendre à une branche, mais la pluie tombait par torrents. Ce qui ne l'arrangea pas. Comme il est beaucoup de chenilles ou de larves qui travaillent dans la terre, on lui apporta de la terre. Mais ce n'était pas cela. Pensant qu'au moment de faire un tissu, elle aimerait un tissu, on la posa sur la toile d'un bourrelet qui fermait une fenêtre. Cette toile, froide et grossière, ne lui plut point. D'ailleurs, le vent, le peu de vent qui passait, l'aurait cruellement gelée pendant tout l'hiver. Enfin, par une intuition féminine, on imagina, puisqu'elle allait faire de la soie, qu'elle aimerait le velours de soie qui tapisse la boîte de notre microscope.

- Visiblement, c'était cela qu'elle aurait choisi. Installée le soir, au matin elle avait adopté ce lieu, si doux, si chaud, si abrité. Elle avait déjà filé, déjà tendu à la hâte ses fils à droite et à gauche, avec précipitation, comme craignant d'être dérangée. Puis, dans le jour, son travail ayant été respecté, elle vit qu'elle avait mal pris ses mesures, que la coque était trop courte; elle en détruisit un tiers pour reprendre l'œuvre de loin sur de meilleures proportions.

Donc, voilà le miscroscope, le scalpel, nos instruments expulsés. Que ferons-nous? Cet animal confiant s'est établi à notre foyer et ne s'en retirera pas. La vie a chassé la science. Sévère étude, attendez, soyez ajournée pour un temps. Nous respecterons dans l'hiver le sommeil de la chrysalide.

ÉCLAIRCISSEMENTS

Le sens de ce livre. — Il est tout sorti du cœur. On n'a rien donné à l'esprit, *rien aux systèmes*. On s'est abstenu d'entrer dans les disputes scientifiques.

Si la formule suivante vous semblait trop systématique, passez outre. On n'y a cherché rien de dogmatique. On aurait voulu seulement simplifier le point de vue, mettre le lecteur à même d'embrasser l'ensemble du livre.

Le point de départ est violent. C'est la guerre immense et nécessaire que fait l'insecte à toute vie morbide ou encombrante qui serait un obstacle à la vie. Guerre terrible, travail d'enfer, qui fait le salut du monde.

Ce puissant accélérateur du passage universel doit détruire comme le feu. Mais pour qu'il ait l'âpreté d'action qu'exige un tel rôle, il faut que son passage à lui-même soit accéléré, sa vie resserrée, que de l'amour à la mort, et de la mort à l'amour, il tourne en un cercle brûlant. Quelque bref que soit ce cercle, il ne l'accomplit qu'au prix de métamorphoses pénibles qui semblent une série de morts successives.

Chez la plupart des insectes, l'hymen c'est la mort du père; la maternité, pour la mère, c'est la mort prochaine. Ainsi les générations passent, et ne se connaissent pas. La mère aime et prévoit sa fille; elle s'immole souvent pour elle, mais ne la verra jamais.

Cette contradiction cruelle, ce dur refus opposé par la nature aux plus touchants vœux de l'amour, l'enflamme et l'irrite, ce semble. Il donne tout sans réserve, sachant que c'est pour mourir. Il tire de lui deux puissances : d'une part, des *langues inouïes de couleur et de lumière*, fantasmagories ravissantes, où l'amour ne se traduit plus, mais se découvre sans voile, en rayons, en phares, en fanaux, en brûlantes étincelles. C'est l'appel au présent rapide, l'éclair, la foudre du bonheur. Mais l'amour de l'avenir, la tendresse prévoyante pour ce qui n'est pas encore, s'exprime d'une autre manière, par la création étonnamment compliquée et ingénieuse *d'un ustensillage immense* (où tous nos arts mécaniques ont leurs plus parfaits modèles). Ce grand appareil d'outils le plus souvent ne sert qu'un jour; il leur permet, au moment où ils délaissent l'orphelin, d'improviser le berceau qui continuera la mère, perpétuera l'incubation quand la mère ne sera plus.

Mais quoi ! faut-il qu'elle meure ? Et l'impitoyable loi n'aura-t-elle pas d'exception ? Dans les climats chauds, surtout, bien des mères peuvent survivre. Si ces mères se réunissaient, si elles trompaient la destinée en associant ces vies courtes dans une vie commune et durable où nos enfants trouveraient une mère éternelle ?

Comment éluder la mort ?... Créons la société.

La société des mères. L'insecte est essentiellement une femelle et une mère. Le mâle est une exception, un accident secondaire, souvent même un avorton, une caricature d'insecte.

Le rêve de la femelle, qui est la maternité et le salut de l'enfant, la conservation de l'avenir, lui fait créer la Cité, qui fait son salut à elle-même.

Cette société ne se perpétue qu'en assurant son existence pour la saison stérile. Donc, nécessité d'amasser. Donc, travail, économie, épargne, sobriété.

Mais la nature, éludée par l'effort et le travail (j'allais dire par la vertu), ne perd pas ses droits. Vaincue d'un côté, elle rentre par l'autre dans la cité et y pèse terriblement. Cette société protectrice, dérobant des multitudes immenses à la mort, prolongeant la vie commune, multiplie ainsi les bouches à nourrir, et se trouve très chargée. Pour ne pas mourir de faim, il faut vivre de très peu, il faut ne garder que très peu de femelles fécondes, condamner la majorité, la presque totalité des femelles au célibat. Élevées pour la virginité et pour le travail, stérilisées dès le berceau dans leurs puissances maternelles, elles ne le sont pas pour l'esprit. L'extinction de certaines facultés semble profiter à d'autres.

Telle est l'institution, ingénieusement sévère, des tantes ou mères d'adoption. Trop peu de sexe pour désirer l'amour, assez pour vouloir des enfants, pour les aimer, les adopter. Moins que mères, et plus que mères. Dans la ruche et la fourmilière, s'il y a invasion ou ruine, les vraies mères se sauvent seules; les tantes, les sœurs se dévouent, ne songent qu'à sauver les enfants.

Élevé par la maternité fictive et l'amour désintéressé au-dessus de lui-même, l'insecte dépasse tous les êtres, même ceux qui par l'organisation sont évidemment supérieurs, comme les mammifères. Il nous apprend que l'organisme n'est pas tout, et que la vie a quelque chose en elle encore qui agit fort au delà et en dépit des organes. Ceux qui, comme la fourmi, n'ont pas d'instruments spéciaux qui leur facilitent le travail, sont justement les plus avancés.

La plus haute œuvre du globe, le but le plus élevé où tendent ses habitants, c'est sans contredit la cité. J'entends une société fortement solidaire. Le seul être, au-dessous de l'homme, qui semble atteindre ce but, est sans contredit l'insecte.

Nul des autres n'y atteint. Le plus charmant, le plus sublime, l'oiseau, est par cela même le plus individuel. Sa société, c'est la famille; sa cité, le nid; ses associations ne sont guère que des rapprochements de nids dans une vue de sécurité. Les mammifères si près de nous, si touchants pour nous, en leur société la plus avancée, celle des castors, combinent le travail à merveille; mais, hors du travail, ils vivent par maisons et par familles, isolés par la tendresse même de leurs affections domestiques. Ces réunions des castors sont des villages de constructeurs, d'ingénieurs, où chacun vit à part chez soi; mais ils ne sont pas citoyens, et ce n'est pas une Cité.

La Cité n'est que chez l'insecte. Séparé de l'homme à plusieurs degrés, si l'on regarde l'organisme, il le touche de plus près que nul être, si l'on considère son œuvre, l'œuvre suprême de la vie, qui est de vivre à plusieurs. Il n'a pas les signes touchants de la proche parenté qui nous rendent si intéressants les hauts animaux; il n'a pas le sang; il n'a pas le lait. Mais je le reconnais parent à un plus haut attribut : il a le sens social.

Une ignorance dogmatique avait professé longtemps que la perfection même de ces sociétés d'insectes tenait à leur automatisme. Mais l'observation moderne a constaté qu'en variant les circonstances, en leur opposant des obstacles, des difficultés imprévues, ils y font face avec la vigueur et le sens froid, les ressources du libre *ingegno*.

C'est un monde *régulier*, mais qui se prouve *libre* au besoin.

Un monde qui, tout à l'heure, dans sa mission originaire de combat, de destruction, nous semblait une force atrocement fatale, et qui devient, par l'effort du cœur maternel, un monde d'harmonie sociale, hautement moralisateur.

La *maternité*? est-ce tout? Non, la vie commune introduit l'insecte au seuil d'un ordre plus haut encore de sentiments. Même chez ceux qui sont isolés, chez les nécrophores, par exemple, et les scarabées pilulaires, la coopération *fraternelle* commence. Ils se rendent des services, vont au secours les uns des autres, s'aident pour certains travaux. La chose va bien plus loin chez les insectes sociables; les abeilles se nourrissent l'une l'autre de la bouche à la bouche, et se privent pour leurs sœurs. Un observateur très sûr et nullement romanesque, Latreille, a vu une fourmi panser une fourmi amputée d'une antenne, en versant sur sa blessure la miellée qui devait la fermer, l'isoler de l'air.

Que nous voilà loin du point de départ, où l'insecte nous apparut comme un pur élément vorace, une machine d'absorption!

Grande, sublime métamorphose, plus merveilleuse que celle des mues et des transformations qui menèrent l'œuf, la chenille, la nymphe, à prendre des ailes.

C'est un monde étranger à l'homme, et sans langue commune avec lui, mais singulièrement parallèle au nôtre. Nous n'inventons presque rien qui n'ait été préalablement, et longtemps à notre insu, créé chez l'insecte.

Les grands animaux, qu'ont-ils trouvé? Rien. Il semble que la chaleur de vie, le sang rouge qui est en eux, offusque leur lumière mentale.

Au contraire, le monde insecte, libre du lourd appareil des chairs et de l'ivresse sanguine, plus finement aiguisé, et mû d'une électricité nerveuse, semble un monde effrayant d'esprits.

Effrayant? Non. Si la terreur fut à l'entrée de la science, la sécurité est au fond. L'énergie vivante des imperceptibles put faire peur au premier regard. On s'épouvanta de voir chez l'atome des semblants, des lueurs de personnalité, je ne sais quoi qui parut une contrefaçon de l'homme.

Ces lueurs qui troublèrent tant le grand Swammerdam et qui le firent reculer, sont précisément ce qui m'encourage. Oui, tout vit, tout sent et tout aime. Merveille vraiment religieuse. Dans l'infini matériel qui s'approfondit sous mes yeux, je vois, pour me rassurer, un infini moral. La personnalité, jusqu'ici réclamée comme monopole par l'orgueil des espèces élues, je la vois généreusement étendue à tous et donnée aux moindres. Le gouffre de vie m'eût semblé désert, désolé, stérile et sans Dieu, si je n'y retrouvais partout la chaleur et la tendresse de l'Amour universel dans l'universalité de l'âme.

Nos sources. — Dans un livre qui n'a aucune prétention scientifique, livre d'ignorant dédié aux ignorants, nous ne ferons aucune difficulté d'avouer que notre méthode d'études fut fort indirecte. Si nous avions commencé par les subtils classificateurs ou les minutieux anatomistes, ou par de secs manuels d'enseignement, peut-être nous nous serions arrêté au premier pas. Mais nous avons goûté à cette science par le côté attrayant des grands historiens de l'insecte, qui ont réuni la peinture des mœurs à la description des organes. Un coup fort et décisif nous avait été porté à l'esprit (si l'on peut parler ainsi) par les livres des deux Huber sur les abeilles et les fourmis. Impression telle que dès lors nous lûmes avec intérêt ce qu'on ne lit guère de suite, les six volumes in-quarto des *Mémoires* de Réaumur. Livre immortel qui est toujours d'une autorité capitale. Ni la réaction dédaigneuse de Buffon, ni les travaux anatomiques d'une précision supérieure sur quelques points qu'on a faits depuis, ne doivent le faire oublier. Réaumur fut comme le centre de notre étude, et de lui tantôt nous remontâmes aux maîtres illustres du XVIIe siècle, Swammerdam et Malpighi; tantôt nous descendîmes à ceux du XVIIIe, les Lyonnet, les Bonnet, les de Geer; enfin à nos modernes, Latreille, Duméril, Lepelletier, Blanchard, à l'école hardie et féconde des Geoffroy-Saint-Hilaire, Audoin, glorieusement appuyés d'Ampère et de Goethe. En profitant des beaux ouvrages qui résument la science, comme celui de Lacordaire, nous ne négligeâmes nullement les monographies admirables qu'a données le siècle, celles de Léon Dufour (dispersées dans les *Annales des sciences naturelles* et autres collections), le grand ouvrage de Walckenaër sur les araignées, le colossal travail de Strauss sur le *hanneton*, monument de premier ordre qu'on ne peut comparer qu'à la *chenille* de Lyonnet. Quant aux détails tirés des voyageurs, nous aurons quelques occasions de les citer sur la route. Nous y reconnaîtrons aussi ce que nous devons aux étrangers, Kirby, Smeathman, Lund, etc. Pour l'anatomie de l'insecte, comme pour l'anatomie générale, on ne peut trop recommander les spécimens admirables, et si utilement grossis, qu'a confectionnés notre excellent maître et initiateur, le docteur Auzoux.

Page 292. *Sur les insectes embryonnaires, animalcules invisibles, infusoires, prédécesseurs ou préparateurs de l'insecte*, etc. — Le travail des vermets, en Sicile, a été observé par M. de Quatrefages. — Quant aux fossiles microscopiques infusoires, etc., leur grand coup de théâtre a été la découverte d'Ehrenberg. Voy. ses Mémoires dans les *Annales des sciences naturelles*, 2° série, t. I, II, VI, VII, VIII. Au tome Ier, p. 134, année 1834, il spécifie le point où Cuvier laissa la science, et ce que sa découverte y a ajouté.

Sur le monde vivant, sur les procédés qu'il suit encore aujourd'hui pour se créer de petits mondes, sur ces humbles constructeurs qui font de si grandes choses, nous devons tout aux navigateurs anglais, aux Nelson, aux Darwin, etc. Ce sont ces observateurs minutieux et très exacts, timides ordinairement dans leurs assertions, qui ont été les plus hardis, ayant vu le mystère même, et pris la nature sur le fait. Lire Darwin (résumé avec génie par Lyell) pour cette prodigieuse manufacture de craie, disputée alternativement par les poissons et les polypes, qui en construisent des îles, et bientôt des continents.

L'Angleterre, ce polype immense dont les bras enserrent la planète, et qui la palpe incessamment, pouvait seule la bien observer dans ses solitudes lointaines, où elle continue à l'aise son éternel enfantement. Les grandes théories sur les crises, les époques, les révolutions de la terre, en perdront peut-être quelque peu de leur importance. Nous savons maintenant que tout est crise et constante révolution.

S'aperçoit-on en Europe qu'une littérature tout entière est sortie de la Grande-Bretagne depuis vingt années? Je la qualifie une immense *enquête sur le globe*, par les Anglais. Eux seuls pouvaient la faire. Pourquoi? Les autres nations *voyagent*, mais les seuls Anglais *séjournent*. Ils recommencent tous les jours sur tous les points de la terre l'étude de Robinson, et cela par une foule d'observateurs isolés, menés là par leurs affaires, et d'autant moins systématiques.

Page 301. (*L'amour et la mort.*) *Sur cet appareil des femelles.* — Réaumur et tous les auteurs avaient admiré que des armes de guerre devinssent des outils d'amour maternel. M. Lacase, dans une fort belle thèse, toute d'observations, et qui continue les travaux analogues d'un maître éminent, Léon Dufour, a traité ce sujet avec une grande précision anatomique. Un point original et capital sans doute de ce travail, c'est de montrer, conformément aux vues de Geoffroy-Saint-Hilaire, Serres, Audoin, etc., « que ces armures si variées qui prolongent l'abdomen impliquent la modification, ou même le sacrifice d'un ou deux de ces derniers anneaux »; qu'ainsi la nature semble opérer comme sur une quantité déterminée de substance, n'augmentant une partie qu'aux dépens des autres, qui sont abrégées ou transformées.

Page 310. *La frileuse.* — « Mais, dira-t-on, que de travail! Quelle terrible loi d'efforts continuels imposés à des êtres jeunes, fort mal ustensillés encore, qui n'ont pas acquis l'arsenal superbe d'outils qu'on admire plus tard dans l'insecte! Voilà des moyens bien longs de les garantir. S'ils naissaient moins mous, un peu fermes, un peu moins impressionnables, cela serait plus tôt fait. »

Oui, mais ils seraient justement impropres à la chose essentielle qui assure leur développement. La nature les veut mous, très mous, pour se prêter plus aisément aux mues, aux changements pénibles qu'ils doivent subir, lesquelles mues, s'ils devenaient durs, seraient d'affreux déchirements. Ils sentent cela d'instinct et craignent extrêmement de durcir. Les chenilles processionnaires, par exemple, quoique vêtues et velues, se gardent du soleil sous d'amples rideaux. Et elles ont encore l'attention de ne sortir que le soir, quand l'air humide et plein de brume ne peut que leur conserver une salutaire humidité.

Pages 324, 327. *L'apparition de l'insecte parfait.* — L'anatomie de l'insecte a été l'une des plus grandes disputes de notre âge. Quelqu'un ayant visité Goethe, peu après la révo-

lution de Juillet : « Eh! bien dit l'illustre vieillard, la question est donc tranchée? » Et comme le voyageur paraissait comprendre la question politique : « Oh! c'est bien plus que cela! dit Goethe. Il s'agit du grand duel de Cuvier et de Geoffroy.»
— Le monde se partagea. Strauss et d'autres restèrent fidèles à Cuvier. Le grand physicien Ampère, dans un article anonyme inséré au tome Ier des *Annales des sciences naturelles*, adopta les idées de Geoffroy, Audouin et Serres, et même les exprima avec une juvénile audace, que ces anatomistes, dans leur modestie, n'avaient pas montrée.

Tout le détail compliqué du procès avait été extrait et préparé pour ce livre, avec une patience, un amour persévérant, tels qu'en donne une religion tendre et vraie de la nature. Il me faut (barbare que je suis) sacrifier ce grand travail qui peut-être serait peu goûté du public auquel je m'adresse.

La place que l'insecte occupe entre les êtres est très bien déterminée dans cet excellent résumé de Lacordaire : « Égal aux vertébrés par l'énergie de la fibre musculaire, à peine au-dessous d'eux pour l'organisation du canal digestif, supérieur même à l'oiseau par la quantité de sa respiration, il tombe au-dessous des mollusques par l'imperfection de son système circulatoire. Son système nerveux présente moins de concentration que celui de beaucoup de crustacés. » (Lacordaire, t. II, p. 2.)

L'insecte a-t-il un cerveau? La chose est controversée. L'appareil nerveux qui, chez les mollusques, n'a pas trouvé de centre encore, tend, il est vrai, chez l'insecte, à la centralisation. Deux cordons longitudinaux de nerfs, qui suivent tout le corps, aboutissent aux nerfs de la tête, qui ne sont pas massés, comme chez l'animal supérieur. Dans la guêpe, nous avons trouvé une forte masse blanchâtre, fort analogue au cerveau. Mais ceci paraît une exception. Chez des insectes étonnants par l'intelligence, vous ne trouverez à la tête que de simples ganglions nerveux, nullement différents de ceux qui composent les deux cordons.

Cette infériorité d'organisation n'en rend que plus surprenante la supériorité d'art et de sociabilité que l'insecte a sur tous les êtres, même sur les premiers mammifères (un seul excepté). Ici plus haut, là plus bas, au total, il est un milieu, et comme un médiateur énergique de vie et de mort, dans l'échelle des existences.

Page 331. *Swammerdam*. — Nous donnons l'inaugurateur et le martyr de la science, le créateur de l'instrument qui a permis de suivre ses découvertes, grand inventeur en plusieurs sens, spécialement pour la préparation des pièces anatomiques. Il faut lire sa *Biblia naturæ*, dans l'édition de Boerhaave, ornée de si belles planches (2 vol. in-folio), et non dans l'extrait incomplet qu'on en a fait en français. (Mémoires publiés par l'Académie de Dijon.) On n'y donne que les résultats scientifiques, mais l'homme y a disparu. — Nous n'entreprenons pas de faire l'histoire de l'entomologie. On en trouvera un bon abrégé à la fin de l'*Introduction à l'Entomologie* de M. Th. Lacordaire.

Page 365. *Insectes auxiliaires de l'homme*. — L'ingénieux ouvrage que je réfute ici et qu'on lira certainement avec plaisir est intitulé : *Les Insectes, ou Réflexions d'un amateur de la chasse aux petits oiseaux*, par E. Gand. Lecture faite à l'Académie d'Amiens (26 décembre 1856).

Ce que je dis un peu plus loin sur la nécessité d'un enseignement populaire de l'histoire naturelle mériterait bien d'être entendu. La richesse et la moralité du monde doubleraient si cet enseignement pouvait être universel. L'important ouvrage de M. Émile Blanchard, *Zoologie agricole* (in-folio, 1854), donne l'histoire si utile des principaux insectes nuisibles à nos plantes usuelles ou d'ornement. — Le savant M. Pouchet, dans son excellent Mémoire sur le hanneton, indique les principaux auteurs qui ont décrit les insectes nuisibles. — Le Congrès des États-Unis vient de conférer à M. Harris la mission de faire l'histoire de ces insectes.

Page 374. *Couleurs et lumières*. — Ce que je dis ici des climats tropicaux est tiré d'un grand nombre de voyageurs : Humboldt, Azara, Auguste Saint-Hilaire, Castelnau, Wedell, Watterton, etc. Pour le Brésil et la Guyane surtout, nous devons beaucoup à l'obligeance extrême de M. Ferdinand Denis, qui a une connaissance si parfaite de ces contrées. — Paris possède plusieurs belles collections d'insectes, outre celle du Muséum. L'une des plus connues est celle de M. le docteur Bois-Duval (lépidoptères). La collection magnifique dont je parle à la page 375 est celle de M. Douë, qui voulut bien nous la montrer et l'interpréter avec une complaisance infinie. — Le fait qui termine le chapitre XII (la parure des flammes vivantes) est rapporté, pour les femmes de Santa-Cruz en Bolivie, par le très exact docteur Wedell, t. VI, p. 12 (à la suite de Castelnau). — Le dicton indien : « Remets-la où tu l'as prise », est relaté par Watterton.

Page 394. *Rénovation de nos arts par l'étude de l'insecte.* — Qui ne voit que depuis longtemps l'Ornement ne trouve plus, qu'il tourne incessamment sur lui-même? Quand un motif a dix années, on le reprend rajeuni par quelques variations. Dans une vie d'un demi-siècle, j'ai déjà vu plusieurs fois ce roulement de la mode, qui paraîtrait fort monotone si nous n'avions à un si haut degré le don d'oublier. — L'Ornement, au lieu de chercher sa rénovation dans les vieilleries, gagnera à s'inspirer d'une infinité de beautés répandues dans la nature. Elles abondent et surabondent : 1° Dans les formes si accentuées des végétaux des tropiques. Les nôtres n'ont guère leur effet que par masses, en grand; 2° dans celles d'un grand nombre d'animaux inférieurs, rayonnés, etc., de beaucoup de petits mollusques flottants, fleurs vivantes, imperceptibles, mais dont la figure grossie peut donner des motifs très originaux; 3° dans certaines parties d'êtres les plus dédaignés, spécialement dans les yeux des mouches; 4° dans les formes, dessins et couleurs qu'on surprend dans l'épaisseur des tissus vivants, par exemple en levant avec le scalpel les couches qu'offre l'élytre des scarabées. La nature, qui a tant paré la surface, a mis peut-être encore plus la beauté en profondeur. Rien de plus beau que les fluides vivants, vus dans la mobilité de leur circulation et dans les canaux délicats où elle s'accomplit et se précise. De là l'attraction qu'exercent sur nous les dessins charmants, singuliers, qu'on voit sur beaucoup d'insectes (et qui sont ces canaux mêmes). Ils nous parlent, nous saisissent, moins encore par l'éclat des feuillets étincelants entre lesquels ils circulent que par leurs formes expressives où nous devinons le mystère de vie. — Ce sont leurs énergies visibles.

Pages 401 et 411. *L'araignée.* — Ces deux chapitres sont sortis en majeure partie de nos propres observations. Cependant nous avons profité de plusieurs ouvrages, surtout de l'ouvrage capital et classique, le grand travail de Walckenaër, important et pour la description et pour la classification et pour l'histoire des mœurs. — Azara nous apprend qu'au Paraguay on file le cocon d'une grosse araignée orangée d'un pouce de diamètre. Staunton (*Voyage à Java, ambass. à la Chine*, t. I, p. 343) nous apprend que des épéires d'Asie font des toiles si fortes, qu'on ne peut les couper qu'avec un instrument tranchant; aux Bermudes, leurs toiles sont capables d'arrêter un oiseau gros comme une grive (Richard Stafford, *Coll. acad.*, t. II, p. 156). — M. le docteur Lemercier, notre savant bibliographe, m'a prêté (de sa collection personnelle) une brochure rare et fort ingénieuse de Quatremère sur la sensibilité hygrométrique des araignées, sur leur prescience des variations de la température, dont nous pourrions si utilement profiter, et sur l'habile orientation de leurs toiles. — La formation de leurs belles toiles d'automne, si poétiques, qu'on appelle les fils de la Vierge, est fort bien expliquée par Des Étangs, *Mémoires de la Société agricole de Troyes*, 1839. — Sur le plus terrible ennemi de l'araignée, l'ichneumon, on trouve les détails curieux au tome IV des *Mémoires de la Société américaine*. Pour la garder à ses petits, il ne la tue pas, il l'éthérise, si l'on peut parler ainsi, en la piquant et lui distillant un venin qui semble la paralyser. — Ce que j'ai dit de la terreur du mâle dans ses approches amoureuses, se trouve particulièrement dans de Geer, et dans Lepelletier, *Nouveau Bulletin de la Société philomatique*, 67° cahier, p. 257. — Enfin, le chef-d'œuvre de l'araignée, la maison et la porte ingénieuse de la mygale pionnière de Corse, a été parfaitement décrit et dessiné par un observateur qui peut donner toute confiance, Audoin, suivi par Walckenaër, etc.

Page 421. *Les termites.* — Les belles planches de Smeathman mériteraient d'être reproduites, et la traduction de son livre (1784), rare aujourd'hui, devrait être réimprimée. On pourrait y ajouter les détails intéressants que donnent de plus Azara, Auguste Saint-Hilaire, Castelnau et autres, de manière à en faire une monographie complète. — Il n'est nullement indifférent de voir que le grand et vrai principe de l'art, méconnu si longtemps du Moyen-âge, a été toujours suivi à la lettre par des êtres si peu élevés dans leur étonnante construction. — Ce que j'ai dit de Valencia, minée en dessous par les

termites, se trouve dans M. de Humboldt, *Régions équinoxiales*.
— Quant à La Rochelle, lire l'intéressant chapitre de M. de Quatrefages, dans ses *Souvenirs d'un naturaliste*.

Page 428. *Les fourmis*. — Les migrations des fourmis des tropiques, disent Azara et Lacordaire, durent parfois deux ou trois jours. On ne peut les comparer, pour la continuité, le nombre effroyable, qu'aux nuages de pigeons qui, dans l'Amérique du Nord, obscurcissent le ciel plusieurs jours de suite. (Voy. Audubon, trad. de M. Bazin.) Lund (*Ann. des sc. naturelles*, 1831, t. XXIII, p. 113) donne un curieux tableau de ces migrations de fourmis. Elles sont terriblement guerrières, et l'on s'amuse en Amérique à faire combattre en duel la *fourmi de visite* (Atta) avec la fourmi *Araraa*. Celle-ci, moins forte, prévaut par la force de son venin.

Quant à nos fourmis d'Europe, mon beau-frère, M. Hippolyte Mialaret, me transmet un fait curieux, qui, je crois, n'a pas été observé. Il leur donnait pêle-mêle des grains de diverses espèces : froment, orge, seigle, qu'elles employaient dans leurs constructions. Ayant ouvert la fourmilière, il trouva les grains classés soigneusement et distribués à différents étages, le froment, par exemple, au second, l'orge au troisième, etc., sans mêler jamais les espèces.

Une fort bonne dissertation italienne de M. Giuseppe Gené, qu'a bien voulu me donner le docteur Valerio, de Turin, ferait croire qu'Huber, si exact, s'est trompé en disant que la mère fourmi peut fonder seule une cité. Après sa fécondation, elle va tomber dans quelque coin où elle s'arrache les ailes, et attend. Là, des fourmis rôdeuses la trouvent, la palpent, la reconnaissent, elle et ses œufs semés à terre, avec beaucoup de prudence, même de défiance visible. Elles explorent ensuite les lieux d'alentour avec une circonspection infinie, revenant toujours à la mère, et tardant à se décider. Enfin, leur nombre croissant, elles l'adoptent définitivement et se mettent au travail.

La persévérance indomptable des fourmis est célébrée dans une belle légende orientale de je ne sais quel prince d'Asie, Tamerlan, je crois. Battu, repoussé plusieurs fois dans une guerre, et presque désespéré, il était au fond de sa tente. Une fourmi montait aux parois. Il la fit tomber plusieurs fois; toujours elle remonta. Il fut curieux de voir jusqu'où elle s'obstinerait, et la fit tomber quatre-vingts fois sans pouvoir la décourager. Lui-même était las, et d'ailleurs plein d'admiration. La fourmi vainquit. Il se dit : « Imitons-la. Nous aussi, nous vaincrons de même. » Sans la fourmi, le conquérant eût manqué l'empire de l'Asie.

Page 438. *Troupeaux des fourmis.* — Presque toutes les plantes nourrissent des pucerons. Ils ont les couleurs les plus variées, souvent les plus éclatantes. Celui du rosier, vu au microscope, me parut d'un vert clair, fort agréable. Jeté sur le dos, il étalait un ventre très gros, une très petite tête informe qui ne semble qu'un suçoir, et remuait toutes ses pattes qu'on eût dit plutôt de longs bras d'enfants. Au total, un être innocent, et qui n'inspire aucune répugnance. On comprend que les fourmis prennent la miellée sur son corps. (Voir Bonnet, etc., sur leur fécondation prodigieuse.)

Page 462. *Les guêpes.* — Avant de parler de cette espèce terrible, où se voit peut-être la plus haute énergie de la nature, j'aurais dû parler de ses humbles voisins, les pacifiques bourdons. Réaumur, qu'on ne connaît pas assez comme écrivain, et qui a souvent de la grâce, dit fort joliment que ces pauvres bourdons, en petites sociétés grossières, si on les compare aux royales cités des guêpes et des abeilles, sont des rustiques, des sauvages, et leurs nids des hameaux, mais qu'on peut prendre plaisir, même après avoir visité de grandes capitales, à se reposer les yeux en voyant de simples villages et des villageois. (Réaumur, *Mémoires*, t. VI, p. III de la préface et 4 du texte.) Les bourdons, dans leur simplicité, ne sont pas sans industrie; ils ont des mœurs et des vertus. Les pauvres mâles, si méprisés ailleurs, s'emploient mieux ici dans une société où la haute spécialité d'art, moins frappante dans les femelles, les humilie moins; ils sont à peu près égaux à leurs dames, qui ne les massacrent point, comme font les guêpes et les abeilles des maris destitués.

Page 486. *Les abeilles cirières. Une aristocratie d'artistes.* — Je suis ici principalement l'autorité de M. Debeauvoys (*Guide de l'Apiculteur*, 1853). Dans ce petit livre si important, il a fait la distinction capitale qui avait échappé à Huber, séparé les grosses cirières architectes des petites moissonneuses et nourrices. Mais je lui demande la permission d'en croire plutôt M. Dujardin sur le caractère général des abeilles. Elles sont colériques sans doute, très adustes de tempérament; les liqueurs et les parfums des fleurs les irritent et les obligent de se désaltérer souvent. Mais d'elles-mêmes, elles sont assez douces et peuvent s'humaniser. M. Dujardin ayant renouvelé tous les jours les provisions d'une ruche pauvre, était fort bien reconnu des abeilles, qui volaient à lui et couraient sur ses mains sans le blesser. La destruction qu'elles font tous les ans des mâles leur est commune avec les guêpes et autres tribus nécessiteuses qui craignent la famine, à l'époque où les fleurs deviennent plus rares. En Amérique, on les regarde comme le signe de la civilisation. Les Indiens voient dans les abeilles les avant-coureurs de la race blanche, et dans le buffle celui de la race rouge. (Washington Irwing, *Voyage dans les prairies*.)

Les abeilles, tantes et sœurs, font penser à la *Germania* de Tacite : « La tante y est plus que la mère. » C'était comme un pays d'abeilles.

M. Pouchet, que j'ai déjà cité plusieurs fois, a bien voulu me transmettre un détail fort intéressant sur les abeilles maçonnes. « Dans l'Égypte et la Nubie, que je parcourais il y a quelques mois, ces hyménoptères et leurs constructions sont tellement abondants que les plafonds de certains temples et ceux de quelques hypogées en sont totalement couverts, et qu'ils masquent absolument les sculptures et les hiéroglyphes. Ces nids forment souvent là plusieurs couches qui se recouvrent, et dans certains endroits, superposés les uns au-dessus des autres en nombre assez considérable, ils forment des espèces de stalactites qui pendent aux voûtes des monuments. L'abeille n'emploie pour leur construction que du limon du Nil, et quand elle y a déposé sa progéniture, elle les bouche avec un opercule d'un travail délicat que la jeune mouche, après avoir subi ses diverses métamorphoses, soulève pour s'envoler. Mais ces nids sont assez souvent brisés par une espèce de lézard qui, à l'aide de ses ongles infiniment acérés, court sur les plafonds. Là, il fait une guerre incessante aux abeilles maçonnes, tandis qu'elles construisent leurs nids, ou bien on le voit en défoncer les parois pour dévorer leur jeune progéniture. » (*Lettre de M. Pouchet*, 22 septembre 1857.)

Page 509. *Une intuition féminine*. — Une grande question de méthode qu'éclaircira l'avenir, c'est de savoir jusqu'à quel point les femmes entreront un jour dans les sciences de la vie, et comment l'étude de ces sciences se partagera entre les deux sexes. Si la sympathie pour les animaux, la longue et patiente douceur, la persévérante observation des objets les plus délicats étaient les seules qualités que demandât cette étude, la femme semblerait devoir être le premier naturaliste. Mais les sciences de la vie ont un autre aspect plus sombre qui l'éloigne et l'effraye : c'est qu'elles sont en même temps les sciences de la mort.

Cependant, en ce siècle même, la découverte importante, capitale, pour la connaissance des insectes supérieurs, appartient à une demoiselle, la fille d'un savant naturaliste de la Suisse française, mademoiselle Jurine. Elle a trouvé que les ouvrières des abeilles, qu'on croyait *neutres* (n'ayant ni l'un ni l'autre sexe), *étaient des femelles* atrophiées par leurs berceaux plus étroits et leur nourriture inférieure. Or, comme ces ouvrières forment à peu près tout le peuple (moins cinq ou six, élevées pour devenir mères, et quelques centaines de mâles), il en résulte que *la ruche de vingt ou trente mille abeilles est femelle*. La prédominance du sexe féminin, loi générale de la vie des insectes, a trouvé là sa plus haute confirmation. *Point de neutres*, ni dans les abeilles, ni dans les fourmis, ni dans toutes les tribus supérieures des insectes. Les mâles sont une petite exception, un accident secondaire. J'ai cru pouvoir dire : Au total, *l'insecte est femelle*. — La découverte de mademoiselle Jurine nous a révélé aussi le vrai caractère de la maternité d'adoption, admirable originalité de ces insectes, la haute loi de désintéressement et de sacrifice qui est la dignité de leurs cités.

Un mérite inférieur sans doute à celui des grandes découvertes, mais très haut encore, est celui de nous représenter les êtres par le style ou par le pinceau dans la vérité de leurs formes, de leurs mouvements, et dans l'harmonie générale des choses auxquelles ils sont associés. Nul art ne semble devoir appartenir plus naturellement aux femmes. Une femme l'a commencé.

On a justement admiré l'illustre Audubon pour avoir représenté l'oiseau dans ses harmonies complètes, dans son milieu végétal, animal, sur les plantes qui le nourrissent, près de l'ennemi qui lui fait la guerre. Mais on a trop oublié que le modèle de ces peintures harmoniques qui font si bien sentir la vie a été l'ouvrage d'une femme, Sibylle de Mérian. Son beau livre (*Métamorphose des insectes de Surinam*, in-folio, en trois langues, 1705) est le premier où cette méthode admirable ait été inventée et appliquée avec talent.

On l'appelle *mademoiselle*, quoiqu'elle ait été mariée. Le nom de *dame* était encore réservé aux femmes nobles. Et elle reste *demoiselle*; on ne la cite pas autrement que sous ce nom virginal. Ses livres de si grande science, de si grande persévérance, donnent l'idée d'une personne hors du monde des passions, toute dans l'art et dans la nature.

J'en ai dit un mot, mais sans parler de sa vie. Originaire de Bâle, fille, sœur, mère de graveurs célèbres, et elle-même excellent peintre de fleurs sur velours, elle avait longtemps travaillé à Francfort et à Nuremberg. Elle avait eu de grands malheurs, son mari s'étant ruiné et séparé d'elle. Elle avait cherché un refuge dans une société mystique, analogue à celle qui avait jadis consolé Swammerdam. L'étincelle religieuse de la science nouvelle, *la théologie des insectes*, comme l'appelle un contemporain, vint la frapper là. Elle connut la grande idée de Swammerdam, l'unité de métamorphoses, et celle dont Malpighi avait étonné l'Europe dans son livre du *Ver à soie* : « Les insectes ont un cœur. »

Quoi! ils ont un cœur, comme nous! Comme le nôtre, il bat et s'agite, au mouvement de leurs désirs, de leurs craintes, de leurs passions! Quelle idée touchante et propre à émouvoir une femme!... Mais cela est-il bien sûr? Beaucoup l'ont nié longtemps. Il n'est plus permis d'en douter depuis qu'en 1824 la chose a été démontrée dans *le Hanneton* de M. Strauss.

Madame de Mérian partit donc du ver à soie. Mais sa curiosité, son avidité d'artiste s'étendit à tout. De son Allemagne, morne et terne, la Hollande, avec ses riches collections américaines, orientales, lui apparaissait comme le grand musée des tropiques. Elle alla s'y établir, et s'appropria ces collections par le pinceau. Ces féeriques nécropoles, parées de la beauté des morts, ne firent qu'aiguiser en elle le désir d'observer la vie au pays où elle triomphe. A l'âge de cinquante-quatre ans, elle partit pour la Guyane, et, dans un séjour de deux ans sous ce dangereux climat, elle recueillit les dessins, les peintures qui devaient inaugurer l'art dans l'histoire naturelle.

L'écueil, en ce genre d'ouvrage, pour l'artiste qui n'est qu'artiste, c'est de faire trop bien, de faire la nature coquette, d'ajouter au beau le joli, les grâces et les mignardises qui feront qu'un livre de science trouve grâce devant les belles dames. Rien de tout cela dans l'ouvrage de Sibylle de Mérian. Partout une noble vigueur, une simplicité forte, une gravité virile. En même temps, à bien regarder, surtout dans les exemplaires qu'elle a coloriés elle-même, la douceur, la largeur et le gras des plantes, leur fraîcheur lustrée, veloutée, les tons ou mats ou émaillés et quasi fleuris qu'offrent les insectes, font sentir une main de femme, consciencieuse, tendre, qui n'a touché à tout cela qu'avec un respect plein d'amour.

Nous avons vu (page 379), au chapitre des *Mouches de feu*, les étonnements de la timide Allemande dans un monde si nouveau, quand les sauvages lui apportaient ses matériaux vivants, herbes vénéneuses, lézards et serpents, insectes bizarres. Mais l'étrangeté même de cette nature, les émotions du peintre tremblant devant ses modèles, l'inquiète attention qu'elle mettait à en saisir la physionomie changeante et les allures mystérieuses, en troublant fortement son cœur, éveillèrent son génie. Insatiable, jamais satisfaite dans ses représentations des réalités fugitives, elle ne crut faire connaître chaque insecte qu'en le peignant sous toutes ses formes (chenille, nymphe et papillon). Puis, cela ne lui suffisant pas encore, elle mit dessous le végétal qu'il mange, et à côté le lézard, le serpent, l'araignée qui le mangera. Ainsi la mutualité, l'échange de la nature apparaît; on touche au doigt sa circulation redoutable, si rapide en ces climats. Chacune de ces belles planches, si harmoniques et si complètes, n'instruit pas seulement par des détails vrais, mais par l'ensemble elle donne un sentiment profond de la vie, ce qui est une bien autre et plus forte instruction.

Une chose cependant me frappe, que du reste cet amour explique. Elle a peint l'un près de l'autre ces êtres qui vont se dévorer. Ils s'approchent, ils se regardent. Et vous pouvez en conclure l'imminence d'un affreux duel. Mais cette lutte dramatique, elle l'a cachée généralement. Elle a eu horreur de peindre la mort.

Combien plus lui eût-il coûté de pénétrer plus avant, d'ouvrir, d'éventrer ses modèles, et de forcer son pinceau féminin à la lugubre peinture du détail anatomique!

Telle est précisément la limite qui arrête les femmes dans l'étude des sciences naturelles. C'est qu'elles sont incapables d'en envisager les deux faces. Michel-Ange a beau nous dire : « La mort, la vie, c'est tout un. Ce sont pièces du même *maître* et de la même main. » Elles ne se résignent pas. Nul traité possible entre elles et la mort. Cela se comprend très bien : elles sont la vie elle-même, dans tout son charme fécond. Elles sont nées pour la donner. Ce qui la rompt leur fait horreur. La mort, surtout la douleur, leur sont non seulement antipathiques, mais presque incompréhensibles. Elles sentent qu'il ne doit venir de la femme que bonheur et joie. La douleur, infligée d'une main de femme, leur paraît (et justement) une horrible contradiction.

Trois choses leur sont possibles dans les sciences naturelles, les trois choses de la vie : *l'incubation* des nouveaux êtres, je veux dire la tendresse des premiers soins ; *l'éducation, la nourriture* (pour parler comme nos pères) des jeunes adultes ; *l'observation* enfin des mœurs, et la fine intelligence des moyens de s'entendre avec tous. Par ces trois arts de la femme, l'homme se conciliera et s'appropriera peu à peu les espèces inférieures, même beaucoup d'espèces d'insectes. A elles reviennent tout à fait les arts de domestication. Si l'enfance n'était pas cruelle, du moins durement insensible, elle partagerait ces soins de la femme. Celle-ci, qui est un enfant tendre et doux, plein de pitié, est le médiateur de toute la nature.

Mais quant à la mort, quant à la douleur, quant aux lumières que la science en tire, n'en parlez pas à la femme. Elle s'arrête ici, vous quitte sur la route, et ne veut pas aller plus loin.

Elle dit, et l'observation peut paraître en effet assez grave (même aux esprits les plus rassis), que la science, dans les derniers temps, a marché par deux voix contraires : d'une part, démontrant par l'étude des mœurs et par celle des organes que les animaux ne sont pas un monde à part, mais bien plus semblables à nous qu'on ne l'avait supposé ; puis, quand elle a bien établi qu'ils nous sont tellement semblables, donc très capables de souffrir, elle veut que nous leur infligions les plus exquises souffrances, les plus cruellement prolongées.

La science, par ses côtés terribles, se ferme de plus en plus aux femmes. La nature, qui les invite à la pénétrer, les arrête en même temps justement par le sens trop tendre qu'elles en ont, par le respect de la vie qu'elle leur inspire elle-même.

De tous les êtres, les insectes semblaient les moins dignes d'être ménagés. On n'y cherchait que leurs couleurs. Cependant, quiconque n'y voit qu'un simple plaisir y réfléchira longtemps en sachant que les insectes piqués vivent parfois dans ce supplice des années entières ! (Voy. Lemaout, et spécialement l'excellent *Bulletin de la Société protectrice des animaux,* sept.-oct. 1856.)

A mesure que les femmes connaissent les instincts maternels de ces êtres, leur tendresse infinie, leur ingénieuse prévoyance pour les objets de leur amour, combien devient impossible à des mères d'immoler ces mères et de les supplicier!

Le sentiment qui fit commencer les études dont ce livre devait sortir est aussi celui qui les a suspendues. Leur premier attrait se trouva dans la révélation d'Huber, dans cette vive apparition de la personnalité de l'insecte. Mais ce qui avait semblé paradoxal, incroyable, quand on le vérifie, se trouve inférieur à la réalité. La vue de tant de travaux, d'efforts pour le bien commun, le spectacle de ces vies méritantes impose à a conscience et rend de plus en plus difficile de traiter comme une chose l'être qui veut, travaille et aime.

FIN DE L'INSECTE.

TABLE DES MATIÈRES

LA MONTAGNE

Pages

Préface. — Caractères communs de nos livres *l'Oiseau, la Mer, la Montagne, l'Insecte*...... 3

PREMIÈRE PARTIE

I. — Le vestibule du mont Blanc............ 7
    Saint-Gervais. Pauvreté, grâce et douceur du paysage de Savoie.. 9

II. — Le mont Blanc. — Les Glaciers............ 16
    L'horreur des glaciers, vus de près............ 17
    Légendes des glaciers............ 19
    Chasseurs de chamois, chercheurs de cristaux............ 20
    Aspect funèbre du mont Blanc............ 22
    Jacques Balmat y monte le premier (juin 1786)............ 24

III. — Premières ascensions. — Les Glaciers............ 25
    Éducation spéciale de Saussure; son beau voyage............ 26
    Le glacier est chose mobile et vivante............ 27
    Charpentier, Agassiz; *la période glaciaire*............ 29
    Le glacier avance et recule; thermomètre de l'Europe............ 31

IV. — Le chateau d'eau de l'Europe............ 32
    Les nuées fixées par les Alpes............ 34
    Le Fœhn. La fonte. Les torrents............ 35

V. — Suisse. — Lacs et fleuves............ 39
    La mission spéciale des lacs; leur diversité............ 40
    Lacs de Genève et de Lucerne............ 42
    Grandeur pacifique du Saint-Gothard, centre des montagnes et des eaux............ 44
    Les quatres fleuves, Inn, Rhin, Rhône, etc............ *ibid.*

	Pages
VI. — LES HAUTS PASSAGES DES ALPES.	47
Les trois autels des Alpes	48
Le passage des oiseaux, troupeaux, etc.	50
Saint-Bernard, Simplon, Splügen.	53
Les fuites, les proscrits.	54
VII. — PYRÉNÉES.	56
La vue lointaine des Pyrénées	57
Contrastes et surprises; la Garonne	59
VIII. — SUITE. — PYRÉNÉES.	61
Leurs illusions	*ibid.*
Ramond et le Mont-Perdu	62
Les bergers. Maladetta, Gavarnie.	63
Eaux chaudes, Barèges, Olette, etc.	65
IX. — LA BOLLENTE. — ACQUI.	68
On assiste au travail intérieur de la terre	73
Comment je fus inhumé pour revivre.	75
X. — LA MONTÉE DE LA TERRE. — SON ASPIRATION	78
Sa vie, c'est l'expansion vers la lumière et le soleil	*ibid.*
L'école des soulèvements et révolutions violentes.	81
L'école de la création pacifique et successive.	83
Le premier élan de la terre, sans obstacle et très doux.	85
Sous l'écorce actuelle, elle halète, soupire.	87
XI. — SES DEUX GRANDES MONTAGNES APPELÉES CONTINENTS.	88
La terre réunit les deux formes les plus belles.	89
Beauté maternelle de l'Asie.	91
L'Amérique; son grand rôle médiateur; ses voies faciles.	94
XII. — MONTAGNES DE GLACE. — LE PÔLE	97
Différences entre les climats du Pôle et des hautes Alpes.	98
L'aurore boréale, magnéto-électrique	101
XIII. — MONTAGNES DE FEU. — JAVA.	105
Le cœur de la terre; artères d'eaux chaudes; Java, Cuba.	*ibid.*
Les volcans; le cercle de feu.	109
Puissances de fécondité; les monstres de fleurs.	115
Les plantes de la tentation	*ibid.*

SECONDE PARTIE

I. — ZONES DE PAIX. — LES PRAIRIES.	119
Sociabilité aimable de nos plantes.	121
Vertus curatives des plantes indigènes.	122
Invasion des plantes exotiques.	123

TABLE DES MATIÈRES

	Pages
II. — Forêts. — L'arbre de vie. — Le rameau d'or.	127
Légendes ; Arbre de vie, Arbre de douleurs	129
Le rameau sibyllin qui évoque et guérit	131
III. — L'amphithéâtre des forêts	134
Le châtaignier. Le hêtre. Le sapin. Le picéa	*ibid.*
IV. — Les rêves de montagnes et de fleurs	144
Projets divers et ébauches de 1857 à 1867	145
Nos hivers en Provence	148
V. — Suite. — La Suisse en mai 1867	149
Le Léman. Désir de voir l'Engadine	153
VI. — L'attente au pied de la montagne. — Amours des plantes Alpines (juin 1867)	155
La botanique peut-elle être séparée de la zoologie ?	159
L'amour des plantes identique à l'amour des animaux	160
VII. — Suite des plantes Alpines. — Progrès de leurs fleurs dans l'amour	161
Clair-obscur de l'amour, le même dans les deux règnes	165
VIII. — Le chemin des Grisons. — La Mort de la montagne	170
Opposition des Grisons et des Suisses	171
Route et col du Julier. Ruines et lapiaz	174
IX. — L'Engadine	183
Noble et sérieux aspect de la contrée	186
Finesse italo-celtique de cette race	190
L'émigration	192
X. — Neiges et fleurs	194
XI. — Destinée de l'Engadine	201
Deviendra-t-elle un désert ?	206
XII. — Décadence de l'arbre et de l'homme	210
Prévision d'un botaniste : « La vulgarité prévaudra »	211
Deux arbres supérieurs avaient rendu les hauteurs habitables	213
Combien ce siècle tâche d'effacer en tout le héros	220
XIII. — Notre temps peut-il remonter ?	222
Sa décadence morale. Sa vigueur d'invention	223
Se recueillir sur la montagne	224
Effet de la Suisse sur Voltaire, Rousseau, M. et Madame Roland	225
Les grimpeurs. Les romans. Livres morbides	226
Voyages d'enfants dans les montagnes	229
Effet de la montagne sur la jeunesse	230
La résistance à la pente et l'effort de remonter	231
Éclaircissements	235

L'INSECTE

INTRODUCTION

	Pages
I. L'infini vivant	247
II. Nos études à Paris et en Suisse	254
III et IV. Nos études à Fontainebleau	263

LIVRE PREMIER. — La métamorphose.

I. Terreurs et répugnances d'une enfant	277
II. La pitié	282
III. Les imperceptibles constructeurs du globe	292
IV. L'amour et la mort	300
V. L'orpheline; la frileuse	307
VI. La momie, nymphe ou chrysalide	316
VII. Le phénix	324

LIVRE II. — De la mission et des arts de l'insecte.

I. Swammerdam	331
II. Le microscope. L'insecte a-t-il une physionomie?	344
III. L'insecte comme agent de la nature dans l'accélération de la mort et de la vie	356
IV. Insectes auxiliaires de l'homme	365
V. La fantasmagorie des couleurs et des lumières	374
VI. La soie	383
VII. Les instruments de l'insecte et ses énergies chimiques, pourpre, cantharide, etc.	389
VIII. De la rénovation de nos arts par l'étude de l'insecte	394
IX. L'araignée; l'industrie; le chômage	401
X. La maison de l'araignée; ses amours	411

LIVRE III. — Sociétés des insectes.

	Pages
I. La cité des ténèbres; les termites.	421
II. Les fourmis; leur ménage; leurs noces	429
III. Les fourmis; leurs troupeaux et leurs esclaves.	439
IV. Les fourmis; la guerre civile; l'extermination de la cité	451
V. Les guêpes; leur furie d'improvisation	463
VI. Les abeilles de Virgile.	471
VII. L'abeille aux champs.	477
VIII. Les abeilles architectes. La cité.	486
IX. Comment les abeilles créent le peuple et la mère commune	495
Conclusion.	505
Éclaircissements.	511

FIN DE LA TABLE DES MATIÈRES.

IMPRIMERIE E. FLAMMARION, 26, RUE RACINE, PARIS.

ŒUVRES COMPLÈTES

DE

J. MICHELET

ÉDITION DÉFINITIVE, REVUE ET CORRIGÉE

DÉTAIL DE L'ŒUVRE COMPLÈTE

Histoire de France. *Moyen âge.*	6 vol.
— *Temps modernes* (Renaissance. — Réforme.— Guerres de religion. — Henri IV. — Richelieu. — Louis XIV et la Révocation de l'Édit de Nantes. — Louis XIV et le duc de Bourgogne. — La Régence.— Louis XV. — Louis XV et Louis XVI).	10 vol.
— *Révolution.*	7 vol.
— *XIXe Siècle.*	3 vol.
Vico.	1 vol.
Histoire romaine	1 vol.
L'Oiseau. — La Mer	1 vol.
Luther (Mémoires).	1 vol.
Le Peuple. — Nos Fils.	1 vol.
Le Prêtre. — Les Jésuites.	1 vol.
La Montagne. — L'Insecte	1 vol.
L'Amour. — La Femme	1 vol.
Précis d'histoire moderne.— Introduction à l'Histoire universelle.	1 vol.
La Bible de l'Humanité. — Une année du Collège de France (1848).	1 vol.
Les Origines du Droit. — La Sorcière	1 vol.
Les Légendes du Nord. — La France devant l'Europe.	1 vol.
Les Femmes de la Révolution. — Les Soldats de la Révolution.	1 vol.
Lettres inédites adressées à Mlle **Mialaret (M**[me] **Michelet).**	1 vol.
TOTAL.	40 vol.

Prix de chaque volume 7 fr. 50.
(Envoi franco contre mandat ou timbres).

IMPRIMERIE E. FLAMMARION, 26, RUE RACINE, PARIS.

www.ingramcontent.com/pod-product-compliance
Lightning Source LLC
Chambersburg PA
CBHW051354230426
43669CB00011B/1642